江西区域经济发展报告

（2025）

主　编⊙李小玉　副主编⊙龙晓柏

江西人民出版社
Jiangxi People's Publishing House
全国百佳出版社
·南昌·

图书在版编目（CIP）数据

江西区域经济发展报告. 2025 / 李小玉主编；龙晓柏副主编. -- 南昌：江西人民出版社，2025. 8.

ISBN 978-7-210-16761-7

Ⅰ. F127.56

中国国家版本馆 CIP 数据核字第 20258ZN842 号

江西区域经济发展报告(2025)
JIANGXI QUYU JINGJI FAZHAN BAOGAO (2025)

李小玉 主 编
龙晓柏 副主编

组稿编辑：李月华
责任编辑：万莲花
封面设计：同异文化传媒

江西人民出版社 Jiangxi People's Publishing House 全国百佳出版社 出版发行

地　　址：江西省南昌市三经路 47 号附 1 号(邮编:330006)
网　　址：www. jxpph. com
电子信箱：64114527@qq. com
编辑部电话：0791-86898650
发行部电话：0791-86898815
承 印 厂：北京虎彩文化传播有限公司
经　　销：各地新华书店

开　　本：787 毫米×1092 毫米　1/16
印　　张：24
字　　数：370 千字
版　　次：2025 年 8 月第 1 版
印　　次：2025 年 8 月第 1 次印刷
书　　号：ISBN 978-7-210-16761-7
定　　价：85.00 元
赣版权登字-01-2025-480

目　录

三 专题报告

四 典型报告

一

主报告

江西设区市经济发展报告

李小玉　郑雅婷　薛飞　刘英*

摘要： 2024年，面对复杂严峻的国内外经济形势，江西各设区市以习近平新时代中国特色社会主义思想为指导，深入贯彻党的二十大和二十届二中、三中全会以及习近平总书记考察江西重要讲话精神，主动作为、攻坚克难，积极对接服务国家区域重大战略，各区域板块亮点纷呈，“一主一副、两翼联动、多点支撑”①的区域发展格局加快构建。2025年是“十四五”规划的收官之年，各设区市应通过构建区域协调发展新格局、提升区域产业发展能级、构建创新生态体系、全方位扩大内需、促进城乡融合发展、做好双向开放大文章，推动江西实现区域经济协调发展，为奋力谱写中国式现代化江西篇章贡献力量。

关键词： 江西　设区市　经济发展

2024年，面对复杂严峻的国内外经济形势，江西各设区市主动作为、攻坚克难，各区域板块亮点纷呈，“一主一副、两翼联动、多点支撑”的区域发展格局加快构建。

---

* 李小玉，江西省社会科学院经济研究所所长，研究员，研究方向为区域经济；郑雅婷，江西省社会科学院经济研究所副研究员，研究方向为区域经济；薛飞，江西省社会科学院经济研究所助理研究员，研究方向为数量经济；刘英，江西省社会科学院经济研究所助理研究员，研究方向为区域经济。

① “一主一副、两翼联动、多点支撑”区域发展格局：做优做强南昌都市圈，加快建设赣州省域副中心城市，着力打造赣东北、赣西两个城市群，分类推进县域发展，构建以省会为引领、省域副中心城市为带动、东西城市群为两翼、县域经济为支撑的“一主一副、两翼联动、多点支撑”区域发展新格局。

一、2024 年江西设区市经济发展总体情况

（一）经济运行持续向好

1. 生产总值稳健增长。2024 年，全省地区生产总值（GDP）34202.5 亿元，同比增长 5.1%。其中，南昌市 GDP 总量为 7800.4 亿元，居全省第一；赣州市 GDP 总量为 4940.5 亿元，居全省第二；九江市 GDP 总量为 4021.8 亿元，居全省第三。各设区市 GDP 同比增长幅度处于 0.6% 至 7.3% 之间，同比增长最快的是鹰潭市，同比增长 7.3%（见表 1）。

2. 固定资产投资持续回升。2024 年，全省增量政策落地显效，固定资产投资同比增长 4.8%，高于全国平均水平 1.6 个百分点，增速逐月回升。全省亿元以上施工项目 8830 个，完成投资同比增长 6.6%，对全部投资增长的贡献率为 93.8%。全省民间投资同比增长 3.6%，高于全国 3.7 个百分点，其中制造业民间投资同比增长 9.8%，比全部制造业投资增速高 1.0 个百分点。全省计算机通信和其他电子设备、汽车制造等行业投资快速增长，分别同比增长 17.8%、15.7%。各设区市固定资产投资的同比增长幅度处于 3.1% 至 5.8% 之间，增幅最大的是赣州市，同比增长 5.8%（见表 1）。

3. 一般公共预算收入稳步增长。2024 年，全省一般公共预算收入 3066.6 亿元，同比增长 0.2%。其中，南昌市一般公共预算收入为 526.1 亿元，居全省第一；赣州市一般公共预算收入为 327.7 亿元，居全省第二；九江市一般公共预算收入为 326.0 亿元，居全省第三。各设区市一般公共预算收入同比增长幅度处于 -8.0% 至 5.2% 之间，同比增长最快的是南昌市，同比增长 5.2%（见表 1）。

表 1　2024 年江西各设区市主要经济指标

地区	地区生产总值		固定资产投资	一般公共预算收入	
	绝对值（亿元）	同比增长（%）	同比增长（%）	绝对值（亿元）	同比增长（%）
全省	34202.5	5.1	4.8	3066.6	0.2
南昌市	7800.4	4.9	5.4	526.1	5.2
景德镇市	1179.3	4.1	4.2	90.5	0.3
萍乡市	1211.4	4.6	3.4	115.4	2.8
九江市	4021.8	3.8	3.1	326.0	1.1
新余市	1142.5	0.6	5.4	84.3	-8.0
鹰潭市	1384.3	7.3	5.7	113.8	4.9
赣州市	4940.5	5.4	5.8	327.7	2.5
吉安市	2917.3	5.7	4.8	213.5	4.3
宜春市	3711.1	6.1	5.6	284.1	-2.0
抚州市	2173.1	5.9	5.5	147.6	4.2
上饶市	3720.9	5.7	4.3	282.0	4.2

数据来源：江西省统计局、各设区市统计局。

（二）社会消费品零售总额保持较快增长态势

2024 年，全省社会消费品零售总额为 12821.7 亿元，同比增长 4.9%，高于全国平均水平 1.4 个百分点。其中，南昌市社会消费品零售总额为 2847.7 亿元，居全省第一；赣州市社会消费品零售总额为 2228.4 亿元，居全省第二；九江市社会消费品零售总额为 1709.3 亿元，居全省第三。各设区市社会消费品零售总额同比增长幅度处于 3.7% 至 6.1% 之间，同比增长最快的是宜春市，同比增长 6.1%（见表 2）。

表 2　2024 年江西各设区市社会消费品零售总额

地区	绝对值(亿元)	同比增长(%)
全省	12821. 7	4. 9
南昌市	2847. 7	3. 7
景德镇市	444. 0	4. 4
萍乡市	510. 8	5. 0
九江市	1709. 3	3. 9
新余市	487. 1	5. 6
鹰潭市	481. 6	5. 4
赣州市	2228. 4	5. 9
吉安市	1198. 6	5. 5
宜春市	1244. 1	6. 1
抚州市	784. 8	6. 0
上饶市	1415. 7	5. 2

数据来源:江西省 2024 年国民经济和社会发展统计公报、各设区市 2024 年国民经济和社会发展统计公报。

(三)工业生产平稳增长

2024 年,全省规模以上工业增加值同比增长 8. 5%,增速较上年提高 3. 1 个百分点。分门类看,制造业同比增长 9. 1%,拉动规模以上工业增长 8. 2 个百分点,贡献率达 96. 3%;电力、热力、燃气及水生产和供应业同比增长 6. 9%。在全省统计的 447 种主要工业产品中,256 种实现产量增长,增长面为 57. 3%,较上年扩大 10. 4 个百分点。全省 11 个设区市中规模以上工业增加值同比增长的幅度处于 –7. 5% 至 13. 4% 之间,同比增长最快的是鹰潭市,同比增长 13. 4%(见表 3)。

表3　2024年江西各设区市规模以上工业增加值增长情况

地区	同比增长(%)
全省	8.5
南昌市	10.2
景德镇市	6.2
萍乡市	7.5
九江市	4.3
新余市	-7.5
鹰潭市	13.4
赣州市	9.5
吉安市	8.7
宜春市	10.0
抚州市	11.7
上饶市	11.0

数据来源:江西省统计局。

(四)产业结构持续优化

2024年,全省第一产业增加值2605.1亿元,同比增长3.3%,对经济增长的贡献率为5.4%;第二产业增加值13688.6亿元,同比增长6.5%,对经济增长的贡献率为52.8%,其中,规模以上装备制造业、高技术制造业增加值分别同比增长13.1%、12.5%,占规模以上工业增加值比重分别为33.6%、21.7%,分别较上年提高2.0、1.9个百分点;第三产业增加值17908.8亿元,同比增长4.2%,对经济增长的贡献率为41.8%,其中,信息传输、软件和信息技术服务业,租赁和商务服务业增加值分别同比增长9.3%和14.7%,高于全省GDP增速4.2和9.6个百分点,合计拉动经济增长0.7个百分点。各设区市第一产业增加值同比增长幅度处于－0.3%至4.1%之间，同比增长最快的是九江市和宜春市，同比增长均为4.1%；第二产业增加值同比增长幅度处于－3.1%至9.9%之间，同比增长最快的是鹰潭市，同比增长9.9%；第三产业增加值同比增长幅度处于2.8%至5.5%之间，同比增长最快的是宜春市，同比增长5.5%（见表4）。2024年，全省三次产业结构为7.6∶40.0∶52.4，其中，服务业规模占比突破50%，占据了江西经济的"半壁江山"。从各设区市来看，与2020年相比，第一、二产业比例普遍降低，第三产业比例普遍增长（见表5）。

表4　2024年江西各设区市三大产业增加值情况

地区	第一产业		第二产业		第三产业	
	绝对值（亿元）	同比增长（%）	绝对值（亿元）	同比增长（%）	绝对值（亿元）	同比增长（%）
全省	2605.1	3.3	13688.6	6.5	17908.8	4.2
南昌市	261.1	2.6	3265.8	7.2	4273.5	3.2
景德镇市	78.8	1.1	484.7	5.2	615.9	3.6
萍乡市	79.7	－0.3	462.5	5.5	669.2	4.5
九江市	276.5	4.1	1559.2	3.2	2186.1	4.2
新余市	79.7	3.6	408.0	－3.1	654.8	2.8
鹰潭市	78.6	2.9	710.2	9.9	595.6	4.7
赣州市	489.0	3.8	1807.5	7.6	2644.0	4.1
吉安市	272.5	3.5	1229.6	6.9	1415.2	5.0
宜春市	378.4	4.1	1463.7	7.2	1869.0	5.5
抚州市	257.8	3.4	854.6	8.2	1060.7	4.6
上饶市	353.1	2.6	1442.9	7.7	1924.9	4.6

数据来源：江西省2024年国民经济和社会发展统计公报、各设区市2024年国民经济和社会发展统计公报。

表5　2020—2024年江西各设区市生产总值三次产业构成

地区	第一产业(%)		第二产业(%)		第三产业(%)	
	2020年	2024年	2020年	2024年	2020年	2024年
全省	8.7	7.6	41.2	40.0	50.1	52.4
南昌市	4.1	3.3	44.1	41.9	51.9	54.8
景德镇市	7.3	6.7	41.2	41.1	51.5	52.2
萍乡市	8.0	6.6	41.6	38.2	50.4	55.2
九江市	7.1	6.9	47.3	38.8	45.6	54.3
新余市	6.9	7.0	45.9	35.7	47.2	57.3
鹰潭市	7.5	5.7	51.1	51.3	41.4	43.0
赣州市	11.4	9.9	38.1	36.6	50.5	53.5
吉安市	10.8	9.3	44.3	42.2	44.9	48.5
宜春市	11.7	10.2	39.5	39.4	48.8	50.4
抚州市	14.1	11.9	37.4	39.3	48.5	48.8
上饶市	11.0	9.5	37.4	38.8	51.6	51.7

数据来源:江西省国民经济和社会发展统计公报、各设区市国民经济和社会发展统计公报。

(五)货物进出口降幅逐步收窄

2024年,全省货物贸易进出口总值为4707.5亿元,同比下降17.2%,降幅实现逐月收窄。其中,出口总值为3045.5亿元,同比下降22.5%;进口总值为1662.0亿元,同比下降5.5%(见表6)。

1.从进出口总值看:赣州市、南昌市进出口总值超千亿元,分别为1112.5亿元、1089.8亿元,分别位居全省第一、第二。各设区市进出口总值同比增长幅度处于-59.1%至12.7%之间。同比增长最快的是赣州市,同比增长12.7%;

其次是鹰潭市，同比增长 8.6 %。

2. 从出口总值看：与进出口总值类似，南昌市、赣州市出口总值均超 700 亿元，分别为 723.3 亿元、719.6 亿元，分别位居全省第一、第二。各设区市出口总值同比增长幅度处于 -63.0 % 至 18.1 % 之间。同比增长最快的是赣州市，同比增长 18.1%；其次是鹰潭市，同比增长 8.6 %。

3. 从进口总值看：有三个设区市的进口总值超 300 亿元，分别为赣州市 392.9 亿元、南昌市 366.5 亿元、鹰潭市 357.3 亿元。各设区市进口总值同比增长幅度处于 -91.8% 至 80.5% 之间。值得注意的是，2024 年，江西有 6 个设区市的进口总值出现快速增长，分别为南昌市、鹰潭市、赣州市、宜春市、抚州市、上饶市。同比增长最快的是上饶市，同比增长 80.5 %，其次是宜春市，同比增长 35.3%。

表 6　2024 年江西各设区市进出口贸易情况

地区	进出口		出口		进口	
	绝对值（亿元）	同比增长（%）	绝对值（亿元）	同比增长（%）	绝对值（亿元）	同比增长（%）
全省	4707.5	-17.2	3045.5	-22.5	1662.0	-5.5
南昌市	1089.8	-2.1	723.3	-8.2	366.5	12.7
景德镇市	72.3	-44.5	70.1	-31.9	2.3	-91.8
萍乡市	66.7	-59.1	55.9	-63.0	10.8	-11.1
九江市	401.8	-41.3	208.1	-57.1	193.6	-2.5
新余市	267.6	-52.7	131.8	-49.0	135.8	-55.9
鹰潭市	472.3	8.6	115.1	8.6	357.3	8.5
赣州市	1112.5	12.7	719.6	18.1	392.9	4.0
吉安市	358.9	-32.4	287.8	-34.1	71.1	-24.7
宜春市	231.1	-20.0	195.9	-25.5	35.2	35.3
抚州市	185.7	-20.4	169.4	-22.5	16.3	10.4

续表:

地区	进出口		出口		进口	
	绝对值（亿元）	同比增长（%）	绝对值（亿元）	同比增长（%）	绝对值（亿元）	同比增长（%）
上饶市	448.8	－19.0	368.6	－27.7	80.1	80.5

数据来源:中华人民共和国南昌海关。

(六)居民收入稳步增加

1. 从城镇居民人均可支配收入看:2024 年,全省城镇居民人均可支配收入达 47514 元,同比增长 4.3%。其中,南昌市城镇居民人均可支配收入为 57294 元,排名全省第一;景德镇市城镇居民人均可支配收入为 51340 元,居全省第二;新余市城镇居民人均可支配收入为 51108 元,居全省第三。各设区市城镇居民人均可支配收入同比增长幅度处于 3.6% 至 5.0% 之间,同比增长最快的是鹰潭市,同比增长 5.0%(见表 7)。

2. 从农村居民人均可支配收入看:2024 年,全省实现农村居民人均可支配收入 22673 元,同比增长 6.2%。其中,萍乡市农村居民人均可支配收入为 27462 元,排名全省第一;南昌市农村居民人均可支配收入为 27418 元,居全省第二;新余市农村居民人均可支配收入为 26626 元,居全省第三。各设区市农村居民人均可支配收入同比增长幅度处于 5.2% 至 7.3% 之间,同比增长最快的是赣州市,同比增长 7.3%(见表 7)。

表 7　2024 年江西各设区市居民人均可支配收入情况

地区	城镇居民人均可支配收入		农村居民人均可支配收入	
	绝对值（元）	同比增长（%）	绝对值（元）	同比增长（%）
全省	47514	4.3	22673	6.2

续表：

地区	城镇居民人均可支配收入		农村居民人均可支配收入	
	绝对值（元）	同比增长（%）	绝对值（元）	同比增长（%）
南昌市	57294	4.3	27418	6.3
景德镇市	51340	3.7	25262	5.9
萍乡市	48739	3.9	27462	5.8
九江市	49174	3.8	22856	6.3
新余市	51108	3.6	26626	5.2
鹰潭市	48281	5.0	24851	6.0
赣州市	46170	4.5	18656	7.3
吉安市	48919	4.4	22417	6.7
宜春市	45684	4.8	23055	6.3
抚州市	45036	4.5	23375	6.6
上饶市	49087	4.4	21511	6.8

数据来源：江西省统计局。

（七）营商环境不断改善

2024年是江西深入实施营商环境优化升级的攻坚之年，各设区市营商环境亮点纷呈。如：南昌市新登记经营主体13.11万户，居全省第一，“五上”单位总数突破万户大关。萍乡市在全省率先出台《萍乡市支持“个转企”若干措施》，实行登记注册直接核准制，打造了全省首个“民企之家”，获评第四批国家社会信用体系建设示范区（全省唯一）。新余市“一业一查一码”入选国务院减负办典型案例和全国数字化监管优秀案例。上饶市在全省率先引入政务智能交互终端，组建区、乡两级“小赣事”帮办代办队伍，依托“赣服通”搭建线上帮代办专区，2024年通过“视频帮代办”已完成咨询和办理2100余件，满意率达99.9%。

二、江西设区市经济发展存在的主要问题

(一)区域经济协调发展仍需持续发力

1.“一主一副”引领协同不足。从表8可以看出,南昌作为省会城市,2024年首位度为22.8%,在中部六省排第五,远低于武汉(35.2%),显示南昌对周边区域的辐射带动能力有限,未能充分发挥核心引领作用。赣州作为省域副中心城市,虽然有一定的发展基础,但与南昌相比,2024年GDP相差2859.9亿元、工业增加值相差1458.3亿元,尚未形成强有力的协同带动作用。

表8 2024年中部六省省会城市首位度比较

地区	GDP(亿元)	GDP占全省比重(%)
南昌市	7800.4	22.8
武汉市	21106.2	35.2
长沙市	15268.8	28.7
合肥市	13507.7	26.7
郑州市	14532.1	22.9
太原市	5418.9	21.3

数据来源:根据各市统计局发布的数据统计而得。

2.“两翼联动”效应有待增强。赣东北城市群中的上饶、景德镇、鹰潭,各自拥有鲜明的产业特色,但由于产业互补性未充分发挥,协同发展机制不完善,尚未实现资源共享、优势互补和协同创新。赣西城市群在对接长株潭城市群过程中,因技术、资金、人才匮乏,产业合作仅停留在浅层次的加工配套,尚未深度融入其产业链分工,未能形成深度融合、协同创新的发展局面。

3.“多点支撑”作用较弱。从GDP看,江西县域经济规模总体偏小且差距较大,仅南昌县(1401.4亿元)一县突破千亿元,丰城市(730.0亿元)和贵溪市

(702.4亿元)两县突破700亿元,而多数县GDP不足200亿元。从产业来看,多数县域以传统产业为主,高新技术产业占比小,产品附加值低,企业竞争力不足。另外,存在产业同质化竞争现象,特色产业集群少,部分县扎堆发展电子信息、生物医药等产业,产品和服务相似度高,导致各县域在市场中竞争激烈,资源分散,难以形成规模效应,未能合力拉动全省县域经济整体高质量发展。

(二)产业协同互补不够

1. 工业依赖单一产业。如:2024年,鹰潭市铜产业对全市全部工业增长的贡献率高达94.4%;新余市钢铁产业规模以上企业实现营业收入占全市规模以上工业营业收入近50%,受钢铁产能过剩影响,大量高炉停产限产,传统产业转型迫在眉睫;萍乡市新兴产业发展缓慢,传统产业转型压力凸显;九江市石化占工业增加值比重为29.4%,随着全球经济下行压力的增大和国内环保政策的收紧,这些传统产业面临着市场需求萎缩、生产成本上升等多重挑战,抗风险能力较弱。

2. 产业协同发展效应未能充分发挥。各设区市之间的产业关联度和配套性不够强,尚未形成高效的产业集群和完整的产业链条,难以产生强大的协同效应,制约了区域经济的整体竞争力。例如,赣江新区定位高端制造业,但与九江的石化产业联动有限,九江石化可提供化工原料支持赣江新区新材料企业,但因物流配套和政策壁垒,实际合作较少。又如,南昌、赣州、吉安均将电子信息作为重点产业,南昌聚焦移动智能终端,赣州发展半导体材料,吉安布局电路板制造,应可形成上下游协同,但实际操作中三市在招商引资时仍存在项目重叠竞争,导致资源分散。

(三)创新发展动力不强

2024年,江西研发经费投入强度为1.95%,低于全国平均水平(2.68%)0.73个百分点。全年授权专利5.6万件,每万人有效发明专利拥有量10.7件,其中,吉安市、抚州市、宜春市每万人有效发明专利拥有量分别为6.49件、6.45件、7.12件,均低于全省平均水平,反映出这些地区在创新成果转化和创新能力提升方面存在明显短板。

(四)消费市场活力有待激发

1. 消费潜力亟待挖掘。从社会消费品零售总额看:2024 年,全省社会消费品零售总额平均增长 4.9%,各设区市社会消费品零售总额增长速度差异明显。排名前三的分别为宜春市、抚州市、赣州市,分别达到 6.1%、6.0%、5.9%。南昌市、九江市、景德镇市增速均低于全省平均水平,尤其南昌市作为省会城市,增速仅为 3.7%,排名最后,低于全省平均水平 1.2 个百分点。这种不均衡的增长态势反映出各设区市在消费市场的活力和潜力挖掘上还存在较大差距(见表 9)。

表 9　2024 年江西各设区市社会消费品零售总额情况

指标	南昌市	景德镇市	萍乡市	九江市	新余市	鹰潭市	赣州市	吉安市	宜春市	抚州市	上饶市	全省
社会消费品零售总额增长(%)	3.7	4.4	5.0	3.9	5.6	5.4	5.9	5.5	6.1	6.0	5.2	4.9
与全省平均差值(%)	-1.2	-0.5	0.1	-1.0	0.7	0.5	1.0	0.6	1.2	1.1	0.3	—

数据来源:江西省 2024 年国民经济和社会发展统计公报、各设区市 2024 年国民经济和社会发展统计公报。

2. 消费环境有待改善。如:南昌市存在部分商圈基础设施老化的问题,这不仅会影响消费者的购物体验,还可能导致一些高端品牌和商家不愿意入驻,影响消费升级。景德镇市以陶瓷文化消费为特色,但消费场景较为单一,缺乏多元化的消费体验,消费者的选择有限,难以满足消费者多样化的需求,不利于消费市场的进一步拓展。

(五)投资动能亟待增强

1. 固定资产投资增长协调性不足。2024 年,全省固定资产投资增速为

4.8%，赣州市、鹰潭市固定资产投资增长均较快，赣州市增速达5.8%，高于全省平均水平1个百分点，鹰潭市增速为5.7%，高于全省平均水平0.9个百分点。而省会南昌市投资增速仅为5.4%，未能形成省会城市明显领先优势。九江市、萍乡市固定投资增长均缓慢，九江市增速仅为3.1%，低于全省平均水平1.7个百分点，萍乡市增速3.4%，低于全省平均水平1.4个百分点。投资增长较快的地区，能够通过大量资金投入推动产业升级、基础设施建设等，为经济发展注入强劲动力，吸引更多资源集聚，而投资增长较慢的地区，经济发展缺乏有力支撑，难以形成新的经济增长点，这种投资增长差距导致区域间发展动力出现明显分化，不利于区域协调发展（见表10）。

表10　2024年江西各设区市固定资产投资情况

地区	南昌市	景德镇市	萍乡市	九江市	新余市	鹰潭市	赣州市	吉安市	宜春市	抚州市	上饶市	全省
固定资产投资增长（%）	5.4	4.2	3.4	3.1	5.4	5.7	5.8	4.8	5.6	5.5	4.3	4.8
与全省平均差值（%）	0.6	-0.6	-1.4	-1.7	0.6	0.9	1.0	0	0.8	0.7	-0.5	—

数据来源：江西省2024年国民经济和社会发展统计公报、各设区市2024年国民经济和社会发展统计公报。

2.房地产开发投资下降明显。从房地产情况来看：一是大部分设区市房地产开发投资呈下降趋势。如2024年宜春市房地产开发投资下降18.3%，萍乡市下降12.0%，吉安市下降11.6%，抚州市下降14.7%，景德镇市下降8.4%，这反映出房地产市场需求较为低迷。二是新建商品房销售面积和销售额持续下降。2024年，江西新建商品房销售面积同比下降14.8%，新建商品房销售额同比下降18.0%。如宜春市商品房销售面积下降6.4%，新余市下降10.5%，上饶市下降 17.5%,萍乡市下降 26.6%,景德镇市下降 18.1%,赣州市下降 11.7%,吉安市下降 26.9%,抚州市下降 20.7%。三是各设区市房屋待售面积尤其是商品住宅待售面积大幅度增加。如 2024 年新余市房屋待售面积增长 19.2%,住宅待售面积增长 26.2%。

(六)外贸形势依旧严峻

1. 从进出口情况来看:2024 年,全省货物进出口贸易总值同比下降 17.2%,整体外贸形势严峻,面临较大的下行压力。在增长速度方面,鹰潭市增长 8.6%,表现突出,而其他地区有较大幅度的下降,如萍乡市下降 59.1%、新余市下降 52.7%、景德镇市下降 44.5%、九江市下降 41.3%等,这种地区间的不平衡发展不利于全省外贸的整体提升和协调发展(见表 6)。

2. 从出口情况来看:多数设区市出口呈现下降趋势,且部分地区降幅较大,如萍乡市下降 63.0%、九江市下降 57.1%、新余市下降 49.0%、景德镇市下降 31.9%等,这表明江西各设区市在国际市场上的产品竞争力有所下降,面临着来自其他地区或国家同类产品的激烈竞争,在产品结构、市场开拓等方面存在不足(见表 6)。

3. 从进口情况来看:部分设区市进口增长或下降幅度异常,如上饶市增长 80.5%、宜春市增长 35.3%,景德镇市下降 91.8%,进口的大幅波动可能对当地企业的原材料供应、技术引进等产生不利影响(见表 6)。

三、加快江西设区市经济高质量发展的对策与建议

(一)探索跨行政区合作发展,构建区域协调发展新格局

1. 探索跨行政区合作发展新机制。各设区市应积极对接和服务长江经济带高质量发展、中部地区崛起、长三角一体化、粤港澳大湾区建设、海西经济区建设等国家区域发展重大战略,高标准制定区域发展规划,完善政策支持体系,推动跨行政区域合作发展。着力打造区域创新共同体,强化产业链接。既要深化省内企业横向联系、跨界融合,也要联合周边省份推动产业链上中下游、大中

小企业融通创新，还要深度参与“一带一路”和全球产业分工合作，携手打造区域协调发展的大格局。

2. 加快区域协调发展。一是大力推进南昌都市圈培育行动。推进南昌建设“一枢纽四中心”①、提升综合实力和发展能级，赣江新区建设高质量发展的现代化新区，推进南昌都市圈同城化发展。将九江市打造为长江经济带重要节点城市，发展临港经济，推进长江经济带绿色发展示范区建设。将抚州市打造为现代产业新区，推进昌九抚一体化发展。二是继续打造赣州省域副中心。深化赣州与粤港澳大湾区合作，建设跨境产业合作区，推进赣州革命老区高质量发展示范区建设，落实赣江中游（吉安）生态经济带高质量发展总体规划，加快打造江西南部重要增长极。三是支持上饶市打造对接融入长三角一体化先行区，打造鹰潭市国家级铜基新材料先进制造业集群核心区，建好景德镇国家陶瓷文化传承创新试验区，提高赣东北城市群开放合作水平。四是支持宜春市、新余市打造国家级新能源产业重要集聚区，助力萍乡市深度融入长株潭城市群，促进湘赣边区域合作示范区建设提质增效，加快赣西城市群转型发展。

（二）以新质生产力为引擎，提升区域产业发展能级

1. 实施数字经济集聚区培育提升行动。一是支持南昌市围绕构建“一核三基地多点支撑”②格局，加速推进11家省级数字经济集聚区建设，积极培育人工智能、区块链等新兴数字产业。二是助力赣州市加快三南人工智能算力中心、百度智能网联产业赋能基地等建设，推动与庆阳签署的“数算新长征”算力产业合作，探索建设红色大模型语料库、红色“元宇宙”核心平台，打造具有区域影响力的“赣南数据港”。三是鼓励九江市深入实施制造业数字化转型行动，健全制造业数字化转型公共服务平台，探索“场景引企业、应用育产业”特色模式，深入实施“数据要素×”三年行动，强化石化化工、纺织服装、有机硅、模具、口腔“产

① “一枢纽四中心”：是指打造有全国重要影响力的综合交通枢纽和区域科创中心、金融中心、先进制造业与高品质服务业集聚发展中心，提升省会经济首位度和辐射带动力。

② “一核三基地多点支撑”：“一核”，即在红谷滩建设全省数字经济创新引领核心区。“三基地”，即依托高新区、经开区、小蓝经开区在移动智能终端、智能网联汽车、软件信息服务等产业上的特色优势，打造数字产业基地。“多点支撑”，即其他县区加快建设数字化转型支撑点。

业大脑”建设。四是支持吉安市深化制造业数字化转型,加快电子电路省级“产业大脑”建设,开展大规模中小企业数字化改造,遴选一批“小快轻准”解决方案和产品,打造一批“数字领航”、“小灯塔”企业和“数智工厂”。五是鼓励上饶市培育壮大数字文创、数字营销、智能网联汽车等产业链群,建成核工业赣东北大数据研发中心、信息安全与数据服务产业园等项目,推进网易文化创新中心、腾讯电竞青训基地、信江微短剧拍摄基地等项目。六是推进新余市加快钢铁“产业大脑”建设,高新区和分宜工业园开展省级产业集群数字化转型试点,促进重点产业集群数字化协同改造。

2. 积极探索未来产业先导区建设。一是支持赣州市实施未来产业培育发展行动,打造人工智能、低空经济等新增长引擎,积极创建未来产业科技园。二是鼓励九江市布局核科技、氢能、低空经济、人工智能等赛道,健全完善未来产业培育发展生态,创建未来产业先导试验区。三是推动上饶市积极布局未来材料、新型储能、新一代信息技术、低空经济、生物制造等未来产业。四是鼓励鹰潭市聚焦未来材料赛道,发展新一代信息技术、新能源、高端装备等领域终端用铜新材料。五是支持新余市深入实施未来产业培育发展三年行动,引育一批未来材料、未来能源、未来显示等领域企业。

3. 深入实施产业集群提能升级计划。一是推动赣州市以中国稀土集团“千万万”、中船乐美智慧家居、国际牛仔服装智造产业城、卫棉5G智能纺纱、果然食品脐橙深加工等项目建设为抓手,争取开展第二批国家制造业新型技术改造城市试点,加快现代家居、有色金属和新材料、纺织服装、绿色食品等产业链优化升级。二是支持宜春市以锂电新能源产业为基础,深化产业融合发展,建设“锂电+建陶”产业集群,争取锂电新能源材料及应用集群入选国家先进制造业集群。三是推动景德镇市聚焦氧化铝、碳化硼、碳化硅等先进陶瓷细分领域,提升红叶、龙珠阁、昌南等陶瓷品牌,举办全国“名酒+名瓷”酒器产业对接会,规范艺术陶瓷交易市场,做强特色版权交易平台,做大做强陶瓷首位产业。四是支持新余市放大中国宝武与新钢集团重组效应,争取中国资源循环集团在当地设立江西总部,推进新能源汽车硅钢、新建厚板热处理线等项目建设。

(三)强化创新引领，构建创新生态体系

1. 推进“1 + M + N”科技成果转移转化服务体系①建设。一是支持南昌市加快建设瑶湖科学岛、未来科学城，争取更多国家、省级研发平台落户，打造全省科研中心集聚区。探索教育科技人才一体化推进机制，建设同济大学卓越工程师学院江西基地。实施企业科技特派员制度，探索建立“一企业一博士”科技人才服务模式。支持企业从高校、科研院所引聘专家担任“科技副总”。二是鼓励上饶市、鹰潭市、景德镇市高质量建设运营长三角 G60 科创走廊②“双向飞地”，加快有色金属结构材料全国重点实验室成果转化中试基地和先进金属材料及关键矿产开发江西省实验室建设。支持晶科创建国家级制造业创新中心。三是打造景德镇(上海)产业协同创新中心，支持昌飞航空应急救援实验室申报全国重点实验室，创建省级旋翼飞行器制造业创新中心(景德镇)。四是支持新余市加快中国有研国家级平台分中心落地，深化建设 5 个省重点实验室和 3 个省创新联合体。五是推动新余市科技成果转移转化中心市场化运营，争取科技成果转化和概念验证中心、中试基地等落地。深化新余(上海)科创中心建设，探索对“研发飞地”实行差异化评级管理。

2. 加大政策支持力度。一是设立市级创新引导基金，对初创科技企业提供税收减免和研发补贴。二是简化行政审批，推广“揭榜挂帅”机制，吸引社会资本参与技术攻关。三是推动本地高校(如南昌大学、江西理工大学)增设新兴学科，定向培养产业急需人才。四是每个设区市布局 1 ~ 2 个省级以上重点实验室或产业研究院。五是建设“飞地孵化器”，在深圳、杭州等创新城市设立离岸研发中心。

(四)促消费、强投资，全方位扩大内需

1. 实施提振消费专项行动。一是鼓励南昌市发挥省会优势，推进消费品以

---

① “1 + M + N”科技成果转移转化服务体系：建设“1”个省级成果转移转化中心，指导建设“M”个设区市分中心，引导高校院所组建“N”个转化中心，构建全省科技成果转移转化专业化服务网络。

② 长三角 G60 科创走廊：包括上海、嘉兴、杭州、金华、苏州、湖州、宣城、芜湖、合肥等 9 个城市，覆盖面积约 7.62 万平方公里，沿线城镇化水平高、经济活力足。

旧换新,稳定汽车、家电、家居、家装等大宗消费。二是支持赣州市办好庆祝东江水供港60周年文旅消费等系列活动,积极发展定南足球等赛事经济、演艺经济。三是支持九江开展"一城一展"活动,办好名茶名泉博览会、汽车展、家电节等主题展会活动。创新夜间餐饮、休闲餐饮、文旅主题餐饮等消费场景,培育一批知名餐饮品牌、美食集聚区、小吃产业集群,大力培育康养托育、文化娱乐、体育休闲、家政服务等消费增长点。四是加快建设抚州区域性新能源汽车消费中心,着力构建"汽车+商贸、+旅游、+文化、+赛事"产业融合发展格局,积极拓展汽车后消费市场。五是推动景德镇市打造高品质消费场景,丰富陶阳里、景德镇记忆街区体验,完善昌南里街区功能,办好浮梁买茶节、乐平戏剧节等活动,培育演艺消费、数字消费等新业态。六是鼓励萍乡发展首发经济、银发经济、童经济,加力刺激农村消费,大力发展直播带货、即时零售、社交电商等消费新业态新模式,实施数字消费、绿色消费、健康消费促进政策,充分释放消费潜力。

2. 切实提高投资效益。一是提高固定资产投资协调性。在省级层面建立全省"一盘棋"的协调机制,制定全省固定资产投资中长期规划,明确各设区市的功能定位和发展重点,建立跨市重大项目协调机制,避免重复建设。各设区市应在根据各地资源禀赋和产业基础实行差异化投资的基础上,促进产业链上下游协同,打造跨市产业集群,如以南昌—九江—赣州为核心,构建电子信息、新能源、新材料等产业链分工体系(如南昌市研发、九江市制造、赣州市资源配套)。另外,应强化园区联动,推动省内国家级开发区(如南昌高新区、赣州经开区)与地方园区结对合作,通过技术外溢和产业转移提升整体投资效率。二是引导房地产投资回归理性增长。要优化土地供应与开发政策,精准供地,根据各市库存与需求差异调整供地节奏,热点城市(如南昌市、赣州市)可适度增加优质地块供应,库存较高城市(如部分三、四线城市)优先消化存量。要实施区域差异化策略,核心城市(如南昌市、赣州市)重点发展高端住宅、商业综合体,吸引省内及周边省份人口置业,三、四线城市以去库存为主,通过购房补贴、团购优惠激活本地需求。

（五）打造“一县一业”特色经济，促进城乡融合发展

1. 打造“一县一业”特色经济。一是支持南昌市各县区（国家级开发区除外）打造1～2个主导产业，持续提升主导产业首位度。二是鼓励峡江县壮大医药、医疗器械优势集群，新干县箱包皮具产业提档升级，万安县打造富硒农业重点县。三是支持吉州区、吉安县、吉水县、泰和县做强LED、智能终端等细分领域。四是鼓励永丰县、永新县、遂川县发挥石灰岩、硬石膏、硅矿等资源优势，促进矿业经济全链条突破。五是支持青原区、井冈山市、安福县壮大生态种养、生态旅游产业。六是引导做好南丰蜜橘、广昌白莲、崇仁麻鸡、南丰龟鳖、乐安竹笋等土特产文章，培育一批具有竞争力的农业品牌。七是支持上高县、万载县、奉新县、宜丰县大力发展新能源、烟花爆竹、富硒农业、绿色食品、纺织鞋服等产业，走出一条经济强县和特色名县融合发展之路。八是支持靖安县、铜鼓县大力发展现代农业、大健康、生态旅游、低碳环保等特色产业，彰显小县大作为。

2. 促进城乡融合发展。一是支持赣州市统筹建立农村防止返贫致贫机制和低收入人群分层分类帮扶制度，持续巩固拓展脱贫攻坚成果，坚决守住不发生规模性返贫底线。因地制宜发展农业新质生产力，全面延伸“粮头食尾”“农头工尾”产业链条。二是支持南昌市实施“品牌强农”提升行动，持续做强“煌上煌”“军山湖”“阳光”“凌代表”等企业品牌，支持南昌农业发展集团建设江西省农产品供应链平台。三是鼓励九江市推广新型农业经营主体未来收益权质押贷款模式。四是支持吉安市探索整区域推进和“乡村主建、农民主体”建管模式完成高标准农田建设，组建“井冈山”品牌服务中心。五是推动芦溪县金线莲、莲花县黑灵芝等一批特色林下产业发展，促进林业增效、农民增收。六是支持萍乡市推进“品萍乡”“湘赣红”农产品区域公用品牌建设，认证绿色食品、有机农产品、名特优新农产品，提升产品附加值和影响力。

（六）擦亮内陆开放型经济试验区“金字招牌”，做好双向开放大文章

1. 加快跨区域合作共建。一是发挥赣州市作为对接粤港澳大湾区桥头堡的作用，加快深赣共建产业园区、深赣港产城特别合作区一期建设，深化共建赣

粤边区域产业合作示范区、低空经济产业园,建设深寻支援合作产业园、信丰深圳产业园、于都赣深光电产业园、定南深赣安全应急产业合作示范区等特色平台。二是支持九江市复制推广自贸试验区制度创新成果,推动中新产业合作园建设。三是鼓励吉安市以项目为抓手,深入推进与东莞市、深圳南山区和新疆阿克陶县等地合作事项,纵深推进赣湘边区域合作示范区建设。四是持续深化抚州—泉州合作,聚焦产业协作、文化旅游、农业合作、教育医疗等重点,推动对口合作向纵深发展。五是推动景德镇国家陶瓷文化传承创新试验区、厦门自贸区"双区联动",建好陶瓷产品和文化海外发展基地,打造"中国特色文化出口先行区"。六是加快萍乡市建设湘赣产业合作园等省际产业合作园区,推动萍乡市装备制造、新能源新材料、电瓷电气等产业深度融入长株潭优势产业集群。

2. 多渠道扩大对外开放。一是支持"江海通"组合政策工具箱落地生效,深化九江港与长江沿线口岸合作,拓展应用"口岸 + 属地"通关协作、"联动接卸"等便捷通关举措。二是深化赣州国际陆港"四区融合"①发展,打造中欧班列集结中心、跨境电商货物集拼中心、进口商品集采中心,做大做强临港经济、保税经济。三是稳定运行上饶"无水港"和上饶—宁波 "海铁联运天天班"。推进宁德港上饶码头开通外贸业务。四是支持景德镇深化跨境电商出口海外仓模式,支持企业建设海外仓、拓展外贸订单,加速景德镇陶瓷官方旗舰店国内外布局。

3. 进一步完善基础设施建设。积极推进遂川至大余高速、萍乡绕城高速、南昌昌北国际机场三期扩建等项目建设,开工长赣高铁、新干至瑞昌段高速、南丰至南昌高速、上饶至鹰潭高速、袁河航道提升工程等项目,力争尽快使闽赣灵活互济联网工程开工,全力推进鄱阳湖水利枢纽工程建设,做好腾格里沙漠基地送电江西工程,赣粤、浙赣运河等项目前期工作。

参考文献

叶建春:《政府工作报告——2025 年 1 月 17 日在江西省第十四届人民代表

① "四区融合":赣州国际陆港、赣州综合保税区、中国(赣州)跨境电子商务综合试验区、国家进口贸易促进创新示范区融合发展。

大会第三次会议上》,《江西省人民政府公报》,2025 年第 3 期。

江西省统计局:《江西省 2024 年国民经济和社会发展统计公报》,《江西日报》,2025 年 3 月 31 日。

赖永峰、刘兴:《江西力促数字经济做优做强》,《经济日报》,2024 年 2 月 8 日。

张晴、张振华、周业付:《开放型经济下江西外贸纾困策略》,《现代商业》,2024 年第 19 期。

柯健:《新发展理念引领江西现代化产业体系建设》,《中共南昌市委党校学报》,2023 年第 6 期。

江西县域经济高质量发展报告

龙晓柏　朱顺东　余小琴　李泽宇 *

摘要： 作为国家经济的基础单元，县域是构建新发展格局的重要环节，也是推动区域发展的关键力量。"十四五"以来，全省县域坚持以习近平新时代中国特色社会主义思想为指导，深入贯彻落实党的二十大和二十届二中、三中全会以及习近平总书记考察江西重要讲话精神，积极作为、精准服务，实施县域经济振兴发展行动。本文在分析当前全省县域经济发展的成效、特征以及面临的瓶颈基础上，进一步对2020—2023年全省县域经济综合发展竞争力进行科学评价，并提出了产业优化、协调发展、科技创新、城乡融合、绿色转型、开放共享等思路以推动江西县域经济高质量发展。

关键词： 县域经济　高质量　可持续发展

"十四五"以来，全省县域坚持以习近平新时代中国特色社会主义思想为指导，深入实施高质量发展战略，立足各地资源禀赋和比较优势，因地制宜推动县域特色化发展，经济运行呈现平稳发展态势。

---

* 课题组组长：龙晓柏，江西省社会科学院经济研究所副所长，研究员，研究方向为世界经济、国民经济。课题组成员：朱顺东，江西省社会科学院经济研究所助理研究员，研究方向为统计学；余小琴，江西省社会科学院经济研究所助理研究员，研究方向为区域经济；李泽宇，江西省社会科学院经济研究所助理研究员，研究方向为区域经济。

一、江西县域经济发展成效

（一）县域经济规模实力增长稳健

县域经济总量稳中有进。从 2020 年到 2024 年，全省 73 个县域①实现地区生产总值（GDP）从 1.438 万亿元增加到 1.81 万亿元，增幅达 25.69%，保持了稳步增长态势（见图 1）。2024 年，全省县域 GDP 总量占全省的比重为 52.93%，贡献了全省经济发展的一半以上。

县域经济增长动力强劲。2024 年，全省县域 GDP 增长率均值为 5.37%，增速超过全省平均值 0.27 个百分点。其中，48 个县域生产总值增速超过全省平均值，尤其贵溪市、定南县、樟树市和寻乌县生产总值增速超过 7%，分别达 7.7%、7.2%、7.1%、7.1%，成为全省经济增长的亮点。

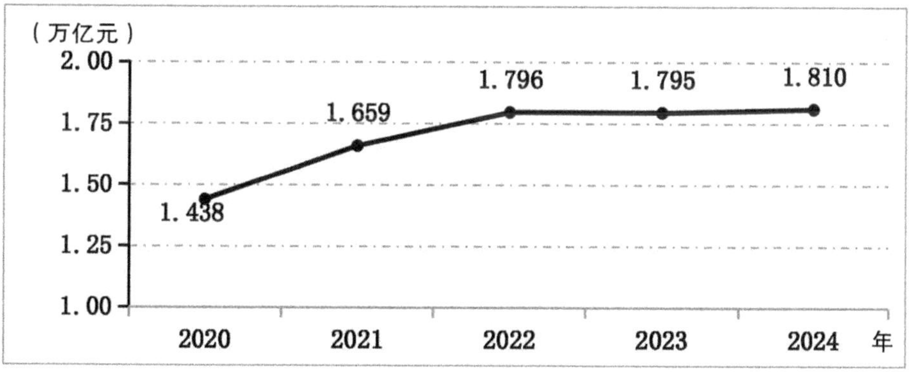

图 1　2020—2024 年江西省县域 GDP 总额

数据来源：江西省统计局。

县域财政收入规模稳步提升。2024 年，全省 73 个县域一般公共预算收入总额达 1234.88 亿元，占全省的比重 40.26%，为全省财政收入的重要来源。工业强县财政实力突出，南昌县一般公共预算收入达 90.09 亿元，贵溪市、丰城市

① 目前，江西省县级区划包括 27 个市辖区、12 个县级市、61 个县。本报告研究范围为县（61）和县级市（12），共 73 个县级区划单位。

分别实现53.68亿元、50.05亿元,形成了一批财政收入超30亿元的县域经济强县。同时,2024年,全省县域一般公共预算收入增速均值为2.1%,高于全省平均水平(0.2%),特别是南城县、横峰县、奉新县等县域增速表现亮眼,分别达到23.4%、18.6%、14.2%。

(二)县域实体经济持续优化

工业经济效益明显提升。2024年,县域工业经济呈现"量质双升"的良好态势。全省县域规模以上工业营业收入总额达25109.2亿元,同比增长6%,超过全省0.9个百分点,占全省总量的57.36%。其中,规模以上工业营业收入超过千亿元的有贵溪市(3225.6亿元)、南昌县(2570.4亿元)、湖口县(1036.6亿元)、吉安县(1131.3亿元)。全省县域规模以上工业增加值平均增速为8.92%,高于全省平均水平(8.5%),比2023年提高2.51个百分点。规模以上工业利润总额为1412亿元,同比增长4.45%,高于全省1.35个百分点,占全省总额的65.7%。利润率①为5.62%,高于全省平均水平(4.91%)(见表1)。

表1 2024年江西县域产业发展情况

指标	总额(亿元)	县域同比增长率(%)	全省同比增长率(%)	占全省比重(%)
规模以上工业营业收入	25109.2	6	5.1	57.36
规模以上工业利润总额	1412	4.45	3.1	65.7
农林牧渔业总产值	3599.1	3.74	3.6	80.09

数据来源:江西省统计局。

农业发展特色鲜明。2024年,县域农业生产呈现"规模稳定、特色突出、效益提升"的特点。2024年,县域农林牧渔业总产值为3599.13亿元,同比增长3.74%,高于全省水平3.6%,占全省总量的80.09%(见表1),是农业生产的主

① 利润率=利润总额/营业收入。

要阵地,主体地位突出。多县特色富民农业发展迅速,南丰蜜橘、广昌白莲、信丰脐橙等特色农产品品牌效应不断凸显,“赣字号”农产品的知名度和竞争力不断提升。农业现代化取得积极进展,鄱阳湖平原县域农业规模化、机械化水平明显提升,农业产业链不断拓展,农业生产效益凸显,南昌县、鄱阳县、进贤县等鄱阳湖平原县域农业产值普遍在100亿元以上,居全省前列。

(三)县域创新动能不断增强

创新投入持续增加。各县域企业研发投入持续快速增长,2020—2023年,全省县域企业研发投入总额由195.27亿元增长到275.72亿元,年均增长率达12.24%,明显高于同期GDP增速(见表2)。南昌县、贵溪市、吉安县作为工业强县研发投入领先,2023年企业研发投入分别为34.3亿元、13.5亿元和12.8亿元。

表2 2020—2023年江西县域创新投入与产出情况

年份	县域企业研发投入		县域新产品销售收入	
	总额(亿元)	增长率(%)	总额(亿元)	增长率(%)
2020	195.27	—	3716.11	—
2021	229.05	17.3	5391.54	45.09
2022	252.18	10.1	6090.36	12.96
2023	275.72	9.33	6915.07	13.54

数据来源:江西省统计局。

创新产出成效显著。县域创新产出能力持续提升,新产品研发和产业化取得积极进展。2020—2023年,全省县域新产品销售收入总额由3716.11亿元提升到6915.07亿元,增长86.08%,年均增长率达23%。各县域加快培育新质生产力,新兴产业也加速发展,电子信息、新材料、生物医药、装备制造等新兴产业加速集聚,产业创新生态逐步形成。

(四)县域民生改善成效明显

居民收入稳步增长。2024年,县域居民收入稳步提升,民生保障水平不断提高。2024年,各县域城镇居民人均可支配收入均值为42233.07元,同比增长率平均值为4.48%,高于全省平均水平(4.3%),农村居民人均可支配收入均值为22161.29元,同比增长率平均值为6.72%,也高于全省平均值(6.2%)(见表3)。

表3 2024年江西县域民生相关指标增长情况

指标	县域平均值	全省平均值
城镇居民人均可支配收入增长率(%)	4.48	4.3
农村居民人均可支配收入增长率(%)	6.72	6.2
社会消费品零售总额增长率(%)	5.72	4.9

数据来源:江西省统计局。

消费市场活力增强。2024年,全省县域社会消费品零售总额为6642.1亿元,各县域增长率平均值为5.72%,高于全省0.82个百分点(见表3),占全省总额的46.34%,消费潜力不断释放。消费市场主要集中在经济发达和人口集中县域,如南昌县和鄱阳县,社会消费品零售总额分别为447.3亿元和207.6亿元。新型消费模式蓬勃发展,电商消费、体验消费、定制消费、直播带货等新型消费模式在县域迅速普及,带动特色产品“走出去”,优质产品“引进来”。农村消费潜力不断释放,升级类商品消费快速增长。

(五)县域绿色发展卓有成效

生态环境质量优良。各县域生态环境质量总体良好,森林资源丰富。2024年,各县域平均森林覆盖率超过65%,高于全省值(约63%)。崇义县、铜鼓县、资溪县等森林覆盖率超过85%,生态保护成效显著。井冈山市、婺源县等地生态旅游收入明显增长,2024年,井冈山市旅游收入为124.7亿元,同比增长16.5%,婺源县文旅综合收入达到276.2亿元,同比增长7.5%,生态优势逐步转化为经济优势。

能源效率持续提升。2024 年,各县域平均单位 GDP 能耗总体呈现稳步下降趋势,从 2020 年的 0.39 吨标准煤/万元下降到 0.36 吨标准煤/万元(见图 2)。南昌县、都昌县、广昌县、婺源县和石城县每万元 GDP 能耗均低于 0.2 吨标准煤,分别为 0.14、0.16、0.18、0.19 和 0.19,能效水平高,发展质量好。县域清洁能源利用比重也在不断上升,可再生能源开发利用加快,能源消费结构持续优化。

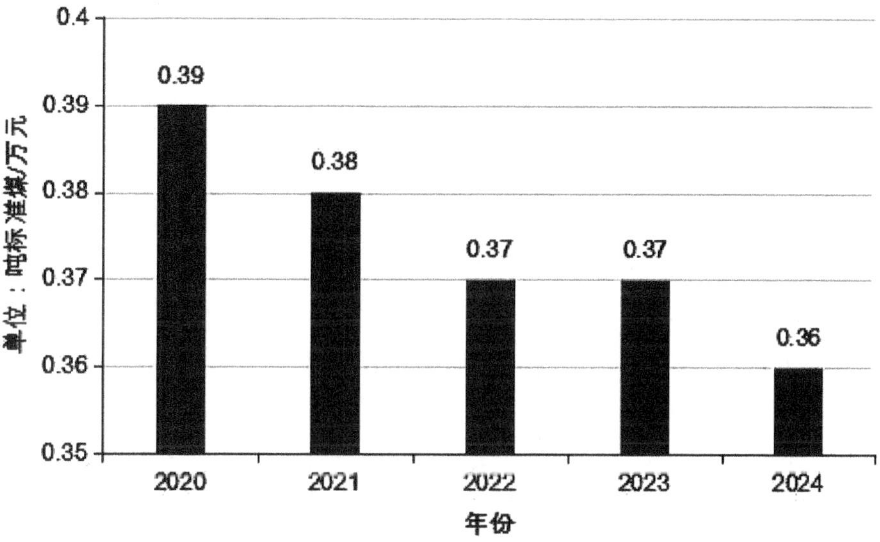

图 2 2020—2024 年江西省各县域平均单位 GDP 能耗

数据来源:江西省统计局。

(六)县域协调发展格局逐步形成

区域发展更趋均衡。各县域经济总量呈现“中间大,两头小”的橄榄形分布结构。2024 年,各县域生产总值的平均值为 247.97 亿元,72.60% 的县域生产总值位于 100 亿元和 300 亿元之间,占比超过了三分之二。地区生产总值低于 100 亿元的仅有三个县域,生产总值在 500 亿元以上的有四个,其中南昌县是唯一一个超千亿县(见表 4)。

表4　2024年江西县域生产总值规模分布情况

生产总值区间	县域数量	占比(%)	代表县域
1000亿元以上	1	1.37	南昌县
500亿元—1000亿元	3	4.11	贵溪市、丰城市、高安市
300亿元—500亿元	13	17.81	如进贤县、乐平市、樟树市等
200亿元—300亿元	24	32.88	如上栗县、龙南市、德兴市等
100亿元—200亿元	29	39.73	如安义县、定南县、婺源县等
100亿元以下	3	4.11	资溪县、铜鼓县、乐安县

数据来源:江西省统计局。

城乡融合发展取得成效。2024年,各县域城乡收入比平均值为1.93,其中60个县域(占比82.19%)城乡收入比低于全省平均水平(2.1),特色农业县如南丰县、崇仁县,城乡人均收入比分别低至1.38、1.49,城乡收入差距显著缩小。城乡产业互动增强,县域工业向乡村延伸,农产品加工向城镇集中,形成了城乡产业良性互动的发展格局。

错位发展态势明显。在全省县域经济发展格局中,不同县域立足资源禀赋和区位优势,打造特色鲜明的富民产业,实现了明显的错位发展。在首位产业定位方面,以电子信息产业为主导的信丰县、依托有色金属产业的贵溪市、以"花炮故里"闻名的上栗县形成了"领头雁"发展示范效应;在功能定位方面,高安市和丰城市发展建材和机械制造形成产业集群,婺源县和井冈山市重点发展生态文化旅游,樟树市持续打造"中国药都",实现了自身资源禀赋与产业优化的内在互补;在发展路径方面,南昌县以科技创新引领,崇义县以生态经济发展为主攻方向,走出了各具特色的发展道路。

二、江西县域经济发展综合评价

坚持新发展理念,为推动江西县域经济高质量发展,客观评价江西县域经济高质量发展水平，引导县域增强对标意识、创新意识、引领意识，结合县域发展面临的新趋势、新特征，按“量质双升”高质量发展思路，遵循“创新、协调、绿色、开放、共享”发展原则，课题组构建了县域经济高质量发展综合评价体系。

（一）评估目标与指标设定

县域经济高质量发展综合评价体系主要从六个维度进行考量：一是经济规模实力。主要通过地区生产总值（GDP）、一般公共预算收入和第二产业增加值3个指标来衡量一个县域的经济总量与财政实力、工业发展水平。这些指标能够直观地反映出该县域的经济规模和发展实力。二是创新发展。创新发展的评估主要依赖研发投入强度和新产品销售收入占比。这些指标能够有效地评估一个地区的创新能力以及产业升级的潜力，体现该县域在创新方面的活力和竞争力。三是协调发展。协调发展以城镇化率和城乡居民收入比为衡量标准。这两个指标能够反映出城乡之间的融合程度以及发展的平衡性，是否实现了城乡的协调发展。四是绿色发展。采用第一产业增加值占GDP比重、森林覆盖率和单位GDP能耗作为衡量指标。第一产业增加值占GDP比重反映该县域在粮食保障力和农业经济基础的稳固性情况，森林覆盖率反映了该县域的生态环境状况，而单位GDP能耗则体现了资源利用的效率。这3个指标衡量了生态资源与农林牧渔业（包括生态水稻、林下经济、淡水养殖等）可持续发展以及县域生产绿色化的情况。五是开放发展。包括实际利用外资额和出口总值两个指标，能够反映出一个县域经济的外向性以及在国际市场上的竞争力。六是共享发展。主要关注人均GDP、城镇居民人均可支配收入和农村居民人均可支配收入3个指标，体现了经济发展成果是否能够惠及到广大居民，实现了发展成果的共享，这体现发展成果的普惠性。

权重确定采用全局熵值法（见表5），以客观数据为依据，通过信息熵原理量化各指标贡献度，确保权重分配科学合理，精准适配江西县域经济的复杂特征。

表5 江西县域经济综合竞争力指标体系

维度指标	衡量指标	权重
经济规模实力	地区生产总值(GDP)	0.100
	一般公共预算收入	0.083
	第二产业增加值	0.137
创新发展	企业研发投入	0.097
	新产品销售收入	0.155
协调发展	城镇化率	0.023
	城乡居民收入比	0.010
绿色发展	第一产业增加值占 GDP 比重	0.027
	森林覆盖率	0.013
	单位 GDP 能耗	0.005
开放发展	实际利用外资额	0.146
	出口总值	0.093
共享发展	人均地区生产总值	0.052
	城镇居民人均可支配收入	0.030
	农村居民人均可支配收入	0.029

注:本体系指标数据主要来源于县域统计年鉴(2021—2024 年)、江西省各县政府官网以及江西各地级市统计年鉴(2021—2024 年),存在缺失个别数据通过线性插值法进行补充。

(二)指标计算方法

在指标具体测算过程中,先将数据进行标准化,每个指标标准化采用百分制,分布在 60 至 100 分范围内。数据标准化计算公式如下:

标准化数据 $X_i = 60 + 40 \times (X_i - MIN(X_i)) / (MAX(X_i) - MIN(X_i))$

县域经济综合竞争力得分加权计算,得分公式如下:

综合得分 $= \Sigma_1^{15} X_i W_i$

其中，X_i 为指标 i 标准化后的数据，W_i 为指标 i 的权重，i 表示选取次级指标中的 15 个变量。

（三）综合竞争力总体评估

根据综合计算结果，2023 年，县域经济综合竞争力排名处于全省前五位的是：南昌县、贵溪市、吉安县、丰城市和高安市。处于第 6 至 12 位的县域是：湖口县、樟树市、上高县、共青城市、龙南市、瑞昌市、玉山县。从 2020—2023 年综合排名来看，南昌县凭借其经济规模、产业基础、创新能力等多方面的显著优势，连续四年稳居全省第一梯队首位，显示出强大的发展实力和稳健的增长态势。贵溪市、丰城市等县（市）排名相对稳定且靠前，表明这些地区在推动经济高质量发展上成效显著，综合实力较强。

在观测期内（2020—2023 年），上高县、龙南市、玉山县、分宜县、宜丰县、南丰县、浮梁县、南城县、万载县、安义县综合位次提升明显。其中，龙南市的排名上升了 3 位，这主要得益于其近年不断优化营商环境，提高政务服务效率，成功承接了大量沿海产业转移，特别是电子信息和新能源汽车产业的快速发展，吸引了更多投资，带动了经济规模和竞争力的提升。玉山县的排名也从 2020 年的第 27 位上升至 2023 年的第 14 位，这受益于其处于长三角一体化、赣浙合作示范区等发展战略叠加区，并高质量推进建设全国农村一、二、三产业融合发展先导区、全国休闲农业和乡村旅游示范县，持续提升了县域综合经济发展韧性。一些县（市）由于其传统产业面临转型升级压力，同时在创新投入不足、新兴产业发展相对滞后等问题上表现较为突出，影响了其综合竞争力的提升（见表 6）。

表 6　2023 年江西县域经济综合竞争力得分前 30 名及其 2020—2022 年得分排名情况

县(市)	2023 年		2022 年		2021 年		2020 年		2020—2023 年
	得分	排名	得分	排名	得分	排名	得分	排名	位次变化
南昌县	91.03	1	88.36	1	92.47	1	85.70	1	无变化
贵溪市	76.86	2	75.26	2	75.31	2	74.07	2	无变化
吉安县	71.99	3	74.19	3	71.54	3	69.86	3	无变化
丰城市	70.72	4	70.74	4	70.33	4	68.90	4	无变化
高安市	69.72	5	69.90	5	68.85	9	67.52	9	上升 4 位
湖口县	69.19	6	69.08	6	68.90	8	67.54	8	上升 2 位
樟树市	67.99	7	68.31	8	69.59	6	68.04	6	下降 1 位
上高县	67.90	8	67.63	12	67.45	12	66.61	11	上升 3 位
分宜县	67.83	9	65.96	28	65.63	33	65.19	26	上升 17 位
龙南市	67.64	10	67.28	15	67.59	11	66.37	13	上升 3 位
共青城市	67.30	11	68.69	7	69.33	7	67.77	7	下降 4 位
永修县	67.14	12	67.80	9	68.35	10	66.99	10	下降 2 位
瑞昌市	67.05	13	67.65	11	69.71	5	68.43	5	下降 8 位
玉山县	67.00	14	66.45	23	66.60	20	65.19	27	上升 13 位
信丰县	66.96	15	66.78	18	67.03	16	66.02	18	上升 3 位
奉新县	66.86	16	67.52	13	67.09	15	66.03	17	上升 1 位
德安县	66.83	17	66.67	20	67.45	13	66.58	12	下降 5 位
宜丰县	66.80	18	66.40	25	66.11	24	65.26	25	上升 7 位
彭泽县	66.77	19	66.76	19	67.27	14	66.33	14	下降 5 位
进贤县	66.67	20	66.65	21	67.01	17	66.12	15	下降 5 位
乐平市	66.67	21	67.75	10	66.94	18	66.06	16	上升 5 位

续表:

县(市)	2023 年		2022 年		2021 年		2020 年		2020—2023 年
	得分	排名	得分	排名	得分	排名	得分	排名	位次变化
浮梁县	66.60	22	67.42	14	65.38	37	64.93	36	上升 14 位
德兴市	66.30	23	65.78	31	65.88	26	65.53	21	下降 2 位
新干县	66.22	24	67.04	16	66.57	21	65.90	19	下降 5 位
南城县	66.17	25	66.01	27	65.75	31	65.05	32	上升 7 位
吉水县	66.13	26	66.95	17	66.12	22	65.15	29	上升 3 位
南丰县	66.11	27	65.92	29	65.34	38	65.01	33	上升 6 位
瑞金市	66.00	28	65.75	32	65.81	27	65.00	34	上升 6 位
万载县	65.99	29	66.52	22	65.76	30	64.47	41	上升 12 位
泰和县	65.83	30	66.43	24	66.92	19	65.71	20	下降 10 位

(四)分项维度评估

1. 经济规模实力。在经济规模实力方面,南昌县持续领跑全省,其 GDP、一般公共预算收入和第二产业增加值均表现突出。这得益于其作为省会城市核心县域的区位优势、产业聚集效应以及政府在基础设施建设、招商引资等方面的积极作为。贵溪市、丰城市等紧随其后,这些地区工业基础较好,通过不断加大工业投入、优化产业结构,保持了经济规模的稳步增长。信丰县在这一评价维度的排名上升了 5 位,这主要得益于其在招商引资方面的突破,特别是引入了一些大型电子信息制造工业项目。同时,信丰县还积极推动传统工业转型升级,支持企业技术改造和创新,进一步提升了工业生产的效率和附加值。而一些县(市)排名下降,可能是因为其传统产业增长乏力,新兴产业发展不足,导致经济规模实力的相对减弱(见表 7)。

表7　2023 年江西县域经济规模得分排名前20 名及其2020—2022 年得分排名情况

县（市）	2023 年		2022 年		2021 年		2020 年	
	得分	排名	得分	排名	得分	排名	得分	排名
南昌县	31.79	1	31.71	1	31.17	1	29.52	1
贵溪市	23.19	2	23.11	2	22.59	2	22.15	3
丰城市	22.83	3	22.80	3	22.59	3	22.24	2
高安市	21.74	4	21.83	5	21.62	5	21.35	5
樟树市	21.73	5	21.96	4	21.75	4	21.49	4
乐平市	21.50	6	21.52	6	21.42	6	21.16	6
湖口县	21.14	7	20.95	8	20.82	9	20.63	8
瑞昌市	20.94	8	21.06	7	20.93	7	20.74	7
进贤县	20.92	9	20.95	9	20.83	8	20.52	10
永修县	20.62	10	20.78	10	20.66	10	20.47	11
上高县	20.60	11	20.60	11	20.45	11	20.30	13
于都县	20.57	12	20.56	12	20.45	12	20.28	15
玉山县	20.50	13	20.45	14	20.38	15	20.23	16
万载县	20.48	14	20.44	16	20.31	18	20.17	18
吉安县	20.46	15	20.54	13	20.43	13	20.32	12
信丰县	20.45	16	20.42	17	20.31	17	20.11	21
泰和县	20.43	17	20.38	19	20.27	19	20.14	19
德兴市	20.39	18	20.33	21	20.25	20	20.29	14
鄱阳县	20.35	19	20.35	20	20.24	21	20.10	22
修水县	20.35	20	20.41	18	20.43	14	20.59	9

2. 创新发展。创新发展维度，南昌县依旧占据首位，凭借良好的产业基础和科研环境，企业研发投入不断加大，新产品销售收入占比持续提升，反映出其在创新驱动发展战略实施上走在前列。贵溪市、高安市、湖口县等在创新发展上也表现不俗，这些地区通过政策引导、搭建创新平台等措施，激发产业技术创新活力。吉安县在这一维度的排名始终保持在第3位，这与当地积极推动电子信息等新兴产业的科技创新有关。吉安县通过建设电子信息产业园区，吸引了大量高科技企业落户，同时，吉安县鼓励企业加大研发投入，优化产学研合作机制，促进了科技成果转化。一些县(市)设立了人才引进专项基金，吸引了大量高层次人才，为创新发展提供了智力支持。而排名下降的县(市)，可能在创新投入不足、创新机制不完善等问题上表现较突出，制约了创新发展动力(见表8)。

表8 2023年江西县域创新发展得分排名前20名及其2020—2022年得分排名情况

县(市)	2023年		2022年		2021年		2020年	
	得分	排名	得分	排名	得分	排名	得分	排名
南昌县	25.18	1	22.58	1	23.05	1	20.10	2
贵溪市	22.33	2	21.26	2	20.68	2	20.41	1
吉安县	19.47	3	19.74	3	19.05	3	19.46	3
高安市	18.31	4	17.82	4	17.03	6	16.60	5
丰城市	17.97	5	17.52	6	17.37	4	16.83	4
湖口县	17.29	6	17.78	5	16.87	7	16.41	7
信丰县	16.72	7	16.80	7	16.31	12	16.04	8
玉山县	16.69	8	16.41	9	16.42	8	15.65	24
上高县	16.65	9	16.40	10	16.24	13	15.87	11
龙南市	16.59	10	16.36	11	16.37	9	15.78	14

续表：

县(市)	2023 年		2022 年		2021 年		2020 年	
	得分	排名	得分	排名	得分	排名	得分	排名
万载县	16.52	11	16.44	8	16.12	15	15.60	29
遂川县	16.37	12	16.16	17	15.95	20	15.56	32
宜丰县	16.35	13	16.24	16	15.69	32	15.45	44
新干县	16.35	14	16.32	14	16.01	17	15.53	36
彭泽县	16.31	15	16.26	15	16.01	18	15.62	26
安义县	16.23	16	16.04	22	15.90	23	15.56	31
安福县	16.22	17	16.15	18	15.91	21	15.75	15
弋阳县	16.15	18	15.81	31	15.66	35	15.32	54
吉水县	16.13	19	16.11	19	15.90	22	15.67	22
瑞金市	16.11	20	15.99	23	15.82	26	15.66	23

3. 协调发展。在协调发展排名中，共青城市、德安县等名列前茅。共青城市围绕大南昌都市圈卫星城战略定位，大力发展城市延伸型经济和现代都市农业，注重城乡统筹，完善城乡公共服务水平，高质量实现了城乡融合发展。德安县则高质量推进以人为本的新型城镇化，深入实施城市更新行动，绘就宜居宜业和美乡村新画卷，同时积极促进油茶、禽蛋、中药材加工等乡村富民产业发展，缩小城乡居民收入差距。浮梁县的排名始终保持在第 3 位，这得益于其紧紧围绕“努力把浮梁建成与世界对话的国际瓷都后花园”发展定位，中心城区城市功能品质持续提升，同时加强农村基础设施建设，全力建好城乡融合样板区，“打造乡创模式 带动山美村富”入选国家文化和旅游赋能乡村振兴优秀案例。而一些县(市)在城乡规划、资源配置等方面存在不足，导致城镇化进程缓慢，城乡居民收入差距较大，影响了协调发展水平(见表 9)。

表9 2023年江西县域协调发展得分排名前20名及其2020—2022年得分排名情况

县(市)	2023年		2022年		2021年		2020年	
	得分	排名	得分	排名	得分	排名	得分	排名
共青城市	3.13	1	3.09	1	3.08	1	3.06	1
德安县	2.95	2	2.92	2	2.91	2	2.89	2
浮梁县	2.95	3	2.90	3	2.89	3	2.85	3
分宜县	2.91	4	2.88	5	2.84	5	2.80	5
南昌县	2.90	5	2.89	4	2.87	4	2.84	4
南城县	2.89	6	2.85	6	2.83	6	2.80	6
资溪县	2.86	7	2.83	7	2.80	7	2.77	7
德兴市	2.85	8	2.81	9	2.79	8	2.76	9
奉新县	2.85	9	2.81	8	2.79	9	2.76	8
龙南市	2.84	10	2.79	11	2.76	11	2.71	14
宜丰县	2.84	11	2.80	10	2.79	10	2.75	10
黎川县	2.82	12	2.78	12	2.76	13	2.72	13
定南县	2.82	13	2.74	18	2.69	19	2.63	20
上高县	2.81	14	2.77	14	2.75	14	2.73	12
瑞昌市	2.81	15	2.78	13	2.76	12	2.74	11
玉山县	2.79	16	2.75	16	2.73	17	2.70	17
庐山市	2.79	17	2.75	15	2.74	15	2.71	15
永修县	2.78	18	2.75	17	2.73	16	2.71	16
南丰县	2.76	19	2.72	19	2.70	18	2.67	18
铅山县	2.74	20	2.70	20	2.68	20	2.65	19

4. 绿色发展。在绿色发展排名中,安远县、寻乌县等县(市)表现亮眼,这些地区森林覆盖率高,生态环境优越,同时在单位GDP能耗控制上成效显著,体现了其在践行“绿水青山就是金山银山”理念上的坚定决心和有效行动。例如,安远县森林覆盖率82.72%,是赣南脐橙生产核心主产区,通过发展生态农业和生态旅游,成为粤港澳大湾区“菜篮子”优质生产基地和后花园,实现了农业经济增长与生态保护的良性互动。南丰县、石城县、鄱阳县的排名始终保持在第3~5位,这与其在生态环境保护和绿色产业发展方面的持续努力有关。如石城县不仅是中国白莲之乡,也是国家重点生态功能区和国家生态文明建设示范区,持续打造国家“绿水青山就是金山银山”实践创新基地,促进了县域绿色经济的高质量发展。而一些县(市)在生态资源保护、节能减排等方面存在薄弱环节,导致绿色发展水平相对降低(见表10)。

表10 2023年江西县域绿色发展得分排名前20名及其2020—2022年得分排名情况

县(市)	2023年		2022年		2021年		2020年	
	得分	排名	得分	排名	得分	排名	得分	排名
安远县	4.28	1	4.29	2	4.32	1	4.40	2
寻乌县	4.25	2	4.29	1	4.32	2	4.40	1
南丰县	4.23	3	4.25	3	4.29	3	4.36	3
石城县	4.15	4	4.13	4	4.17	4	4.25	4
鄱阳县	4.10	5	4.09	5	4.14	5	4.19	5
宁都县	4.09	6	4.09	6	4.13	6	4.19	6
会昌县	4.06	7	4.05	8	4.07	8	4.14	10
全南县	4.02	8	4.05	7	4.08	7	4.14	9
崇仁县	3.99	9	4.01	9	4.06	9	4.16	7
进贤县	3.98	10	3.94	11	4.00	10	4.15	8

续表：

县(市)	2023 年		2022 年		2021 年		2020 年	
	得分	排名	得分	排名	得分	排名	得分	排名
上犹县	3.95	11	3.96	10	3.97	11	4.05	11
兴国县	3.91	12	3.94	12	3.94	13	4.01	13
余干县	3.90	13	3.91	14	3.95	12	3.96	18
芦溪县	3.90	14	3.93	13	3.94	14	4.03	12
信丰县	3.90	15	3.88	16	3.89	18	3.97	17
瑞金市	3.89	16	3.88	17	3.88	19	3.94	20
浮梁县	3.86	17	3.86	20	3.87	20	3.93	21
定南县	3.84	18	3.87	19	3.90	16	3.95	19
铜鼓县	3.83	19	3.89	15	3.93	15	3.97	16
崇义县	3.83	20	3.83	21	3.85	22	3.90	24

5.开放发展。在开放发展排名方面，吉安县、南昌县、龙南市凭借其优越的地理位置、完善的交通网络和良好的投资环境，吸引了大量外资，出口贸易也保持较高水平，开放型经济发展优势明显。以龙南市为例，这主要得益于其积极融入粤港澳大湾区建设，通过建设高水平的赣粤合作产业园区，承接沿海产业转移，优化营商环境，开放发展程度保持较高水平。分宜县、瑞金市、浮梁县、奉新县、吉水县、都昌县的排名上升幅度明显。而一些县(市)在开放平台建设、本县企业对外贸易拓展、外资企业绿地投资等方面相对滞后，加之近年来受国际经贸保护主义冲击较大，影响了开放发展排名(见表 11)。

表11　2023年江西县域开放发展得分排名前20名及其2020—2022年得分排名情况

县(市)	2023年		2022年		2021年		2020年	
	得分	排名	得分	排名	得分	排名	得分	排名
吉安县	17.53	1	19.61	1	17.98	2	16.28	11
南昌县	17.42	2	17.79	2	22.34	1	20.00	1
分宜县	16.45	3	15.25	26	14.91	59	14.80	60
龙南市	15.98	4	16.04	6	16.70	7	16.52	5
贵溪市	15.83	5	15.65	14	17.06	4	16.94	3
湖口县	15.67	6	15.50	19	16.67	8	16.37	9
瑞金市	15.42	7	15.56	16	16.07	14	15.80	18
彭泽县	15.38	8	15.51	18	16.55	9	16.28	12
永修县	15.37	9	16.10	5	16.83	6	16.38	8
上高县	15.32	10	15.49	20	15.89	19	15.91	16
浮梁县	15.29	11	16.22	3	15.15	47	15.04	45
于都县	15.18	12	15.24	27	16.44	10	16.42	7
瑞昌市	15.15	13	15.74	12	17.76	3	17.35	2
奉新县	15.14	14	15.60	15	15.67	27	15.62	24
吉水县	15.08	15	16.16	4	15.87	20	15.52	28
信丰县	15.05	16	15.09	33	16.18	12	15.93	15
都昌县	14.97	17	14.92	37	15.67	28	15.55	27
共青城市	14.95	18	15.77	10	16.98	5	16.66	4
修水县	14.94	19	15.21	28	15.93	18	15.69	21
丰城市	14.92	20	15.65	13	15.84	21	15.65	23

6. 共享发展。在共享发展维度方面，南昌县、共青城市、德安县、湖口县、贵溪市、樟树市等在全省处于领先地位，城乡居民人均可支配收入水平较高且增长稳定，这得益于其在提升居民收入方面的有效措施，同时加强了职业培训和就业指导，提高了城乡居民就业能力。南丰县、永修县、上高县的排名始终保持在前10位。如上高县通过加大教育、医疗、住房等民生领域的投入，完善社会保障体系和公共服务设施建设，改善了居民生活条件。此外，上高县还通过发展绿色富硒功能农业等特色富民产业，拓宽了居民增收渠道，促进了居民收入的稳步增长。而一些县(市)在民生投入不足、教育资源分布不均衡、医疗保障服务不完善等方面存在不足，影响了城乡居民共享发展水平(见表12)。

表12 2023年江西县域共享发展得分排名前20名及其2020—2022年得分排名情况

县(市)	2023年		2022年		2021年		2020年	
	得分	排名	得分	排名	得分	排名	得分	排名
南昌县	10.79	1	10.44	1	10.10	1	10.25	1
共青城市	10.10	2	10.26	2	9.85	2	9.24	2
德安县	9.62	3	9.34	3	9.07	3	8.60	3
湖口县	9.46	4	9.26	4	8.95	4	8.55	4
贵溪市	9.43	5	9.19	5	8.94	5	8.50	5
樟树市	9.29	6	9.19	6	8.88	6	8.46	6
南丰县	9.16	7	8.92	8	8.66	8	8.32	7
永修县	9.04	8	8.99	7	8.70	7	8.26	8
上高县	9.00	9	8.85	9	8.59	9	8.19	9
奉新县	8.96	10	8.81	10	8.53	11	8.15	11
高安市	8.93	11	8.73	13	8.47	13	8.11	15
南城县	8.93	12	8.70	14	8.47	14	8.12	13

续表:

县(市)	2023 年		2022 年		2021 年		2020 年	
	得分	排名	得分	排名	得分	排名	得分	排名
进贤县	8.89	13	8.73	12	8.52	12	8.14	12
分宜县	8.87	14	8.67	15	8.45	15	8.12	14
德兴市	8.86	15	8.67	16	8.44	16	8.09	16
瑞昌市	8.86	16	8.80	11	8.55	10	8.18	10
丰城市	8.85	17	8.64	17	8.40	17	8.03	17
芦溪县	8.80	18	8.60	19	8.35	19	8.02	18
新干县	8.80	19	8.60	18	8.36	18	7.99	21
宜丰县	8.73	20	8.57	20	8.32	22	7.96	22

三、江西县域经济发展存在的主要问题

(一)整体实力有待加强,梯队建设还需跟上

一是从县域经济整体看,江西县域经济发展在全国、中部地区仍处于较后梯队。根据工信部下属赛迪顾问县域经济研究中心发布的《中国县域经济百强研究》(2021—2025 年),连续五年全国百强县名单中江西省仅有南昌县在列,排名分别为第 39 名(2020 年)、第 38 名(2021 年)、第 32 名(2022 年)和第 37 名(2023 年)、第 39 名(2024 年)。同时,根据《中部县域经济百强研究》(2021—2023 年),2020—2022 年,江西省在中部县域百强中分别占 6 席、6 席、6 席;根据《中国县域发展监测报告(2024)》"中国中部地区综合竞争力百强县市"专栏,2023 年江西省在其中占 8 席。总体来看,江西省在中部县域百强占比数量一直处于低位水平。二是从省内看,强县独大的现象较为突出。前文综合竞争力评价结果显示,南昌县处于绝对的优势地位,2020—2023 年,绝大多数县(市)处

于 70—80 分位水平。2024 年,南昌县地区生产总值是排名最后的资溪县的近 21 倍;地区生产总值大于 500 亿元的县域仅有南昌县、贵溪市、丰城市和高安市四个地区,且南昌县同其他 3 县(市)的地区生产总值比值均在两倍左右。这一方面印证了江西省县域经济发展水平整体较弱,另一方面也说明省内县域经济发展存在断档,梯队建设无法支撑江西省县域经济整体高水平发展。

(二)区域空间发展呈现"北高南弱"特征,城乡融合存在壁垒

一是区域发展差距大。不论是从全省还是省内片区内部看,区域不平衡性突出。从全省看,2020—2023 年,江西省经济综合竞争力得分排名前 20 的县主要集中在赣北、赣东北(九江市、上饶市、鹰潭市、景德镇市)、省会南昌市和赣西(宜春市、新余市、萍乡市),而赣中、赣南(抚州市、吉安市、赣州市)地区占有总样本 47.90% 的数量,却只有吉安市吉安县、赣州市龙南市和赣州市信丰县排名一直在前 20;分区域看,赣西地区宜春市 9 个县中有 6 个县进入过排名前 20,且有 5 个县和新余市分宜县一直处于前 20 名,但萍乡市三个县均未进入前 20 名。二是城乡协调发展还不充分。从城镇化率看,2020—2024 年全样本平均常住人口城镇化率平均为 55.05%,离 2020—2024 年江西省平均常住人口城镇化率 62.17% 还有不小差距,并且县域城镇化率的增长不及省域整体,说明县域城镇化步伐存在放缓现象。从城乡居民收入比看,根据《中国县域发展监测报告 2024》"2024 中国中部地区综合竞争力百强县市"数据,2023 年中部县域城乡居民收入比平均为 1.76。2023 年样本内 73 个县(市)中城乡居民收入比低于 1.76 的县(市)仅有 10 个,占总样本的 13.70%;2024 年城乡居民收入比低于 1.76 的县(市)也仅比 2023 年增加 5 个,占总样本的 20.50%。最后,从本文综合竞争力指标中"协调发展"维度看,综合竞争力排名前三的县(市)在协调发展子维度中均不在前三,说明江西县域发展对吸纳农村人口转移与承接城市产业推动城乡融合方面的节点和载体作用还需要进一步加强。

(三)产业链韧性有待增强,产品附加值不高

一是产业发展水平有待提升。各县普遍在实施"一县一业"战略,但县域间

产业存在低质竞争问题,例如大部分县(市)主导产业集中在电子信息、新能源等方面;县域间产业链各环节出现雷同,例如,赣州市有70%以上的县域布局了脐橙产业,橙汁、果酒等精深加工比例还不高,产业链销售环节同质化竞争也使得品牌效应没有充分凸显,带来了产品滞销、压价等现象,导致效益下滑。二是产业抗风险能力不足。县域产业发展中以传统产业为主,整体抗风险能力偏弱。传统优势产业链多数呈现研发设计和品牌营销两头弱、生产加工中间强的"橄榄型"状态,传统优势产业"大而不强",缺少知名品牌。同时,企业梯队建设不足、产业链不完整。例如,吉安县以电子信息产业为主,该县立讯、博硕、协讯三家龙头企业占全县营收60%以上,全县工业经济受立讯经营波动影响较大。三是产业发展与经济发展不尽匹配。经济社会发展的变化会引起产业结构的变化,产业发展需要与经济发展相匹配,样本期内江西县域第二产业增加值100亿元以下的县(市)分别占总样本的80.82%、67.12%、64.38%和69.89%,存在过早过快去工业化的迹象,有工业被空心化、边缘化的风险。

(四)创新潜能还需加强,创新成果转化率低

一是创新引领示范性还不强。2024年,江西省拥有6个全国创新型县(市),处于全国中游水平,在中部地区也处于中游水平(安徽省、湖南省8个,湖北省7个,河南省5个,山西省3个)。中部地区共有64个县(市)被评为国家知识产权强县工程试点、示范县(区),江西省试点、示范县(区)数量达12个,比安徽省试点、示范县(区)数量22个少10个。二是创新投入与成果转化率低。全省大多数县域创新投入非常有限,以上饶市为例,2023年婺源县(0.32%)、余干县(0.76%)、鄱阳县(0.94%)、万年县(1.11%)、弋阳县(1.23%)等县研发经费投入强度均远低于全市平均水平(1.91%)。由于人才缺失、产学研合作不够密切、成果转移转化不强、自主创新能力不足、科技管理水平不高等因素持续制约县域创新可持续发展,以宜春市为例,2023年万载(2.88件)、靖安(3.69件)、宜丰(3.44件)、上高(3.26件)等县每万人口有效专利发明专利拥有量均大幅低于全市平均水平(6.17件)。

（五）财政支出刚性增长，县域财源困境突出

当前，全省大部分县级行政单位财政状况紧张，财政税源不充裕，县级财政多为“吃饭财政”。一是县级财政收入来源有限。2024 年，全省 73 个县（含县级市）地方财政一般预算收入平均为 16.92 亿元，超过 50 亿元的只有 3 个，即南昌县（90.09 亿元）、贵溪市（53.68 亿元）、丰城市（50.05 亿元）；而低于 10 亿元的有 18 个县（含县级市），如浮梁县（7.71 亿元）、铜鼓县（7.12 亿元）、莲花县（7.02 亿元）、乐安县（6.55 亿元）、广昌县（6.24 亿元）、资溪县（4.12 亿元）等。土地出让收入一度是县级政府财政收入的重要来源，近年来由于房地产价格下行，对县级财政收入造成巨大压力。特别是实行分税制后，县域财政收入来源更为有限。2024 年，全省 73 个县（含县级市）地方税收收入平均为 10.56 亿元，占县域一般公共预算收入比重为 62.45%，地方税收同比降幅超过 10% 的有 19 个，其中降幅超过 20% 的有金溪县（－28.1%）、宜丰县（－26.7%）、樟树市（－22.5%）、上高县（－20.7%）。二是县级财政刚性支出稳定增长。随着人口老龄化加剧，基础设施补短板、民生领域兜底线等刚性支出进一步攀升，“三保”（保基本民生、保工资、保运转）资金比重将进一步加大，债务还本付息包袱沉重，预计未来全省县级政府财政压力将更加突出。

（六）开放能力仍显不足，共享服务水平偏弱

一是对外经济开放度较弱。面临严峻的国际经贸形势，一方面，全省县域招商引资实际利用外资总额规模不高，且近几年呈现逐渐降低趋势。以赣州市为例，赣州地区 15 个县（含县级市）利用外资总额由 2020 年的 13.59 亿美元减到 2023 年的 1.26 亿美元，降幅达 90.73%，同时外来投资来源集中在粤港澳大湾区。另一方面，全省县域外贸波动明显，近年来，县域出口总额占地区生产总值的比例不到 10%，出口总额也呈现下降趋势。2023 年出口额超过 100 亿元的只有 3 个，即吉安县（158.5 亿元）、南昌县（157.9 亿元）和分宜县（103.8 亿元）。二是公共服务均等化水平低。县域范围内的市政、道路、产业、数字等基础设施建设滞后，教育、文化、医疗、卫生等公共服务供给不足。特别是，与县城

中心区相比，乡镇区域在教育、医疗、养老等领域供给水平总体相对偏低，优质教育资源多集中于县域核心城区，县域内城乡基本公共服务均等化困难重重。城乡要素“单向流动”特征明显，城市(包括县城中心区)资本、技术、人才下乡进程较慢，未形成人口、资本、技术等城乡要素双向融合互动和公共资源优化配置的格局。

四、江西县域经济高质量发展的对策与建议

新形势下，江西各县域要结合资源禀赋，因地制宜，精准施策。聚焦科技创新、产业升级和城乡融合等多维度发力，探索数字化、绿色化、国际化新路径，释放高质量发展潜力。

(一)优化顶层设计，因地制宜科学发展

一是统筹协调，优化顶层设计。县域经济高质量发展的关键在于系统协同、统筹推进。江西县域需立足县域资源和区位优势，进一步融入国家战略，结合全省“三大高地”战略，按一类县、二类县和三类县不同功能定位实施分类引导策略，形成“一县一策”的差异化发展格局。综合各类县域优势和弱项，统筹顶层设计。二是因地制宜，实施科学发展战略。省会大南昌都市圈内的县域要主动承担中心城区人口和产业纾解职能，与省会城市中心城区形成合理功能分工，深度链接中心城市智力创新资源，打造成省会优势产业链分工的重要卫星城。重点开发区内的县域要把培育特色产业集群作为发展的重中之重，将特色产业建设成为县域经济发展的龙头，打造成为新经济增长极。江西是全国重要粮食生产基地，承担农业主产区主体功能的县域需做好保障农产品供给工作，不断强化保障粮食安全功能，做大经济总量，增强县城经济和人口承载能力。

(二)立足特色产业资源，打造富民产业

一是培育特色县域产业集群。结合县域资源禀赋和产业基础，突出地域特色，围绕主导产业打造“少而精”的县域特色产业集群，着力打造一批工业强县。通过新技术、新材料应用推动供应链与产业链优化，形成“建链补链强链”模式。

探索新业态新模式，如依托江西县域独特的气候资源，因地制宜建设县域经济大康养产业基地，打造若干全国性银发经济康养目的地。二是打造富民产业。牢牢抓住构建国内大循环为主体的新发展格局机遇，依托产业强镇、现代产业园区等载体，挖掘县乡多元价值，聚焦“产业赋能、要素保障、机制优化”精准持续发力，加快构建“富民品牌良好—产业链条完整—联动融合发展”的乡镇富民产业体系。健全推进乡村全面振兴长效机制，分类推进帮扶富民产业提质增效。三是增强农业产业保障韧性。积极培育农业新质生产力，提升农业生产机械化效率。扛牢耕地保护和粮食安全责任，推进高标准农田整区域建设。做深做细县域“土特产”文章，实施赣鄱农业品牌精品培育计划。

（三）以科技创新为引擎，强化科技赋能

一是推进科技创新与实体产业融合发展。通过科技创新驱动传统县域产业升级，布局人工智能、生物制造、新材料等未来产业，抢占县域制造业技术创新高地。引导省、市级科研团队，扎根县域组建科研平台，针对地域特色产品开展一、二、三产业融合开发创新，加强科技成果转化力度。聚焦数字经济领域，推动“智改数转”，实施全省县域工业企业数字化转型全覆盖行动。二是搭建创新平台。积极发挥财政科技投入的引导作用，推动县域加快搭建创新创业载体平台。鼓励各类省、市级创新平台在县域建立产学研合作基地，促进创新资源下沉到县域。建立县域科技创新小平台，强化科技应用与成果转化，提升传统产业升级和新兴产业创新能力。三是着力提高县域创新产出转化效率。县域在科技创新链条上处于应用开发、成果转化、技术推广、技能培训、科技服务等中后端，对象主要是企业和产业。打造科技成果转化基地和项目库，在工业园区建设科技成果转化基地，吸引高校、科研院所成果入驻转化，提供场地租金减免、设备共享等支持，降低转化成本。

（四）以城乡融合为纽带，推进新型城镇化

一是优化县域空间结构，提升资源配置效率。坚持科学统筹工业与农业、城镇与乡村、市民与农民的空间耦合布局，优化重构县域存量空间尺度，构建以县城为枢纽、以小城镇为节点的县域经济体系。发挥以县城为重要载体的新型城镇化建设,增强县城对县域经济的带动作用。加快规模较大的中心镇建设,推进乡村土地资源整合,按功能划分区域,实现连片化、规模化发展。二是城乡协同发展,提升县域经济基础设施能级。以县城为中心,以"三产互动、城乡融合"路径,统筹新型城镇化与乡村振兴,畅通城乡要素流动,推动三产融合与基础设施互联互通。三是以新型城镇化为抓手,推动城镇基础设施和公共服务向乡村延伸覆盖。加快县城老旧小区更新改造,推动具备规模的县级医院向三级医院标准提升,加强与市域优质教育资源和省教育资源合作,让县城义务教育学校扩容增位,改善普通乡镇中小学办学条件。提升公办养老机构服务能力,确保提供高质量的城乡基本养老服务。提高乡村建设公共治理水平,加快建设宜居宜业和美乡村。

(五)坚持低碳发展,实施绿色发展策略

一是加强生态文明建设示范县政策试点区域,因地制宜实施绿色发展策略。以深化国家生态文明试验区建设为契机,全省各县域应根据本地地理区位和生态基础,明确各自的功能定位,完善生态空间管控,夯实绿水青山的空间基础。坚决摒弃轻视自然、破坏自然的发展模式,统筹推进县域经济社会发展全面绿色转型。二是绿色低碳转型,建设县域绿色产业体系。建立更加节约环保和高效集约的现代产业技术体系。推进企业绿色化技术改造与技术研发推广力度,强化工业资源综合利用。发挥典型带动示范作用,支持建立绿色工厂、绿色工业园区。三是探索建立生态产品价值实现机制,拓展生态资源和经济发展双向转化的渠道。创新拓展县域融合以绿色、IP、农业、文旅、非遗等为主的绿水青山综合开发路径。建设一批文旅美县、生态名县。探索绿水青山资产证券化、数字碳交易等金融手段,提高绿水青山开发转化效率。

(六)坚持区域协作,优化开放布局

一是支持跨区域协同。江西在区位上具有优势,与长江经济带、粤港澳大湾区建设等国家重大区域高质量发展动力源相连接。赣东北县域可着力在互

联互通、毗邻区融合、公共服务一体化等方面，大胆改革创新，全力打造长三角省际毗邻地区新型功能区。赣南县域利用江西南大门和处于赣粤物流大通道中心节点的优势，积极建设江西南部对接粤港澳大湾区的重要桥头堡。赣西北县域高质量参与建设长江中游群合作与分工。二是扩大开放，拓展国际化布局。融入国内大循环和国际市场，提升县域对外开放水平，吸引外资与承接产业转移。推动县域制定支持政策、优势资源、链主企业、人才技术、目标企业“五张清单”，实施链式招商、资本招商、平台招商等新模式，完善赣商回乡投资促进机制。推动县域传统优势制造品牌国际化，鼓励江西县域有实力企业“扬帆出海”。

（七）强化要素保障，加大政策支持力度

一是加大对县域经济资金支持力度。加强国家、省对县域经济在创新创业、产业优化、农业发展、新型城镇化等方面的政策和资金支持。加大县域经济国债、专项债支持力度，积极撬动社会资本，成立县域经济产业投资基金，推动省级产业基金与县域共建特色产业基金。二是强化人才链支撑。加强县域高技能产业人才培养。全省各县域可结合特色优势产业发展，面向市场需求探索“地方直培”职业技能学习制度，依托大专院校采用定向培养、定向上岗等方式，为县域工业、乡村振兴培养紧缺型高技能人才。三是推动土地高效集约利用。统筹用地指标向优势县域倾斜，针对县域开发区土地利用低效问题，引导开发区“腾笼换鸟”。加大县域低效用地再开发试点力度。在增强县域用电、用气保障韧性的基础上，着力提升新能源装机容量，充分利用罗霄山脉、怀玉山脉、武夷山脉等有利地形条件推广风力发电。

参考文献

王乔、汪宇麒、吴宗福：《中国式现代化背景下促进县域经济高质量发展的财政政策》，《当代财经》，2023 年第 5 期。

刘立云、张耀文：《新质生产力赋能县域经济高质量发展：理论逻辑与实践进路》，《农村经济》，2024 年第 12 期。

赵德昭、陈可佩等:《中国县域共同富裕水平的测度与时空演变研究》,《地域研究与开发》,2024 年第 6 期。

范毅、王笳旭、张晓旭:《推动县域经济高质量发展的思路与建议》,《宏观经济管理》,2020 年第 9 期。

笪晓军、姜安印等:《以县城为载体促进县域城乡融合发展:逻辑、困境及路径》,《城市发展研究》,2024 年第 10 期。

章晓英、陆文平:《成渝地区双城经济圈县域工业集聚对经济高质量发展的影响——基于空间溢出效应视角》,《长江流域资源与环境》,2024 年 10 期。

郭细根、李东伟:《2000 年以来江西省区域经济差异格局演变分析》,《资源开发与市场》,2017 年第 7 期。

赵玉芝、董平:《江西省县域经济差异特征及其成因分析》,《人文地理》,2012 年第 1 期。

凌筱舒、王立、薛德升:《江西省县域城镇化水平测度及其分异研究》,《人文地理》,2014 年第 3 期。

郭芸、何小芊:《江西省县域经济空间差异及自然环境驱动因子研究》,《云南地理环境研究》,2020 年第 3 期。

周明、胡萌等:《功能区视角下县域创新能力评价及提升路径——以江西省 100 个县域为例》,《井冈山大学学报(社会科学版)》,2022 年第 2 期。

二

区域报告

南昌市经济发展报告

汪婷　李华旭*

摘要： 2024年，面对错综复杂的国内外形势与艰巨繁重的改革发展稳定任务，南昌市秉持稳中求进的工作总基调，紧紧围绕“迎难而上、敢作善为，奋力推动经济社会高质量发展”的核心工作主线，全面贯彻落实省会引领战略，加快推进“一枢纽四中心”建设。通过全力以赴拼经济、稳增长、促发展，扎实推动经济持续回升向好，南昌市经济社会高质量发展取得显著进展。2025年是“十四五”规划的收官之年，南昌市将继续坚持稳中求进的工作总基调，完整、准确、全面贯彻新发展理念，加快构建新发展格局，扎实推动高质量发展，为实现“十五五”规划的良好开局奠定坚实基础，为谱写中国式现代化的江西篇章贡献省会力量。

关键词： 南昌市　省会引领　经济高质量发展

2024年，南昌市坚持以习近平新时代中国特色社会主义思想为指导，深入贯彻习近平总书记考察江西重要讲话精神，聚焦“走在前、勇争先、善作为”的目标要求，在全省经济社会高质量发展上迈出坚实有力的步伐，以新气象、新担当、新作为为“十五五”良好开局夯实基础。

一、2024年南昌市经济发展基本情况

2024年，南昌市经济发展起步平稳、奋勇向前，高质量发展成色十足，实现

* 汪婷，江西省社会科学院经济研究所助理研究员，研究方向为区域经济、开放型经济；李华旭，江西省社会科学院经济研究所副研究员，研究方向为区域经济。

了“量质双升”的良好局面，主要经济发展指标和增幅稳居全省前列。

（一）经济发展稳步提升

2024 年，南昌市经济发展总体平稳运行，各项经济发展指标实现稳步增长。地区生产总值 7800.4 亿元，同比增长 4.9%。其中，第一产业增加值 261.1 亿元，同比增长 2.6%；第二产业增加值 3265.8 亿元，同比增长 7.2%；第三产业增加值 4273.5 亿元，同比增长 3.2%。三次产业结构为 3.3∶41.9∶54.8。一般公共预算收入完成 526.1 亿元，同比增长 5.2%。规模以上工业增加值同比增长 10.2%，高出全国增速 4.4 个百分点。社会消费品零售总额 2847.7 亿元，比上年增长 3.7%，居民消费价格总指数（CPI）同比上涨 1.0%，高出全国增速 0.8 个百分点（见表 1）。

表 1　2023—2024 年南昌市主要经济指标

指标	2023 年		2024 年	
	绝对值	同比增长（%）	绝对值	同比增长（%）
地区生产总值（亿元）	7437.9	3.7	7800.4	4.9
一般公共预算收入（亿元）	500.2	9.3	526.1	5.2
规模以上工业增加值（亿元）	—	4.2	—	10.2
全社会固定资产投资（亿元）	—	-7.8	—	5.4
进出口总值（亿元）	1112.9	-13.8	1089.8	-2.1
其中：出口总值（亿元）	787.6	-13.0	723.3	-8.2
居民消费价格总指数（CPI）	—	0.6	—	1.0
金融机构本外币各项存款余额（亿元）	17266.1	7.2	18111.5	4.9
金融机构本外币贷款余额（亿元）	19894.4	5.0	20702.1	4.1
城镇居民人均可支配收入（元）	54911	4.3	57294	4.3

续表:

指标	2023 年		2024 年	
	绝对值	同比增长(%)	绝对值	同比增长(%)
农村居民人均可支配收入(元)	25803	6.5	27418	6.3

资料来源:2024 年南昌统计年鉴、南昌市 2024 年国民经济和社会发展统计公报。

(二)现代化产业体系加快构建

2024 年,南昌市以培育发展新质生产力为新动能,以制造业重点产业链现代化建设“8810”行动计划为着力点,加快形成现代化产业体系,产业基础能力和产业链现代化水平不断提高。从工业总体实力来看,2024 年规模以上工业增加值同比增长 10.2%,连续 9 个月实现两位数增长,保持在全国省会城市“第一方阵”,挺进 2024 年全国先进制造业百强城市前 50 强。从制造业重点产业链发展来看,南昌市八大重点产业链①增加值实现两位数增长,其中汽车及装备、新能源、电子信息等产业链发展较快,增加值分别增长 17.4%、16.0%、14.7%。从新兴产业来看,高技术制造业增加值增长 15.8%,装备制造业增加值增长 18.0%,均保持较快增长的态势。

(三)科技创新发展动力有效增强

2024 年,南昌市把打造“区域科创中心”建设摆在重要地位,持续加大创新投入,着力优化创新产出质量和水平,为实现高水平科技自立自强奠定了扎实的基础。科技部中国科学技术信息研究所发布的《国家创新型城市创新能力评价报告 2024》显示,南昌市创新能力指数为 57.82,位居全国第 30 位。从数据上看,2023 年南昌市全社会研发投入总额达到 144.3 亿元,占全省 23.9%,其中规模以上工业企业研发投入为 84.2 亿元。2024 年累计拥有国家级工程技术研

① 八大重点产业链为电子信息、新能源、汽车及装备、航空、医药健康、绿色食品、轻工纺织、新材料 8 条制造业重点产业链。

究中心4家、全国重点实验室5家，累计拥有省级重点实验室142家。全年专利授权量14808件，其中发明专利授权量4935件，同比增长4.9%（见表2）。

表2　2024年南昌市主要科技创新指标

类别	统计指标	同比增长（%）
累计全国重点实验室（家）	5	—
累计国家级工程技术研究中心（家）	4	—
累计省级重点实验室（家）	142	—
累计在昌两院院士（人）	10	—
本年度专利授权量累计（件）	14808	-2.0
其中：发明专利授权量（件）	4935	4.9
每万人有效发明专利拥有量（件）	34.49	19.5
技术合同成交金额（亿元）	666.6	70.4
登记技术合同（项）	11337	82.3

资料来源：南昌市2024年国民经济和社会发展统计公报；江西省市场监督管理局（知识产权局）《江西省专利数据统计表》（2024年12月）；2024年南昌统计年鉴。

（四）区域经济合作持续深化

1. 紧密对接粤港澳大湾区建设。举办“智汇英雄城 粤见科技新未来”2024年粤港澳大湾区对接交流会、“省会担当 粤赣越好”2024年南昌市经贸合作产业对接会等系列活动，在深化经贸往来、科技创新、产业合作等方面实现了多层次、宽领域的交流。

2. 提升南昌市在长江中游城市群的战略地位。与武汉、长沙、合肥等城市签署《长江中游城市群2024年重点合作事项》，在交通互通、科技合作、产业发展、市场一体化、生态环保、民生服务等方面达成63项重点合作事项。同时，聚焦长江中游及沿海城市交流合作等需求,积极探索政务服务“跨省通办”新模式,如2024年南昌市与上海市普陀区签订政务服务“跨省通办”合作协议。

3. 深化南昌都市圈交流合作。与都市圈内宜春市、上饶市、九江市和抚州市等地签订政府间战略合作框架协议或开展对接走访,扎实推动昌九、昌抚一体化发展,深入开展南昌都市圈“一对一”结对合作交流活动。持续深化与九江市、赣江新区的交通运输领域合作,着力构建区域一体化交通体系,签署了《南昌市、九江市、赣江新区交通运输一体化发展合作协议》。

(五)对外贸易稳步发展

1. 开放型经济总体实现平稳发展。2024年,南昌市进出口总额为1089.8亿元,规模居全省第二,占全省比重23.2%;出口额723.3亿元,占全省比重23.8%,规模全省第一,总体来看,全年贸易保持平稳发展态势(见图1)。

2. 跨境电商、口岸发展增长较为亮眼。昌北国际机场旅客吞吐量达1126.8万人次,货邮吞吐量达6.6万吨。其中,国际旅客量、国际货邮吞吐量分别同比增长148.8%、60.3%。南昌国际陆港的发展更是呈现出蓬勃向上的态势。其

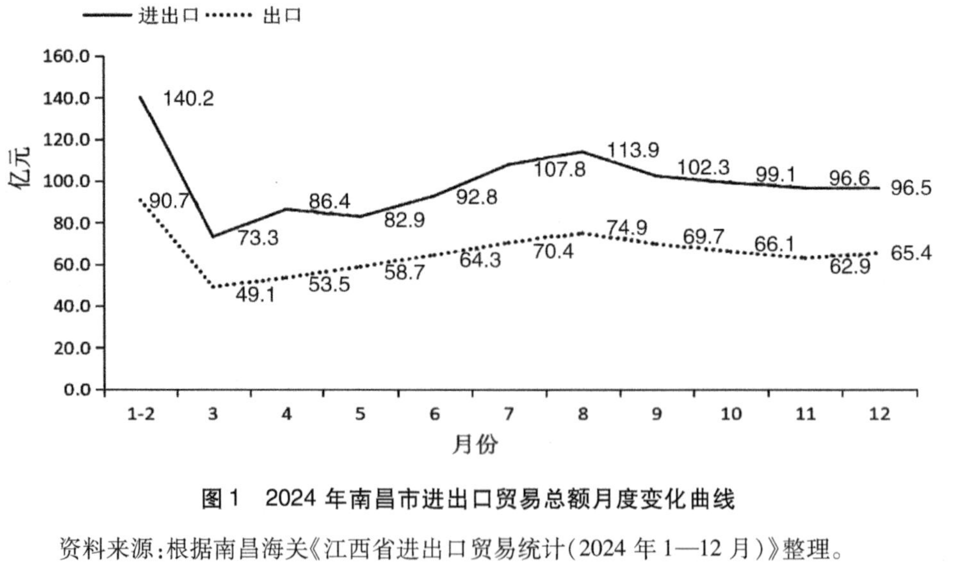

图1　2024年南昌市进出口贸易总额月度变化曲线

资料来源:根据南昌海关《江西省进出口贸易统计(2024年1—12月)》整理。

中,外贸班列开行总数 1707 列,完成进出口集装箱重箱 12.36 万标箱,货值约 31.57 亿美元,分别同比增长 12.1%、12.7%、12.9%。

二、南昌市经济发展面临的问题与挑战

(一)省会引领有待增强

1. 省会城市首位度较低。南昌市作为江西省省会城市,整体经济规模不够大,省会城市首位度较低,对周边地区的辐射带动能力较弱。2024 年南昌市城市首位度为 22.8%(GDP 占全省比重),在中部六个省会城市中排名第 5 位,比武汉市低 12.4 个百分点,比长沙市低 5.9 个百分点(见表 3)。

2. 社会消费需求和能力偏弱。当前外部环境复杂性、严峻性、不确定性明显上升,国内消费需求不足。从表 3 中的社会消费品零售总额的数据可以看出,目前,南昌市的居民有效需求与武汉、长沙、合肥、郑州等城市相比仍显不足。

表 3 2024 年中部六省省会城市经济相关指标比较

地区	GDP(亿元)	GDP 占全省比重(%)	人均 GDP(万元/人)	社会消费品零售总额(亿元)
南昌市	7800.4	22.8	11.8	2847.7
武汉市	21106.2	35.2	15.3	7931.9
长沙市	15268.8	28.7	14.4	5524.9
合肥市	13507.7	26.7	13.6	5494.2
郑州市	14532.1	22.9	11.1	5884.6
太原市	5418.9	21.3	9.9	1946.9

资料来源:根据各市 2024 年国民经济和社会发展统计公报整理。

(二)科技创新能力有待提高

1. 科技投入与产出有待提升。目前,南昌市仅有全国重点实验室5家,211大学1所,高层次人才培育土壤及高级产业人才聚集氛围尚未形成。2023年南昌市全社会研发投入强度(2.0%)低于全国平均水平(2.6%),且在中部六省会城市中排名靠后,最高的为合肥市(4%)。2024年南昌市的技术合同成交额为666.6亿元,与武汉市(2608.3亿元)、长沙市(1397.4亿元)、郑州市(803.7亿元)等中部省会城市仍有较大差距。

2. 高能级平台数量有待增加。南昌市尚没有国家实验室、国家技术创新中心。全国重点实验室数量约为武汉市的1/7和长沙市的1/4。尽管有瑶湖科学岛、南昌实验室等平台,但整体创新资源的集聚度和影响力还不够,在国家级创新平台的数量和质量上与先进城市相比仍有差距。

3. 创新基础和动力有待增强。高端科研人才储备不足,目前在昌两院院士只有10位,与周边省会城市存在较大差距。企业技术创新动力偏弱,意愿不够,发展后劲不足。如2023年规模以上工业企业中有R&D活动的企业数仅占15.7%,有研发机构企业数占比27.3%。

(三)外资外贸质效有待提高

1. 外资后劲不足。2024年,南昌市实际利用外资1.67亿美元,同比下降33.5%,占全省比重为22.6%;新设外商投资企业58家,仅占全省17.2%,反映出省会城市吸引外资能力较弱。

2. 资本招商成效不显。基金招商是当前最有效的招商方式之一,从总体来看,受限于资金募集难、管理模式不够完善、市场化运作水平不足、专业队伍不够健全等多种原因,南昌市通过基金方式引进落地的项目还不多,对比合肥、深圳、苏州、常州等地基金招商的做法及成效,南昌市产业基金对招商引资的促进作用还有待进一步加强。

3. 外贸结构有待升级。2024年南昌市进出口贸易金额位居中部六省末位(见表4),南昌市进出口总额为1089.8亿元,与太原市(1295.6亿元)、长沙市

(2777.4 亿元)等城市都存在较大差距,整体竞争力较弱。南昌市出口产品结构有待进一步优化,劳动密集型和低附加值产品出口占比较大。

表 4 2024 年中部六省省会城市进出口比较

指标	进出口		出口		进口	
	金额(亿元)	同比增长(%)	金额(亿元)	同比增长(%)	金额(亿元)	同比增长(%)
郑州市	5565.8	0.8	3551.0	-0.5	2014.8	3.1
武汉市	4033.5	11.8	2622.6	21.1	1410.9	-2.1
合肥市	3790.7	5.7	2572.7	10.6	1218.0	-3.4
长沙市	2777.4	-1.2	1781.3	-6.1	996.1	9.0
太原市	1295.6	-3.8	832.9	0.7	462.7	-11.0
南昌市	1089.8	-2.1	723.3	-8.2	366.5	12.7

资料来源:根据各市 2024 年国民经济和社会发展统计公报整理。

(四)产业转型升级压力较大

1. 新兴产业规模扩张缓慢。专精特新企业较少,缺少具有强大引领力的龙头企业和高潜力中小微企业,以代工型、劳动密集型、低附加值为主的产业规模占比仍较大。

2. 数字化转型压力较大。传统企业转型动力和意愿不强,转型成本和预期成效具有较大的落差。县区和开发区在产业发展的定位上存在趋同现象,同质化竞争较为激烈,尚未形成优势互补、高效联动的发展格局。

3. 新增动能支撑不足。新增企业拉动偏弱,南昌市规模以上工业新建投产企业较少、新增动能不足。从数量上看,2023 年规模以上工业企业单位数 2078 个,同比增长 8.2%,占全省 11.4%,亏损企业 410 家,亏损企业数量比上年增加 35.3%,规模以上工业经济持续增长压力较大。

(五)要素市场面临新挑战

1. 同类产业竞争加剧。中部省会城市无论在产品出口还是在打造面向共建"一带一路"国家(地区)的开放型产业上,均聚焦"新三样"产业,发展思路趋同,在面临资源、出口产品竞争时,省会城市之间的竞争将加剧。

2. 高学历人才引进不足。2023—2024 年共吸引 14.49 万名大学生和技能人才来昌留昌就业创业。其中,新引进博士 0.08 万人(同比增长 92.5%),硕士 0.83 万人(同比增长 6.8%),新引进博士数量增速虽然较快,但总量仍旧不大,集中分布在教育、卫生和社会工作、科学研究和技术服务等行业。

3. 招商引资竞争压力增大。随着《公平竞争审查条例》等文件的发布,招商引资从以往的"拼政策"变为"拼服务""拼环境",南昌市与其他沿海城市在项目吸引力方面还存在着差距,吸引优质项目落户存在压力。

三、加快推动南昌市经济高质量发展的对策与建议

(一)强化产业发展支撑,构建现代化产业体系

1. 推动传统产业提质升级。积极探索高端化、智能化、绿色化发展新路径,提升传统产业在全球产业分工中的地位和竞争力。一是向高端化跃进。推动传统产业从生产低技术、低附加值产品向生产高技术、高附加值产品转变,从而实现转型升级。支持新材料、医药健康、轻工纺织、绿色食品等领域符合条件的企业设备更新和技术改造,做强"安义门窗""青山湖针纺"等区域性品牌。二是加快"智改数转"。以入选全国首批中小企业数字化转型试点城市为契机,加快有色、建材、纺织、食品等传统产业向先进制造业转型。三是推动绿色转型。以钢铁、化工、建材等传统产业和高耗能行业为重点,引导企业用绿色技术改造提升传统产业,加快绿色科技创新和先进绿色技术推广应用。

2. 培育壮大新兴产业。一是围绕重点产业链布局创新链。重点聚焦电子信息、航空航天装备制造以及新能源等优势产业链,聚焦华勤电子、中微半导体等龙头企业,探索实施"链主 + 基金"模式,不断提升汽车、移动智能终端、LED、

航空制造等优势产业链能级，协同打造大飞机、先进铜功能材料等一批跨区域国家先进制造业集群。二是深入实施创新驱动发展战略。大力推进未来科学城、瑶湖科学岛、国家实验室江西创新中心等重大科创平台建设，积极筹建食品领域省实验室，争取更多国家、省级研发平台落户南昌市。

3. 瞄准前沿未来产业。一是推动未来制造产业发展。充分发挥南昌航空科创城、北京航空航天大学江西研究院等优势，推动未来航空航天整机和零配件"智"造、低空经济装备制造等航空航天相关制造产业发展。在南昌市基础较好的地区探索设立一批未来产业先导试验区，加强专业类科技孵化机构建设。二是丰富未来产业运营场景。加大智能机器人、智能网联汽车、量子计算机、无人驾驶等应用场景建设力度，建立"元宇宙 +"示范产业园区，以应用场景创新引领产业发展。

（二）强化数字赋能增效，提升科技创新水平

1. 持续激发科技创新动能。一是深化科技体制机制改革。加快建设符合南昌市实际情况、推动科技创新与产业发展的支持全面创新的基础制度，提升南昌市创新体系整体效能。二是提升创新平台能级。持续构建国家实验室研究基地、全国重点实验室、省实验室、省重点实验室、省技术创新中心、新型研发机构、市重点实验室和市工程技术研究中心的"金字塔"创新平台体系。三是加强关键核心技术攻关，着力推动相关链主企业、龙头企业申报省科技重大专项"2030 先锋工程"，力争在重点产业赛道形成一批位居市场领先位置的标志性重大成果。

2. 推动科技创新和产业创新深度融合。一是完善数字基础设施建设。聚焦数字产业化战略前沿，大力发展数字经济核心产业，培育壮大人工智能、大数据、区块链等新兴数字产业，提升通信设备、核心电子元器件、关键软件等产业水平。二是加快创新人才引育集聚。落实南昌新"人才 10 条"，做好国家重大人才工程"赣鄱英才计划""赣鄱俊才支持计划"培育工作，深入实施"洪城英才计划"，持续构建"青年科技人才—科技领军人才—国家级人才"的引育体系。三是加速科技成果转化落地。对接融入江西省"1 + M + N"科技成果转移转化服务体系，推动建设南昌科技大市场，建设一批科技成果概念验证中心、转化熟化中试基地。

3. 夯实企业创新主体地位。一是推进科技企业培育壮大。建立以科技型中小企业为基石、高新技术企业为主力、高成长性科技型企业为标杆、科技领军企业为龙头的科技型企业梯次培育体系。推动科技型中小企业、高新技术企业、科技领军企业(含入库)和高成长性科技型企业实现跨越式增长。二是持续培育科技创新载体。深度挖掘潜在创新资源，建设一批众创空间、孵化器等创新创业载体，构建“众创空间—孵化器—科技园区”全链条孵化体系，孵化一批有成长潜力的科技型中小企业。

(三)聚集高品质服务业，增添经济发展新动能

1. 推进生产性服务业与产业融合。一是先进制造业与现代服务业深度融合。推动南昌市大力发展现代物流、工业设计、科技咨询、信息技术服务、金融服务、商务会展、总部经济等生产性服务业，推广服务型制造模式，培育一批服务型制造示范企业，打造高端服务业核心集聚区。二是加快壮大科技服务业。构建全链条贯通式的科技成果转化体系，培育市场化新型研发组织、研发中介和研发服务外包等新业态。依托VR产业、电子信息产业、低空经济等高技术产业优势，发展以基础软件、工业软件、行业应用软件为重点的高端软件产业。

2. 加快生活性服务业多样化发展。一是加强智慧景区建设。引导旅游标识系统加快数字化、智能化转型改造，积极推广数字导览服务，重点打造一批智慧旅游重点项目。引导景区强化线上营销，鼓励发展旅游新业态、新模式。二是探索数实融合新体验。开发更多具有江西特色的数字化体验商品，让更多线上用户成为线下消费者。引导新型互联网大型企业和头部企业借助自建的平台，加强商贸领域大数据的挖掘、分析与应用，探索设立数字店铺、数字化菜场和智慧餐厅等，积极打造线上办公、互联网金融以及线上文娱等“云上江西”的新模式、新业态。

3. 探索服务业扩大开放。一是重点领域扩大开放。落实好缩减外资准入负面清单和全面取消制造业领域外资准入限制措施。配合修订鼓励外商投资目录，鼓励外国投资者在战略性新兴产业、高端制造业、现代服务业等重点发展领域投资。二是推动跨境电商发展。积极推动拼多多等知名跨境电商平台企业落地南昌市，孵化培育一批本地跨境电商企业。指导县区深入对接迈富时集团、杭州斜杠广场电子商务公司等出海服务型企业。三是丰富商贸服务业业态。引导鼓励实体商贸企业打造“一站式”“全天候”综合体，提升红谷滩中央商务区和八一广场市级商业中心能级，加强商贸综合体、商业街区与旅游、文化、休闲的联动发展。

(四)释放内需消费潜力，拓展经济发展新空间

1. 深挖传统消费潜力。一是加力支持消费品以旧换新扩围。优化补贴发放流程，全面提振汽车、家电、家居家装等大宗消费，深入开展“乐购洪城”消费季系列活动。扩大新能源汽车、电子产品等大宗商品消费。二是释放文旅消费潜力。串联起南昌“八一起义纪念馆”“贺龙指挥部旧址”“南昌新四军军部旧址陈列馆”“省博物馆”等红色旅游路线，与其他县市如井冈山、瑞金、古田、遵义、延安等红色培训基地开展交流合作。三是激发假日、夜间经济活力。完善夜间照明、停车场、公共交通、餐饮购物等配套服务设施，开展文艺演出、精品赛事、节庆民俗等文化旅游特色活动。

2. 培育壮大新型消费。 是大力发展“四首”经济①。支持商业、零售、餐饮等品牌首店的入驻和招引，构建“首店 +”街区或商圈等生态圈，带动优质消费资源集聚，打造高能级高品质城市商圈，推动南昌市乃至全省高端消费回流。二是扩大生活性服务消费。推动教育、养老、育幼、家政等服务消费提质扩容，积极打造融合化服务消费场景。建立支持银发经济发展的政策体系，发展多元化普惠托育服务。

3. 打造优质的消费软环境。一是完善投诉处理机制。快速响应消费者诉求，提高处理效率和质量，确保及时有效回应消费者合理诉求。二是构建消费监督管理体系。强化政府跨部门联合监管，鼓励社区、商场、景点、平台、企业设

---

① “四首”经济是指区域首店、行业首牌、品牌首秀、新品首发四种经济形态的组合。

立消费维权服务站,加快建立全方位、多层次、立体化监管机制。三是提升居民生活品质和消费环境。积极对标全国5个国际消费中心城市培育建设经验,构建便民生活圈智慧平台,增加特色餐饮、运动健身、保健养生等品质提升类业态,丰富社区居民消费场景,激发邻里消费活力。

(五)加大要素保障力度,助力经济高质量发展

1.增强资金支持要素保障。一是围绕产业链精准招商。紧盯“三类500强”、央企和行业龙头企业,招引一批带动能力强、科技水平高、经济效益好的优强项目。鼓励链主企业向专精特新中小企业开放市场、创新、资金、数据等要素资源,吸引一批配套企业投资落户。二是开展专题招商活动。各县区、开发区重点围绕龙头、优势产业举办供应商大会等专业性、针对性较强的招商活动,促进重点产业聚势成链发展。三是用好用活基金招商。深化“基金+产业”招商模式,进一步优化基金招商机制及工作流程,鼓励各县区依托省级和市级基金平台,通过多元化运作方式,设立或参与子基金和专项子基金,形成省、市、县(区)三级联动。

2.加大重大项目落地要素保障。一是强化项目引领。紧盯中央预算内资金、超长期特别国债、地方专项债等资金申报条件,更大力度谋划、储备、支持“两重”项目,扎实推进省、市重大项目建设,力争更多项目进入国家、省的大盘子。二是落实保障措施。围绕国家重点支持的行业方向和重点领域,落实落细各项服务保障举措。加强财政与金融的配合,以政府投资有效带动社会投资,支持重大项目市场化融资,破解融资瓶颈,推动重大项目加快落地建设,为南昌市高质量发展提供强力支撑。

3.完善引才育才要素保障。一是擦亮品牌精准引才。努力把“每年吸引10万人才来昌留昌创业就业”打造为全国知名的引才品牌,彰显南昌市留才的决心和尊重人才的氛围。进一步提升“百场校招”的精准性,持续开展“洪漂人才荟”招聘活动,瞄准重点产业链举办专场招聘会,组织企事业单位走进校园。二是搭建平台大力育才。继续实施“人才创业团队来昌创办企业”“双高创新人才”“享受政府特殊津贴人员”选拔工作,支持高端人才创新创业;深入推进职称制度改革；打造“洪”字号技能人才培养品牌，深入开展“洪城技师”“洪城工匠”培养选树；建设一批国家、省、市级技能人才培养载体。

参考文献

南昌市人民政府：《2025 年南昌市政府工作报告》，南昌市人民政府网站，2025 年 1 月 27 日。

南昌市人民政府：《关于印发南昌市支持制造业全面数字化转型的若干措施的通知》，南昌市人民政府网站，2025 年 3 月 1 日。

南昌市统计局：《2024 年南昌市经济运行情况》，南昌市统计局网站，2025 年 1 月 23 日。

南昌市发展改革委：《南昌市 2025 年国民经济和社会发展计划》，南昌市发展和改革委员会网站，2025 年 3 月 24 日。

江西省人民政府：《关于进一步加强新形势下招商引资工作的指导意见》赣府发〔2024〕18 号，江西省人民政府网站，2024 年 11 月 15 日。

景德镇市经济发展报告

余小琴*

摘要： 2024年，景德镇市坚持以习近平新时代中国特色社会主义思想为指导，深入学习贯彻党的二十大和二十届二中、三中全会精神，全面贯彻落实习近平总书记考察江西重要讲话精神和对景德镇重要指示批示精神，以景德镇国家陶瓷文化传承创新试验区建设为统领，全力稳增长、调结构、防风险、惠民生，经济高质量发展取得显著成效。2025年是"十四五"规划收官之年，也是景德镇国家陶瓷文化传承创新试验区建设的进阶之年，景德镇市应坚持培育经济发展新动能、提升主导产业竞争力、强化科技创新引领、深化改革开放、持续优化营商环境，奋力把"千年瓷都"这张靓丽的名片擦得更亮。

关键词： 景德镇市　发展成效　问题短板　对策建议

2024年，面对错综复杂的国内外形势与艰巨繁重的改革发展稳定任务，景德镇市以景德镇国家陶瓷文化传承创新试验区建设为统领，凝心聚力、攻坚克难，经济社会发展取得新进展，为"十四五"规划收官打下坚实基础。

一、2024年景德镇市经济发展成效

2024年，景德镇市围绕高质量发展主线，在稳增长、调结构、促创新中实现经济平稳运行，主要领域呈现产业转型深化、市场活力释放等积极态势。

---

* 余小琴，江西省社会科学院经济研究所助理研究员，博士，研究方向为产业经济。

（一）经济总量稳中有进

自 2019 年 8 月获批国家陶瓷文化传承创新试验区以来，景德镇市经济总量呈现明显上升趋势。2020 年，景德镇市地区生产总值（GDP）为 935.6 亿元，2024 年上升到 1179.3 亿元，增长 26.0%，年均增长 6.0%。按不变价格计算，2024 年景德镇市 GDP 同比增长 4.1%。三次产业比重由 2020 年的 7.3∶41.2∶51.5 调整为 2024 年的 6.7∶41.1∶52.2，第三产业占比有所提升（见表 1），产业结构持续优化，发展质量稳步提高。

表 1　2020—2024 年景德镇市经济总量指标

指标	2020 年	2021 年	2022 年	2023 年	2024 年
GDP（亿元）	935.6	1065.5	1119.7	1140.7	1179.3
实际 GDP 增长率（%）	3.8	8.4	3.9	3.0	4.1
第一产业增加值占比（%）	7.3	6.7	6.8	6.7	6.7
第二产业增加值占比（%）	41.2	42.4	41.6	41.4	41.1
第三产业增加值占比（%）	51.5	51.0	51.6	52.0	52.2

数据来源：景德镇市 2024 年国民经济和社会发展统计公报。

（二）主导产业量质双升

2024 年，景德镇市提出主攻“1+2+N”①现代化特色产业体系，三大主导产业②的发展均取得了一定成效。

1. 陶瓷产业实现高质量发展。2020 年至 2024 年，陶瓷工业总产值实现翻番，从 432 亿元上升到 939 亿元；先进陶瓷产值从 45.5 亿元增加到 326.3 亿元，

① “1”是陶瓷产业，“2”是航空产业、精细化工和医药产业，“N”包括装备制造、电子信息和新型建材等。

② 三大主导产业指陶瓷产业、航空产业、精细化工和医药产业。

增长了617.1%,占陶瓷总产值的比重从10.5%上升到34.7%,陶瓷产业结构明显优化;规模以上陶瓷企业数量从121家增加到288家;陶瓷产业实现税收总额从3.8亿元上升到10.2亿元,增长168.4%(见表2)。

表2　2020—2024年景德镇陶瓷产业发展情况

指标	2020年	2021年	2022年	2023年	2024年
陶瓷工业产值(亿元)	432	516	665	861.3	939
先进陶瓷产值(亿元)	45.5	49.2	130.8	253.2	326.3
规上陶瓷企业(家)	121	140	203	240	288
规上陶瓷工业产值(亿元)	129	155	282	296.9	317.3
陶瓷产业税收(亿元)	3.8	5.2	7.6	10.1	10.2

数据来源:景德镇市统计局。

2.航空产业发展取得突破。2021年至2023年,景德镇直升机及通航产业连续三年实现两位数增长,规模以上企业增加值增长率分别高达34.6%、24.6%、42.6%。2024年继续保持增长态势,增加值增长3.3%。并且,2024年,景德镇市成功试飞国内最大的3吨级eVTOL(电动垂直起降飞行器)并亮相珠海航展,直升机集群还成功跻身长三角大飞机国家先进制造业集群。

3.精细化工和医药产业加快转型升级。2024年,景德镇市精细化工和医药产业营业收入约520亿元,规模以上产业增加值增长7.8%,比2023年高2.6个百分点。鱼山医药产业园获省级化工园区认定,乐平医药中间体及原料药产业集群获评省级中小企业特色产业集群。龙头企业发展势头良好,富祥药业成功入选国家级专精特新"小巨人"企业,并进入中国化药企业百强。

(三)市场活力持续提升

2024年,景德镇市立足扩大内需战略,着力提升投资效能,积极培育消费新业态,不断激发市场主体活力,内需潜力持续释放。

1. 投资增长强劲,重大项目建设加快。2024 年,景德镇市固定资产投资同比增长 4.1%,争取各类政策资金超 139 亿元,同比增长 22%。320 个市重点项目和 138 个省大中型项目分别完成投资 654 亿元和 369 亿元,超额完成年度计划。

2. 消费市场活跃,新业态新模式不断涌现。2024 年,景德镇市积极推进以旧换新活动,投入补贴资金 1.4 亿元,带动汽车、家电等消费超 8 亿元,全年社会消费品零售总额为 632.9 亿元,同比增长 4.4%。文旅消费亮点纷呈,"全域全时全龄夜间消费生态"入选全国文旅消费"改革创新二十佳案例",培育了"云里雾里塔里"等高品质旅游业态,同时深入挖掘"昌南""天祥号"等老字号品牌价值,推动"景德镇菜"品牌化发展。

3. 市场主体加快培育,金融支持力度加大。2024 年,景德镇市新增市场主体 4.5 万户,增长 6.8%。金融支持实体经济力度加大,金融机构贷款余额增速和新增存贷比均居全省第 2 位,其中制造业贷款余额占比 11.6%,增速 20.5%,分别位居全省第 2 位和第 4 位,显示出良好的市场发展活力。

(四)创新动能不断增强

2024 年,景德镇市深入实施创新驱动发展战略,聚焦重大创新突破、创新主体培育和创新人才引进,全面增强科技创新策源能力,科技综合实力稳步提升,为高质量发展注入强劲动能。

1. 创新人才加速集聚。新增院士工作站 2 家,1 人入选国家级重大人才工程,14 人和 1 个团队入选省级人才工程,人才引育工作成效显著。

2. 创新主体加快培育。602 所获批直升机动力学全国重点实验室,新增高成长性企业 8 家、国家高新技术企业 67 家,创新平台建设取得新进展。

3. 创新成果不断涌现。"电动垂直起降飞行器(eVTOL)"等 3 个项目获评省科技重大项目,特色中药饮片、高性能陶瓷膜、高速精密陶瓷砂轮获省级科技奖项,微生物蛋白研发入选中国食品科技十大进展,展现出多领域创新突破。全市科技综合发展水平位居全省第 4 位,展现出创新驱动高质量发展的强劲势头。

(五)文旅产业蓬勃发展

2024年,景德镇市全年旅游人次突破6000万人次,同比增长10.3%,实现旅游总收入753亿元,同比增长6.3%。成功入选首批240小时过境免签城市,新增10条精品旅游路线和2家省级旅游度假区,"千馆之城"建设基本完成,新增1家国家一级博物馆(御窑博物院)和4家国家二级博物馆,文化特色优势进一步彰显。

二、存在的问题和短板

尽管2024年景德镇市经济发展取得了一些积极成效,但对标高质量发展要求,仍然存在一些突出问题和短板。

(一)经济增长动能不强

2024年,景德镇市主要经济指标完成情况大多低于预期,且有些指标呈现下降趋势。

1.外贸形势持续低迷。2024年,景德镇市外贸进出口总额72.3亿元,在"四小市"①中仅略高于萍乡市(66.7亿元),同比下降44.5%,下降幅度明显高于全省同期进出口总额下降幅度(17.2%)。

2.消费市场复苏动能不强。2024年,景德镇市社会消费品零售总额增长率为4.4%,比2023年低1.4个百分点,且低于鹰潭市(5.4%)、新余市(5.6%)和萍乡市(5.0%)(见表3),居民消费意愿不够强。

3.投资拉动效应不显著。2024年,景德镇市固定资产投资增长率为4.2%,比鹰潭市和新余市分别低1.5和1.2个百分点(见表3),民间投资乏力。

---

① "四小市"包括景德镇市、萍乡市、新余市和鹰潭市四个地级市。

表3　2024 年江西省“四小市”主要经济指标情况

指标	景德镇	鹰潭	新余	萍乡
地区生产总值(亿元)	1179.3	1384.3	1142.5	1211.4
地区生产总值增长率(%)	4.1	7.3	0.6	4.6
规模以上工业增加值增长率(%)	6.2	13.4	-7.5	7.5
固定资产投资增长率(%)	4.2	5.7	5.4	3.4
社会消费品零售总额增长率(%)	4.4	5.4	5.6	5.0
签约亿元以上项目个数(个)	33	168	—	128
入选国家科技型中小企业库(家)	484	489	474	495
进出口总额(亿元)	72.3	472.3	267.6	66.7

数据来源:江西省统计局、2025 年各地级市人民政府工作报告。

(二)主导产业韧性不足

2024 年,景德镇市三大主导产业发展均取得了一定成效,但产业创新能力不强、产业链不完整、配套体系不健全等问题仍然突出,产业韧性、竞争力不强。

1. 陶瓷产业大而不强、结构不优。缺乏龙头企业引领,6000 多家陶瓷企业中规模以上企业仅 288 家,且大多数产值较低,过 10 亿元的只有建筑陶瓷企业。产业链不完整,如先进陶瓷企业主要集中在陶瓷元件等产业链中端,前端的高性能陶瓷粉体企业和后端高附加值的零部件、整机企业相对缺乏。产业集群配套不全,部分高端陶瓷原料、生产设备依赖进口,缺乏针对陶瓷产品特点的个性化包装设计企业和专业的陶瓷物流服务提供商。创新创业不足,日用瓷设计研发能力不强,艺术瓷创意设计不足,以个性化产品为主,爆款产品不多。

2. 航空产业链条不全、依附性强。产业链不完整,主要集中在机械加工、锻造、复材等领域,缺乏航发、航电等关键环节。军品依赖度过高,产业自主性不足,军用机比例高达 90%,呈现明显“军用机强、民用机弱”的格局。本地配套能力弱,主要依赖中航内部调控,发展主动权受限。市场竞争激烈,随着全国范围内航空产业的快速发展,各地纷纷布局航空产业园,景德镇面临着来自国内其他地区的激烈竞争。

3. 精细化工和医药产业结构单一、链条短。产业结构单一,主要集中在少数几个领域,如氯碱化工、维生素、医药中间体等,缺乏多样化的产业布局。产业链条短,“有产业无产业链”,以原材料供应为主,在高端化学品和生物医药领域的产业链延伸不足,可替代性强,抗风险能力弱。

(三)科技创新能力亟待提升

2024 年,景德镇市在科技创新方面取得了一定成效,但在创新平台、人才支撑和企业创新能力等方面仍存在一些不足。

1. 现有创新平台层次偏低、作用不强。先进陶瓷领域仅有一个省级平台,缺乏国家级创新平台。一些平台的科研人员在服务地方需求、促进技术进步方面科研成果数量不多,且研究成果与需求存在不匹配,科研平台的利用效率不高。

2. 科研人才支撑不足。以两院院士为代表的高层次创新人才处于空白状态,高端研发团队和产业化人才也相对较少。高校培养的人才与企业需求存在错配,企业反映存在“招工难”问题。

3. 市场主体创新能力较弱。大部分企业基础技术创新能力薄弱,具有核心技术和自主品牌的优势龙头企业较少,创新引领作用不强。

(四)区域竞争力相对较弱

2024 年,景德镇市经济发展在全省处于相对落后地位,与“四小市”中的其他城市相比,在经济总量、工业发展、招商引资、创新能力和对外开放等方面仍存在差距,区域竞争力有待进一步提升。

1. 经济总量相对较低。2024 年,景德镇市地区生产总值为 1179.3 亿元,低于鹰潭(1384.3 亿元)和萍乡(1211.4 亿元),仅高于新余(1142.5 亿元)。实际增长率为 4.1%,低于鹰潭(7.3%)和萍乡(4.6%)。

2. 工业发展动能不足。规模以上工业增加值增长 6.2%，虽高于新余（-7.5%），但明显低于鹰潭（13.4%）和萍乡（7.5%），工业发展活力有待提升。

3. 招商引资竞争力较弱。2024 年，景德镇市签约亿元以上项目 33 个，远低于鹰潭市（168 个）和萍乡市（128 个），在招大引强方面存在明显差距。

4. 创新能力有待提升。全市研发投入强度不高，创新平台数量偏少，高端创新人才引进困难。2024 年入选国家科技型中小企业库的企业 484 家，低于萍乡市和鹰潭市，创新发展基础尚需夯实。

5. 经济开放程度较低。2024 年，景德镇市进出口总额为 72.3 亿元，只有鹰潭（472.3 亿元）的 15.3%、新余（267.6 亿元）的 27%，对外开放水平有待提高（见表 3）。

（五）营商环境需进一步优化

虽然近年来景德镇在优化营商环境方面做了大量工作，但在政务服务效能、政企沟通机制、涉企执法规范等方面仍存在一些短板。

1. 政务服务效能不高。政务服务标准化、规范化水平不够，行政审批流程尚未实现“极简审批”，“高效办成一件事”覆盖领域有限，帮代办服务模式尚未形成规模，优质公共服务供给不足。

2. 政企沟通机制不畅。缺乏常态化政企恳谈机制，企业参与重大政策制定的渠道不够通畅，企业诉求反馈和问题解决机制不完善，12345 热线功能发挥不充分。

3. 涉企执法不够规范。“新官不理旧账”现象仍然存在，拖欠中小企业账款问题还比较突出，存在乱收费、乱罚款、乱检查、乱查封等问题，助企纾困政策落实不到位。

三、进一步推进景德镇经济高质量发展的对策与建议

面对经济增长动能不足、产业韧性不强等发展瓶颈，景德镇亟须深化改革创新，为推动景德镇经济高质量发展，提出以下建议：

(一)培育经济发展新动能,巩固经济回升向好势头

针对景德镇市外贸持续低迷、消费复苏乏力、投资拉动不足等问题,应着力扩大有效投资、提振消费市场、扩大对外开放,全面激发经济发展新动能。

1. 扩大有效投资。实施项目带动战略,紧扣市重点建设项目,完善项目挂点、专班推进机制,强化用地、用能、资金等要素保障。加快推进机场改扩建、电厂二期、乐平灌区、玉田水库扩容等重大基础设施项目建设,有序推进更多项目竣工投产达效。

2. 提振消费市场。开展提振消费专项行动,加力扩围实施消费品以旧换新政策,加快释放汽车、家电、手机、家居家装等消费潜能,扩大康养、托育、家政等服务消费。打造高品质消费场景,丰富陶阳里、景德镇记忆街区体验,培育演艺消费、数字消费等新业态。

3. 扩大对外开放。积极融入长三角、粤港澳大湾区等国家战略,开展链式招商、以商招商、资本招商、平台招商。用好跨境电商综试区、市场采购贸易方式试点等政策,加快推进罗家机场航空口岸、鱼山码头水运口岸建设。实施陶瓷外贸“千企百亿”行动,支持企业建设海外仓、拓展外贸订单。

(二)提升主导产业竞争力,构建现代化产业体系

针对陶瓷产业大而不强、航空产业依附性强、精细化工和医药产业链条短等问题,应着力推进主导产业转型升级。

1. 做大做强陶瓷产业。实施龙头企业培育计划,梯度扶持链主企业,对于高成长性陶瓷企业给予补贴扶持,设立陶瓷产业并购基金,支持龙头企业兼并重组中小作坊,整合设计、生产、销售资源。实施补链强链攻坚计划,前端积极引进国际上先进的高性能陶瓷粉体企业,配套建设粉体研发中试基地,后端建设精密陶瓷零部件产业园,吸引传感器、半导体封装等终端应用企业落户。配套建设陶瓷产业服务综合体,集聚3D打印模具、文化IP设计、跨境物流等专业化服务商。

2. 优化航空产业。完善航空产业链条,争取中航工业集团支持,在景德镇

设立航空发动机零部件生产基地。创建军民两用技术转化中心,推动军用复材技术向无人机、通用航空领域转化,提升民品收入占比。差异化定位发展,聚焦轻型直升机、工业级无人机细分领域,建设全国最大的轻型航空器制造基地。建设航空复合材料检测认证中心,提供国际互认检测服务,降低企业认证成本。

3. 提升医药化工产业。推动产业链纵向延伸,氯碱化工向下游突破,提升生物医药价值,如支持天新药业等企业从原料药到制剂一体化转型。培育新增长点,如布局新能源材料,利用氯碱产业副产氢气,发展氢燃料电池质子交换膜项目,纳入江西省氢能产业规划重点项目,开发钠离子电池电解质,对接宁德时代、比亚迪等企业需求。

(三)强化科技创新引领,增强发展内生动力

针对科技创新平台层次不高、人才支撑不足、企业创新能力偏弱等问题,应着力提升创新平台能级、完善人才体系、激发企业活力,推动科技创新与产业发展深度融合。

1. 提升创新平台能级,强化产业支撑。争创国家级创新平台,重点围绕先进陶瓷领域,整合高校(如景德镇陶瓷大学)、科研院所和企业资源,联合申报国家先进陶瓷技术创新中心或国家重点实验室。推动现有省级平台升级,引入长三角、粤港澳大湾区等地的科研机构共建分中心。优化平台运行机制,建立"需求导向"科研立项机制,由政府牵头组织企业提出技术难题,平台"揭榜挂帅"攻关,推动科研成果与产业需求精准对接。设立中试基地和成果转化基金,支持实验室成果向规模化生产转化,降低企业技术应用风险。

2. 构建多层次人才体系,破解供需错配。靶向引进高端人才,实施"景英计划",对引进的院士、领军人才团队给予充足的资金资助,并提供住房、子女教育等配套保障。学习借鉴"科研飞地"模式,支持企业在发达地区设立研发中心,通过"科技副总"等方式柔性引进高层次人才。强化本土人才培养,推动景德镇陶瓷大学等高校增设智能陶瓷、新能源材料等交叉学科,与企业共建产教融合学院,推行"订单式"人才培养。支持职业院校与陶瓷企业合作开展"现代学徒制",针对性培养技能型人才。

3. 激发企业创新活力,培育产业生态。梯度培育创新主体,实施"龙头牵引"工程,遴选一批头部企业给予"一企一策"支持,借助产业基金助力企业发展壮大。设立专精特新企业培育库,对首次认定的国家级"小巨人"企业给予200万元奖励。强化技术攻关支持,设立科技专项基金,支持企业联合科研机构攻关关键材料、精密制造等技术。完善创新服务生态,引导社会资本成立陶瓷科技产业基金,对早期技术项目给予风险投资,政府配套提供贷款贴息。

(四)深化改革开放,提升城市综合竞争力

针对区域竞争力偏弱的问题,应深化体制机制改革、优化产业发展生态、扩大对外开放合作,全面提升城市综合实力。

1. 推进重点领域改革。扎实推动国有企业体制改革,对国有企业进行混合所有制改革,引入民间资本和战略投资者,增强企业的市场竞争力和创新能力。进一步推动优势陶瓷产业转型升级,使其向规模化、精品化、高端化转型。深化开发区"管委会+公司"模式改革,推进高新区与昌江区产业融合发展。

2. 优化产业发展生态。培育壮大优势产业集群,完善"链长+链主+基金+基地"模式,建立政府引导、企业主导的产业发展新机制。通过精准识别、引进和支持"链主"企业,引导优势企业集聚成势,推动产业集群化、集约化发展。重点推进"人工智能+"试点,培育一批数字领航、小灯塔、数智工厂等省级数字转型标杆企业,全面提升产业数字化水平。充分发挥中国陶瓷工业互联网平台的作用,推动陶瓷企业上云用数赋能。积极发展研发设计、标准认证、知识产权等生产性服务业,促进先进制造业与现代服务业深度融合,构建现代化产业生态体系。

3. 加强对外交流合作。积极融入国家对外文化交流大局,主动参与共建"一带一路",争取承办更多国家外事外交活动,高水平举办景德镇论坛、瓷博会等重大活动,提升景德镇产品影响力。完善跨境电子商务综合试验区建设,优化在线通关、免税申报、仓储物流和金融结算等集成功能。探索陶瓷出口新模式,为海外企业做陶瓷礼品定制、陶瓷产品代加工,培育陶瓷出口企业并鼓励企业设立海外仓。

（五）持续优化营商环境，增强发展软实力

针对营商环境存在的政务服务效能不高、政企沟通不畅、涉企执法不够规范等问题，应着力深化政务服务改革、完善政企沟通机制、规范执法行为，持续优化营商环境。

1. 深化政务服务改革。推进政务服务增值化，推广“瓷都小赣事”帮代办服务模式，在极简审批、过期不候等方面实现突破，让“高效办成一件事”拓展到更多领域。优化审批流程，持续开展“减证便民”行动，清理各类证明事项，减少企业办事环节和材料。推进“一网通办”，提高政务服务事项网上可办率和全程网办率。提升政务服务效能，建立健全政务服务“好差评”制度，加强对政务服务窗口的监督管理，提高服务质量和效率。

2. 健全政企沟通机制。建立全方位、多层次、常态化的企业服务体系，定期走访企业，面对面听取企业诉求建议。定期召开圆桌会，支持企业参与重大政策制定。充分利用线上沟通平台，提供“一站式”政务服务，对企业做到“有求必应、无事不扰”。依托省 12345 政务服务便民热线平台，推进“党建引领、接诉即办”改革，做到对企业群众的诉求“一号响应”“接诉即办”。建立问题收集与交办机制，强化部门联动协作，确保企业诉求得到及时解决。

3. 规范涉企执法行为。加强执法队伍建设，提高执法人员素质，建立健全执法监督机制。完善执法制度和程序，明确执法标准和流程，建立执法公示制度。规范执法行为，严格执行执法程序，规范自由裁量权，加强对执法行为的监督和管理，对发现的乱收费、乱罚款、乱检查、乱查封等行为，依法依规严肃处理。深入治理“新官不理旧账”、拖欠中小企业账款等问题，鼓励政企双方通过协商达成解决方案，明确还款计划和方式，及时公开信息，接受社会监督，营造亲商安商良好氛围。

参考文献

陈克龙：《政府工作报告》，景德镇市人民政府网站，2025 年 1 月 8 日。

黄惠喆、邱瀚宇、宋雪莹等：《景德镇陶瓷产业高质量发展研究》，《中国陶瓷

工业》,2024 年第 5 期。

伍悦清、黄颖敏:《景德镇陶瓷产业集群演化及高质量发展动力机制研究》,《陶瓷研究》,2024 年第 5 期。

徐敏燕、姜美琴、李露:《新质生产力背景下景德镇陶瓷产业高质量发展路径探讨》,《商业经济》,2024 年第 12 期。

马锐:《关于景德镇陶瓷产业高质量发展的对策研究》,《陶瓷》,2024 年第 4 期。

刘丹华:《景德镇先进陶瓷行业现状与未来发展机遇和挑战》,《陶瓷科学与艺术》,2024 年第 9 期。

萍乡市经济发展报告

刘英*

摘要： 2024年，萍乡市经济运行总体平稳、稳中有进，产业转型步伐加快，创新动能不断增强，消费市场平稳增长，项目建设成效显著，重点改革深入推进，区域合作走深走实，中国式现代化萍乡新实践迈出了更加坚实的步伐。展望2025年，萍乡市将继续应势而动、顺势而为、乘势而上，围绕高质量发展首要任务，在加快产业转型升级、加强创新引领、持续扩大内需、全面解放思想、积蓄发展动能、深化开放合作等方面下功夫。

关键词： 萍乡市　经济发展　成效　困难和问题　对策建议

2024年，萍乡市全市上下坚持以习近平新时代中国特色社会主义思想为指导，全面贯彻落实党的二十大和二十届二中、三中全会精神以及习近平总书记考察江西重要讲话精神，牢牢把握"走在前、勇争先、善作为"的目标要求，紧紧围绕打造"三大高地"、实施"五大战略"、强化"六个聚力"，有效应对各种风险挑战，经济社会发展取得了预期成效。

注：本文为江西省社会科学院青年调研项目"新质生产力推动江西先进制造业发展研究"的研究成果，项目编号为：24QNDY03。

* 刘英，江西省社会科学院经济研究所助理研究员，博士，研究方向为区域经济。

一、2024 年萍乡市经济发展成效

(一)经济运行稳中有进

2024 年,萍乡市地区生产总值 1211.4 亿元,按不变价格计算,同比增长 4.6%;一般公共预算收入 115.4 亿元,同比增长 2.8%,其中,税收收入 71.9 亿元,增长 1.0%,占一般公共预算收入的比重为 62.3%;一般公共预算支出 339.5 亿元,增长 4.3%;规模以上工业增加值增长 7.5%,分行业看,34 个大类行业中 24 个行业实现增长,增长面为 70.6%;社会消费品零售总额 510.8 亿元,同比增长 5.0%(见表 1)。

表 1　2024 年萍乡市主要经济社会指标及其增长速度

主要指标	绝对值(亿元)	同比增长(%)
生产总值	1211.4	4.6
一般公共预算收入	115.4	2.8
一般公共预算支出	339.5	4.3
规模以上工业增加值	—	7.5
社会消费品零售总额	510.8	5.0

数据来源:萍乡市统计局。

(二)产业转型步伐加快

1. 产业结构持续优化。2024 年,萍乡市第一产业增加值 79.7 亿元,第二产业增加值 462.5 亿元,第三产业增加值 669.2 亿元(见表 2);三次产业增加值占地区生产总值比重为 6.6∶38.2∶55.2,与 2023 年三次产业增加值占地区生产总值比重 6.6∶38.5∶54.9 相比,第三产业占比增加,保持主导地位。

表2 2024年萍乡市地区生产总值的构成及其增长速度

主要指标	绝对值(亿元)	同比增长(%)
第一产业增加值	79.7	-0.3
第二产业增加值	462.5	5.5
第三产业增加值	669.2	4.5

数据来源:萍乡市统计局。

2. 服务业实力不断攀升。2024年,萍乡市服务业实现增加值669.2亿元,同比增长4.5%。其中,批发和零售业,交通运输、仓储和邮政业,住宿和餐饮业,金融业增加值分别增长7.8%,2.8%,4.7%,5.9%;规模以上服务业企业实现营业收入97.1亿元,同比增长8.5%;铁路货物发送量472.0万吨,同比增长0.6%;铁路旅客发送量510.2万人,同比增长2.4%;全年公路社会货物运输量5977万吨,同比增长3.1%,社会货物运输周转量1341837万吨公里,同比增长3.7%;社会旅客运输量1503万人次,同比增长228.2%,社会旅客运输周转量43082万人公里,同比增长46.0%;邮政行业业务总量9.4亿元,同比增长20.7%。

3. 产业链群建设协同推进。2024年,全市10条制造业重点产业链有9条增加值为正增长,其中,装备制造、服装家居、食品、电子信息分别增长18.5%、16.8%、13.4%、9.6%。10条产业链整体增加值增速为9.4%,高于规模以上工业1.9个百分点。材料加工、装备制造产业集群增加值增速分别为8.7%、24.1%,两个产业集群整体增加值增速12.3%,高于规模以上工业4.8个百分点。

(三)创新动能不断增强

1. 创新主体持续壮大。2024年,萍乡市研发报表企业达到929家,较上年净增123家,其中开展研发活动的企业508家,同比增长28.3%;拥有省级高成长性科技型企业31家,国家高新技术企业认定总数达280家,495家企业入选国家科技型中小企业库,10家企业通过瞪羚(潜在)企业认定。

2. 创新平台建设成效显著。与上海大学、山东工业陶瓷研究设计院、西安交通大学等高校院所共建6个产业共性技术创新平台,转化30余项科研成果,初步形成“一产业一平台一中心一基地”的创新体系;湘赣边食品现代产业研究院实现实体运行,湘赣边新材料现代产业研究院建设有序推进,萍乡(长沙)飞地科创中心科创融智成果进一步显现,促成28项技术转移合作;成功引进上海大学材料基因组工程(萍乡)研究院、芦溪高压电瓷电气研究院等4家省级高端研发机构。

3. 创新能力不断增强。2024年,萍乡市城市科技创新能力位居全国第68位,较上年前进47位,排全省第2位,每万人有效发明专利达7.98件,同比增长15.2%;全社会研发投入达到18.4亿元,同比增长9.5%,高于全省平均1.3个百分点,研发投入强度提升至1.6%,较上年提高0.15个百分点,研发投入实现量质齐升。

(四)消费市场平稳增长

一是消费市场持续回暖。2024年,萍乡市开展各类促消费活动800多场,营造了浓厚的消费氛围;经全国生态食材评定中心专家组现场评审,萍乡市正式通过“中国生态美食地标辣文化之都”区域公用品牌评定;全市社会消费品零售总额510.8亿元,同比增长5.0%;限额以上单位商品零售额中,粮油、食品类零售额比上年增长11.9%,饮料类增长8.7%,烟酒类增长8.7%,体育、娱乐用品类增长7.3%,家用电器和音像器材类增长12.8%,家具类增长21.3%,通讯器材类增长36.3%,新能源汽车类增长51.6%。二是文旅消费持续活跃。武功山景区获评“世界地质公园”“世界旅游名山”,湘东区月上广寒景区获评“国家4A级旅游景区”,安源区获评“中国文旅融合高质量发展示范区”。

(五)项目建设成效显著

1. 项目招引成绩良好。通过大力实施链式招商、以商招商,积极开展定增招商,增加有效投资,促进项目建设。2024年,全市引进项目215个,其中,亿元以上项目128个、主导产业链项目160个，争取各项国家和省级项目资金121.3亿元，谋划储备2025年重大项目448个，总投资888.2亿元。

2. 项目建设加速推进。2024年，全年施工项目1503个，比2023年增加40个。其中，新开工项目535个，比2023年增加131个，完成投资占全部投资的19.7%。施工项目中，亿元以上施工项目617个，其中，10亿元以上施工项目58个。东源水库、流源水库开工建设，长赣高铁（萍乡段）取得环评批复，沪昆高速（萍乡段）改扩建工程、绕城高速公路、市奥体中心等一批重大城建和基础设施项目建设加快推进；旭阳焦化、高强电力、甘源食品五期等一批重点产业项目建设提挡加速；抚瓷电气、光安科技、宏易电子、“莲小花”品牌运营一体化中心等一批产业项目建成并投入使用。

3. 有效投资持续增长。2024年，萍乡市固定资产投资同比增长3.4%，比前三季度提高1.4个百分点。分领域看，工业技改投资增长5.5%，电力、热力、燃气及水的生产和供应业投资增长24.6%，设备工器具购置投资增长12.4%；基础设施投资快速增长，2024年，萍乡市基础设施项目投资增长36.9%，拉动全部投资增长8.1个百分点；165个城市功能品质提升项目完成投资120.6亿元，有效增强了高质量发展的后劲。

（六）重点改革深入推进

1. 营商环境稳步提升。着力打造高效便利的政务服务环境，在全省率先实行登记注册直接核准制，企业开办由半个月压缩至常态化半天办结。依申请政务服务事项网上可办率、22件“一件事”上线率、“异地通办”率、电子证照签发率保持在100%。建立支持小微企业融资协调机制，开展“千企万户大走访”活动，有效解决小微企业融资难问题。

2. 经济体制改革加快推进。充分发挥经济体制改革牵引作用，梳理细化经济体制改革具体任务并形成任务清单，出台了《关于促进民营经济发展壮大的若干措施》，深入实施市场准入负面清单制度，进一步降低投资创业的制度性成本，加强反不正当竞争执法，一批重点改革事项加快落地见效。

3. 开发区管理制度改革全面推进。开发区（工业园区）人事薪酬改革、“管委会+公司”改革全面推进,萍乡经开区42项重点改革任务已完成41项,全市园区社会管理事务剥离完成率达100%。萍乡经开区《推进人事薪酬改革“三转变”,激发干事创业动力和活力》和上栗工业园《“管委会+工业社区”推动社会事务有效剥离》入选2024年度江西省开发区改革创新优秀案例。

(七)区域合作走深走实

1. 政策协同不断增强。连续三届以观察员城市身份参加长株潭一体化发展市委书记联席会议,与长株潭地区累计互签130余项深化合作协议。成功推动萍乡市4个事项被纳入赣闽粤原中央苏区和革命老区重点城市振兴发展部际联席会议议定事项,成功争取萍乡市被纳入湘赣中南部地区与粤港澳大湾区合作发展政策支持范围。

2. 产业联动持续深化。萍乡市6个产业园区全部加入长株潭都市圈园区产业发展联盟。上栗—浏阳、湘东—醴陵等跨省合作产业园区加快建设,2024年完成产值237.1亿元。湘赣边食品现代产业研究院实现实体运行,湘赣边新材料现代产业研究院建设有序推进。

3. 服务共享扎实推进。以观察员城市身份正式上线“湘易办”长株潭跨域通办专区,已实现公积金、不动产、水务三个系统数据的跨省对接共享,上线查询办理类事项20个。与湖南省签订两轮《渌水流域横向生态保护补偿协议》,推动生态协同共治。

二、2024年萍乡市经济发展存在的主要困难和问题

(一)经济增长后劲乏力

从总量方面看,2024年,萍乡市虽然地区生产总值反超景德镇市和新余市,列“四小市”[①]第二,但与这两个地市的差距很小,且较南昌市相差6589亿元,在全省的占比也较低,仅为3.5%,低于4.0%的人口比重。从增速方面看,萍

---

① “四小市”包括景德镇市、萍乡市、新余市和鹰潭市四个地级市。

乡市 GDP 增速低于全国（5.0%）和全省（5.1%）增速，位列各设区市第八名。作为中国近代工业发祥地之一的赣西工业重镇，要在产业转型升级中做大经济总量、加快赶超崛起、为全省作出更大贡献，还需持续努力。

（二）产业结构还需优化

当前产业结构中，工业承压较大，转型升级中"新不足以补旧、增不足以补减、小不足以补大"等深层次问题依然突出存在。一是部分传统行业发展受限，具有引领作用的龙头企业较少，萍安钢将进行搬迁，水泥行业持续减产，煤矿面临关停，发展形势不容乐观。二是先进装备制造、电子信息、食品医药等新兴产业虽然发展迅速，但规模偏小，支撑作用不足，全市工业实现高质量发展压力较大，从 2024 年十大产业链营业收入情况来看，传统产业营业收入占比近 40%，新兴产业营业收入占比仅 34%，还需着力增强新动能。

（三）创新能力有待提升

一是创新活力有待提升。2024 年，萍乡市专利授权 1429 件，其中，发明专利授权 227 件，同比下降 6.2%，专利授权量仅为南昌市（14808 件）的 9.7%。二是创新驱动能力不强。产业升级发展缺乏支柱型的科技领军企业，加上又无省级以上高新技术园区，不利于产业集群式、规模化发展。三是创新平台效能发挥不够。国家级创新平台尚属空白，现有省级创新平台在集聚人才、转化成果等方面的作用没有充分发挥。

（四）进出口贸易大幅下降

2024 年，萍乡市进出口总额为 66.7 亿元，同比下降 59.1%。其中：出口总额为 55.9 亿元，同比下降 63%；进口总额为 10.8 亿元，同比下降 11.1%。与省内其他小地市相比，萍乡市进出口总量最小，远低于景德镇市（72.3 亿元）、新余市（267.6 亿元）、鹰潭市（472.3 亿元），且降幅最大。

（五）消费意愿整体不强

虽然萍乡市出台了一系列"以旧换新"刺激消费的政策，也发放了一系列的消费补贴,但消费补贴支持的力度不够,且消费政策的最大化效应还没有发挥,针对多层次、多样性的消费模式,仍需加强协调对接。2024年,萍乡市社会消费品零售额为510.8亿元,仅占全省社会消费品零售总额(12821.7亿元)的4.0%,同比增长5.0%,增速在“四小市”中相对靠后(新余市5.6%、鹰潭市5.4%、景德镇市4.4%)。

三、加快萍乡市经济发展的对策与建议

(一)加快产业转型升级,大力推进现代化产业体系建设

以建设工业强市为主抓手,深入实施制造业重点产业链现代化建设“10210”行动计划,大力培育“4+2”新动能,加快构建具有萍乡特色和优势的现代化产业体系,用现代产业的高质量发展引领经济回升向好。

1. 加快推动传统产业转型升级。以数字赋能传统产业转型升级,推动传统产业向高端化、智能化、绿色化方向迈进,夯实现代化产业体系的根基;持续推进工业领域设备更新,加快推动传统产业高端化,以电瓷、工业陶瓷、建材、烟花爆竹、包装等领域为重点,开展大规模场景应用;大力支持企业数字化转型,加快推动传统产业智能化,持续推动机器换人、设备换新、生产换线,着力打造数字化产线、数字化车间和智能化工厂,推动传统产业实现生产组织变革和业态模式创新;加快推动传统产业绿色化,鼓励创建绿色工厂、绿色工业园区和绿色供应链。

2. 加快推动新兴产业聚链成群。聚焦锂电、金属、先进陶瓷等新材料产业和新能源汽车零配件等智能制造产业,以链式思维,不断延伸拓展产业链条,构筑全链条协同生态;围绕产业链上下游配套,深耕光电显示、智能终端、印制电路板等电子信息产业细分领域,有序推进新兴产业集群建设,提升产业整体竞争力。

3. 加快开辟未来产业发展赛道。对未来产业进行前瞻部署,以增材制造、新型储能、功能食品、低空经济为重点方向,重点谋划培育先进陶瓷、钙基新材料、全固态储能新材料等未来产业,力争打造在全省乃至全国都有影响力的、特

色鲜明的市级未来产业先导区，加快发展新质生产力，不断开辟新的产业领域和竞争赛道。

（二）加强创新引领，激发经济增长内生动力

创新是引领发展的第一动力，是建设现代化经济体系的战略支撑。萍乡市要紧紧抓住科技创新“牛鼻子”，打造创新发展高地，坚持向创新要动力。

1. 要强化科技创新平台体系建设。聚焦产业链高质量发展需求，围绕产业链部署创新链，高水平建设一批高能级科技创新平台，以电瓷、电子信息、新材料等产业发展为抓手，主动抢抓发展机遇，积极对接国家战略科技力量，持续构建“1 个总院 + N 个专业性研究所和产业技术创新中心”的科创平台体系。同时，要发挥现有创新平台技术攻关优势，推动湘赣边新材料现代产业研究院、湘赣边食品现代产业研究院、新能源材料中试基地等平台提升科创服务能力，推动萍乡（长沙）飞地科创中心扩容提质；支持骨干企业和中国科学院、电子科大、山东工业陶瓷研究设计院、南昌大学、浙江大学、上海大学、昆明理工大学、湖南大学等国内大院大所、知名高校合作，建立产学研合作关系，共建科技创新平台。

2. 要强化企业科技创新主体地位。深入实施创新驱动发展战略，激发创新主体活力，引导企业在科技重大决策、研发投入、科研组织、科技成果转化过程中发挥主体作用，增强企业自主创新能力，组建龙头企业牵头、高校院所支撑、各创新主体相互协同的创新联合体。

3. 要强化科技创新人才引育留用体系。以科创平台为引擎，构建复合型创新人才引育留用体系，结合市场发展需求，建立项目、产业、企业人才需求清单，通过靶向对接科技创新人才，推动人才与岗位、项目与单位精准高效适配，使人才链更高效服务于创新链、产业链。同时，营造尊重人才、爱护人才、服务人才的良好环境，破除论资排辈等陈旧观念，注重青年人才队伍建设，激励青年创新人才脱颖而出。

（三）持续扩大内需，推进消费扩容提质升级

消费是经济稳定运行的“压舱石”，也是推动经济增长的“主力军”，要增强

消费对萍乡经济发展的基础性作用。

1. 要持续提升传统消费。持续办好“惠享萍城”系列促消费活动,推动餐饮、住宿、文娱等行业稳定增长,做大家电、家装家居等消费基本盘,进一步优化汽车、房地产等消费政策,加力扩围消费品“以旧换新”,加力支持汽车、家电、家装和电动自行车以旧换新,以及手机等数码产品的购新补贴,不断优化政策操作流程,加快补贴兑付速度,强化政策宣传解读,进一步提高农业机械报废更新补贴标准,加快农业生产工具更新迭代。

2. 要深刻把握消费发展的新趋势和新特征。要适应消费升级的需求和趋势,创造文旅消费新热点,围绕“工运摇篮”“户外天堂”“花炮故里”“中国辣都”四张城市名片建设,全力挖掘文旅消费潜力,利用春节、“五一”国际劳动节、暑期和国庆节等节假日,策划开展系列文旅促消费活动;增加养老育幼服务消费,针对亲子游市场,将萍乡市科技馆、安源红领巾纪念馆、赣西野生动物王国等纳入亲子游线路;围绕银发族康养需求,深度开发“康养旅居 + 健康管理”组合产品,配套设计专属旅游线路,满足老年人出行需求。

3. 要培育壮大新型消费业态。把握以数字、绿色、健康等为特征的新型消费发展机遇,鼓励发展首发经济、银发经济、童经济,加快培育体育产业、电竞产业等新的消费增长点,发展新个体经济,大力倡导绿色低碳消费;创新消费场景,支持线上线下商品消费融合发展,培育“互联网 + 社会服务”新模式,打造智慧商圈、智慧街区、互联网 + 医疗、数字教育等新模式,形成多元“智慧”业态。

(四)全面解放思想,纵深推进重点领域改革

全面深化改革是高质量发展的“关键一招”,必须全面解放思想,以改革之力激发发展动能,因地制宜推出一批具有萍乡特色的战略性、牵引性改革举措。

1. 持续优化营商环境。实施好新一轮营商环境对标提升行动,健全完善政策直达快享和诉求快速响应机制,大力建设“数字政府 + 营商环境”,持续推进“高效办成一件事”改革;充分发挥制造业中长期贷款和支持小微企业融资协调工作机制作用,加大助企纾困力度;深入开展“新官不理旧账”等问题整治,依法保护企业合法权益;严格落实民营经济促进法,加快融入全国统一大市场,深入

实施《公平竞争审查条例》,加大反垄断执法和知识产权保护执法力度,扎实推进妨碍统一市场和公平竞争的政策措施清理工作,为全市民营经济发展营造宽松和谐的政策环境、融资环境、创新环境和发展环境。

2. 深入推进改革攻坚。深入推进"大财政"体系改革,探索国有"三资一权"盘活利用机制,着力完善"定增招商"模式;抓牢开发区管理制度改革,落实开发区(工业园区)权力清单和责任清单,加快发展"管委会+公司"模式。

(五)积蓄发展动能,着力夯实项目支撑作用

项目建设是构建现代化产业体系的动力源、实现高质量发展的重要载体,萍乡市正处于产业高质量发展关键时期,只有把抓项目建设、扩有效投资作为产业发展的重中之重,才能不断夯实经济发展的根基。

1. 发挥政府投资带动作用。实施"一业一策""一企一策",引导国有企业加快重大项目建设、扩大有效投资。精准发力提高投资效益,聚焦产业发展、物流交通、城市更新等重点领域,加快实施一批区域合作的基础设施项目。

2. 进一步激发民间投资活力。建立重点民间投资项目库,向金融机构推送民间投资项目信息,引导民间资本积极参与基础设施领域建设,鼓励民间资本以多种方式向高新技术产业、战略性新兴产业、现代服务业和重要民生工程等领域投资,引导民间资本投向,增强投资增长后劲,切实激发民间投资活力。

3. 加强项目建设要素保障。加强政银企对接,加大向金融机构推介项目工作力度,引导各类金融机构加大信贷投放,保障重大项目融资需求。积极争取省级用地指标,优先保障重大项目用地、用林、用能需求。精准有力优化项目审批服务,最大限度缩短项目审批时限。

(六)深化开放合作,助推开放型经济提质增效

作为江西的"西大门",多个国家重大战略叠加,多项国家政策支持,对内对外开放条件优越,主动寻求开放合作,是萍乡市融入新发展格局的重要举措,

1. 加快物流基础设施建设。充分发挥萍乡市的省际交界区位优势,加强高铁新区、交通路网、物流仓储等基础设施规划布局,实现更高水平的互联互通,

降低社会物流成本。

2. 加快推动区域合作。纵深推进湘赣边区域合作示范区建设,积极融入长株潭城市群;把握湘赣中南部地区与粤港澳大湾区合作发展等重要政策机遇,加强对接融合,探索和拓展各领域的务实合作;深度对接长株潭、粤港澳大湾区等地区产业链分工,加快推进萍乡装备制造、电瓷电气等产业协同发展。

3. 加快培育外贸新动能。优化外贸进出口结构,培育重点进口企业,丰富出口品类,放大平台优势拓展业务;培育壮大外贸主体,鼓励外贸企业高水平"走出去";支持有条件的企业积极参加跨境电商交易会、供需对接会,抢抓国际订单,拓宽销售渠道。

参考文献

熊运浪:《政府工作报告——2025 年 1 月 6 日在萍乡市第十六届人民代表大会第七次会议上》,《萍乡市人民政府公报》,2025 年第 1 期。

萍乡市统计局:《2024 年全市经济持续向好》,萍乡市人民政府网站,2025 年 1 月 24 日。

萍乡市统计局:《萍乡市 2024 年国民经济和社会发展统计公报》,萍乡市人民政府网站,2025 年 4 月 28 日。

陈薇薇:《向"新"而行 提"质"而进——我市加快工业经济高质量发展步伐》,《萍乡日报》,2025 年 3 月 25 日。

邱玥:《萍乡经济发展持续向好稳中有进》,《江西日报》,2025 年 2 月 2 日。

孙琳:《提"质"向"新"在更高起点推动中部地区加快崛起》,《人民政协报》,2025 年 1 月 20 日。

魏星:《坚定不移加快推动高质量发展奋力打造产业转型升级标杆城市》,《江西日报》,2025 年 1 月 19 日。

九江市经济发展报告

郭佳*

摘要： 2024年，面对严峻的国内外经济形势和风险挑战，九江市全市上下以习近平新时代中国特色社会主义思想为指导，抢抓机遇、攻坚克难，全力拼经济、稳增长、提质效，经济运行稳定回升向好，产业结构持续优化升级，重大项目加快推进，发展活力持续释放。然而，发展过程中仍面临诸多挑战，产业转型升级难度大，科技创新能力急待提升，利用外资形势不容乐观等。2025年是"十四五"规划收官之年，也是谋划"十五五"规划之年，九江市将坚持打造高水平内陆开放型经济高地，坚持推动产业链式发展，坚持加大科技攻关培育力度，坚持加速内外贸快速提升，更加注重统筹高质量发展和高水平安全，奋力谱写中国式现代化九江篇章。

关键词： 九江市　经济发展　社会发展　高质量发展

2024年，九江市聚焦"走在前、勇争先、善作为"的目标要求，全力促消费、扩内需、稳外资、强服务、优环境，坚定不移实施工业强市战略，扎实推进制造业攻坚行动，培育发展新质生产力，加快构建以先进制造业为骨干的现代化产业体系，以高水平开放推动高质量发展，经济持续保持稳中向好的运行格局。

---

* 郭佳，江西省社会科学院经济研究所副研究员，研究方向为区域经济。

一、九江市经济发展总体情况

(一)经济运行稳定回升向好

九江市全市上下牢牢把握高质量发展这个首要任务,积极应对困难挑战,着力推动经济稳定增长、提质增效。2024 年,九江市 GDP 总量达到 4021.8 亿元,重回 4000 亿台阶,增长 3.8%。其中,第一产业增加值增长 4.1%,第二产业增加值增长 3.2%,第三产业增加值增长 4.2%。一般公共预算收入增长 1.1%,社会消费品零售总额增长 3.9%,固定资产投资增长 3.1%,城镇、农村居民人均可支配收入分别增长 3.8%、6.3%。经济运行中的积极因素和有利条件不断增多,加速聚集,总体呈现稳步回升的向好态势(见表 1)。

表 1　九江市主要经济指标发展情况

		2022 年	2023 年	2024 年
地区生产总值	绝对值(亿元)	3841.5	3893.3	4021.8
	增长(%)	3.8	1.2	3.8
第一产业增加值	绝对值(亿元)	259.9	258.6	276.4
	增长(%)	3.8	4.7	4.1
第二产业增加值	绝对值(亿元)	1750.9	1546.0	1559.2
	增长(%)	2.2	-3.2	3.2
第三产业增加值	绝对值(亿元)	1830.7	2088.6	2186.0
	增长(%)	5.4	4.4	4.2
规模以上工业增加值	绝对值(亿元)	1761	1707	1780
	增长(%)	5.6	-3.1	4.3
社会消费品零售总额	绝对值(亿元)	1485.9	1577.5	1709.3
	增长(%)	5.6	6.2	3.9

续表：

		2022 年	2023 年	2024 年
固定资产投资	绝对值(亿元)	4330	3802	3920
	增长(%)	9.5	-12.2	3.1
一般公共预算收入	绝对值(亿元)	303.3	322.4	325.9
	增长(%)	3.8	6.2	1.1
城镇居民人均可支配收入	绝对值(元)	45685	47392	49174
	增长(%)	4.6	3.7	3.8
农村居民人均可支配收入	绝对值(元)	20108	21505	22856
	增长(%)	6.7	6.9	6.3

数据来源：九江市统计局；社会消费品零售总额数据根据第五次全国经济普查结果进行修订。

（二）产业结构持续优化升级

2024 年，九江市第一、第二、第三产业增加值占 GDP 比重分别为 6.9%、38.8%、54.4%，其中，第三产业比 2023 年提升了 4.5 个百分点，继续保持稳定增长，产业结构持续优化（见图 1）。

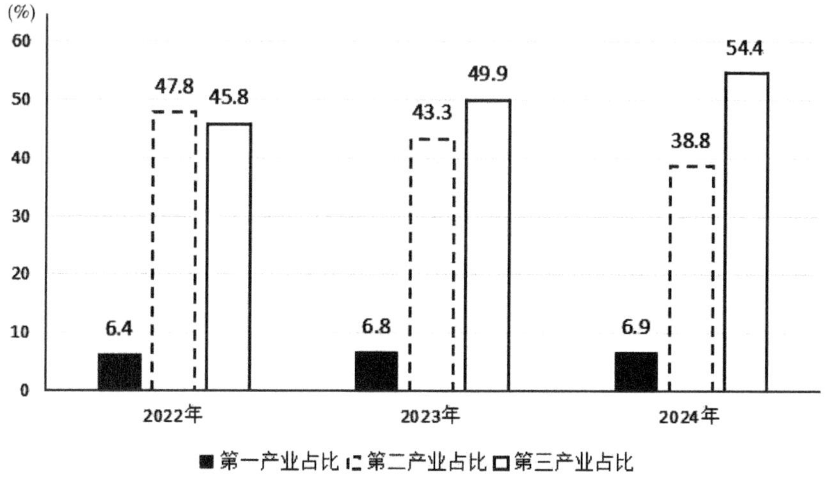

图 1　2022—2024 年九江市三次产业占比

数据来源：九江市统计局。

(三)重大项目加快推进

九江市牢固树立“项目为王”理念,深入实施项目带动战略“十百千万”工程。2024 年完成 2066 个重大项目,投资额达 2903.4 亿元,投资完成率 114.8%;百个重点项目完成投资 683.2 亿元,投资完成率 103.2%。九江快速路世界最大吨位非对称曲线斜拉桥成功完成转体,九江高铁枢纽工程顺利建成,城西港铁路专用线、共青城市通用机场正式运营,长江国家文化公园三期项目开工实施。江西首个智算中心——中国电信鄱阳湖智算中心在九江揭牌,一批标志性工程取得重大突破,为九江的长远发展打下了坚实基础。

(四)现有产业优势持续扩大

一是坚定不移实施工业强市战略。深入实施制造业“9610”工程,炼化一体化及化工、电子信息产业集群营收过千亿元,新增江铜铅锌、心连心等营收过百亿元的工业企业。二是推动传统企业与新动能融合。国内首艘商用氢燃料电池动力游览船交付使用,低空经济产业园、天红核科技项目建设加快推进。三是农业生产持续发力。2024 年,农林牧渔业总产值增长 4.3%。粮食播种面积 411.1 万亩、粮食产量 29.6 亿斤(粮食产量增幅全省第二)。新增 1 家国家级农业产业化重点龙头企业、2 家年销售收入超 10 亿元的农业企业。四是出台推进服务业高质量发展“60 条”。新增省级现代服务业集聚区 2 个、龙头企业 2 家。

(五)发展活力持续释放

九江市坚持以改革添动力、开放增活力,为高质量发展蓄势聚能。一是大力实施优化营商环境改革等十大攻坚行动。打造形成了工程建设项目全生命周期数字化管理、全民所有制自然资源资产所有权委托代理等特色改革品牌。二是扎实推进开发区管理体制改革。九江经开区在 2024 年综合发展水平考核迈入全国 60 强。三是深入推进国企改革。九江城发集团获评主体信用最高等级 AAA 评级。四是积极融入“一带一路”建设、长江经济带高质量发展战略等。大力发展开放型经济,加快建设中新产业合作园等。五是持续加大招商引资力度。开展“双招双引”活动 249 场,签约亿元以上项目 862 个。

（六）对外贸易固本调优

一是跨境电商后劲强。在拼多多、小红书等跨境电商平台基础上，九江新引进菜鸟中心仓项目。重点支持共青城市云上跨境生态园建设，云上跨境生态园项目入园服务商20家，合作伙伴55家，入驻跨境电商企业11家，6家企业可正常开展业务，2024年企业销售额增长了8.3倍。二是外贸出口降幅明显收缩。2024年，九江市外贸进出口401.8亿元，列江西省第五。其中，生产型外贸企业出口188.5亿元，占出口总额比重达90.5%，较2023年同期提升46.8个百分点。对外交流合作取得务实成效。三是在文旅、教育、经贸等多个领域与其他国家合作取得务实成果。2024中国九江（共青城）·雅罗斯拉夫尔羽绒服展销会等成功举办。此外，成功协办2024中国国际电商产业博览会暨印度尼西亚选品展览会、第二十九届澳门国际贸易投资展览会等展会。

（七）未来产业提速发展

一是低空经济基础设施加快建设、产业链条逐步完善、应用场景深度挖掘。已建成庐山支线机场、九江威家直升机场、庐山牯岭直升机场、共青城市通用机场。共青城、湖口、彭泽、都昌、庐山等地建成各类起降设施90个。已落地形成了以共青城无人机整机及零配件制造为特色的低空制造产业和以柴桑区惯性导航、遥感应用、光纤无人机反制设备等为特色的北斗导航产业。2024年，九江市低空经济产业链企业20家，主营业务收入超5亿元。二是氢能产业加速布局。九江石化、心连心化学、九宏新材料、晨光新材料、蓝星星火有机硅等企业已形成每年30余万吨的工业副产氢产能，濂溪区联悦氢能产能达3000标方/小时。全球首个集光、氢、储于一体的新能源综合充电站在共青城市光氢储产业园正式投运；浔阳区思特克氢用阀门在国产应用市场占有率达80%，江西省首座也是唯一一座加氢站——城西港加油加氢站正式开业，日供氢能力达500公斤。全国首艘商用氢燃料电池动力船——“西海新源1号”于2024年6月在庐山西海投入使用。三是核应用产业链在九江逐步完善。九江市具有全国少有的“堆”“器”兼备特色。食品辐照在九江市已初步实现产业化，并在育种等农业方面得到应用。九江市第一人民医院建有核医学科,已开展诊断和治疗。

二、九江市经济发展存在的困难与挑战

(一)产业转型升级难度大

2024 年,九江重工业在规模以上工业增加值中占比 58.9%,占比高、基数大,且多数关系着国计民生,吸纳就业多、出口比重高,是九江市民生就业的保障,关系着九江市经济社会的稳定。九江重化工业中传统行业占比高,目前受全球经济下滑、贸易保护主义、经贸摩擦以及劳动力、原材料要素价格上涨等因素影响,产业转型压力大。虽然近年来九江市大力实施"传统产业转型升级"工程,积极开展传统产业优化升级综合试点,实施 1432 个重大技改项目,引进和培育了一批新兴产业,但成效尚不明显。九江市依然存在产品附加值低、产品低端、企业技术创新不足、产业转型"一刀切"等问题。

(二)基础设施短板补齐难度大

作为长江经济带重要节点城市,九江市一直十分重视基础设施建设,持续加大投入力度。但随着高铁时代的到来,高速路网的构建,九江市一直以来引以为傲的长江大运量、京九大动脉优势正在不断弱化。铁路方面,昌九高铁、武九高铁正在建设之中,而沿江高铁绕九江而过,长九池高铁尚未启动。修水、武宁未通铁路。公路方面,过江过湖通道建设滞后,客流和物流都需要较长的绕行距离,且经常发生交通拥堵,以水运为核心的集疏运体系尚未形成。在南北向,与一江之隔的湖北仅三条过江通道,在东西向,连接城区和都昌、湖口、彭泽三县的也仅两条过湖通道。

(三)资源禀赋优势正逐步弱化

2023 年以来,国务院连续出台相关文件,严令禁止违规实施财政、税费、用地等优惠,沿海发达地区陆续出台招引内资的政策措施、鼓励产业省内转移,中部地区招商比拼更加激烈,西部地区资源能源优势成为招商引资中更重的砝码。这对九江过去"拼资源、低地价、优税收、重奖补"的传统招商引资模式造成

巨大冲击，该模式作为经济欠发达地区的短板被持续放大，招商引资的空间不断受到挤压。

（四）经济运行持续负重前行

当前，九江市经济运行呈现平稳向好态势，但宏观层面的困难压力十分明显。一是消费信心还需提振。居民消费意愿有待提高，截至 2024 年末，九江市住户存款余额同比增长 12.5%、较住户贷款余额增速高 11.4 个百分点。居民存款余额持续增加说明消费低迷，储蓄意愿明显高于消费意愿。二是部分困难行业企业生产起色不大。2024 年，全国 PPI 同比下降 2.2%。部分行业产品价格更是持续低位，螺纹钢价格同比下跌 8.3%，有机硅中间体价格同比下降 8.5%，碳酸锂价格同比下跌 22.5%，这对九江市传统制造业企业的利润影响很大。

（五）科技创新能力急待提升

一是企业创新活力不足。九江市传统型产业结构还未根本改变，工业产业结构不优、优势产业不足、龙头产业不强，在一定程度上制约研发投入和创新水平的提升。二是高水平科研机构较少。九江市现有科研机构数量较少，且科研实力有待增强。九江市有普通高校 8 所，但其中本科院校仅 2 所，难以满足科技创新对高水平科研机构的需求。三是研发经费投入总量偏小。2024 年，九江市研发经费投入总量为 62.5 亿元，研发经费投入强度为 1.6%，比江西省平均水平低 0.35 个百分点（江西省 1.95%），与全省平均水平还存在明显差距。四是产学研结合不够。2024 年，九江市仅有 6.7% 的企业与高等学校、4.1% 的企业与研究机构开展创新合作，产学研合作不够，也意味着九江市没有将科技资源优势有效用于服务经济发展。

（六）增长前景面临较大不确定性

一是市场需求不足。全球经济增长动能持续减弱，美西方对我国产业打压遏制力度持续升级，涉及领域持续增多，需求不振现象在电子信息、钢铁、建材、纺织、食品等产业表现明显。二是消费复苏亟待加力。2024 年，九江市社会消费品零售总额增幅虽高于全国平均增幅0.4个百分点,但低于江西省平均增幅1.0个百分点。传统消费需求持续走弱,消费新模式还不成熟,新业态吸引力不强。家政服务业标准化、规范化程度有待提高,线上电商创新能力不足,夜经济等新业态吸引力不强、消费转化率不高。

(七)利用外资形势不容乐观

沿江沿路开放门户稳外资工作贡献不足,主动创新不够,引进外资缺乏中长期规划。“产业+、资源+”外资项目进展较缓。2024年,九江市进资规模在500万美元以上的项目仅6个,较2023年下降53.8%(减少7个),其中进资千万美元以上的项目2个,较2023年下降71.4%(减少5个);实际使用外资0.68亿美元,同比下降65.6%。2024年以来,九江市外贸进出口降幅虽然逐月收窄,截至2024年12月底已累计月份收窄33.1个百分点(月份从-74.1%收窄至-41.0%),但是受调结构、海外市场需求走低,国际环境复杂等多方面因素影响,对外贸易形势依然严峻,进出口贸易依然是下降的态势。

三、推进九江经济高质量发展的对策与建议

(一)坚持开放引领,打造内陆经济高地

积极融入长江经济带高质量发展,主动对接中部地区崛起、长三角一体化发展、粤港澳大湾区建设等区域战略,更加紧密融入南昌都市圈、赣江新区建设。以“一带一路”建设为重点扩大对外开放,培育壮大对外贸易主体,发挥中欧班列作用,拓展外贸新通道,提升城市国际化水平。提升对内对外开放能级,打造水陆空运输无缝衔接、“公水铁”多式联运、通关贸易一体化的现代运输体系。

(二)聚焦科技攻关,强化培育扶持力度

一是抓好重点产业技术攻关。加快组织市级科技计划项目以及企业重大技术需求项目实施,尽快突破一批制约九江重点产业发展的关键技术瓶颈。二是抓好创新主体培育。进一步完善“科技型中小企业—高新技术企业—高成长

性科技型企业—科技领军企业”梯次培育体系，实施科技型中小企业孵化育苗行动、高新技术企业协同护苗行动、高成长性科技型企业精准扶苗行动和科技领军企业定点壮苗行动，推动创新主体不断壮大。三是抓好创新平台载体创建。强化企业技术创新主体地位，鼓励引导企业建设技术创新中心、重点实验室等，深化校地科研合作，导入更多高端优质资源，争创国家级创新平台载体。四是抓好科技人才培育招引。强化人才链对产业链、创新链的赋能作用，持续优化“青年科技人才—科技领军人才—高层次科技领军人才”引育体系，大力培养、引进、用好科技人才，积极申报国家和省级各类重大人才计划，加大九江市“以企业为主导的人才（研发）飞地”培育建设力度。

（三）筑牢生态建设，打造绿色发展高地

持续提升生态文明建设水平。一是在“靠江护江”上更大作为。深入落实长江大保护三年行动，打造长江最美岸线“升级版”，进一步筑牢长江生态安全屏障。二是在绿色转型上展现更大作为。协同推进降碳、减污、扩绿、增效，加快培育壮大绿色低碳产业，深入实施绿色园区低碳升级发展行动，加强重点行业节能降耗改造和资源循环利用，切实把生态优势转化为发展优势，推动经济社会发展全面绿色转型。

（四）抢抓转型机遇，推动企业数转改造

牢牢把握国家中小企业数字化转型城市试点和江西省推进制造业数字化转型政策机遇。一是加快推进数转工作。推动龙头企业带动上下游企业协同转型，力争数智工厂、小灯塔占江西省15%以上，国家级标杆示范案例10家以上，L6级以上企业650家以上。二是强化数转服务支撑。持续加大本地行业服务商的培育力度，持续强化数转支撑力量，培育一批高素质的本地服务商队伍。推动石化化工、纺织服装、有机硅等产业大脑建设运营，加快推进九大产业工业互联网平台全覆盖。三是探索九江数转模式。依托九江经开区、湖口县、永修县三个试点县（区），持续探索综合型、园区型、链式转型模式，探索修水模具产业共享数转模式，重点行业“集采”数转模式，供应链上云数转模式。同时借助数字化转型机遇，积极对接推广节能电机、工业机器人、传感器、数采网关等智

能装备产品,着力探索“场景引企业、应用育产业”的特色模式。

(五)壮大集群规模,促进产业链式发展

围绕“九链六群”,推动产业集聚发展。一是抓实产业链招商。围绕“四图五清单”,瞄准产业链短板弱项,详细绘制产业链招商图谱,精准开展产业链招商,“围着企业去招商”“带着地图去敲门”“提着篮子去选菜”,形成一批上下游配套、竞争优势突出的产业集群,形成链式集群效应。二是抓好上下游配套。围绕九江石化、德福科技、星火有机硅等重点企业产能释放,做好配套企业招引工作,做强产业链末端环节,构筑完善的全产业链条。三是抓好产业集群培育。对照先进产业集群“五个一流”建设标准和“六个一”建设要求,探索开展市级先进制造业集群竞赛,全力打造一批特色优势集群,成功创建一批省、市先进制造业集群。四是抓好链群融合。依托九江市现有各类开发区,组建产业集群创新合作平台,推进产业链供应链分工协作,推进质量要素资源共建共享。推动九江市全链条质量协同升级,全力推进链群聚力点突破,列出质量问题清单和重点攻关项目清单,针对关键、重大质量问题,集中实施质量攻关项目,突破重大质量技术瓶颈。优化链条配置,完善现代化产业体系建设,开展智能制造能力评估,引导生产线智能化改造,加大技术改造投资力度,引导新兴产业和未来产业的创新技术融入传统产业,提高传统产业技术水平和产业附加值。

(六)培育消费名品,激活商贸消费潜能

一是持续做旺商贸消费。支持重点商圈、重点商贸企业开展应季促消费活动。重点办好“年味九江”年货节、九江名茶名泉博览会等各类展会活动。谋划引爆型首发活动,创新打造促消费活动,同步谋划系列“演艺+”“旅游+”“电商+”“场景+”业态融合活动。支持住宿业与旅游业融合发展,促进商旅文融合发展。围绕重点商品持续实施消费品以旧换新政策。推进家政品牌建设,培育一批家政服务企业。二是推动提升商圈品质。支持商业综合体提档升级,重点推进大中路步行街周边设施升级建设。争创零售业创新提升试点、一刻钟便民生活圈试点城市。推进中心城区特色餐饮店、特色餐饮聚集区建设。三是培育引进商贸品牌。积极引进推动国际国内知名品牌店集聚发展。持续推动特

色餐饮店建设，举办浔阳菜争霸赛，推进浔阳菜品牌扩量、提质、筑牌。四是建强商贸物流体系。深入推进城乡物流配送体系建设，巩固扩大试点成果，积极申报国家现代商贸流通体系试点城市。

（七）优化转型路径，加速内外贸易拓展

一是强主体谋增量。实施外贸“招大引强”“内外一体”“贸易回流”行动，围绕九江市重点制造业产业链上下游招引龙头企业落户。推动内外贸一体化发展，鼓励内贸企业融入国际市场。紧盯“两转”回归，引导更多生产型企业本地进出口。配套成立外贸综合服务企业，增强企业发展后劲。扎实推进外贸分片分级包干帮扶行动，疏通企业难点堵点，助力企业做大做强。二是强平台显作为。进一步强化综保区、监管口岸、外贸创新示范区（外贸转型升级基地）等平台作用，充分利用平台特殊便利政策，为外贸企业提供良好的营商环境。积极承接国家层面政策支持，协调全市各相关部门共同推动跨境电商关、汇、税合规试点。用好红光码头“一事一议”锂电报关通道，助力符合条件的危化品进出关。三是强合力拓市场。围绕九江市外贸企业产业特性，成立外贸企业行业协会，建立常态化的沟通交流机制，组团开展国际经贸合作，实现产业链配套互补本地化。积极推进易货贸易发展，进一步梳理统筹全市易货贸易供需，加强与俄方及第三方公司对接，支持企业利用自身渠道开展易货贸易，推动易货贸易尽快完成首单试单。鼓励外贸企业参加境外展会和国内涉外展会，帮助企业更好了解国际市场行情和前沿发展水平。

参考文献

九江市人民政府：《九江市政府工作报告全文（2025 年）》，九江市人民政府网站，2025 年 2 月 27 日。

九江市统计局：《九江市 2024 年国民经济和社会发展统计公报》，九江市统计局网站，2025 年 5 月 17 日。

九江市发展改革委：《九江市 2024 年国民经济和社会发展计划执行情况与 2025 年国民经济和社会发展计划草案的报告》，九江市发展和改革委员会网站，2025 年 5 月 14 日。

张生玲、贺易楠:《中国宏观经济形势回顾与前瞻》,《中国经济报告》,2024年1月30日。

中国人民大学中国宏观经济分析与预测课题组:《中国宏观经济报告(2024年):筑底回升的中国宏观经济》,《经济理论与经济管理》,2024年第12期。

新余市经济发展报告

袁骏*

摘要: 2024年,面对前所未有的困难挑战和复杂多变的国内外经济形势,新余市坚守稳中求进的工作总基调,紧密围绕"攻坚克难、积极作为,全力促进经济社会高质量发展"的核心工作导向,全面贯彻落实各项发展策略,加快推进产业升级与经济结构优化。通过全力以赴抓经济、促增长、谋发展,扎实推动经济运行总体平稳、发展动能持续增强,全市经济社会发展取得积极成效。2025年,新余市将继续坚持稳中求进工作总基调,完整、准确、全面贯彻新发展理念,加快构建新发展格局,扎实推动高质量发展,进一步全面深化改革,扩大对内对外开放,推动科技创新与产业创新深度融合,深入实施"六大行动计划",加快打造新型工业强市,奋力谱写中国式现代化新余篇章。

关键词: 新余市　经济发展　产业转型　工业强市

2024年,新余市坚持以习近平新时代中国特色社会主义思想为指导,深入学习贯彻党的二十大和二十届二中、三中全会精神,以及习近平总书记考察江西重要讲话精神,全力践行"走在前、勇争先、善作为"的目标要求,按照省委、省政府打造"三大高地"、实施"五大战略"部署安排,全面实施"六大行动计划",加快打造新型工业强市,推动经济社会发展取得新成效,为"十四五"规划收官打下坚实基础。

---

* 袁骏,江西省社会科学院经济研究所在站博士后、助理研究员,研究方向为区域经济、产业经济。

一、2024 年新余市经济发展的主要成效

(一) 经济运行总体平稳

2024 年,面对复杂严峻的国内外形势和艰巨繁重的改革发展任务,新余市经济呈现企稳回升态势。新余市地区生产总值达 1142.5 亿元,按不变价格计算,同比增长 0.6%,经济总量保持平稳。分产业看,第一产业增加值 79.7 亿元,增长 3.6%;第二产业增加值 408 亿元;第三产业增加值 654.8 亿元,增长 2.8%。社会消费品零售总额 487.1 亿元,同比增长 5.6%。固定资产投资同比增长 5.4%。城镇居民人均可支配收入 51108 元,增长 3.6%;农村居民人均可支配收入 26626 元,增长 5.2%(见表 1)。

表 1　2024 年新余市主要经济指标及其增长速度

主要指标	绝对值	同比增长(%)
生产总值(亿元)	1142.5	0.6
第一产业增加值(亿元)	79.7	3.6
第二产业增加值(亿元)	408	-3.1
第三产业增加值(亿元)	654.8	2.8
社会消费品零售总额(亿元)	487.1	5.6
固定资产投资(亿元)	—	5.4
城镇居民人均可支配收入(元)	51108	3.6
农村居民人均可支配收入(元)	26626	5.2

资料来源:新余市统计局。

（二）发展动能持续增强

2024 年，新余市围绕"2 +4 + N"产业体系①，加快构建现代化产业格局，发展动能持续增强。一是产业结构持续优化。三次产业结构由 2023 年的 6.6∶37.9∶55.5 调整为 2024 年的 7∶35.7∶57.3（见图 1）。二是钢铁和锂电新能源两大主导产业继续发力。全年实现营业收入 993.6 亿元，占规模以上工业营业收入比重达 67%，其中钢铁产业通过与中国宝武重组升级，粗钢产量达 975.3 万吨，同比增长 2.8%；锂电新能源产业虽受市场价格波动影响产值下滑，但赣锋、东鹏、雅保锂盐产量分别同比增长 25.3%、148.9%、7.6%。三是高技术制造业和装备制造业成为重要增长点。规模以上高技术制造业增加值同比增长 18.2%，装备制造业增加值同比增长 19.8%，分别拉动规模以上工业增加值 1.8 和 3.1 个百分点。四是产业集群建设成果显著。锂电新材料及应用集群入选省级先进制造业集群。五是企业实力不断增强。新钢集团、赣锋锂业等入选各

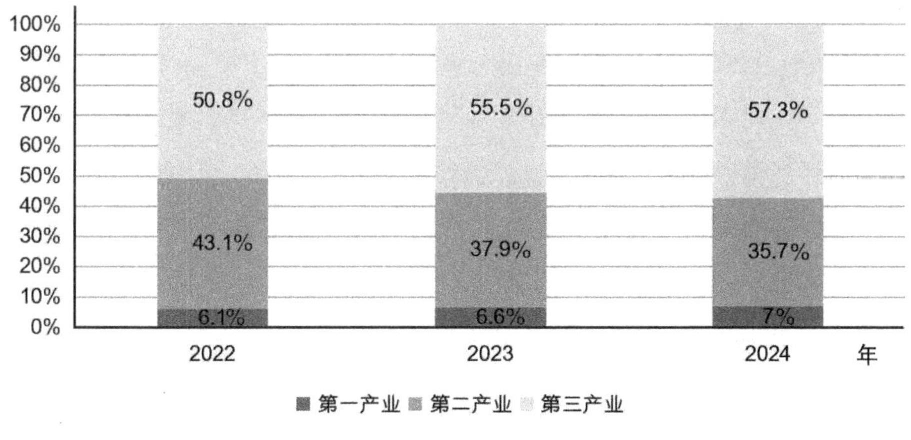

图 1　2022—2024 年新余市三次产业增加值占 GDP 比重

数据来源：新余市统计局。

① "2 +4 + N"产业体系：钢铁、锂电两大主导产业，光伏、电子信息、装备制造、麻纺四大重点产业，大数据、节能环保、安防、电力、建材、制鞋等特色新兴产业。

类500强榜单①。六是“智改数转”提速升级。完成591家企业入企诊断，推动450家企业开展数字化转型，3家企业入选国家5G工厂名录，数量居全省第三位，钢铁“产业大脑”揭榜首批省级“产业大脑”，新钢集团获评省级“数字领航”企业，“钢材制造运营与产业链协同大数据中心项目”获省“数据要素X”工业制造赛道一等奖。

（三）创新驱动局部突破

2024年，新余市在创新驱动方面取得局部突破，科技创新能力有所提升。一是创新主体培育成效显著。新余市高新区入库科技型中小企业224家，同比增长11.4%；认定高新技术企业24家，有效高新技术企业达88家，连续两年正增长。5家企业获批科技领军及入库企业、高成长性科技型企业，占比达62.5%，累计培育24家次高成长性科技型企业。全年通过江西省创新型中小企业评价企业102家，居“四小市”②第2位；新增省级专精特新中小企业50家，居“四小市”第2位；4家企业获批国家级专精特新“小巨人”企业，宝顺昌公司列入重点扶持的国家级专精特新“小巨人”企业名单，实现新余市在该项目“零的突破”。截至2024年底，全市有国家级专精特新“小巨人”企业7家，省级专精特新中小企业143家，创新型中小企业202家。二是科创平台建设稳步推进。高新区各类科创平台达122个，包括国家级研发平台5个、省级47个、市级70个。锂电新能源产业作为主导产业，组建了由赣锋锂业牵头的江西省锂产业科技创新联合体，成员单位53家，涵盖高校、科研院所和企业，还组建了由三位院士为主任、43名专家学者组成的专家咨询委员会。

（四）固定资产投资稳步回升

2024年，新余市固定资产投资呈稳步回升态势。一是固定资产投资力度加大。全年全市固定资产投资同比增长5.4%，高于全省平均水平0.6个百分点，

---

① 新钢集团荣获“2024中国企业500强”称号，赣锋锂业入围《财富》中国500强、中国民营企业500强、中国制造业民营企业500强榜单。

② 江西“四小市”是指景德镇市、萍乡市、新余市和鹰潭市，因特定产业（瓷器、煤炭、钢铁、铜）在20世纪升格为地级市，但行政区划调整后面积普遍较小。

增速保持全省第5位。分领域看，工业投资增长较快，同比增长13.5%，拉动全市投资增长7.0个百分点；基础设施投资同比增长5.5%，较上半年和前三季度分别提高7.8和10.1个百分点；建筑安装工程投资同比增长6.5%，占全部投资比重83.7%。334个市重点项目有318个开工，完成投资454.1亿元，超额完成450亿元投资目标，与2023年同期相比完成投资占比提高1.9个百分点。115个省大中型项目有113个开工建设，开工率98.3%，完成投资272.2亿元。二是重大项目支撑作用明显。袁河航道提升工程、国家电投分宜电厂二期等示范项目落地，大唐新余二期、新钢电弧炉投产达效。三是工业投资结构优化。锂电新能源、电子信息、装备制造等新兴产业投资占比提升，六大重点产业中的钢铁、电子信息、装备制造、新材料、食品医药产业增加值分别增长3.9%、23.4%、15.3%、33.9%、12.6%。

（五）消费市场保持活跃

2024年，新余市消费市场保持活跃。一是消费扩容提质成效显著。社会消费品零售总额487.1亿元，同比增长5.6%，增长率全省第四，“四小市”第一（见表2），增速高于全省平均水平0.7个百分点；限额以上消费品零售额139.3亿元，同比增长13.2%。零售业商品销售增长10.4%，住宿业增长11.3%，餐饮业增长8.2%。二是政策拉动效应突出。以旧换新政策拉动消费10.19亿元，核销补贴1.48亿元，核销率为114.7%，按常住人口算，核销率处于全省第一。三是消费场景创新升级。认定55家“新余老字号”，举办美食文化旅游集市吸引25万人次，现场销售额+意向订单超350万元，比2023首届新余美食节增长20%，线上曝光量超200万次。四是绿色智能产品消费增长显著。限额以上可穿戴智能设备和智能家电消费分别同比增长274.8%和65.5%。

表2　2024年江西省“四小市”社会消费品零售总额增长率

地区	全省	景德镇市	萍乡市	新余市	鹰潭市
增长率%	4.9	4.4	5.0	5.6	5.4

数据来源：江西省统计局。

(六)招商引资卓有成效

2024 年,新余市招商引资工作成效显著。一是招商引资点多面广。全市新签约项目 271 个,同比增加 16 个,签约金额 750.2 亿元,同比增长 4.5%。全市利用内资实际进资 694.8 亿元,总量列“四小市”第三,实际利用外资 2435 万美元,总量列“四小市”第二。全市新增 100 户规模以上工业企业,其中 88 户为招商引资项目引进企业,占比达 88%;新余市新认定的 4 家国家级专精特新“小巨人”企业、50 家省级专精特新中小企业以及 32 家江西省创新型中小企业均为招商引资项目,社会经济效益更加显著。二是重点产业链延链成群。6 条制造业重点产业链新签约项目 202 个,占比 74.5%,签约金额 552.6 亿元,占比 73.7%;锂电新能源产业签约惠州市锂斯恩科技有限公司投资的锂电池隔膜生产项目,填补了新余市锂电池四大主材之一的隔膜生产空白。三是对外贸易促稳提质。2024 年,全市外贸进出口总值 267.6 亿元,新增进出口实绩企业 42 家。全年新增 23 家跨境电商海关备案企业,推动 12 家企业实现“9710”出口,积极开拓新市场,全年组织 206 家企业参加 132 个境内外展会。四是外经口岸增长较快。全市完成对外直接投资 5.24 亿美元,同比增长 7.8%,总量连续三年领跑全省;全市铁海联运进出口集装箱 1.2 万标箱,同比增长 20.2%。

(七)重点领域改革不断深化

2024 年,新余市重点领域改革不断深化。199 项改革任务全面完成,2 项做法入选中国改革年度地方全面深化改革典型案例。营商环境满意度全省第二,“一业一查一码”入选国务院减负办典型案例和全国数字化监管优秀案例;“工博士”服务团、“三个三”稳就业工作法入选省优化营商环境优秀案例。高新区体制机制改革顺利推进,社会事务剥离率达 60%;市投控集团下属 2 家子公司获评 AA + 主体信用等级。深化职业教育技工教育改革,校企累计共建产业学院 18 所,中高职新开设专业超六成与产业适配。新增国际友城 1 个,总数达 9 个,对外直接投资额 5.2 亿美元,总量全省第一;新余国际陆港园区项目基本完工;京东物流新余云仓正式运营,快递业务日均达 20 万单;分宜县入选全国县域直播电商中心案例、全国农村电商与快递协同发展示范创建主体。

二、新余市经济发展存在的主要困难和问题

尽管2024年新余市经济发展取得了一些积极成效，但对标高质量发展要求，仍然存在一些困难和问题。

（一）经济增长动力不足

2024年，新余市经济增长动能仍显疲软。一是从季度看：第一季度GDP增速为-1.3%，上半年为-3.8%，前三个季度为-1.1%，全年为0.6%，呈现一季度低位开局、上半年承压探底、前三季度企稳回升、全年转正复苏的发展态势（见图2）。地区生产总值增速仅为0.6%，比全省（5.0%）低4.4个百分点，在“四小市”中排名靠后，被萍乡、景德镇等城市反超（见表3）。二是从需求端看：投资、消费、出口“三驾马车”均面临瓶颈。固定资产投资虽同比增长5.4%，但主要依赖政府主导的基建项目，民间投资占比53.5%，同比下降2.4个百分点，反映出市场信心不足。签约项目转化率低，部分项目因资金链紧张或市场预期不明朗而延迟落地，如锂电新能源产业链投资受价格波动影响明显放缓。外贸出口总额下降49%，拖累经济增长。三是从供给端看：第二产业增加值同比下降3.1%，其中锂电新能源产业增加值降幅达34.2%，成为主要拖累因素。此

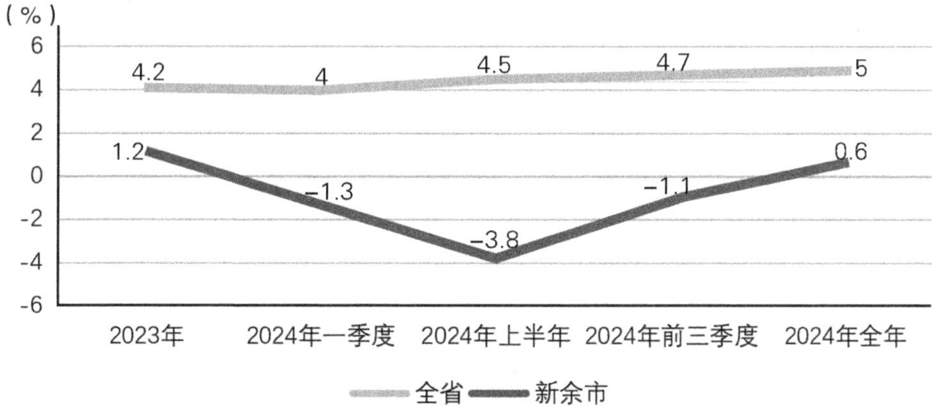

图2　2023—2024年全省和新余市GDP增速

数据来源：江西省统计局。

外,新质生产力培育不足,数字经济、绿色经济等新兴领域尚未形成规模效应,经济增长过度依赖传统产业,新旧动能转换迟缓。

表3 2024年江西省“四小市”主要经济指标比较

指标	景德镇	鹰潭	新余	萍乡
地区生产总值(亿元)	1179.3	1384.3	1142.5	1211.4
地区生产总值增长率(%)	4.1	7.3	0.6	4.6
固定资产投资增长率(%)	4.2	5.7	5.4	3.4
社会消费品零售总额增长率(%)	4.4	5.4	5.6	5
进出口总额(亿元)	72.3	472.3	267.6	66.7

数据来源:江西省统计局。

(二)工业增长动能持续减弱

工业作为新余经济支柱,2024年面临严峻挑战。规模以上工业增加值同比下降7.5%(见图3)。一是主导产业分化严重。钢铁产业虽粗钢产量增长2.8%,但受市场需求疲软和价格波动影响,附加值较低;锂电新能源产业因碳

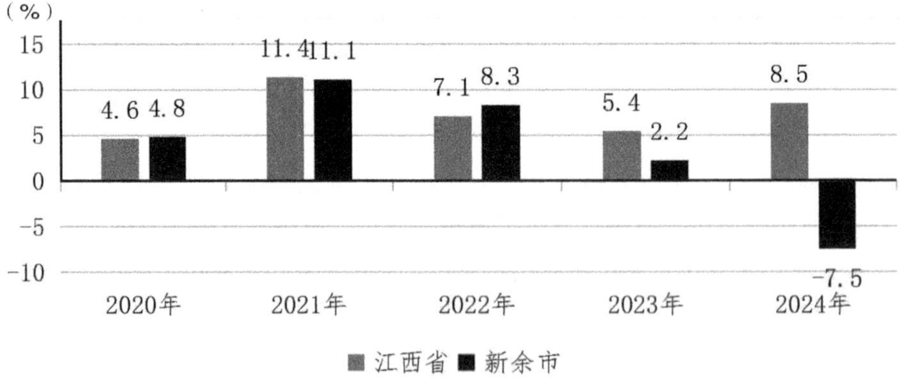

图3 2020—2024年江西省和新余市规模以上工业增加值增长情况

数据来源:江西省统计局。

酸锂价格暴跌(从2023年峰值60万元/吨降至2024年不足10万元/吨),增加值骤降34.2%,拖累整体工业增速;尽管电子信息、装备制造等新兴产业增速较快,但体量较小,占规模以上工业增加值比重不足15%,难以对冲主导产业下滑。二是产业链短板凸显。如锂电产业虽覆盖锂盐、正极材料等环节,但隔膜、电池回收等关键领域仍依赖外部供应,本地配套率不足30%。此外,工业企业研发投入集中度高,新钢公司研发投入14.7亿元,占全市研发总量近半,中小企业研发投入普遍缺失。2024年,全市有R&D活动的企业占比仅13.7%,低于全省平均水平9.7个百分点,导致工业创新驱动力不足,产品附加值难以提升。

(三)产业结构单一

一是产业结构高度依赖钢铁和锂电新能源两大主导产业。2024年两者工业营业收入合计占规模以上工业营业收入的比重近七成,“一钢独大、一锂独大”问题突出。钢铁产业受制于宝武集团供应链体系整合,本土中小企业难以融入,产业链协同效应弱;锂电产业因价格波动频繁,抗风险能力差,2024年进出口额因锂产品价格下跌减少超200亿元。二是产业链层级偏低。钢铁以粗钢生产为主,高端特种钢产量占比偏低;锂电产业集中于锂盐初加工,电池制造、储能系统等下游环节缺失,产品附加值低。三是现代服务业发展相对滞后。第三产业虽占比57.3%,但以传统商贸、物流为主,现代服务业如金融、信息技术等占比不足20%,对经济拉动作用有限。四是农业发展效益亟待提升。粮食生产“十七连丰”但产业化水平低,农产品加工转化率仅45%,低于全省平均水平15个百分点,缺乏龙头品牌带动。这种单一产业结构导致经济韧性不足,一旦主导产业遇冷,全市经济易受系统性冲击。

(四)外贸出口断崖式下滑

2024年,新余市外贸进出口总值267.6亿元,同比下降52.7%,其中出口131.8亿元,降幅49%(见表4),增速列全省第十、“四小市”第三。主导产品价格暴跌是主因:锂盐出口额因价格下跌减少约120亿元,占出口降幅的80%以上。一是新兴市场开拓不足。出口仍过度依赖欧美、日韩等传统市场,对共建"一带一路"国家出口占比仅18%。二是跨境电商等新业态发展滞后。全年跨境电商出口仅5亿元,占外贸总额1.9%,远低于全省平均水平的8%。三是外贸主体培育乏力。新增进出口实绩企业42家,但年出口额超亿元企业仅7家,中小企业抗风险能力弱。四是开放平台支撑不足。新余国际陆港虽封关运行,但配套服务能力尚未完善,铁海联运集装箱量仅1.2万标箱,基数较小,对全省外贸贡献有限。

表4　2023年、2024年新余市进出口总额指标及其增长速度

主要指标	2023年		2024年	
	绝对值(亿元)	同比增长(%)	绝对值(亿元)	同比增长(%)
进出口总额	575.8	22.6	267.6	-52.7
出口总额	258.3	20.3	131.8	-49.0
进口总额	317.5	24.6	135.8	-55.9

资料来源:新余市统计局。

(五)科技创新后劲不足

新余市科技创新短板突出,2024年研发投入强度仅1.73%,分别低于全国(2.68%)、全省(1.95%)0.95和0.22个百分点。一是企业创新主体地位不牢。规模以上工业企业中设立研发机构的不足30%,中小企业普遍缺乏研发能力。二是高端人才匮乏。企业人才以大专及以下学历为主(占比85%),博士、硕士占比不足1%,新余学院、江西工程学院锂电专业毕业生外流率超90%。三是产学研合作松散。虽有赣锋锂业牵头组建省级锂产业创新联合体,但成员单位协同攻关效率低,2024年仅申报3家省级企业技术中心,国家级制造业创新中心仍为空白。四是科技成果转化率低。高新区企业研发项目虽获省级科技进步奖18项,但产业化项目占比不足20%,如锂电技术多停留在实验室阶段，未能形成量产优势。五是数字化赋能不足。规模以上工业企业智能化改造率仅 35%，低于全省均值（45%）10 个百分点，制约生产效率提升。

三、推动新余市经济高质量发展的对策与建议

2025 年，新余市将继续坚持稳中求进的工作总基调，完整、准确、全面贯彻新发展理念，加快构建新发展格局，立足“6313”行动计划①，以产业链现代化为核心，加快建设现代化产业体系，扎实推动经济高质量发展。

（一）加快产业转型升级，激发经济发展新动能

1. 重塑传统产业竞争力。钢铁产业以新钢集团为龙头，加快电弧炉技改和产品结构升级，重点发展高强钢、特种钢等高附加值产品，提高高端产品占比率；支持新钢与宝武集团深化重组协同，推动本地中小钢企融入供应链体系，实现降本增效。

2. 壮大战略性新兴产业。电子信息产业聚焦电路板、智能终端等领域，支持沃格光电等企业扩产提效。装备制造产业围绕矿山机械、环保设备等细分领域，积极培育产值超 10 亿元的“链主”企业。新材料产业加快布局石墨烯、碳纤维等前沿材料，推动中国有研集团“新一代电池材料”项目产业化。锂电产业突破“前端强、后端弱”瓶颈，依托赣锋锂业、雅保锂业等龙头企业，加快隔膜、电池回收等环节布局，补齐产业链短板。同时，加快锂电新能源产业后端生产企业的引进和培育，延长产业链，提高产业整体抗风险能力。

3. 培育未来产业增长极。前瞻布局新能源储能、数字经济等赛道，依托高新区建设新能源储能产业园，争取省级未来产业先导区试点；推进数字技术与制造业深度融合，支持企业“上云用数赋智”。

（二）积极扩大有效投资，激发经济发展内生动力

1. 强化重大项目牵引，扩大有效投资。高效推进国家电投分宜电厂二期、

① “6313”行动计划：钢铁、锂电新能源、电子信息、装备制造、纺织鞋服、非金属新材料 6 条制造业重点产业链现代化水平全面提升，打造锂电新能源、电子信息、装备制造 3 个先进制造业集群，全市规模以上工业营业收入年均增长 13% 左右。

新余煤储基地等重大能源项目,加快袁河航道提升工程、浩吉铁路联络线等交通基础设施建设,构建大物流与大能源协同发展的经济廊道。同时,推动宸瑞锂业电池级碳酸锂、木林森线路板智能工厂等工业项目落地投产,以项目增量带动产业稳定发展。

2. 优化投资结构,激发民间投资活力。通过完善 PPP 模式,吸引社会资本参与基础设施和公共服务领域投资。针对民间投资占比下降问题,进一步优化营商环境,降低企业准入门槛,简化审批流程,为民营企业提供公平竞争的市场环境。设立专项扶持资金,对民间投资的重大项目给予贷款贴息、税收优惠等支持,增强民间投资信心。

3. 完善要素保障,提升投资效率。深入推进工业园区土地盘活存量求增量攻坚行动,为项目建设提供充足用地保障。同时,加强融资支持,通过"科贷通"等政策性金融工具,为优质项目提供低成本资金支持,确保项目早落地、早见效。

（三）持续扩大内需,推动消费提质扩容

1. 扩大有效内需,实施消费提振专项行动。加大消费品以旧换新政策宣传力度,通过微信公众号、抖音等新媒体平台,扩大政策覆盖面。围绕汽车、家电等重点领域,发放配套消费券,促进汽车、家电销售额的增长。同时,支持社会力量发展康养、托育和银发经济,培育消费新热点。

2. 打造特色消费品牌,提升城市消费吸引力。深化"浪漫七夕地,天工开物城"文旅品牌建设,高质量编制"大仙女湖"一体开发方案,推动文旅消费畅享年系列活动落地见效。支持分宜螺蛳小镇、仙女湖旅游业态提升等文旅项目,打造一批具有地方特色的消费地标。此外,持续举办仙女湖马拉松、江西省"工BA"篮球联赛等精品赛事,拓展体育消费新业态,提升城市消费活力。

3. 优化消费环境,增强居民消费信心。加强市场监管,严厉打击假冒伪劣商品,维护市场秩序。完善消费基础设施,优化电动汽车充电网络布局,实现充电桩"乡乡全覆盖"。通过提升消费环境和服务质量,增强居民消费意愿,推动消费提质扩容。

（四）突破科技创新瓶颈，梯度培育创新主体

1. 构建全链条创新体系。实施“科技型中小企业—高新技术企业—专精特新企业—科技领军企业”梯度培育计划。设立科技创新基金，重点支持锂电、电子信息等领域关键技术攻关，提升研发投入强度。

2. 强化平台支撑。推动赣锋锂业牵头组建国家级锂电创新中心，联合中科院、上海交大等机构攻克固态电池、锂回收等技术难题；支持高新区建设省级中试基地，新增中试平台，推动科技成果转化。

3. 破解人才短板。实施“天工英才计划”，对引进的博士、领军人才给予高额补贴；深化校地合作，推动新余学院增设锂电、智能制造专业，定向培养技能型人才；深化与南昌大学、江西理工大学等高校的合作，实施“科技副总”专项计划，推动产学研用深度融合。

（五）扩大对外开放，促进外贸质效提升

1. 优化外贸结构，提高出口产品附加值。通过引导企业加强技术研发和品牌建设等措施，提高出口产品的质量和附加值。实施“锂电＋多元”战略，稳定锂盐出口基本盘，拓展锂电池、储能设备等终端产品出口，提升高附加值产品占比。同时，加强对新兴市场的开拓力度，减少对单一市场的依赖程度。支持跨境电商发展，推动阿里巴巴选品中心落地，培育跨境电商龙头企业。

2. 深化国际合作，开拓新兴市场。组织企业加强与国际市场的对接和合作。通过积极参与国际展会、加强与国外商会的交流合作等措施，拓宽外贸渠道和市场空间。同时，加强对国际贸易规则的研究和应对力度，提高应对国际贸易摩擦和风险的能力。

3. 加强外贸服务体系建设，提高外贸服务水平。通过完善外贸服务体系、提高外贸服务效率等措施，为外贸企业提供更加便捷和高效的服务。依托新余国际陆港等平台，加强与海关、检验检疫等部门的合作与交流，提高外贸通关效率和便利化水平。完善新余国际陆港铁海联运铁路专线功能，扩大“9610”和“9710”出口规模。

(六)进一步深化改革,营造良好的发展环境

1. 深化行政管理体制改革,提高政府服务效率。通过简政放权、优化审批流程等措施,降低企业运营成本和时间成本。同时,要加强对政府部门的监督和管理力度,提高政府部门的执行力和公信力。

2. 深化国有企业改革和混合所有制改革,激发国有企业活力。通过完善现代企业制度、加强国有资产监管等措施,提高国有企业的竞争力和盈利能力。同时,要加强对民营企业的扶持力度,为民营企业提供更加公平和透明的市场竞争环境。

3. 强化法治保障,维护企业合法权益。依法依规支持企业开展正常生产经营活动,对诚信企业"无事不扰",持续开展清理拖欠企业账款专项行动。深化首席法律咨询专家挂点联系服务重点企业、重点项目工作,有效防范法律风险。

4. 激发创新创业活力,培育多元化市场主体。通过鼓励和支持创新创业、加强小微企业扶持力度等措施,培育更多的市场主体和经济增长点。同时,要加强对市场主体的服务和管理力度,提高其市场竞争力和可持续发展能力。

参考文献

叶建春:《政府工作报告——2025 年 1 月 17 日在江西省第十四届人民代表大会第三次会议上》,《江西日报》,2025 年 1 月 26 日。

方向军:《政府工作报告——2025 年 1 月 7 日在新余市第十届人民代表大会第六次会议上》,《新余市人民政府公报》,2025 年第 1 期。

江西省统计局:《江西省 2024 年国民经济和社会发展统计公报》,江西省统计局官方网站,2025 年 3 月 31 日。

新余市统计局:《新余市 2024 年国民经济和社会发展统计公报》,新余市统计局官方网站,2025 年 4 月 22 日。

鹰潭市经济发展报告

余永华　郭佳*

摘要： 2024 年，鹰潭市委、市政府坚持以习近平新时代中国特色社会主义思想为指导，深入贯彻党的二十大和二十届二中、三中全会以及习近平总书记考察江西重要讲话精神，在省委、省政府的坚强领导下，统筹做好稳增长、促改革、惠民生、防风险、保稳定等各项工作，经济运行持续恢复向好，实现了质的有效提升、量的合理增长、势的蓄积壮大，经济发展迈出新的坚实步伐。展望 2025 年，全市将继续坚持稳中求进的工作总基调，完整准确全面贯彻新发展理念，加快构建新发展格局，着力推动高质量发展，进一步全面深化改革开放，推动科技创新与产业创新深度融合，坚持“主攻工业、招大引强”，加快打造国家级铜基新材料集群，高质量完成“十四五”规划目标任务，奋力谱写中国式现代化鹰潭篇章。

关键词： 鹰潭市　经济发展　铜基新材料

2024 年是实现“十四五”规划目标任务的关键一年。一年来，鹰潭市紧紧围绕省委、省政府打造“三大高地”、实施“五大战略”目标，培育和发展新质生产力，激发经济增长内生动力，加快产业转型升级，扩大有效投资，推动消费提质扩容，提升改革开放水平，有效防范和化解重大风险，经济发展取得了较为显著的成效。

---

* 余永华，江西省社科院经济研究所副研究员，博士，研究方向为区域经济；郭佳，江西省社会科学院经济研究所副研究员，研究方向为区域经济。

一、2024 年鹰潭市经济发展的主要成效

(一)经济运行平稳向好

面对外部压力加大、内部困难增多的复杂严峻形势,始终坚持高质量发展不动摇,主要经济指标持续保持全省第一方阵。全年地区生产总值 1384.3 亿元,增长 7.3%,规模以上工业增加值增长 13.4%,固定资产投资增长 5.7%,社会消费品零售总额 481.6 亿元,增长 5.4%,全年一般公共预算收入 113.8 亿元,比上年增长 4.9%,其中地方税收收入 84.6 亿元,增长 5.4%,占一般公共预算收入比重为 74.3%,同比提高 0.4 个百分点。城乡居民人均可支配收入分别增长 5.0%、6.0%(见表 1)。开发区主阵地作用不断凸显,全市开发区工业增加值增长 18.9%,增速全省第一;工业营业收入 3933.5 亿元,同比增长 21.2%,增速全省第一。贵溪经开区升格为国家级经济技术开发区,贵溪经开区、余江工业园区扩区调区成功获批。

表 1 2023 年、2024 年鹰潭市主要经济指标

指标	2023 年		2024 年	
	绝对值	增长(%)	绝对值	增长(%)
地区生产总值(亿元)	1301.9	7.1	1384.3	7.3
一般公共预算收入(亿元)	108.6	8.3	113.8	4.9
规模以上工业增加值(亿元)	—	13.0	—	13.4
固定资产投资(亿元)	—	5.1	—	5.7
社会消费品零售总额(亿元)	456.8	7.9	481.6	5.4
限额以上消费品零售总额(亿元)	162.8	7.3	184.4	9.4
进出口总值(亿元)	436.3	2.8	472.3	8.6
出口(亿元)	106.0	-9.3	115.1	8.6

续表：

指标	2023 年		2024 年	
	绝对值	增长(%)	绝对值	增长(%)
实际利用外商直接投资(亿美元)	0.7	0.8	0.5	-25.9
金融机构人民币存款余额(亿元)	1607.9	18.3	1828.9	13.7
金融机构人民币贷款余额(亿元)	1693.6	21.7	1999.9	18.1
城镇居民人均可支配收入(元)	45999	4.9	48281	5.0
农村居民人均可支配收入(元)	23453	7.1	24851	6.0

数据来源：鹰潭市统计局。

（二）产业发展量质齐升

一是产业规模不断壮大。铜基新材料集群获批国家先进制造业集群；规模以上工业企业达598家，营业收入突破5000亿元；22家企业入选江西民营企业100强，数量居全省第二，29家企业入选江西制造业民营企业100强，数量居全省第一。二是技改、数字化转型赋能产业发展。技改投资增长20%左右，连续3年居全省前列，揭榜省级铜产业大脑建设，78.5%规模以上工业企业开展数字化转型，鹰潭高新区智慧园区综合管理平台获评工信部试点示范，全省工业强省建设推进大会暨制造业数字化转型现场会在鹰潭市召开。三是科创能力稳步提升。全社会研发投入强度达2.4%，持续保持全省第一，综合科技创新水平指数上升至全省第二。参与共建的先进金属材料及关键矿产开发江西省实验室、稀贵稀散金属材料江西省重点实验室获批组建，获评科技领军及入库企业、高成长性科技型企业19家，新增博士后科研工作站3家，贵溪入选国家知识产权强县试点县，月湖县域创新能力评价全省第一。

（三）投资消费稳中有进

一是积极扩大有效投资。争取各类上级资金80.2亿元，429个市大中型、

123 个省大中型、40 个省重点项目均超额完成投资计划;签约亿元以上项目 168 个,其中重点优强项目 25 个。二是多措并举促进消费。及时出台“两新”实施方案,发放消费品以旧换新补贴资金 1.3 亿元,累计带动消费 7.8 亿元。余江入选全国县域商业“领跑县”,“鹰潭桃酥”被确认为全国《桃酥》三大团体标准之一。三是持续唱响“龙虎天下绝”品牌。成功承办 2024 年浙皖闽赣国家生态旅游协作区交流推进会,新增 1 个国家文化产业示范基地,白鹤湖嘻嘻哩、灵溪湖生态旅游区获批国家 4A 级旅游景区,全市游客接待量、旅游收入分别增长 20.8%、21.8%,均创历史新高。

(四)改革开放走深走实

一是扎实推进国资国企改革。设立 50 亿元现代产业引导基金,国企改革深化提升行动中期评估获评全省 A 级。二是持续优化营商环境。全省设区市首部关于优化营商环境的法规正式施行,在全省率先实现“一表同享”改革试点全域覆盖,37 件“高效办成一件事”落地见效,不见面开标率达 100%,“一网通办”融合平台项目荣获全国“2024 数字政府管理创新奖”。三是强化各类要素保障。工业用电量增长 7.72%,全年供应各类土地 11926 亩,项目建设用地实现应保尽保。四是扎实推进陆港型国家物流枢纽建设。鹰潭国际陆港货物吞吐量实现较快增长,陆港公用型保税仓库仓储货值居全省第一,内陆地区首个进口再生金属原料目的地智慧检验监管试点实现常态化运行;加速运营鹰潭港中童码头,正式开港九牛滩码头,水路货运量突破 20 万吨。五是推动外贸促稳提质。进出口贸易总量突破 460 亿元,同比增长 5.4%。

(五)城乡融合协调发展

一是国家城乡融合发展试验区建设“五年成模式”效果明显。“物业进乡村”“互联网 + 第四方物流”供销集配站点实现乡镇全覆盖;城乡供水“一张网”基本建成,花桥水利枢纽工程实现通水;余江集体经营性建设用地入市做法入选全国典型,国家城乡融合发展试验区建设现场会在鹰潭市召开。二是城市更新稳步开展。市县两级国土空间规划均获批实施,开工改造老旧小区 8907 户,打通断头路、丁字路249条，新增公共停车位2446个、公园绿地20.8公顷，在全省率先推出网约公交，城市精细化管理水平不断提升。三是重点城建项目顺利推进。弋南高速、信江南路延伸、幸福河湖工程加速实施；天禄至龙虎山、万年至鹰潭高铁北站、余信贵大道全线贯通。四是农业农村现代化步伐加快。粮食种植面积187.6万亩，总产量13.6亿斤；新增现代农业全产业链标准化基地2个、省级农业龙头企业11家、全国名特优新农产品6个、绿色有机农产品20个、“赣鄱正品”4个，鹰潭、余江坞桥供销合作社均获评全国先进集体；乡村振兴扎实推进，开展村点整治240个，完成厕改1.1万户，贵溪、余江均被列为全省“四融一共”和美乡村建设县；深化“三变”改革和“两闲”盘活利用，带动农民稳定增收，城乡居民人均可支配收入比缩小至1.9∶1。

（六）生态环境持续改善

一是抓好中央环保督察反馈典型案例和突出问题整改。打好污染防治攻坚战，全市$PM_{2.5}$平均浓度25微克/立方米，空气优良天数比例达95.1%；市县两级城市建成区黑臭水体消除率均为100%，城市生活污水集中收集率达66.8%，同比上升17.6个百分点，国省考断面连续6年保持Ⅱ类水质，污染防治攻坚战成效考核连续4年全省优秀。二是圆满完成国家海绵城市示范城市建设任务。信江新区厂网河湖园一体化、虎岭公园等398个重点项目全部完工，186个城区易涝积水点整治全面完成，信江新区七河八湖水系全域联通，实现了“旱时补水、平时蓄水、涝时排水”的综合平衡。三是系统推进生态保护修复。人工造林、封山育林、退化林修复均完成省下达任务，成功申报国家历史遗留废弃矿山生态修复示范工程项目。四是持续畅通“两山”转化通道。开展全国首个自然资源资产配置方案编制。五是扎实推动绿色低碳转型。新增国家级绿色工厂5家、省级绿色工厂20家，全市单位GDP能耗同比下降3%。贵溪经开区获评国家级绿色工业园区。

二、鹰潭市经济发展存在的主要困难和问题

(一)有效需求不足制约经济回升基础

2024年,鹰潭市实现地区生产总值1384.3亿元,同比增长7.3%,增速高于全国和全省平均水平,但经济回升的内生动力仍显不足。从需求端看,固定资产投资增长5.7%,较2023年回落0.6个百分点,其中民间投资占比虽达75%,但增速仅为4.8%,反映市场主体信心不足。社会消费品零售总额增长5.4%,低于预期目标2.1个百分点,消费新业态如网红经济、夜间经济虽有所增长,但传统消费占比仍超60%,汽车、家电等商品消费增长乏力。从出口方面看,全年虽然实现了8.6%的增长,但再生铜政策调整导致外贸结构出现波动,跨境电商等新兴业态尚未形成规模效应。有效需求不足的深层次原因在于居民收入增长放缓,城乡居民人均可支配收入增速分别为5.0%和6.0%,低于经济增速,制约了消费能力提升。此外,政府投资项目落地效率不高,416个市大中型项目中,年度投资完成率仅71.4%,部分项目因资金、土地等要素保障不到位而进展滞后。

(二)科技创新能力与产业升级需求不匹配

一是单一产业依赖度高。2024年,鹰潭市规模以上工业增加值增长13.4%,其中铜产业贡献了12.6个百分点的拉动作用,但非铜产业仅增长5.6%,显示产业结构仍高度依赖传统资源型产业。二是科技创新领域仍存在短板。如研发投入强度仅为1.88%,低于全省平均水平,有研发活动的规模以上企业占比不足40%;国家级专精特新"小巨人"企业仅5家,高新技术企业数量仅占全省的3.2%;人才总量不足,每万人人才资源数1280人,低于全省平均水平15%。尽管推进了"鹰才计划"和"人才飞地"建设,但高端人才引进成效有限,铜基新材料、物联网等领域核心技术对外依存度超60%。三是科技创新平台能级偏低。省级以上科创载体仅28家,与长三角G60科创走廊城市相比,差距显著。产学研协同机制尚未健全,企业与高校院所合作项目转化率不足

30%，制约了科技成果向现实生产力转化。

（三）产业结构优化面临多重瓶颈

一是产业层次有待提高。2024 年，鹰潭市三次产业结构为 5.7∶51.3∶43.0，第二产业占比显著高于全国平均水平，但产业层次偏低。铜产业占规模以上工业比重达 68.3%，但精深加工产品占比不足 25%，高附加值的电子铜箔、高端铜合金等产品仍依赖进口。二是战略性新兴产业培育滞后。高技术制造业增加值占比仅 11.6%，虽然计算机、通信和电子设备制造业增长 59.7%，但规模体量较小。三是生产性服务业发展滞后。研发设计、检测认证等配套服务占服务业比重不足 15%，制约了先进制造业与现代服务业的深度融合。四是园区经济同质化竞争加剧。鹰潭高新区、贵溪经开区等园区主导产业趋同，亩均税收仅 8.6 万元，土地集约利用水平不高，批而未用土地达 1.2 万亩，工业用地综合容积率仅 0.68%，低于国家标准 0.8%。

（四）财政收支矛盾与债务风险交织

一是财政收支存在矛盾。2024 年，全市一般公共预算收入增长 4.9%，但非税收入占比达 25.7%，财政收入质量有待提高。财政支出刚性增长压力大，民生支出占比达 81.3%，同比增长 23.6%，远超收入增速。二是政府债务风险防控形势严峻。隐性债务存量化解任务艰巨，融资平台公司市场化转型缓慢，资产负债率达 78.6%，部分平台公司经营性现金流不足以覆盖利息支出。财政自给率仅 43.2%，依赖上级转移支付程度较高，基层“三保”支出保障压力凸显。三是房地产业需求不旺。受房地产市场调整影响，房地产市场需求疲软，销售压力较大，土地出让收入同比下降 18.7%，进一步加剧了财政收支矛盾，特别是个人按揭贷款也呈下降趋势，加剧供给侧信心的收缩。四是金融领域风险隐患不容忽视。银行业不良贷款率虽保持全省最低，但部分中小微企业信用风险暴露，担保圈风险仍需警惕。

（五）城乡发展水平不平衡

一是城镇化率偏低。2024 年，鹰潭市城镇化率 61.8%，低于全国平均水平

5.2 个百分点，城乡二元结构矛盾突出。农村集体经营性建设用地入市改革虽取得突破，但土地增值收益分配机制不完善，农民财产性收入占比不足 5%。二是区域经济发展不平衡。贵溪市 GDP 占全市 50.7%，而月湖区仅占 12.6%，区域间基础设施和公共服务差距显著。三是生态保护面临新挑战。$PM_{2.5}$平均浓度虽降至 25 微克/立方米，但臭氧污染呈上升趋势，国省考断面水质达标率虽为 100%，但农业面源污染治理任务艰巨。四是绿色低碳转型进展缓慢。单位 GDP 能耗下降 3%，但高耗能行业占比仍超 40%，新能源装机容量占比仅 33.3%。生态产品价值实现机制尚未健全，碳汇交易、排污权交易等市场化手段应用不足，绿水青山向金山银山转化渠道有限。

三、加快鹰潭市经济发展的对策与建议

(一)持续扩大内需潜力，推进经济高质量发展

1. 扩大有效投资。推动天禄至龙虎山段、余信贵大道等基础设施建设，深化落实“1269”行动计划，促进新越高精度铜板带等产业项目投产达效，加强余江眼镜、雕刻产业规模化、集约化发展，持续建设下一代信息网络产业集群，发展数字产业和数字经济，积极布局未来产业。

2. 突出项目带动。积极争取中央预算内投资、超长期特别国债、专项债，获得各类上级资金保持较快增长。充分发挥项目推进工作专班作用，加大协调推进力度，强化要素保障，形成更多资金支付量和实物工作量。

3. 扩大消费需求。实施提振消费专项行动，更大力度推进消费品以旧换新，重点举办“2025 鹰潭汽车博览会暨新能源汽车展”“2025 中式糕点博览会”等大型促销活动，持续激发有潜能的消费。做旺龙头山省级商业示范街区、天虹商场、凯翔新天地智慧商圈、茯苓弄潮文化等消费集聚区。持续唱响“龙虎天下绝”品牌，大力实施“引客入鹰”工程，促进文旅、农旅融合发展，优化经典、精品旅游路线，推进“旅游 +”“ + 旅游”，壮大旅游二次消费力度。

(二)强化铜基新材料集群建设，构建现代化产业体系

1. 推进制造业数字化转型。大力实施技术改造，滚动实施重要技改项目。

面向“数字领航”“小灯塔”和“数智工厂”方向，遴选一批标杆企业，带动产业链上下游数字化转型，推动企业管理与数字化改造深度融合，实现规模以上工业企业“智改数转网联”全覆盖。

2. 强化科技创新赋能。主动对接长三角 G60 科创走廊，建立健全“人才飞地”模式，加快有色金属结构材料全国重点实验室成果转化中试基地和先进金属材料及关键矿产开发江西省实验室建设。加强与中南大学、有研集团、中国科学院等高校院所常态化对接。深入实施“技能鹰潭行动”，加大职业教育产教融合力度。深化国家产教融合试点，做强铜产业转型品牌，服务企业对接资本市场。

3. 发展生产性服务业。推动铜产业大脑正式运营。全面完成鹰潭国际陆港保税物流中心（B 型）建设并投入使用。加速建设陆港型国家物流枢纽，打造鹰潭国际陆港经济区现代集疏运体系，开工建设九牛滩码头疏港公路，完善中童码头配套设施，启动南站货场改造升级。强化鹰潭铜期货交割仓库功能，打造全国进口铜原料集散中心。升级“铜质通”质量提升服务平台，推进国家级铜产业计量测试中心建设。

（三）全面深化改革开放，不断激发经济增长活力

1. 深化重点领域改革。巩固拓展开发区管理体制改革成果，推进“管委会 + 公司”模式，增强平台公司的资本运营、产业培育、招商引资能力。推进国企改革深化提升行动，加快推动国资国企市场化、专业化、国际化转型。深化现代产业引导基金运营管理机制改革，提升服务产业发展能力。深化集体林权制度改革，加强国有林场联营带动，增强生态保护和林业发展内生动力。深入推进国家公立医院改革与高质量发展示范项目，促进“三医”协同发展和治理，构建全市统一的医共体信息化体系。积极对接全省首批土地审批权下放试点。

2. 持续优化营商环境。推进全省营商环境创新试点城市建设，深入实施营商环境对标提升行动，深化“一表同享”改革，拓宽远程视频面对面“五级联办”事项和范围，做优“一站式”企业综合服务中心，打响“鹰办尽办”政务服务品牌。开展规范涉企执法专项行动，严格执行“企业安静生产期”“首违不罚、轻微

不罚”等柔性执法制度。落实企业特派员制度,持续推动惠企减负政策落地见效。健全支持民营经济发展壮大体制机制,维护民营企业合法权益,促进民营经济健康发展。

3. 积极扩大对外开放。聚焦江西内陆开放型经济试验区建设,主动融入长江经济带、中部地区崛起战略,更好对接和服务长三角一体化发展。围绕铜基新材料集群产业链,深化基金招商、链式招商、以商招商、存量招商等模式。加快培育外贸新动能,发展跨境电商。

(四)推进城乡融合与区域协调,促进共同富裕

1. 促进城乡深度融合。巩固“全域宅改”成果,强化农村宅基地规范管理。做优做强入市产业园,加快建设“土地入市 + 产权抵押 + 农民增收”综合示范点,确保抵押贷款余额、融资模式创新、体制机制建设等三项改革成果位居全国第一方阵。完善“互联网 + 第四方物流”供销集配体系,实现村级集配网点全覆盖。进一步拓展“物业进乡村”长效管护内容。因地制宜探索资源发包、物业出租、居间服务、经营性财产参股等多样化发展途径,持续缩小城乡居民收入差距。

2. 提升城市功能品质。推动沪昆高速“四改八”、贵溪连接线新互通及东外环线、信江南路延伸工程、G320 余江黎家岗至唐山段和余江黎浦大桥、上清桂洲大桥完工通车,实现 S206 全线贯通,加快 G320 南移、贵溪芗溪大桥等项目建设,开工建设弋南高速(贵溪段)、上鹰高速。拓展智慧城管应用,提升城市管理智慧化、精细化水平。

3. 做好农业农村工作。全面落实耕地保护和粮食安全责任制,深入推进耕地“大占补”行动,严守耕地红线。坚持藏粮于地、藏粮于技,开展粮食单产提升行动,推动余江创建全国绿色食品(水稻)原材料标准化基地。做好“土特产”文章,整合烘焙产业资源,壮大串串、观赏鱼、铁皮石斛等特色优势产业,鼓励贵溪创建国家级现代农业产业园。健全监测对象常态化帮扶机制,坚决守牢不发生规模性返贫底线。

（五）加强风险防控与生态屏障，筑牢经济安全底线

1. 加强财政收支管理。严控一般性支出，优先保障"三保"和重点项目，压缩低效无效支出。稳妥化解债务风险，坚决遏制新增隐性债务，建立动态监测平台，区分经营性债务与公益性债务，推动政府资产负债表编制，明确偿债责任，确保不发生系统性风险。推进融资平台公司市场化转型，剥离政府融资职能，通过资产证券化、引入社会资本等方式有效盘活存量资产。

2. 防范房地产风险。优化住房供给结构，更好满足刚性和多样化改善性住房需求。设立房地产纾困基金，通过并购重组化解烂尾项目，全力完成"保交房"任务。加大"白名单"项目贷款投放力度，持续推动房地产领域历史遗留和化解"办证难"问题。

3. 加强生态环境治理。不断完善绿色低碳发展机制，加快产业结构转型升级，推动能源和交通清洁低碳转型。完善环境污染防控工作机制，加快应急指挥、巡查通报、调度会商、网格化管控等管理，加强区域间、部门间联防联控。

参考文献

叶建春：《政府工作报告——2025 年 1 月 17 日在江西省第十四届人民代表大会第三次会议上》，《江西日报》，2025 年 1 月 26 日。

王亚青：《2025 年鹰潭市政府工作报告》，《鹰潭日报》，2025 年 2 月 11 日。

江西省统计局：《2024 年各设区市常住人口主要指标》，江西省统计局官方网站，2025 年 3 月 19 日。

江西省统计局：《江西省 2024 年国民经济和社会发展统计公报》，江西省统计局官方网站，2025 年 3 月 31 日。

鹰潭市统计局：《鹰潭市 2024 年国民经济和社会发展统计公报》，鹰潭市统计局官方网站，2025 年 5 月 6 日。

赣州市经济发展报告

薛飞　袁骏*

摘要： 2024年，赣州市全市上下坚持以习近平新时代中国特色社会主义思想为指导，全力以赴拼经济、稳增长、促发展，革命老区高质量发展示范区建设迈出新的坚实步伐。但仍然面临部分县区经济总量偏小、对外开放仍有拓展空间、产业结构有待升级、基础建设还需加强、对外开放亟待拓展空间等问题。未来应从持续打造省域副中心城市、促进产业协同升级发展、加强基础设施建设、融入粤港澳大湾区、加强政策支持与产业引导等方面入手，促进赣州市经济高质量发展。

关键词： 赣州市　经济发展　对外开放

2024年，面对复杂严峻的外部环境和艰巨繁重的改革发展稳定任务，赣州市全市上下坚持以习近平新时代中国特色社会主义思想为指导，深入贯彻党的二十大和二十届二中、三中全会以及习近平总书记考察江西重要讲话精神，聚焦“走在前、勇争先、善作为”的目标要求，围绕省委、省政府打造“三大高地”、实施“五大战略”，扎实推进“三大战略、八大行动”，全力以赴拼经济、稳增长、促发展，革命老区高质量发展示范区建设迈出新的坚实步伐。

* 薛飞，江西省社会科学院经济研究所博士后、助理研究员，研究方向为数量经济；袁骏，江西省社会科学院经济研究所博士后、助理研究员，研究方向为区域经济。

一、2024 年赣州市经济发展的主要成效

（一）经济总量稳步提升

1. 经济运行稳中有进。赣州市地区生产总值（GDP）从 2020 年的 3703. 1 亿元提升到 2024 年的 4940. 5 亿元，增长 33. 4%（见图 1）。同时，2024 年 GDP 同比增长 5. 4%，增速分别高于全国、全省 0. 4、0. 3 个百分点。

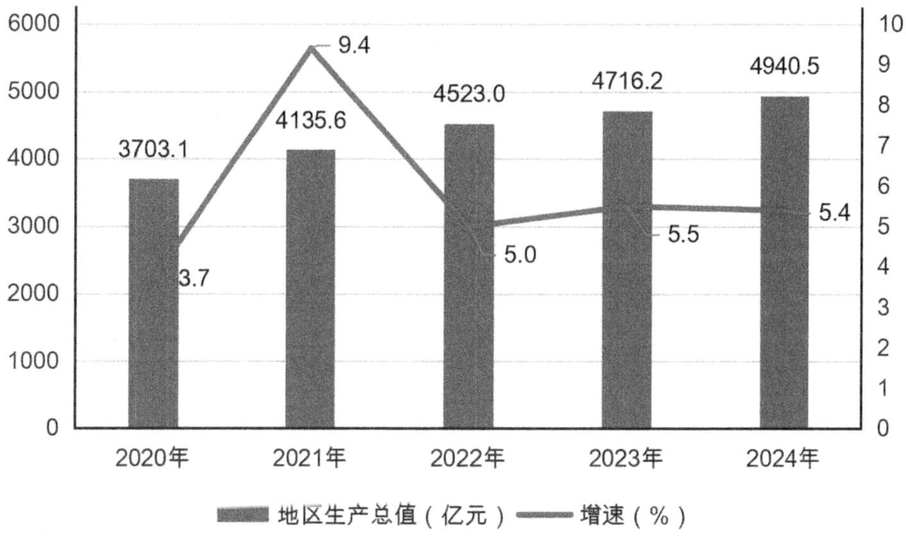

图 1　2020—2024 年赣州市 GDP 及增速

数据来源：赣州市人民政府网站。

2. 主要经济指标稳步提升。2024 年，赣州市一般公共预算收入达到 327. 7 亿元，同比增长 2. 5%，高于全省 2. 3 个百分点。固定资产投资同比增长 5. 8%，分别高于全国、全省 2. 6、1. 0 个百分点，列全省第 1 位。规模以上工业增加值同比增长 9. 5%。利用省外项目资金 1382. 84 亿元，同比增长 9. 1%。社会消费品零售总额 2228. 4 亿元，同比增长 5. 9%（见表 1）。

表1　2023 年、2024 年赣州市主要经济指标

主要指标	2023 年		2024 年	
	绝对值（亿元）	同比增长（%）	绝对值（亿元）	同比增长（%）
生产总值	4716. 2	5. 5	4940. 5	5. 4
一般公共预算收入	319. 6	4. 4	327. 7	2. 5
规模以上工业增加值	—	10. 3	—	9. 5
社会消费品零售总额	2105. 2	4. 5	2228. 4	5. 9
固定资产投资	—	-1. 7	—	5. 8
利用省外项目资金	1267. 3	5. 6	1382. 8	9. 1

数据来源：赣州市统计局。

（二）产业结构持续优化

1. 赣州市三次产业呈现出动态优化的趋势。赣州市三次产业结构从 2022 年的 10. 0∶40. 3∶49. 7，变化到 2023 年的 9. 9∶39. 2∶50. 9，再到 2024 年的 9. 9∶36. 6∶53. 5，第一产业占比逐步缩小，第三产业占比变大，产业结构呈现优化的趋势。具体来看，2024 年，第一产业增加值 489. 0 亿元，同比增长 3. 8%；第二产业增加值 1807. 5 亿元，同比增长 7. 6%；第三产业增加值 2644. 0 亿元，同比增长 4. 1%。同时，在第二产业中，工业增长尤为突出。全市规模以上工业增加值增长 9. 5%，分别高于全国、全省平均水平 3. 7、1. 0 个百分点。

2. 装备制造业和高技术制造业快速发展。2024 年，装备制造业、高技术制造业增加值分别增长 26. 5%、24. 6%，占规模以上工业增加值比重分别为 36. 9%、30. 1%，分别同比提高 3. 9、4. 5 个百分点，有力助推赣州市工业转型升级。计算机、通信和其他电子设备制造业，化学原料和化学制品制造业，电气机械和器材制造业等战略性新兴产业和高新技术产业分别增长 32. 3%、14. 3%、10. 8%，显示出强劲的增长势头。分三大门类来看，采矿业增加值下降 2. 9%，

制造业增长 11.0%，电力、热力、燃气及水生产和供应业增长 0.6%。分行业来看，35 个行业大类中 22 个行业实现正增长，增长面达 62.9%。

（三）基础设施不断完善

1. 公路网络持续完善。2024 年，国家大动脉大广高速吉安至南康段改扩建工程全线通车，济广与厦蓉高速会昌联络线开工建设。赣州市中心城区“三横三纵”快速路网全面形成、通车里程达 127 公里，重要道路节点蓉江四路过江隧道全线贯通。

2. 基础设施加紧建设。持续完善赣州国际陆港物流功能区，2024 年投资额达 1000 亿元，重点提升多式联运体系，推动与南昌向塘物流港的联动。截至 2024 年底，瑞金机场成功试飞，赣州老火车站完成改造提升。同时，水利和能源基础项目建设持续推进。梅江灌区最大干渠建成通水。信丰电厂二期、赣县抽水蓄能电站、平江灌区开工建设。

3. 数字化新基建加快培育。华为智慧林草解决方案在赣州落地，整合卫星遥感、无人机巡航等技术，实现森林火灾全天候监测，烟火识别准确率提升至 90% 以上。赣州主动承接大湾区数据处理产业转移，建设数据要素市场，2024 年新增数字经济企业入库超 200 家，培育省级创新平台 3 个。

（四）区域经济亮点纷呈

1. 工业规模效益显现。2024 年，章贡区上榜全国综合实力百强区，列第 76 位。南康家具“漂洋过海”，2023 年至 2024 年连续进驻米兰家具展，其中 2024 年海外订单超 50 亿元，先后挺进欧美、东南亚、中亚、中东等的 19 个国家，新疆克州馆成为南康家具进军中亚的战略支点。安远电子信息首位产业集聚度达 72.8%，获评全省中小企业特色产业集群、第四批省级数字经济集聚区。2024 年，会昌氟盐新材料首位产业规模以上工业企业实现产值 144 亿元，占规模以上工业企业的 90%。寻乌空压机产能突破 15 万台（套），80% 的大型部件实现“寻乌造”，成为华南地区重要的空压机生产基地。2024 年，龙南信息（印制电路板）产业集群成为省中小企业特色产业集群，锂电新材料产业集群入选省级产业集群,电子信息、新材料双首位产业集聚度达 96.6%。全南信息、有色金属和新材料、新能源等重点产业链营业收入占规模以上工业营业收入比重达 81.8%,产业集聚效应日益凸显。

2. 文旅商贸加速融合。2024 年,于都成功举办纪念中央红军长征出发 90 周年系列活动 30 余场,走进一线城市举办红色文旅专场推介会 13 场,《长征第一渡》观演人次超 20 万,红培研学人数超 21 万,接待游客超 1600 万人次,旅游综合收入超 150 亿元。安远开展全民"引游客",举办三百山景区营销大会等推介活动 20 余场,组建引流小分队 100 支,签约旅行社 840 家,2024 年旅游综合收入超 120 亿元,三百山景区过闸数保持全市第一、全省前十。2024 年寻乌客服产业园获评全省现代服务业集聚区和数字经济集聚区,成为全国第 4、全省首个"客服产业示范园区",家电、汽车销量分别增长 13.2%、49.5%,电商交易额连续 5 年超 10 亿元。

3. 特色农业成果丰硕。2024 年,信丰脐橙、信丰红瓜子被列为全国农耕农品记忆索引名录,其中脐橙产量 26 万吨,在北京、深圳等地举办脐橙推介活动,签约订单 3.1 万吨,农夫山泉信丰工厂收购赣南脐橙 15 万吨。兴国红薯干、九山生姜入选全国名特优新农产品名录,2024 年新认证绿色有机农产品 37 个、富硒农产品 3 个。2024 年定南县岭北永宸生态肉鸽、老城高山蔬菜基地建成投产,岿美山鳜鱼填补了全市高端特种水产养殖空白。

(五)对外开放不断深化

1. 对内对外双向开放成效显著。一是进出口持续增长。2024 年赣州市货物贸易进出口总值达到 1112.3 亿元,同比增长 12.7%。其中出口 719.6 亿元、增长 18.1%,进口 392.7 亿元、增长 3.9%。二是积极利用外资。赣州市积极吸引外资参与当地经济建设,2024 年赣州市实际使用外资 11424 万美元。三是利用省外项目资金持续增长。2024 年赣州市加大招商引资工作,全年利用省外 2000 万以上项目资金 1382.8 亿元,同比增长 9.1%,比 2023 年高了 3.5 个百分点,招商引资工作成效显著(见表 2)。

表 2　2023 年、2024 年赣州市对外开放领域指标

主要指标	2023 年		2024 年	
	绝对值（亿元）	同比增长（%）	绝对值（亿元）	同比增长（%）
进出口总额	987.1	8.3	1112.3	12.7
出口总额	609.2	-16.3	719.6	18.1
利用省外资金 2000 万元以上项目	1267.3	5.6	1382.8	9.1

数据来源：赣州市统计局。

2. 国内外交流合作不断深化。举办家具、脐橙、纺织服装博览会等重大活动，推动“赣品出境”。2024 年新签约 10 亿元以上项目 27 个，组织企业参加进博会、广交会等境内外展会 71 场次。通过参与国内外经贸活动、搭建交流合作平台、推动项目合作等方式，与 180 个国家和地区建立贸易关系，对共建“一带一路”国家、RCEP 成员国进出口分别占 44.6%、35.1%。全市新增进出口备案企业 1802 家，同比增长 70.8%，赣州经开区签约项目 188 个，含世界 500 强企业 7 家、中国 200 强企业 1 家。

3. 开放平台能级提升。赣州国际港作为内陆开放型经济试验区的重要平台之一，2024 年开行中欧班列 1600 余列，增长 50%，数量占全省 80%，获评全国仅 8 家的 5A 级陆港。进口商品集采中心开业运营，家具出口直通巴西海外仓首单业务开通，“四区融合”叠加优势加速释放。

二、赣州市经济发展面临的困难和问题

（一）部分县区经济总量偏小

2024 年，除章贡区、南康区 GDP 超过 500 亿元，赣州市有 9 个县的经济体量低于 200 亿元，占总数的一半。从赣州市 18 个县市区的 GDP 来看，经济总量差距较为明显。排名第一的章贡区（740.6 亿元）是排名靠后的石城县（117.6

亿元)的6.3倍(见图2)。

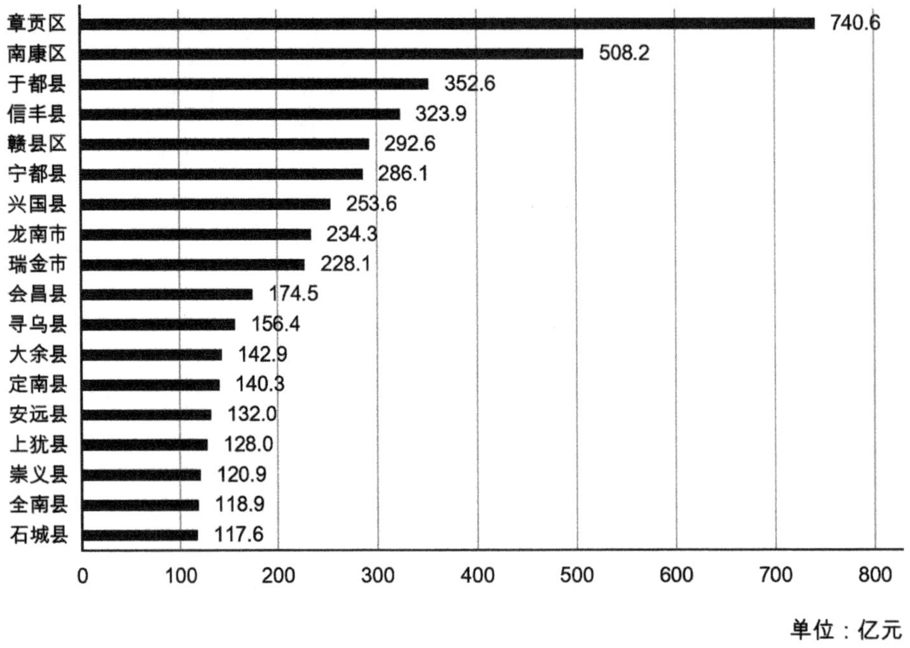

图2　2024年赣州各县市区GDP

数据来源:赣州市各县区政府网站收集整理而得。

(二)产业结构有待升级

1.行业龙头企业不够强。赣州南康区作为全国最大的实木家具生产基地,2024年产业集群产值为2849亿元,家具及配套企业超8000家,其中规模以上企业526家,从业人员约50万人。如此庞大的产业规模,仅有一家本土家具企业汇森家居(2020年底)在港股上市,龙头企业数量偏少。其中汇森家居作为家具产业的本土唯一上市企业,根据年报信息披露,2024年营业收入仅为10.1亿元,实力不够强。

2.部分县市主导产业仍为传统行业。于都的首位产业是传统纺织服装产业,纺织企业超2000家,2023年产值占全市纺织业60%,但附加值较低。信丰县作为“中国脐橙之乡”、生猪调出大县以及蔬菜产业发展重点县，优势产业脐橙、生猪、蔬菜都是农业传统产业。宁都的粮食和黄鸡养殖，石城著名的白莲、烟叶种植，崇义的竹木加工也属于传统产业。

3. 产业雷同度偏高。赣州作为全国稀土主产区，辖区的赣县、大余、龙南的主导产业都是稀土新材料，但产品雷同度高，资源加工类依赖钨、稀土等矿产，深加工能力不足。近年来，新能源电池爆火，多个县市区纷纷引进培育新能源企业，大力打造锂电池产业基地，产品高度雷同，遇上锂矿价格暴跌，产业低迷。

（三）基础建设还需加强

1. 省际通道尚有瓶颈。一是高速公路出口偏少。赣州现有省际高速公路出口仅 7 个，远低于毗邻的韶关（12 个）、龙岩（9 个），导致大广高速南康段日均车流量超 8 万辆，节假日拥堵时长超 6 小时，物流成本较珠三角高 15% ~20%。二是铁路网络覆盖不足。赣州至广州高铁尚未纳入国家干线规划，两地铁路货运时效仍需 6 小时，对比长沙—广州仅需 3 小时。截至 2024 年底，仍有安远、定南、寻乌 3 个县未通铁路（占全市县域数 20%）。瑞梅铁路（瑞金—梅州）、寻梅铁路未完成施工，长赣高铁（长沙—赣州）延期，影响赣州西站枢纽功能释放。三是航空货运存在短板。赣州黄金机场国际货运航线仅开通 3 条（深圳宝安机场为 38 条），跨境电商货物需经厦门、广州中转，导致企业通关时间延长 2 ~3 天。

2. 立体交通体系协同性仍需改进。一是多式联运滞后。赣州国际陆港铁海联运占比仅 35%，低于重庆（62%）、西安（58%），集装箱“公转铁”成本比纯公路运输高 18%。赣州黄金机场 T3 航站楼自 2024 年启用后，航空货运量增长 120%，但空铁接驳耗时仍超 1.5 小时。二是智慧交通存在短板。全市高速公路 ETC 使用率仅 68%，低于全国平均水平（75%），蓉江新区智慧交通试点尚未向全域推广。县域交通信号灯联网率不足 40%，章贡区与南康区数据仍未互通。

3. 区域协同与信息存在孤岛困局。一是跨省协作机制不够顺畅。赣粤闽三省交界区域仍有 3 条断头路未打通，涉及 G358 国道寻乌段、S226 省道安远段。与粤港澳大湾区政务数据共享仅覆盖 15 个领域,企业跨省办证需重复提交材料率达 60%。二是信息基建相对滞后。5G 基站密度为每平方公里 2.1 个,低于南昌(3.8 个),农村地区覆盖率不足 50%;赣州政务云平台算力仅 50PFlops,难以支撑 AI 城市治理需求,蓉江新区在建的超算中心暂未投用。

(四)对外开放亟待拓展空间

1. 区域协同机制不够完善。一是赣深对口合作中仍存在“政策温差”。深圳前海自贸区已实施“跨境服务贸易负面清单”,而赣州经开区在数据跨境流动、金融开放等领域尚未突破。二是两地产业园区共建进展缓慢。截至 2024 年底,深圳科技园赣州园区签约企业仅 9 家,远低于初期规划的 30 家目标。

2. 产业承接能力与湾区需求仍有差距。一是产业链层级存在落差。深圳电子信息、生物医药等产业外溢需求旺盛,但赣州现有规模以上企业中仅 12% 具备精密制造能力(大湾区要求基准为 35%),导致头部企业落地意愿低。深圳有芯片封测企业原计划投资赣州,因本地配套率不足 30%(大湾区平均 70%)而改投韶关。二是开放平台能级不足。赣州综合保税区 2024 年进出口额仅 58 亿元,不足南昌综合保税区的 1/3,且尚未获批钻石原料进口指定口岸,制约珠宝加工产业发展。三是跨境电商综试区建设滞后。2024 年,全市跨境电商交易额占外贸比重仅 8.5%,与同期深圳 32% 存在较大差距。

3. 政策协同与要素流通存在壁垒。一是行政分割效应尚存。赣州与广州、深圳的政务数据共享仅覆盖市场监管等 9 个领域(大湾区内部已实现 22 个领域互通),企业跨省经营需重复提交材料比例达 45%。二是人才认定标准尚未互认。大湾区工程师在赣州执业需重新考取资质证书,粤港澳人才流入率不足 3%。三是制度型开放水平有待提升。深港“单一窗口”已实现报关、退税等 327 项功能,而赣州国际贸易“单一窗口”功能模块仅开通 148 项。RCEP 原产地规则应用率仅 28%,低于全国平均水平(42%),企业未能充分享受关税减免红利。

三、赣州市经济高质量发展的对策与建议

（一）高屋建瓴，持续打造省域副中心城市

1. 保持定力，久久为功。把加快建设省域副中心城市作为重大政治责任，怀揣“功成不必在我、功成必定有我”的觉悟，以抓铁有痕、踏石留印的精神，以现有工作领导小组为核心，根据形势变化成立专项推进小组，一张蓝图绘到底。扎实推进赣州“六个区域中心”——金融、教育、科研创新、商贸物流、文化旅游、医疗养老建设。

2. 因地制宜，找准区域发展定位。一是打造中心城区组团。章贡区建设为赣州政治、经济、文化中心，总部经济与高端服务业集聚区。南康区打造为世界级家具制造中心、内陆开放型经济试验区核心区。赣县区建设为稀有金属新材料产业基地、现代农业示范区。二是打造“大上崇信”西南组团。大余县打造世界钨都、赣粤湘枢纽节点城市。上犹县为赣州后花园与产业创新极。崇义县建设为三产融合生态示范县、特色新材料基地。信丰县建设为赣南电子信息产业带重要节点、脐橙产业数字化标杆。三是打造瑞兴于“3+2”组团。瑞金市打造为全国最佳红色旅游胜地、湾区海西产业转移高地。兴国县建设为军民融合产业试验田、红色文化旅游名城。于都县打造为纺织服装产业转型示范区、长征文化体验地。宁都县打造赣南粮仓、新能源产业承接基地。石城县打造为区域农业地标品牌中心、赣闽边际特色经济高地。四是打造“三南”前沿组团。建设龙南市为对接粤港澳大湾区桥头堡、电子信息产业集聚区。全南县为康养旅居特色县、粤港澳大湾区“后花园”。定南县建设为赣粤边际物流枢纽、户外运动产业基地。五是推进“会寻安”组团。会昌县打造赣东南交通枢纽、现代农业转型示范区。寻乌县打造为粤赣闽生态屏障区、稀土尾矿综合利用示范区。安远县建设为大湾区优质农产品供应基地、生态旅游目的地。

（二）查漏补缺，促进产业协同升级发展

1. 积极布局未来产业。一是布局重点领域。章贡区锚定未来健康、未来信

息技术、未来新材料等重点领域,规划建设未来产业先导试验区。创设“医药+创新”发展格局,以赣州生物医药健康产业园为载体,促进赣南创新与转化医学研究院、赣南医科大学、青峰医药开展多元合作。二是拓展未来产业新阵地。兴国县推动氟盐新材料与锂电新能源产业联动配套,聚力发展电子级氟化物、含氟高分子材料和精细化学品制造,拓展未来材料、未来能源产业新阵地。

2. 推动传统产业升级。一是整合资源优势产业。赣县区支持中国稀土集团、江钨集团、腾远钴业等“链主”企业加强资源整合,推动首位产业强链壮群。发展高性能稀土磁性材料、高性能稀土合金,持续推动产业向以永磁电机为代表的高附加值领域延伸。大余县加快传统产业改造升级,支持千陶新材开展中试项目并实施产业化转型,推动金石合金、广荣钨业、元泽钨钼、海泰克等项目落地。二是推进数字化转型。崇义县加快建设罗普特新质生产力科技产业园,推动制造业数字化转型和工业领域设备更新,支持章源、祺祥、中核南方等企业打造“智能工厂”“数字化车间”。三是支持服装产业智能化改造。兴国县加快利德集团国际牛仔服装智造产业城项目建设,推动际华集团职业装智造基地项目尽快落地,支持长胜服饰、万鑫服装、艾克佩特等企业智能化改造升级,积极培育发展潮牌服装、高端成衣等附加值高、发展潜力大的服装细分行业。

3. 促进新兴产业发展。一是大力发展低空经济。南康区加快编制低空经济发展规划和园区专项规划,绘制产业链图谱。加快顺丰无人机、翊飞航空、欣界固态电池等项目落地建设,推动无人机适航审定技术服务中心实体化运营。二是推进数字化改造。上犹县大力开展中小企业数字化赋能行动,积极打造全省玻纤行业数字化转型促进中心、县数字化诊所等平台。龙南市拓展中国电信中部云(龙南)数据中心、超芯智算“三南”人工智能算力中心应用。构建“数字化转型促进中心+数字化诊所+数字专员”三级服务体系,推动规模以上企业数字化改造。

(三)重点突破,加强基础设施建设

1. 构建立体综合交通体系。一是强化铁路枢纽地位。争取2025年开工推进长赣高铁(长沙—赣州)建设,推动赣广高铁前期研究并纳入国家规划,形成直通广州的快速通道，强化对接粤港澳大湾区能力。联合韶关申报南岭生态经济带轨道交通，推动赣韶铁路扩能。2025年续建瑞梅铁路，提升赣州与广东梅州的互联水平。二是加密公路网络。推动遂川至大余、新干至兴国、兴国至桂东、寻乌—安远—赣州高速路建设。建设济广与厦蓉高速会昌联络线、寻乌至全南高速西延等重大项目。三是推进航空通用机场的建设。扩建赣州黄金机场货运设施，加速推进定南通用机场建设，开工建设石城和龙南通用机场，并做好宁都通用机场的前期工作。

2. 升级能源与水利基础设施。一是构建综合能源体系。推进信丰火力电厂二期、寻乌、赣县抽水蓄能电站等重大项目建设。开工建设闽赣灵活互济联网工程，力争内蒙古腾格里沙漠基地送电江西工程落点赣州。二是加大水利灌溉基础建设力度。持续推进梅江灌区建设，做好平江灌区、平富灌区、桃江灌区、章江引调水工程等项目的前期工作。

（四）扩大开放，打造对接融入粤港澳大湾区桥头堡

1. 群策群力，加快融湾步伐。一是加强深赣结对合作。按照2024年签订的《关于建立深圳市与赣州市区县结对合作关系的通知》，加强赣州10个县（市、区）与深圳市各区（含大鹏新区）的结对合作。其中，深化章贡区与深圳南山区共建合作，用好联席会议机制，加快推进南山赣州产业园挂牌成立。二是开创“特区＋老区”合作发展新局面。推动“反向飞地”落地，探索各层级干部双向跟班学习交流机制。积极发展“跨境电商＋产业带”“龙头企业＋跨境电商＋海外仓”等模式，鼓励南康区加强与速卖通、亚马逊和深圳跨境电商协会等合作，破解家具大件跨境配送时效和售后服务瓶颈。三是组建赣深合资平台主导园区建设运营。以“指挥部＋平台公司＋基金”模式，引进一批智能家居、新材料、低空经济链主企业，打造“特区＋老区”对口合作样板。

2. 区域协同，扩大开放能级。一是加强深赣合作。推动深赣规则互认，争取尽快实现企业登记、税务申报等政务事项跨省通办，降低跨区域经营成本。复制深圳前海跨境数据流动试点，在蓉江新区设立数据安全试验区，探索“数据海关”监管模式。二是探索多领域区域协调机制。建设深圳科技园赣州分园，

试行税收分成与统计指标共享机制。设立湾区产业协同基金,支持赣州稀土企业与广汽、比亚迪联合研发新能源汽车电机。三是联合深圳设立赣深数字走廊。扩容直连带宽,建设区域性超算中心。实施"湾区工程师互认计划",允许大湾区注册工程师在赣州备案执业。推广"人才飞地"模式,在深圳设立赣州研发中心,引进高层次团队。

(五)因势利导,加强政策支持与产业引导

1. 发挥政策优势,推动重大项目落地。一是用好政策优势。抢抓"十五五"规划编制"窗口期",用好国家部委对口支援优势,推动景鹰瑞铁路、赣郴永兴铁路、赣韶铁路扩能、赣龙厦高铁、赣粤运河、宁都至南丰高速、G236 瑞金绕城改建等项目纳入国家、省有关规划。二是规范实施政府和社会资本合作新机制。建立并动态调整"一库三清单",积极引导支持社会资本参与基础设施投资、扩大产业投资,推动民间投资较快增长。

2. 推进体制机制创新。一是学习借鉴发达地区先进经验。借鉴天津滨海新区柔性用才机制,探索"候鸟型专家""周末工程师"模式,建立跨区域人才共享平台。学习深圳—汕尾特别合作区飞地经济 3.0 模式,探索"GDP 分计、税收共享"机制,推动深圳高科技企业项目带动赣州市 GDP 增长。二是推动产学研协同机制。鼓励高校、科研院所与企业共建新型研发机构,实行"企业出题、院所解题"模式。

参考文献

叶建春:《政府工作报告——2025 年 1 月 17 日在江西省第十四届人民代表大会第三次会议上》,《江西省人民政府公报》,2025 年第 3 期。

李克坚:《政府工作报告——2025 年 1 月 11 日在赣州市第六届人民代表大会第六次会议上》,赣州市人民政府网站 2025 年 1 月 27 日。

赣州市统计局:《赣州市 2024 年国民经济和社会发展统计公报》,赣州市人民政府网站 2025 年 4 月 18 日。

吉安市经济发展报告

郑雅婷*

摘要： 2024 年，面对复杂多变的国内外经济形势和自身高质量发展的艰巨任务，吉安市深入贯彻党的二十大和二十届二中、三中全会以及中央经济工作会议精神，全面落实习近平总书记考察江西重要讲话精神，紧紧围绕“革命老区高质量发展先行区”目标，有效应对各种风险挑战，统筹做好稳增长、促改革、惠民生、优生态、保稳定等各项工作，高质量发展扎实推进，全市经济持续向好。2025 年，吉安市应深化对内对外双向开放，不断推动实数深度融合，深挖潜力扩大内需，合理施策稳定房市，做强做优农业产业，为“十五五”良好开局夯基蓄能，奋力谱写中国式现代化吉安篇章。

关键词： 吉安市　革命老区　经济　农业产业

2024 年，吉安市全面实施“工业强市、开放兴市、创新活市、生态立市”战略，经济总体呈现“稳中有进、质效双升”态势。

一、2024 年吉安市经济发展取得的主要成效

（一）经济增长态势持续向好

2024 年，吉安市实现生产总值 2917.3 亿元，同比增长 5.7%，高于全省平均增幅 0.6 个百分点，增速列全省一类设区市①第三；一般公共预算收入完成

* 郑雅婷，江西省社会科学院经济研究所副研究员，研究方向为区域经济。

① 一类设区市主要指的是南昌市、九江市、赣州市、吉安市、宜春市、抚州市、上饶市。

213.5 亿元,同比增长 4.3%,较全省平均增幅高 4.1 个百分点,增幅位列全省第三;一般公共预算支出 680.5 亿元,同比增长 5.1%,民生支出占比达 80.3%。金融机构本外币贷款余额达到 4204.7 亿元,同比增长 9.1%,为实体经济发展提供了有力支持(见表 1)。

表 1　2024 年吉安市主要经济指标完成情况一览表

指标名称	全市本期完成数	增幅(%)	全省平均增幅(%)
生产总值(亿元)	2917.3	5.7	5.1
第一产增加值(亿元)	272.5	3.5	3.3
第二产增加值(亿元)	1229.6	6.9	6.5
第三产增加值(亿元)	1415.2	5.0	4.2
农业总产值(亿元)	548.1	4.0	3.6
规模以上工业增加值(亿元)	—	8.7	8.5
固定资产投资(亿元)	—	4.8	4.8
社会消费品零售总额(亿元)	1235.8	5.5	4.9
规模以上服务业营业收入(亿元)	343.6	10.4	8.1
城镇居民人均可支配收入(元)	48919	4.4	4.3
农村居民人均可支配收入(元)	22417	6.7	6.2
一般公共预算收入(亿元)	213.5	4.3	0.2
一般公共预算支出(亿元)	680.5	5.1	2.7
金融机构本外币贷款余额(亿元)	4204.7	9.1	7.7
居民消费价格指数(上年同期为 100)	100.3	0.3	0.5

数据来源:吉安市统计局。

(二)三次产业齐头并发

1. 农业农村经济稳中向好。2024 年,吉安市第一产业增加值 272.5 亿元,增长3.5%,比全省平均增幅高0.2个百分点(见表1)。农林牧渔业总产值达到548.1亿元,同比增长4.0%。新增高标准农田47.5万亩,粮食种植面积达964万亩,完成粮食总产74.6亿斤,位列全省第二。“井冈山”作为革命老区品牌累计授权企业397家,产品年销售额超120亿元、溢价达21.8%,带动50余万农户增收。新增国家级农业龙头企业2家,泰和县获批创建国家级现代农业产业园。

2. 工业运行稳中提质。2024年,吉安市规模以上工业增加值同比增长8.7%,高于全省平均增幅0.2个百分点(见表1)。规模工业企业资产总计2860.7亿元,增长2.2%;实现营业收入3815.1亿元,增长4.5%;实现利润总额328.9亿元,增长7.6%。新增省级产业集群2个、省级中小企业特色产业集群8个,数量均位列全省第一。电子信息产业持续壮大,营业收入达2033亿元,增长12.3%,获评省级先进制造业集群。全市数字经济核心产业营业收入超1300亿元,位列全省第三。全市R&D经费投入强度达1.9%,引进省级以上产业链团队29个、青年人才1.9万人,以第2名的好成绩获评全省工业高质量发展先进设区市。

3. 服务业贡献度不断提升。2024年,吉安规模以上服务业营业收入达到343.6亿元,同比增长10.4%(见表1)。特别是文化旅游、现代物流等现代服务业发展势头强劲,新增国家4A级旅游景区3家,4A级以上景区累计达30家,后河·梦回庐陵、三湾改编景区拓展接待游客人次、实现旅游收入分别增长16%和15%。智慧物流等新业态加快布局培育,江西供销(吉安)冷链物流园立项启动,峡江赣中现代物流园建成投用,全市A级物流企业达64家。

(三)固定资产投资增势平稳

2024年,吉安市固定资产投资同比增长4.8%,施工项目2576个,新开工项目826个,亿元以上施工项目1579个,较上年同期增加143个,完成投资增长11.1%,拉动全市投资增长8.4个百分点,其中,第二产业投资同比增长15.3%。全市深入开展“重大产业项目突破年”行动,60个省重点建设项目、915个市重点建设项目分别完成年度投资计划的108.5%、116%。一批重大基础设施项目和产业项目相继建成投用或开工建设,如大广高速吉康段改扩建、吉安南500千伏输变电工程等,为经济社会发展提供了强有力的支撑。

(四)消费市场活力不断增强

2024年,吉安市社会消费品零售总额达到1235.8亿元,同比增长5.5%,位列全省第五。吉安市通过实施消费品以旧换新政策,发放消费券,举办各类促进消费活动,优化消费载体,创新消费场景,消费市场呈现出提质扩容的良好态势。以空前的力度支持消费品以旧换新,积极举办“迎新春”“夜庐陵”等常态化促进消费活动5000余场,全市补贴资金使用率达122.5%,拉动新能源汽车、家具、家电零售额分别增长74.1%、15%和15.4%。高质量举办“一会一赛一展”等拓展性活动,在省七健会、CBA季前赛等文旅体展活动中融入多元化消费元素。创新举办首届吉莞网购节、直播助农促销季等活动,推动网络零售额同比增长19.2%。多方位打通研学“新”出路,推动井冈山山上山下一体联动,成立市红色教育培训协会,推出10条红培精品线路,完成长征国家文化公园市级重点建设项目6个,延伸拓展运营“三山两湖”红色专线。2024年,全市开展红色教育培训19.8万人次,红色研学3万人次。

(五)改革开放稳步推进

2024年,吉安市主动融入双循环新发展格局,加快助力江西内陆开放型经济试验区建设,利用省外项目资金1192.32亿元,同比增长9%,列全省第二;对外直接投资5695.8万美元,同比增长183.3%,位列全省第二。进一步加强与粤港澳、长三角、京津冀以及海西经济区的对接,与赣州23个联动发展事项、东莞56个对口合作事项、深圳南山区19个交流合作事项、新疆阿克陶县9个对口支援事项务实推进,与中东、东南亚等的共建“一带一路”国家经贸文化交往进一步扩大。深入推进基金招商、产业链招商、专业招商等新模式,新引进双优”项目17个、重大项目23个,优强重点产业项目65个,其中“三类500强”企业、上市公司投资项目12个,为产业发展注入了强大动力。

营商环境不断优化。吉安市深入开展优化营商环境对标提升行动,常态化开展亲清连心政企恳谈会,市县联动解决问题超 7800 个,51 个重点事项实现"高效办成一件事""两个免于提交"["高效办成一件事""两个免于提交"写入《国务院关于进一步优化政务服务提升行政效能推动"高效办成一件事"的指导意见》(国发〔2024〕3 号)]。开发区改革成效显著,主要领导兼任、人事薪酬改革、社会事务剥离、平台公司组建完成率均为 100%,位居全省第一。

(六)生态优势越发彰显

2024 年,吉安市县级以上城市空气优良率达 97.9%,$PM_{2.5}$平均浓度为 22.7 微克/立方米,国省考断面水质全省第一;历史遗留废弃矿山修复入选国家示范工程,获中央资金 1.6 亿元,建成 32 座绿色矿山,松材线虫病防控成果连续四年得到提升。建成绿色矿山 32 座,实施省内首个全国无废城市"两网融合"试点。率先建成市县"两山"运营体系,注入资产 970 亿元,GEP 核算总值 3940 亿元,位列全省第三,市县"两山"公司累计完成生态资源入场交易 427 宗、成交额 34.5 亿元。革命老区井冈山世界生物圈保护区通过联合国教科文组织首次十年评估,武功山入选世界地质公园,实现营业收入 33.7 亿元,万安县"两山"公司实体化运营和吉州区生态古村运营开发入选全省生态产品价值实现"十大经典案例"。入选省级生态产品价值实现经典案例。绿色金融创新发展,推出 10 余项特色产品,贷款余额预计达 730 亿元。

(七)民生保障更加坚实

2024 年,吉安市城镇居民人均可支配收入达到 48919 元,同比增长 4.4%。农村居民人均可支配收入达到 22417 元,同比增长 6.7%,这一增速高于城镇居民人均可支配收入 2.3 个百分点,有效缩小了城乡居民收入差距。建成"5+2"就业之家 3151 家,"吉岗即聘"平台入驻企业 4777 家,全市城镇新增就业 5.2 万人,超额完成年度任务的 112.3%;城镇失业人员再就业 1.9 万人,超额完成年度任务的 127.9%,又落成 92 个"一老一小幸福院"、133 个童心港湾。新改扩建学校 136 所,新增学位约 3 万个。

二、吉安市经济运行中存在的主要困难和问题

(一)外向型经济压力不断增大

1. 全球贸易保护主义愈演愈烈。近年来,全球贸易环境变乱交织,不确定不稳定因素明显增多,直接针对我国贸易、投资的打压遏制不断加剧,对稳外资、稳外贸造成巨大压力。2024 年,吉安实际利用外资同比下降 41.9%,进出口总值同比下降 32.4%,出口同比下降 34.1%(见表 2),导致 2025 年企业资金链承压、产能扩张放缓,进而影响出口订单承接能力。

表 2　2024 年吉安市对外贸易情况

指标名称	全市本期完成数	增幅(%)	全省平均增幅(%)
实际利用外资(万美元)	10528	-41.9	-42.3
利用省外项目资金(亿元)	1192.3	9.0	0.6
进出口总值(亿元)	358.9	-32.4	-17.2
出口(亿元)	287.8	-34.1	-22.5

数据来源:吉安市统计局。

2. 国内市场竞争加剧。国内经济结构调整进入深水区,产业升级与转型需求迫切,部分传统外向型产业面临要素成本上升、市场竞争加剧等压力,叠加国内消费市场分化与区域经济格局变化,吉安市外向型企业订单获取难度增加、利润空间被压缩,进一步削弱了企业投入再生产与技术升级的能力,使得 2025 年吉安市在稳住外资外贸基本盘、提升产业链韧性方面面临更严峻的内部挑战。

(二)产业发展层级有待提升

1. 整体产业层级仍偏低。电子信息作为吉安市首位产业,多数企业处于产业链中游的加工制造环节,原材料依赖进口,产品组装后又大量出口,呈现“两头在外”的发展模式,企业对上下游供应链的掌控力较弱,产品附加值不高,不

仅利润微薄，还容易受到国际市场波动的影响。智能装备制造产业目前主要集中在微型马达、数控机床、汽车模具等中低端领域，高端制造业发展滞后。在核心技术研发、高端装备制造等方面，与先进地区存在较大差距，缺乏具有自主知识产权和核心竞争力的产品。

2. 行业头部企业招引还不足。全省各设区市重大项目落地呈现出强劲的态势，比如宜春经开区落户了宁德时代、抚州高新区落户了比亚迪、赣州经开区落户了吉利、富士康等，吉安市无论是在企业规模、技术水平，还是产业带动能力上，都存在明显差距，限制了产业的进一步升级和发展。

（三）消费市场增长疲态

1. 消费市场需求还有待进一步提升。2024 年，吉安市居民消费价格指数（CPI）全年仅上涨0.3%，较全省平均水平（0.5%）低0.2 个百分点，这一数据反映出市场整体消费需求较为疲软。从消费增速指标来看，消费品零售总额增速由 2023 年的 7.0% 下降至 2024 年的 5.5%。其中，住宿业完成营业额增速从 14.4% 下降至 8.1%，餐饮业完成营业额增速也从 18.6% 下降至 15.2%。这些数据均表明无论是商品消费还是服务消费，其增长动能均呈现出一定程度的放缓趋势（见表 3）。

表 3　2023 年、2024 年吉安市消费情况

指标名称	2023 年	2024 年
全市完成消费品零售总额增长（%）	7.0	5.5
全年全市批发业完成销售额增长（%）	8.4	11
零售业完成销售额增长（%）	6.6	9.6
住宿业完成营业额增长（%）	14.4	8.1
餐饮业完成营业额增长（%）	18.6	15.2

数据来源：吉安市 2023 年国民经济和社会发展统计公报、吉安市 2024 年国民经济和社会发展统计公报。

2. 文旅消费增幅有所放缓。在文旅消费上,2024 年,吉安市旅游总收入虽然增长 15.3%,但是与 2023 年相比(15.6%),旅游总收入增幅下降了 0.3%。文旅产业链供应端有差欠,在跨界元素融合度不高,高端购物综合体、沉浸式实景演艺、数字虚拟体验、无人机低空应用等高净值消费场景业态相对滞后和缺乏。文旅产业链需求端刺激不足,文旅营销手段创新不够。文旅营销模式还停留在旅游推介会、硬广投放等层面,专业的包装策划、事件营销力度还不够;新媒体营销矩阵还未形成集成规模效益,品牌比较优势偏弱。

(四)房地产市场持续低迷

1. 房地产销售面积持续下降。2024 年,吉安市房地产市场需求明显减弱,购房者购房意愿下降,商品房销售面积为 198 万平方米,同比下降 26.9%,下降幅度高于全省平均水平(14.8%)12.1 个百分点。

2. 房地产市场开发投资信心不足。2024 年,吉安市房地产开发投资比上年下降 11.6%,下降比例高于全省平均值(8.4%)3.2 个百分点。商品房施工面积 1382.2 万平方米,同比下降 4.1%,其中,住宅 1120.7 万平方米,同比下降 3.5%。

三、促进吉安市经济高质量发展的对策与建议

(一)深化对内对外双向开放,打造内陆开放高地

1. 高水平"引进来",优化招商策略。顺应招商新形势新要求,制定推进招商引资高质量发展若干措施,动态更新重点产业链"四图五清单",强化链式招商、资本招商、科技招商、以商招商,提升目标化清单化精准招商实效。用好用活产业基金,出台引导基金细则,构建前端引导基金"以投促引"、后端扶持基金"以投代补"招商助企新模式。

2. 快步伐"走出去",深化区域合作。深度融入江西内陆开放型经济试验区建设,主动策应国家区域重大战略,进一步对接粤港澳、长三角、京津冀和海西经济区,项目化推进与赣州市、东莞市、深圳南山区和新疆阿克陶县等地合作事

项。加大外贸企业帮扶力度,积极组织“吉通全球”境外参展活动,扩大与中东、东南亚等国家经贸文化交流成效,让更多吉安好品扬帆出海。

3. 全方位“增能效”,拓展开放领域。深入推进国家跨境电商综合试验区建设,发展“跨境电商 + 产业带 + 海外仓”模式,建成“吉品出海”跨境电商线上平台,建设万安、峡江、安福等线下产业园。推动井冈山综保区转型升级,强化“保税 + ”平台功能,培育壮大保税加工、保税维修等业态,在中心城区新设进口商品展销中心。积极对接高标准国际经贸规则,清零制造业领域外资准入限制,推进贸易投资自由化便利化。

4. 持续优化营商环境,提升区域竞争力。全面实施新一轮优化营商环境对标提升行动,加速推进政府职能转。大力加快数字政府建设步伐,充分运用大数据、云计算、人工智能等前沿技术,整合政务数据资源,打破信息壁垒,实现政务数据的高效流通与共享。不断拓展“莞吉通办”“赣吉通办”服务范围,加强区域间政务服务协同合作,打破地域限制,实现更多政务服务事项跨区域通办,为企业群众异地办事提供便利。持续擦亮“吉事即办”政务服务品牌,通过提升服务质量、优化服务体验,让企业群众办事更加高效、便捷、满意。

(二)以科技创新为引领,不断推动数实深度融合

1. 搭建产业创新平台。设立科创股权投资基金,引导领军企业、中小企业与科研机构协同攻关,推动电子信息、生物医药、绿色食品、碳酸钙、硅基等产业科创平台市场化运营、全赛道发展、区域性共享。建好用好“两飞地一中心”①行动,推进产教融合、校企合作,落实产业工人队伍建设改革,健全人才“引育用留”机制。

2. 打造链式集群。聚力千亿产业集群攻坚,推行“链长 + ”“链主 + ”模式,充分发挥链长的统筹协调作用与链主的引领带动作用,形成产业协同发展的强大合力。在电子信息产业领域,集中优势资源,聚焦智能终端、汽车电子等重点领域进行深度布局。通过加强技术研发、优化产业配套、拓展市场渠道等措施,

① “两飞地一中心”指的是上海科创飞地和东莞科创飞地、吉安高新区(深圳)科创中心。

打造在全国具有显著影响力的产业集群。新材料产业聚焦石灰岩、硅质原料、萤石等优势矿业资源,加强对矿业公司的提质提效运营。大力发展机器人、电子信息装备、输配电及控制设备等产业,加强产业间的协同创新和融合发展。做优做特中医药、化学药、医疗器械、智慧配送等板块,加强品牌建设和市场推广,提高产品的市场占有率和美誉度。绿色食品产业着力延伸“粮头食尾、农头工尾”链条,加强农产品加工转化和品牌建设。通过发展农产品精深加工,提高农产品附加值。

3. 深化数实融合。健全促进数字经济和实体经济深度融合制度,培育壮大工业互联网、区块链等数字产业。深化制造业数字化转型,加快电子电路省级“产业大脑”建设,开展大规模中小企业数字化改造,遴选一批“小快轻准”解决方案和产品,打造一批“数字领航”“小灯塔”企业和“数智工厂”推进数据采标基地建设,提升产业数字化和数字产业化水平。

(三)多措联动提振消费,深挖潜力扩大内需

1. 继续实施消费提振行动,释放内需潜能。全力推进消费品以旧换新,扩大支持品类、优化补贴流程。加快充电桩等设施建设,稳定汽车、家电、家居等大宗消费,拓展康养、托育、家政等服务消费领域。改造县、乡农贸市场,提效商业综合体,培育首发经济、银发经济,拉动中高端消费。

2. 激发大宗消费需求,优化消费供给。鼓励企业根据市场需求,加大研发投入,推动汽车、家居等产品创新升级,满足消费者对高品质、个性化产品的需求,适时调整或优化前期刺激政策,如提高补贴标准、扩大补贴范围等,以激发对大宗商品新的消费需求。

3. 优化消费供给结构,提升消费品质。通过政策引导、资金扶持等措施,培育文化娱乐、旅游、健康养生等新兴消费热点,推动消费结构多元化。系统开展“农商文体旅”融合活动,支持井冈山市争创全国红色旅游融合发展区,推进吉安武功山管理经营体制改革,实现山上山下联动。提质升级后河、吉州窑、青原山等景区,打造特色旅游线路,做优赣江水上游项目。

（四）合理施策稳定房市，精准调控促进发展

1. 优化购房政策。结合实际情况，研究并出台更具吸引力的购房政策，如降低首付比例、调整贷款利率、提供购房补贴或税收减免等，以减轻购房者负担，激发购房意愿。针对不同消费群体（如首次购房者、改善型购房者、外来务工人员等）制定差异化的营销策略，利用线上线下多渠道宣传，精准推送房源信息，提高市场响应度。

2. 支持房企转型升级，化解库存压力。探索政府回购部分库存商品房作为保障性住房或人才公寓，或与开发商合作开展长租公寓项目。鼓励房企多元化发展：支持房地产开发企业转型参与城市更新、文旅项目开发，对转型项目给予贷款贴息支持。建立政府—房企—金融机构对接机制，对库存积压严重的项目提供融资支持。优化土地供应机制，实行"熟地出让"制度，加强土地储备开发。建立房价地价联动机制，根据市场形势动态调整住宅用地供应规模。

（五）推进乡村振兴，做强做优农业产业

1. 筑牢底线根基，保障粮食安全与脱贫成果。严格落实耕地保护和粮食安全责任制，实施粮食节约减损行动。探索整区域推进模式，打破以往零散建设局面，实现高标准农田建设规模化、系统化。创新"乡村主建、农民主体"的建管模式，发挥乡村在建设中的主导作用和农民的主体作用，确保高标准农田"建得好、管得住、长受益"。

2. 做强农业产业，打造现代化大产业。持续促进标准化、规模化、品牌化，组建"井冈山"品牌服务中心，统筹协调品牌管理公司、供应链公司、绿色农业促进会等各方力量，形成协同高效的工作机制。完善农业经营体系，积极发展设施农业、智慧农业，运用现代科技手段改造传统农业，提高农业生产效率和效益。大力培育家庭农场等新型农业经营主体，新增一批区域农机服务中心和水稻机械化育秧中心，提升农业机械化水平，降低农业生产成本。切实推进"头雁领航、雏鹰振飞"行动，培育龙头企业，加快"产供储加销"一体化发展，着力把农业建成现代化大产业。

参考文献

王亚联:《政府工作报告——2025 年 1 月 12 日在吉安市第五届人民代表大会第七次会议上》,《吉安市人民政府公报》,2025 年第 1 期。

吉安市统计局:《2024 年 1—12 月份全市及各县(市、区)主要经济指标完成情况一览表》,吉安市统计局官网,2025 年 2 月 20 日。

吉安市统计局、国家统计局吉安调查队:《吉安市 2024 年经济和社会发展统计公报》,吉安市统计局官网,2025 年 4 月 7 日。

吉安市人民政府:《吉安市人民政府关于印发吉安市深化质量强市建设实施方案的通知》(吉府发〔2024〕3 号),《吉安市政府公报》,2024 年第 2 期。

吉安市人民政府办公室:《吉安市人民政府办公室印发关于巩固经济回升向好态势奋力实现一季度“开门红”若干措施的通知》(吉府办字〔2025〕1 号),吉安市人民政府官网,2025 年 1 月 2 日。

吉安市发展和改革委员会:《关于吉安市 2024 年国民经济和社会发展计划执行情况与 2025 年国民经济和社会发展计划草案的报告》,吉安市人民政府官网,2025 年 1 月 12 日。

宜春市经济发展报告

李华旭 *

摘要： 2024 年，宜春市委、市政府坚决落实党中央、国务院和省委、省政府各项决策部署，积极抢抓政策机遇，全面落实存量政策和一揽子增量政策，全力以赴做好稳增长、促改革、优生态等各项工作，全市经济保持平稳健康发展。2025 年，宜春将深入实施扩大内需战略，增强经济发展活力；培育壮大新质生产力，激发经济增长动力；加快产业转型升级，完善现代化产业体系；全面深化改革，高水平扩大内外双向开放；坚持生态文明建设，强化绿色发展动能；推动城乡融合发展，强化区域高质量协调；增强经济发展韧性，有效防范化解重大风险，加快推进 2025 年宜春市经济高质量发展。

关键词： 宜春市　经济发展　数智化转型

2024 年，面对错综复杂的国内外形势和艰巨繁重的改革发展稳定任务，宜春市深入贯彻落实党中央、国务院系列决策部署，省委、省政府和市委工作要求，接续奋斗、砥砺前行，有效应对各类风险和挑战，经济发展取得了预期成效。

一、2024 年宜春经济发展回顾

（一）经济运行持续向好

2024 年，宜春市全面落实国家一揽子增量政策，扎实推进“两重”“两新”落

* 李华旭，江西省社会科学院经济所副研究员，研究方向为区域经济。

地见效,宜春经济在承压奋进中走出一条回升向好的发展轨迹。全年地区生产总值3711.1亿元,按不变价格计算,同比增长6.1%,列全省第二,比全省平均增速高1个百分点。全年各季度GDP累计增速始终高于全国、全省,经济运行整体呈现“平开中高后稳”态势。分产业来看,第一产业增加值378.4亿元,同比增长4.1%;第二产业增加值1463.7亿元,同比增长7.2%;第三产业增加值1869.0亿元,同比增长5.5%。2024年,城镇居民人均可支配收入45684元,同比增长4.8%;农村居民人均可支配收入23055元,同比增长6.3%(见表1)。

表1　2023年、2024年宜春主要经济社会指标及其增长速度

主要指标	2023年		2024年		
	绝对值	同比增长/下降(%)	绝对值	同比增长/下降(%)	增速在全省排位
地区生产总值(亿元)	3517.8	3.8	3711.1	6.1	2
一般公共预算收入(亿元)	290	4.5	284.1	-2.0	10
规模以上工业增加值(亿元)	—	5.6	—	10.0	5
规模以上高技术制造业增加值(亿元)	—	-2.1	—	21.6	—
社会消费品零售总额(亿元)	1173.0	3.7	1244.1	6.1	1
固定资产投资增速(%)	—	-6.7	—	5.6	3
进出口总额(亿元)	288.8	-39.5	231.1	-20.0	5
出口(亿元)	262.8	-41.4	195.9	-25.5	5
进口(亿元)	26.0	-11.6	35.2	35.3	2
万元GDP能耗(吨标煤)	0.5	1.8	0.4	-4.0	—

数据来源:宜春市2023年、2024年国民经济和社会发展统计公报。

（二）产业发展步伐加快

1. 产业发展势头良好。在农业发展方面，2024 年，宜春农林牧渔业总产值 662. 4 亿元，同比增长 4. 4%，列全省第一，增速比上年加快 0. 7 个百分点，排名前移 7 位，省级以上现代农业产业园实现县（市、区）全覆盖。在工业发展方面，宜春市八大重点产业 2024 年完成营业收入 3699 亿元，占规模以上工业营业收入的 84. 1%，推动全市规模以上工业增加值同比增长 10%，快于上年 4. 4 个百分点，比全省平均水平高 1. 5 个百分点。锂电新能源材料及应用集群晋升省级先进制造业集群，袁州区中医药产业集群入选国家级中小企业特色产业集群，宜春市连续四年入选工信部赛迪研究院发布的“先进制造业百强市”。在服务业发展方面，宜春实现了规模以上服务业营业收入总量与增速的“双突破”。2024 年，宜春规模以上服务业实现营业收入 431. 7 亿元，位列全省第四；规模以上服务业营业收入增长 12. 5%，比全省高 4. 4 个百分点，位列全省第一；新增规模以上服务业企业数量位列全省第一。

2. 数智化转型走在全省前列。2024 年，宜春出台《宜春市制造业数字化转型行动计划》和 24 条支持措施，实现 1/2 规模以上企业启动数字化改造、1/3 规模以上企业完成数字化改造，丰城高新区、樟树工业园区入选全省第二批产业集群和中小企业数字化转型试点；新增袁州数字健康、上高数字农业、万载数字烟花 3 个省级数字经济集聚区，新增数量列全省第一；新增省级智能制造标杆企业 10 户，总数 37 家，位全省第二；樟树市中医药“产业大脑”入选全省首批“产业大脑”建设名单。宜春市数字化转型促进中心和江西锂电行业数字化转型促进中心落地营运，数字化诊所实现县市区全覆盖，获评全国实数融合典型案例 5 个、省级工业软件优秀产品和应用解决方案 4 个，均为全省第一，制造业数字化转型工作在全省工信大会上作典型发言。

（三）创新水平稳步提高

1. 创新动能持续增强。宜春实施全社会研发投入攻坚行动，研发投入持续提升。2023 年，全市 R&D 经费总量 65. 69 亿元，同比增长 8. 1%，总量稳居全省第三;R&D 经费投入强度 1.89%,连续三年超过全省平均水平。2024 年,宜春"特色锂矿石无害化资源化利用技术"列入中国科学院关键核心技术攻坚先导专项并启动实施,12 项成果获省科学技术奖;省网上常设技术交易市场交易额 1.8 亿元,交易额全省第二;截至 2024 年底,宜春市已累计创建省级技术创新中心 8 家、省级工程技术研究中心 47 家,分别位列全省第三和第二。

2. 创新主体持续壮大。2024 年,宜春新增国家级专精特新"小巨人"企业 21 家,累计 39 家,列全省第二;省制造业单项冠军企业、专精特新企业、创新型中小企业分别新增 9 家、208 家和 247 家,累计 12 家、545 家、570 家,分别位列全省第二、三、五;新增高新技术企业 100 家左右,总数达到 700 家左右,位列全省第四;入库科技型中小企业 1827 家,位列全省第三。

3. 科技支撑力度持续加大。2024 年,宜春 12 项科技成果获得 2023 年度省科技奖励,获奖数量位列全省第三;从科技金融的支持情况来看,累计为科技型中小企业贷款额保持全省第一;符合科技创新再贷款支持条件的科技型企业数量列全省第一。在高端人才支持上,宜春成功获批国家高层次人才特殊支持计划 1 项,赣鄱俊才主要学科、学术和技术带头人培养项目 7 项,列全省第 3 位。

(三)内需潜力不断释放

1. 投资带动更加有力。2024 年,宜春固定资产投资增幅持续保持全省第一方阵,固定资产投资同比增长 5.6%,位列全省第三,增速比上年加快 12.3 个百分点,排名前移 3 位。具体来说,制造业投资增长 17.4%,高于全部投资增速 11.8 个百分点;基础设施投资增长 41.8%,高于全部投资增速 36.2 个百分点;其中,工业投资增长 15.9%,高于全部投资增速 10.3 个百分点,民间投资增长 10.6%,占全部投资的 63.6%。

2. 消费市场活力增强。2024 年,宜春市社会消费品零售总额同比增长 6.1%,位列全省第一,增速比上年加快 2.4 个百分点,排名前移 10 位。其中,限额以上单位实现消费品零售额 348.4 亿元,增长 12.9%,位列全省第一,全年保持两位数增长。在以旧换新政策的带动下,全年限上单位汽车类、家电类商品零售额继续保持稳定增长;网络销售市场份额不断扩大,全年限上单位通过公共网络实现的商品零售额增长30.7%,比上年加快54.2个百分点。此外,宜春文旅消费市场回暖,2024年,宜春接待游客、实现旅游综合收入较2023年分别增长17.6%和18.2%,明月山风景区连续9个月入选全国5A级景区品牌传播力百强榜单,靖安县“白云深处,靖安人家”入选江西十大旅游宣传口号,万载县“焰火文旅”IP品牌建设案例被评为江西省旅游宣传推广典型案例。

(四)区域城乡格局更加优化

1.区域协作更加紧密。宜春对接融入湘赣边区域合作示范区建设,承办2024湘赣边区域合作示范区建设推进大会,赣湘两省签署《珠宜萍推进大规模设备更新和消费品以旧换新合作框架协议》《共建湘赣边新材料现代产业研究院协议》等10项合作协议,涉及宜春市5项。积极对接省会引领战略,与南昌市签订战略合作框架协议。

2.县域经济加速发展。宜春市打造经济强县和特色名县,樟树市、袁州区分别入选2024年度全国投资潜力百强县市、百强区,丰城市入选2024年度全国科技创新百强县市。宜春扎实推动城乡融合发展,2024年丰城市、高安市、樟树市、万载县成功纳入全省新型城镇化潜力地区名单。

(五)改革开放呈现新气象

1.全面深化改革走深走实。2024年,宜春统筹推进158项改革举措,国家级改革试点18项、省级改革试点38项。全力帮助企业降本增效,锂电企业管道天然气直销协议价格下调至3.8元,平均气价全省最低;企业贷款加权平均利率、普惠小微贷款加权平均利率分别降低21个、38个利率基点,为全省利率最低的设区市之一。稳妥推进开发区改革,6个开发区调整了不适宜开发利用的区域,“亩产论英雄”经验做法入选工信部改革标杆综合案例。在集体林权制度改革上,铜鼓造林碳汇项目入选全国首批造林碳汇项目。创新推出“1+6+N”增值化服务改革,探索“五一”阳光执法监督改革模式做法被国家市场监管总局评为行风建设助力优化营商环境典型案例。

2.开放发展纵深推进。2024年,宜春积极参与江西内陆开放型经济试验区建设,建立外资企业全生命周期协同服务工作机制获评省内陆开放“十佳典型案例”。协同推进国家现代流通战略支点城市建设,扎实推进开放平台建设,宜春铁路综合物流园项目取得突破性进展。

(六)绿色发展理念更加深入

1. 稳妥有序推进“双碳”工作。2024 年,宜春 $PM_{2.5}$ 平均浓度同比下降 13. 3%,国省考断面和县级以上饮用水水源地水质达标率稳定在 100%,受污染耕地安全利用任务完成率达 100%;宜春单位 GDP 能耗下降 4%,能耗强度降幅列全省第一;规模以上工业万元增加值能耗同比下降 10. 3%,降幅为全省第三。《有一种生活叫靖安——江西省宜春市靖安县开启“绿水青山就是金山银山”加速度》入选 2024 年度习近平生态文明思想实践案例库;宜春经开区、樟树市列入第二批省级碳达峰试点;铜鼓县造林项目成功入选全国首批 CCER 造林碳汇项目,为全省唯一。

2. 制造业绿色低碳发展渐成气候。2024 年,宜春出台了《宜春市打造国家生态文明建设高地三年行动方案(2024—2026 年)》,累计培育国家级绿色园区 5 个、绿色工厂 32 家,数量均为全省第一;2 家企业获评工信部再生资源综合利用行业规范准入示范企业,累计 18 家;46 个产品进入省级绿色建材产品目录,累计 63 个,为全省第一。宜春构建绿色制造体系做法成效在《经济日报》头版头条报道。

二、2024 年宜春市经济运行中存在的主要困难和问题

(一)经济新增长点仍显乏力

1. 投资增长后劲不足。从大中型项目来看,2024 年,宜春大中型项目总投资及年计划投资分别下降 11. 2 和 3. 3 个百分点,市级大中型项目盘子有所收缩。从新开工项目来看,2024 年,宜春新开工项目计划投资比上年同期下降 24. 1%,完成投资比上年同期下降 3. 7%,其中,亿元以上新开工项目个数比上年减少 26 个,计划投资比上年同期下降 32. 8%,完成投资比上年同期下降

17.4%，新开工项目后劲不足。从民间投资意愿来看，不少民营企业投资决策趋于谨慎，投资意愿有所减退。

2. 新增工业企业量质下滑。2023年，宜春月度新增132家企业，全年实现产值232.7亿元，而宜春2024年月度新增企业仅82家，比上年减少50家，月度新增企业仅实现产值78.1亿元，新增企业总量不高、增量不足，对工业增长拉动乏力。

（二）产业高质量发展后劲不足

1. 产业发展不平衡。"十四五"期间，宜春市新能源锂电产业发展迅速，但是，其他产业并没有呈现"齐头并进"的态势，部分重点产业（如医药、纺织）甚至有所萎缩。产业发展不平衡导致产业韧性不足，碳酸锂价格的断崖式下跌，直接拖累规模以上工业营业收入增速。

2. "链主"企业优势不明显。宜春市链主企业自身规模较小，例如全省45家百亿企业，宜春市仅有1家，辐射带动效应不足，产业省内配套率低。据调研，宜春市主要的链主企业市内采购额占企业总采购额平均比重不高，部分产业呈现"集而不群"的局面。

3. 服务业发展能级不高。虽然宜春服务业规模有所增长，但总量与南昌、上饶、九江等地差距仍然较大。目前，宜春规模以上服务业企业中，涉及GDP核算行业企业仅占48.61%，尤其是互联网软件、科研技术等新兴服务业企业仅占8.7%，生产性服务业企业主要集中在道路运输业、邮政业等传统行业，研发设计、商务服务业、会计法律、专业技术服务业等现代服务业总量偏小、发展相对滞后。

（三）出口外贸拉动力不足

1. 重点出口产品价格大跌拖累宜春出口。2024年，宜春市进出口231.1亿元，同比下降20%，高于全省平均降幅2.8个百分点，其中，出口195.9亿元，下降25.5%，高于全省平均降幅3个百分点。受价格下跌、国际贸易保护等因素影响，部分企业存在订单流失、产能外迁等情况，缺少出口动力，部分产线处于停产状态。例如光伏产品、人造石墨、锂电池用钝化锂铝合金电极等商品均价分别下跌 34.5%、38%、51.1%,导致出口值分别下降 96.3%、40.9%、43.4%,出口总值从 2023 年的 35 亿元下降至 2024 年的 17.4 亿元,下降 50.3%,其中,光伏产品、人造石墨的出口量分别下降 94.4%、4.6%。此外,占同期全市外贸总值的 67.8% 的民营企业进出口 156.7 亿元,下降 33.6%。其中,出口 141.5 亿元,下降 36.2%。

2. 超三成企业高度依赖美国市场。2024 年,宜春市对美国出口 23.4 亿元,下降42.1%,其中超三成企业对美出口占其出口总值的 50% 以上,有 25 家企业超 90% 的产品出口美国,2025 年美国新关税政策将进一步冲击对美国市场的较高依赖的外贸企业。

(四)企业经营压力增大

1. 外部指标支撑不足。从用电情况看,12 月宜春市当月和累计工业用电量均列全省第 11 位,分别下降 4.13% 和 0.96%。从工业增值税看,全年工业增值税下降 22%。

2. 企业利润空间减少。2024 年,宜春市规模以上工业企业每百元营业收入成本提升至 86.9 元,高于全国平均近 1.7 元,成本上升吞噬企业利润空间,规模以上工业企业利润总额、营业收入利润率分别同比下降 12.4%、17.7%。由于企业经营承压,2024 年,宜春市 211 户企业退规。

(五)房地产市场仍然低迷

1. 房地产开发投资持续下行。2024 年,宜春市房地产开发投资同比下降 18.3%。其中,房建类施工活动持续减少,房屋施工面积下降 14.2%,房屋竣工面积下降 40.5%;新开工面积大幅下降,全年商品房新开工面积下降 50.9%。

2. 信用风险隐患增加。在房地产市场持续下行的趋势下,银行个人房贷业务整体承压。2024 年,宜春市银行业不良贷款余额、不良贷款率呈现双升态势,年末逾期贷款率有所反弹,潜在的资产质量有所下降,隐性风险加大。

三、加快推进宜春市经济发展的对策与建议

2025年是“十四五”规划收官之年，是“十五五”规划谋篇布局之年，宜春将坚持继续全面落实习近平总书记考察江西重要讲话精神，聚焦“走在前、勇争先、善作为”的目标要求和省委、省政府打造“三大高地”、实施“五大战略”部署，按照市委、市政府“咬定一个目标、发力五个突破、聚力八大攻坚”工作思路，加快推进宜春市经济高质量发展。

（一）深入实施扩大内需战略，增强经济发展活力

1. 持续激发消费潜力。推进宜春市区域性消费中心城市建设，围绕实惠消费、热点消费、网络消费、服务消费等领域，持续创新消费模式。继续落实以旧换新政策，开展汽车、家电家装、零售、餐饮等领域促消费活动。进一步深化文旅融合，唱响月亮之都品牌形象，打造赣西演艺新高地；加快推进靖安三爪仑创建国家5A级旅游景区，唯美养生谷争创国家级旅游度假区，支持樟树创建国家级中医药文化生态保护实验区、奉新创建省级天工开物文化生态保护试验区。依托宜春富硒温泉、绿色生态、中医药、禅宗文化、非遗等，开拓海外文旅新市场。

2. 进一步扩大有效投资。重点聚焦现代交通、产业升级、新基建、科技创新等关键领域，加强中央预算内投资、专债、“两新”“两重”领域项目储备，力争让更多项目被纳入国家规划“盘子”。对重大项目实行清单管理，健全项目谋划推进机制和项目全生命周期管理机制，推动重点项目尽早投产达效。

3. 全力谋划招大引强。适应招商引资新形势要求，重塑招商政策体系重塑。探索推进“管委会 + 公司”“开发区 + 主题产业园”模式的市场化转型，创新开展资本招商、链式招商、科技招商、专业招商、数字招商、供应链招商，逐步形成从项目招引，到基金配套，再到融资服务的“资本 + 产业”“链主 + 基金”的市场化招商运营模式。

（二）培育壮大新质生产力，激发经济增长动力

1. 推动科技创新与产业创新深度融合。健全多元科技投入机制，出台《宜

春市探索“产业界出题、科技界答题”改革实施方案》,完善科技攻关体系。围绕“1 +3 + N”产业体系,梳理关键共性技术清单,大力开展低品位锂矿石提锂、锂冶炼剩余物无害化处理等关键技术攻关,加快推进中国科学院“特色锂矿石无害化资源化利用技术”C类先导专项科研成果落地转化,推动低品位锂矿石资源无害化利用。

2. 打造高能级创新平台。推进宜春学院两个重点实验室再申报重组,指导樟树金虎家具、晶昊盐化建设申报省级重点实验室。推进江理锂电研究院发挥“产学研”融合优势,积极申报省级新型研发机构。推动樟树市国家创新型打造区域创新高地建设,支持高安市积极申报国家创新型县市。

3. 优化科技成果转化体系。加快科技成果转移转化“1 + M + N”中心宜春分中心建设,依托哈工大(江西)技术转移分中心和高新技术企业协会各类资源,实现市科技成果转移转化中心与省内外高校、重点企业技术供需的联通共享,建立“精准辅导 + 跟踪服务 + 政策引导”机制,推动科技成果从实验室走向生产线。

4. 大力引培科技人才。优化企业科技特派员制度,做好与“科技副总”结合文章,积极融入长三角G60科创走廊、粤港澳大湾区等创新高地,建设科创飞地,打造一支懂技术、懂法律、善经营的高质量技术经纪人队伍。

(三)加快产业转型升级,完善现代化产业体系

1. 优化制造业发展结构。深入落实制造业“869”行动计划,出台促进锂电新能源产业高质量发展若干措施,办好锂电高峰论坛和全省新能源产业链对接活动,推动首位产业千亿营业收入稳中有升;围绕建材化工、绿色食品等传统产业,制订技术改造路线图;加强中药新药研发和二次开发,补齐化学药、生物药、高端医疗器械短板;指导经开区、袁州区、樟树市申报特色装备制造产业试验区;积极在电子元器件、半导体照明、智能终端等细分赛道培育新增长点,放大电子信息产业比较优势,强化产业链联动。

2. 进一步推进数实融合发展。打造数字化服务商资源池,培育高水平“小快轻准”产品和解决方案,推进宜春经开区、高安高新区、丰城高新区、樟树工业园等省级产业集群和中小企业数字化转型试点，争取国家中小企业数字化转型城市试点，打造宜春市数字化转型样板模式。

3. 谋划推动未来产业发展。依托宜春市新能源、生物医药发展优势，在未来能源、未来健康等领域发力布局，积极培育新型储能、生物制造、功能食品等未来产业，发展电动航空电池、电机等核心配套产业链。争取省级科技重大专项“2030 先锋工程”，努力打造省级未来产业先导试验区。

4. 推进制造业与服务业深度融合。依托宜春时代、国轩高科等锂电项目建设，布局研发设计、知识产权、检验检测等高技术服务创新平台。支持制造业企业向服务环节延伸，积极培育一批省级以上两业融合、服务型制造、工业设计中心等试点示范。

（四）全面深化改革，高水平扩大内外双向开放

1. 进一步拓展开放通道。以国家战略流通支点城市、国家示范物流园、跨境电子商务综合试验区等建设为契机，以樟树、丰城、高安、上高为支点的“1 + 4 + N”物流网络，形成“通道 + 枢纽 + 网络”的现代物流体系，探索多式联运“一单制”改革，常态化运行铁海联运班列，争取开通国际班列。加快开通浩吉铁路上高货场，加深对接岳阳城陵矶港，形成新的通江出海通道，助力宜春打造区域中心城市。

2. 加强对美国新关税政策挑战应对。加强美国经贸政策研判，积极为企业提供制裁、贸易限制预警及形势分析资料；按照“红黄绿”三个等级，对出口企业进行分级分类；加大对企业“走出去”开展跨国投资、经营的指导；深化与共建“一带一路”国家、RCEP 各成员国的交流合作，发掘国际市场潜力，拓展中间品贸易，优化通关、物流、退税、结算、融资、信保等综合服务。

3. 深化重点领域改革。发挥经济体制改革牵引作用，统筹推进深化财税金融体制改革。继续抓好优化营商环境提升行动，优化民营经济发展环境，加快推进社会信用体系建设，深入实施国有企业改革深化提升行动。稳妥有序推进开发区改革创新，协调推进樟树、袁州等开发区扩区、调区。

(五)坚持生态文明建设,强化绿色发展动能

1. 协同推进绿色低碳发展。加快推进丰城市、樟树市、高安市高新区、宜春市经开区等省级碳达峰试点建设,推进“无废城市”建设。开展重点用能单位能效诊断,引导企业推进设备更新。加快碳排放统计核查,推进全国产品碳足迹标识认证试点建设,引导企业积极参与全国碳市场交易,鼓励县(市、区)开展温室气体自愿减排项目开发。

2. 加快生态产品价值实现。持续推进 GEP 统计核算,强化生态产品价值核算结果应用。完善生态产品经营开发机制,推动生态资源和环境要素交易增量扩面,加快市级生态资源储蓄运营平台建设,培育壮大碳汇、水权、排污权等交易市场。大力发展“生态 + 农业”“生态 + 文旅”等生态赋能型产业,深入推进森林可持续经营试点和“以竹代塑”,持续做大做优油茶、毛竹、森林药材等林下经济。

(六)推动城乡融合发展,强化区域高质量协调

1. 持续增强区域发展活力。紧密融入粤港澳大湾区、长三角一体化等重大战略,积极承接产业转移。深化省级区域合作,推动袁州、万载、铜鼓深度参与湘赣边区域合作示范区建设。主动融入南昌都市圈建设,推动丰城、樟树、高安、奉新、靖安对接省会引领战略。提升中心城区影响力,推动宜春经开区、袁州区联动万载、宜丰、上高,形成产业对接、交通通畅、功能互补的区域中心城市发展加速区。

2. 加快推进城乡融合发展。抓紧补齐奉新县国家级县城新型城镇化示范县建设短板弱项,推进丰城市省级城乡融合发展试验区建设,突出打造靖安、奉新 2 个全省“四融一共”先行县,稳慎推进农村宅基地制度改革,做活乡村经济,持续提高乡村居民收入。

(七)增强经济发展韧性,有效防范化解重大风险

1. 防范化解地方债务风险。全面摸清各级各类融资平台隐性债务、经营性债务和或有负债底数,争取地方政府债务限额置换存量隐性债务政策,推动弱

资质融资平台债务风险防范关口前移，完善常态化监测机制，加强对综合财力和债务率日常监测。

2. 防范化解金融风险。加强金融风险监测预警，健全融资平台资产负债约束指标，创新中小金融机构风险处置路径，差异化制定“一行一策”风险处置方案，牢牢守住不发生区域性、系统性风险的底线。

3. 防范化解房地产风险，持续提振房地产市场信心，推进完成保交房工作，防范化解优质头部房地产企业风险，用好城市房地产融资协调机制和支持小微企业融资协调工作机制，加快构建与房地产发展新模式相适应的融资制度体系，防范房地产风险外溢，促进房地产市场平稳发展。

参考文献

江西省统计局：《江西省 2024 年国民经济和社会发展统计公报》，江西省统计局官方网站，2025 年 3 月 31 日。

谭赣明：《2025 年宜春市政府工作报告——在宜春市第五届人民代表大会第六次会议上》，宜春市人民政府官方网站，2025 年 1 月 15 日。

宜春市统计局：《宜春市 2024 年国民经济和社会发展统计公报》，宜春市统计局官方网站，2025 年 4 月 30 日。

抚州市经济发展报告

揭昌亮*

摘要: 2024 年,抚州市经济建设多点发力,主要指标增速显著,项目建设高效推进,消费与外贸双引擎驱动。产业发展中,工业脊梁挺起,农业底盘稳固,三产活力释放。改革创新多点突破,深化经济体制改革,营商环境持续优化,科技创新动能强劲。然而,当前抚州市仍面临经济结构失衡、要素保障短板、营商环境需优化等问题。未来,抚州市应强化产业支撑,扩大内需,激发改革创新动力活力,优化营商环境,推动经济社会高质量发展,提升城市竞争力和居民生活质量,为区域发展发挥更大作用。

关键词: 抚州市　经济高质量发展　产业升级　改革创新　营商环境

一、2024 年抚州市经济发展取得的主要成效

(一)经济建设:多点发力,增速显著

1. 主要指标增长态势良好。2024 年,抚州市锚定目标、加压奋进,经济发展态势良好,主要经济指标增速高于全省平均水平且排名靠前。地区生产总值增长 5.9%,高于全省 0.8 个百分点,排名全省第三;规模以上工业增加值增长 11.7%,高于全省 3.2 个百分点,排名全省第二;社会消费品零售总额增长 6.0%,高于全省 1.1 个百分点,排名全省第二;一般公共预算收入增长 4.2%,

* 揭昌亮,江西省社会科学院经济研究所副研究员,研究方向为农林经济管理。

高于全省4.0个百分点，排名全省四；固定资产投资增长5.5%，高于全省0.7个百分点，排名全省第四（见表1）。在2023年度首次获评全省综合考核第一等次和全省工业高质量发展先进设区市、5个县（区）和6个开发区获评第一等次、创历史最好成绩的基础上，2024年继续保持了良好的发展势头。

表1　2023年、2024年抚州市经济发展主要指标及对比情况

指标	2024年数值（亿元）	2023年增长率（%）	2024年增长率（%）	2024年与2023年相比增长率变化情况（百分点）
地区生产总值	2173.1	6.3	5.9	-0.4
规模以上工业总产值	2755.5	11.1	11.4	0.3
社会消费品零售总额	754.9	6.9	6.0	-0.9
一般公共预算收入	325.9	3.8	4.2	0.4
固定资产投资	—	-6.4	5.5	11.9

数据来源：江西省统计局、凤凰江西站、抚州市财政局等。

2.项目建设高效推进。2024年，抚州市在项目建设方面取得了显著成效。48个省重点项目、323个省大中型项目、656个市重点项目投资分别完成年度计划的114.8%、105.9%、108.2%。其中，抚州新能源汽车产业园项目取得突破性进展，华润博雅生物血液制品智能工厂（一期）项目主体完工，大唐抚州电厂二期项目获得核准，盱江灌区进入国家"两重"建设项目清单，市中心城区排水防涝工程开工建设，赣东学院东临校区投入使用，东临环城高速金溪北至抚州东段建成通车。此外，抚州市积极开展产业链供应链招商，组建高质量发展母基金，构建"政策性产业引导基金+市场化产业基金"体系。全市2000万元以上项目入统数337个，排名全省第三；增长11.6%，排名全省第二。

3.消费与外贸双引擎驱动。2024年，抚州市积极承办全省消费品以旧换新行动启动仪式,举办促消费活动600多场,核定补贴资金3.4亿元,拉动消费超50亿元。限额以上单位新能源汽车零售额增长95.7%,电动自行车以旧换新经验全省推广且申请补贴数量居全省第一,相关经验被商务部推介。在对外贸易方面,抚州市探索实施全国首个出境水果果园“集群注册”监管模式改革,签发全国首份出口越南自助打印RCEP原产地证书,生产型企业出口增长12.0%,排名全省前列,新能源汽车及零部件出口额占全省的92.0%。

(二)产业发展:工业脊梁挺起,农业底盘稳固,服务业活力释放

1.工业脊梁作用凸显。2024年,抚州市大力推进“2416”行动计划,规模以上工业企业总数达到1578家、总产值达到2755.0亿元。分产业看,第一产业增加值257.8亿元,增长3.4%,对经济增长的贡献率为7.4%,拉动GDP增长0.4个百分点;第二产业增加值854.6亿元,增长8.2%,对经济增长的贡献率为55.2%,拉动GDP增长3.3个百分点(其中,工业增加值626.1亿元,增长10.0%,对经济增长的贡献率为49.5%,拉动GDP增长2.9个百分点);第三产业增加值1060.7亿元,增长4.6%,对经济增长的贡献率为37.4%,拉动GDP增长2.2个百分点(见表2)。有色金属产业年产值达到1008亿元,成为全市首个千亿产业。鹰饶抚昌铜基新材料集群入选国家先进制造业集群,新增国家绿色工业园区1家、国家绿色工厂3家,总数分别达到2家、14家。抚州高新区获评省特色装备制造产业试验区(高端精密制造方向),东乡经开区获授省新型工业化产业基地(化工新材料),黎川耐热陶瓷、乐安锂电新材料入选省中小企业特色产业集群。同时,抚州市加快推进制造业数字化转型,新增工业和信息化部“5G工厂”3家、总数达到7家,新增省级工业互联网平台2个、总数达到7个。崇仁高新区、南城工业园区入选全省产业集群和中小企业数字化转型试点,抚州市破解数字化转型难题经验做法在全省推介。

表2　2024年抚州市三次产业发展情况

产业分类	增加值(亿元)	同比增长率(%)	对经济增长贡献率(%)
第一产业	257.8	3.4	7.4
第二产业	854.6	8.2	55.2
第三产业	1060.7	4.6	37.4

数据来源:江西省统计局、抚州市统计局等。

2.农业基础稳固提升。在农业方面,2024年,抚州市种植粮食631.2万亩,产量达到52.7亿斤,均超额完成任务;种植油菜54.6万亩,增长7.6%;新增设施蔬菜2.4万亩,总数达18.4万亩,粤港澳大湾区"菜篮子"生产基地达到92个,占全省总数的29.0%。加快发展现代农业,参与创建国家优势特色产业集群数量增加,新增农业产业化国家重点龙头企业、全国名特优新农产品数量可观,多个县区入选国家相关试点县或召开产业发展大会。

3.服务业活力释放与多维发展。2024年,金融机构存款、贷款余额分别突破3900亿元、3600亿元。抚州市文旅活动精彩纷呈,文昌里作为历史街区与汤显祖故里等文化瑰宝成为城市名片。文昌里古建筑群保存完好,融合徽派与江南风格,成为网红打卡地;汤显祖文化以《牡丹亭》实景演出、国际戏剧节等项目闪耀舞台,助力抚州文旅推介视频总播放量超20亿次。成功召开全国工商联"百家商会进抚州"活动等重大活动,城市知名度、美誉度不断提升。

(三)改革创新:多点突破,动能强劲

1.深化改革释放活力。抚州市获批继续开展国家生态产品价值实现机制试点等,全国农业水价综合改革现场会等重要会议在抚州举办,颁发全国首批林业经营收益权证,"两山"转化智能综合服务平台入选数字中国建设典型案例等。绿色金融改革成效明显,获2023年度地方金融改革创新发展奖(第一名)。在全省率先启动抚州市域人工智能全场景应用试验场建设等改革,"三位一体"的数字政府架构基本形成。

2. 优化营商环境亮点纷呈。抚州市支持民主党派开展民主监督,市本级648项依申请类政务服务事项纳入“三个免于提交”范围,353项主题服务事项实现“一件事一次办”。电子印章应用实现“即办即签”。“不见面”开标率、远程异地评标率、全流程电子化招标率均达到100.0%。“政企茶话会”制度全市域推广,“企心办”联通联办机制全面升级,“免申即享、即申即享、承诺兑现”高效落实,兑现惠企资金33.4亿元,惠及企业3915家。首违轻微违法依法不罚制度落地见效,依法不罚案件量增长4.3倍,减免罚款增长56.0%。3个案例入选全省优化营商环境优秀案例。

3. 科技创新动能强劲。2024年,抚州市在科技创新和产业升级方面取得了显著成果。抚州市成功申报国家科技重大专项接续项目,实现江西国家04专项接续项目零的突破。争取省重大“揭榜挂帅”项目数量居全省第二,新增国家专精特新“小巨人”企业3家、国家重点支持“小巨人”企业2家,总数分别达16家、5家;入库国家科技型中小企业1292家,入选省级“科技副总”37人、“赣鄱俊才”项目19人。2023年度,全社会研发经费投入增长23.0%,强度首次超过全省平均水平,增速和强度提高值均排名全省第一。南城建昌帮炮制关键技术成果获省科技进步奖一等奖。

二、抚州市经济发展存在的主要问题

(一)经济协调性不足

1. 经济总量与人均水平较低。抚州市经济总量在全省乃至全国范围内处于较低水平,且与全国、全省均存在较大差距。2024年,抚州市GDP达到2173.1亿元,占江西省GDP比重仅为6.4%,全国排名预计在第170位左右;人均GDP为61236元,与全国人均GDP 95749元、全省人均GDP 75862元差距明显,这既影响了城市在区域经济中的竞争力,也限制了在更大范围内吸引投资和人才的能力。同时,人均水平较低反映出居民收入和生活水平有待提高,消费潜力未能充分释放,进而影响了内需的拉动作用。

2. 产业结构仍待优化。抚州市产业结构不断调整优化,但仍存在不合理之处，主要表现为第一产业比重过高，第二产业尤其是工业的支撑作用不够强劲，第三产业发展相对滞后。2024 年，第一、第二、第三产业增加值分别为 257.8 亿元、854.6 亿元、1060.7 亿元，占 GDP 比重分别为 11.9%、39.3%、48.8%。2023 年和 2022 年，三次产业结构分别为 11.7∶39.2∶49.1 和 12.4∶39.4∶48.2。与全省的 7.6∶40.0∶52.4 和全国的 6.8∶36.5∶56.7 相比，第一产业比重明显偏高，第二、三产业比重偏低，尤其是第三产业增加值占 GDP 的比重低于全国、全省平均水平，服务业对经济增长的贡献率有待提升，经济增长的稳定性和可持续性不足，难以适应市场变化和消费升级的需求。

3. 创新能力不足。抚州市在科技创新投入、科研成果转化以及创新平台建设等方面虽有一定进展，但仍存在短板。2024 年，抚州市专利授权总量为 2908 件，每万人有效发明专利拥有量 6.5 件，尽管有所增长，但与全国每万人高价值发明专利拥有量平均水平 14 件相比仍有差距。这使得企业创新能力受限，产品附加值低，市场竞争力不强，进而导致抚州在新兴产业培育和传统产业转型升级过程中面临较大挑战，难以在高端产业领域形成突破。

4. 优势企业匮乏。抚州市缺乏具有较强市场影响力和带动力的大型企业和行业领军企业，企业规模普遍较小，产业集群效应不明显。2024 年，抚州市规模以上工业企业总数达到 1600 家，但从全国层面的 51.2 万家来看，抚州市的企业规模与竞争力方面还存在一定差距。这进一步凸显了抚州市在工业发展方面的相对滞后状态。这不仅影响了产业链的完整性和协同性，也使得企业在市场竞争中处于劣势地位，难以形成规模经济和品牌效应。

5. 基础设施薄弱。抚州市交通、能源、通信等基础设施建设虽有改善，但仍相对滞后，尤其是铁路运输能力不足，成为物流效率提高和区域联通的关键瓶颈。2024 年，抚州市铁路里程增加至 320 公里，高铁通车里程提升至 55 公里，尽管较之于 2023 年有小幅增长，但与全国 16.2 万、4.8 万公里和全省的 5000、2300 公里相比，仍存在显著差距。这增加了企业的运营成本，影响了商品和要素的流动速度，对经济发展产生了一定的阻碍。

（二）要素保障存在短板

1. 高端人才匮乏，引才留才机制待完善。当前，抚州市高端人才引育面临

“引不来、留不住”的双重困境。一方面,本地高校及科研院所数量有限,人才自主培养能力不足,高精尖人才、技术领军人才及复合型人才缺口较大。例如,2024年全市规模以上工业企业中,研发人员占比仅8.2%,远低于全国平均水平(15%);数字经济领域人才缺口超30%,制约了产业转型升级。另一方面,引才政策吸引力不足,住房保障、子女教育、配偶安置等配套措施滞后,人才服务机制尚未形成闭环。部分企业反映,引进的高层次人才因缺乏优质教育资源而流失,导致“人才洼地”效应尚未显现。此外,产学研合作不紧密,科技成果本地转化率仅25%,难以形成“人才—产业—创新”的良性循环。

2. 交通、物流等基础设施制约明显。交通物流是抚州经济发展的“痛点”。铁路方面,境内仅有一条普速铁路,高铁网络尚未形成,与长三角、粤港澳大湾区等经济圈通勤时间过长,导致物流成本居高不下。公路货运方面,高速公路覆盖率不足60%,部分县乡道路等级偏低,制约大宗物资运输效率。港口建设滞后,赣东港尚未形成规模化吞吐能力,水运优势未能有效转化为物流优势。仓储物流体系方面,现代化智能仓储占比不足20%,冷链物流短板突出,农产品损耗率高达15%,削弱了农业产业竞争力。此外,数字基础设施存在短板,5G基站覆盖率仅70%,工业互联网平台建设滞后,制约了智能制造发展。

3. 融资渠道单一,企业资金压力大。企业融资难、融资贵问题依然突出。一是直接融资比例偏低,全市上市企业仅8家,股权融资、债券融资规模不足,企业过度依赖银行贷款。二是金融机构产品创新不足,针对中小企业的知识产权质押贷、供应链金融等特色产品覆盖率不足30%,且审批流程冗长。三是政府性融资担保体系不完善,担保放大倍数仅3倍,远低于全国平均水平(5~8倍),导致中小企业“融资难”与银行“放款难”并存。调研显示,65%的中小微企业存在资金周转困难,部分企业因资金链断裂面临经营风险。

(三)营商环境需进一步优化

1. 政策落地效率不高,企业获得感不强。惠企政策“最后一公里”梗阻尚未完全打通。部分政策制定缺乏精准性,与企业实际需求脱节。有的县出台的“技改补贴”政策因申报门槛过高、审核流程复杂,导致符合条件的企业申报比例仅占10%。政策宣传不到位，部分企业反映“不知晓、不会用”。此外，政策兑现周期过长，县区“免申即享”政策平均兑现周期达90天，影响了企业投资信心。部门协同不足，涉企审批事项仍存在“互为前置”“重复审批”现象，企业办事耗时较长。

2.涉企执法规范性待提升，法治化营商环境建设需深化。例如，有的县环保执法部门在未充分调查情况下，对涉污企业“先停产、后整改”，导致企业损失扩大。涉企检查频次过高，部分行业年均接受检查超10次，干扰了企业正常生产经营。司法保障机制有待完善，涉企案件审理周期较长，企业维权成本较高。法治化营商环境评价体系尚未建立，企业法治获得感有待提升。

（四）财政收支紧平衡问题

1.财政收支压力大。财政收支运行处于紧平衡状态，收入增长乏力，而刚性支出不断增加，导致财政资金紧张。基层“三保”压力逐步加大，教育、医疗、社保等民生领域的资金保障面临挑战，影响了公共服务的供给质量和基础设施建设的推进速度。

2.债务风险隐患。地方政府债务规模较大，偿债压力逐渐显现。融资平台数量较多，经营性金融债务规模庞大，债务结构不合理，短期偿债压力较大，存在一定债务风险隐患，对财政的可持续性构成威胁。

三、抚州市经济高质量发展的对策与建议

（一）优化经济结构，提升产业竞争力

1.提升经济总量与人均水平，推动产业升级与协同发展。加大对传统产业的技术改造和创新投入，提升产业附加值，推动产业向高端化、智能化、绿色化发展，增强经济总量增长的内生动力。促进消费升级与内需释放。通过提升居民收入水平、完善社会保障体系、优化消费环境等措施，释放消费潜力，增强消费对经济增长的拉动作用。

2.优化产业结构，推动工业高质量发展。实施“工业强市”战略，重点发展

新能源汽车、高端装备制造、新材料等战略性新兴产业,推动传统产业转型升级,提升工业对经济增长的支撑作用。加快第三产业发展。大力发展现代服务业,包括金融、物流、科技服务、文化旅游等领域,提升服务业对经济增长的贡献率,促进产业结构优化升级。

3. 增强创新能力,加大科技创新投入。设立专项科技研发资金,支持企业开展关键核心技术攻关,鼓励企业与高校、科研院所合作,建立产学研用协同创新机制。建设创新平台,打造一批高水平的科技创新平台,如企业技术中心、工程技术研究中心等,为企业提供技术研发、成果转化等服务,提升企业创新能力。

4. 培育优势企业,实施企业梯度培育计划。建立"个转企、小升规、规改股、股上市"的企业培育体系,支持中小企业向专精特新方向发展,培育一批具有核心竞争力的骨干企业和领军企业。优化营商环境。完善企业服务机制,简化行政审批流程,降低企业运营成本,为企业提供全生命周期的服务支持。

5. 加强基础设施建设,完善交通网络。加快铁路、高速公路等交通基础设施建设,构建现代化综合交通体系,提升区域联通能力。提升物流效率。加强物流园区建设,完善仓储、配送等物流设施,推动物流信息化、智能化发展,降低物流成本。

(二)强化要素保障,提升发展支撑能力

1. 完善高端人才引育机制,优化引才政策。制定更具吸引力的人才引进政策,完善住房保障、子女教育、配偶安置等配套措施,解决人才后顾之忧。加强人才培养,支持本地高校和职业院校优化专业设置,培养适应产业发展需求的高素质人才。鼓励企业与高校、科研院所合作开展人才培养和科研项目,提高人才自主培养能力。

2. 破解交通物流瓶颈,加快交通基础设施建设。推进高铁、高速公路等重大交通项目建设,提升交通网络覆盖水平,缩短与周边经济圈的通勤时间。提升物流现代化水平,加强港口、物流园区建设,推动物流智能化、信息化发展,提高物流效率和服务质量。

3. 拓宽融资渠道,推动企业直接融资。支持企业通过上市、发行债券等方式直接融资,拓宽企业融资渠道,降低融资成本。创新金融产品和服务,鼓励金融机构开发适合中小企业的金融产品,如知识产权质押贷款、供应链金融等,满足企业的多样化融资需求。

(三)深化营商环境改革,提升企业获得感

1. 提高政策落地效率,优化政策制定与宣传。加强政策调研,确保政策精准对接企业需求。通过多种渠道广泛宣传政策,提高企业知晓度。简化政策兑现流程,建立政策兑现"一站式"服务平台,优化审批流程,缩短兑现周期,提高企业获得感。

2. 规范涉企执法行为,建立标准化执法流程。加强对执法人员的培训,规范执法行为。完善司法保障机制,优化涉企案件审理流程,降低企业维权成本,营造公平公正的法治化营商环境。

(四)优化财政收支管理,防范债务风险

1. 缓解财政收支压力,优化财政支出结构。优先保障教育、医疗、社保等民生领域支出,提高财政资金使用效益。加强财政收入征管,完善税收征管机制,拓宽财政收入来源,增强财政保障能力。

2. 防范债务风险,优化债务结构。合理规划政府债务规模和结构,降低债务成本,提高债务资金使用效率。加强债务风险监测,建立健全债务风险预警机制,加强对融资平台等重点领域的风险监测,确保财政可持续性。

参考文献

江西省统计局、国家统计局江西调查总队:《江西省 2024 年国民经济和社会发展统计公报》,江西省统计局官网,2025 年 3 月 31。

抚州市统计局:《抚州市 2024 年国民经济和社会发展统计公报》,抚州市统计局官网,2025 年 5 年 14 日。

国家统计局:《中国城市高质量发展监测报告 2024》,国家统计局官网,2024

年9月14日。

江西省工业和信息化厅:《江西省制造业重点产业链现代化建设“1269”行动计划(2023—2026年)》,江西省工业和信息化厅官网,2023年7月14日。

国家发展和改革委员会:《中国营商环境发展报告2025》,国家发展和改革委员会官网,2025年7月17日。

上饶市经济发展报告

朱顺东　卢小祁 *

摘要： 2024年，上饶市坚持以习近平新时代中国特色社会主义思想为指导，深入学习贯彻习近平总书记重要讲话精神，落实各级决策部署，经济稳中有进，工业与数字经济协同发展，外贸进口规模扩大，高质量发展成效显著，综合实力稳步提升。2025年，上饶市将紧紧围绕省委、省政府战略部署，精准施策，推动经济质效提升，强化支撑作用，融入长三角一体化，协调推进江西内陆开放型经济试验区建设，为现代化产业体系建设增势赋能，为奋力谱写中国式现代化江西篇章贡献坚实力量。

关键词： 上饶市　经济发展　对外开放　数字经济

一、2024年上饶市经济发展主要成效

2024年，面对复杂多变的国内外形势，上饶市积极应对各类风险挑战，经济运行保持稳中有进的良好态势，综合实力稳步提升，在工业升级、数字经济、对外开放、文旅融合等关键领域持续发力，经济发展取得显著成效，多项指标位居全省前列。

（一）经济运行稳中有进，综合实力显著增强

1. 经济总量实现量质双升。2024年，上饶市经济运行延续回升向好态势，地区生产总值达3720.9亿元，按不变价格计算，同比增长5.7%（见表1），增速

* 朱顺东，江西省社会科学院经济所助理研究员，研究方向为区域经济；卢小祁，江西省社会科学院经济研究所副研究员，研究方向为区域经济。

高于全省平均水平0.6个百分点,全省排名第4位,对全省经济增长的贡献率达到12.3%。

表1 2023年、2024年上饶主要经济指标及其增长速度

主要指标	2023年		2024年	
	绝对值（亿元）	同比增长（%）	绝对值（亿元）	同比增长（%）
生产总值	3401.6	6.7	3720.9	5.7
第一产业增加值	332.9	4.1	353.1	2.6
第二产业增加值	1308.9	10.2	1442.9	7.7
第三产业增加值	1759.7	4.6	1924.9	4.6
一般公共预算收入	270.7	7.9	282.0	4.2
规模以上工业增加值	—	14	—	11
规模以上工业营业收入	5623.5	15.7	6261.4	9.2
社会消费零售总额	1637.3	6.8	1721.7	5.2
固定资产投资	—	3	—	4.3
进出口总额	554.7	13.4	448.8	-19.1
出口额	510	17.5	368.6	-27.7
进口额	44.7	-18.7	80.2	80.5
利用省外项目实际进资	1104.9	5.1	1202.3	8.8
金融机构本外币存款	5899.3	9.4	6481.8	9.9
金融机构本外币贷款	5254.02	9.39	6109.0	11.8
R&D研发费用	65.05	14.65	—	—
R&D研发费用占GDP比重	—	1.91	1.91	—

资料来源:2025年上饶政府工作报告、2024年上饶市统计年鉴及调研座谈会相关部门汇报材料。

2. 产业结构优化，新动能驱动发展。第一产业向“新农业”转型，增加值353.1亿元，增长2.6%。第二产业以“新制造”引领，增加值1442.9亿元，增长7.7%。光伏新能源产业快速增长，重大投产项目助力工业投资增速达15.6%。高技术制造业投资增长59.1%。第三产业增加值1924.9亿元，增长4.6%。软件和信息技术服务业、现代物流业、文旅融合等新业态表现亮眼（见表1）。三次产业结构由2023年的9.8∶38.5∶51.7优化为9.5∶38.8∶51.7，其中第二产业占比有所提升，为经济增长注入强劲动力。

（二）工业与数字经济双轮驱动，加速迈向新高度

1. 工业经济提速增效。2024年，上饶市规模以上工业增加值同比增长11%，位居全省第3位，高于全省平均水平2.5个百分点。规模以上工业营业收入达6261.4亿元，位列全省第2位。其中，有色金属、汽车、锂电产业营业收入分别增长20.4%、35.2%、135.6%；新增国家专精特新“小巨人”企业5家，总数达9家。

2. 数字经济蓬勃发展。2024年，上饶市数字经济核心产业实现营业收入2161亿元，连续四年入选“中国数字经济百强市”，位列全国第85位，江西省内排名第3，仅次于南昌（全国第29位）和赣州（全国第57位）。上饶建成贪坑文娱产业园、大数据创新创业孵化中心等数字经济产业园区，累计引进腾讯电竞、中国动漫集团等重点项目392个，并开通全省首条商业级“无人机配送”航线，数字技术创新应用场景不断拓展，产业数字化转型加速推进。

（三）对外开放成效显著，区域与平台协同发力

1. 外贸规模排名稳定且质量提升。2024年，上饶市对外贸易保持强劲发展势头，进出口总值达448.8亿元，全省排名第4，较2023年上升1位。出口额为368.6亿元，稳居全省第3位；进口额为80.2亿元，居全省第6位，进口增长率高达80.5%，较全省平均水平高出78.6个百分点，居全省首位（见表1）。出口产品结构持续优化，“新三样”出口额达222.7亿元，占全省新三样出口总值的

74.9%，机电产品出口占比提升至62.6%。同时，上饶市积极拓展外贸市场，与183个国家和地区建立贸易往来。其中，2024年，上饶市对欧盟进出口额居首，达76.6亿元，占比17.1%；对巴基斯坦等新兴市场进出口额增长144.5%；对共建“一带一路”国家（地区）进出口额达265.8亿元，增速高于上饶市整体水平16.3个百分点。

2. 区域一体化合作深化。2024年，上饶市利用省外项目实际进资1202.3亿元，同比增长8.8%（见表1），增速高出全省平均水平8.2个百分点，保持强劲的发展势头。其中，融入长三角一体化成效显著，全年成功引进长三角项目435个，占总项目数的61%，协议引资1313.6亿元。在承接长三角产业转移和深化区域合作方面，上饶市走在了全省前列。上饶市积极投身于长三角一体化发展，通过参与境外工程建设、农业开发、资源并购和技术投资，不断拓展市场。

3. 开放平台建设与服务优化并举。2024年，上饶市持续优化营商环境，推出多项支持政策，优化政务服务，推动“高效办成一件事”，提升企业办事效率。上饶综保区通过预验收，成为高水平开放平台建设的关键一步。“无水港”稳定运行，铁海联运班列开行555趟，发运集装箱9.3万标箱，显著提升物流运输能力和对外开放水平。通关便利化措施持续推广，整体通关进出口时间居全省第一方阵，企业通关成本压缩超20%。

（四）消费与文旅活力迸发，内需市场持续扩大

1. 消费市场稳步回暖。2024年，上饶市社会消费品零售总额达到1721.7亿元，同比增长5.2%（见表1），较全省平均水平高出0.3个百分点。上饶高铁站年客流量突破2000万人次，三清山机场旅客吞吐量超过60万人次，均创历史新高。上饶建成水南文化街区、信州沙溪老街等特色消费场景，广丰区入选全国县域商业“领跑县”案例集，消费载体不断丰富。

2. 文旅产业强势复苏。2024年，上饶市接待游客2.3亿人次，旅游综合收入2418亿元，均创新高。婺源篁岭获评国家5A级景区，上饶5A景区达4家。上饶市通过实施“大美上饶·自在山水”全球推广计划，显著提升了知名度和美誉度，其中，望仙谷入选国家文化产业示范基地，网红景区持续火爆，文旅品牌

影响力显著提升。

(五)乡村振兴扎实推进,城乡融合步伐加快

1. 粮食安全与现代农业发展成效显著。2024 年,上饶市粮食总产 65.8 亿斤,新增万亩以上规模种养基地 51 个,建成盒马村、天猫基地等绿色直采直供基地 12 个,排名全省第一。农产品出口增长显著,茶叶出口 1.36 万吨,较上年增长 30%,烤鳗出口 4.6 亿元,较上年增长 38.1%。

2. 城乡融合与乡村振兴协同推进。2024 年,上饶市城乡融合发展成效显著,常住人口城镇化率提升至 58.1%,新增普惠性托位 1344 个,改造老旧小区 42 个,建成安置房 4420 套。乡村振兴示范成效显著,婺源秋口镇王村获评江西"风景独好"旅游名村,以工代赈项目带动 2.1 万名群众就业增收。农村基础设施建设成效突出,2024 年,上饶新建和改造提升高标准农田 360 万亩,新改建农村公路 510 公里,农村自来水普及率达 94%,卫生厕所普及率达 83%。农村居民生活水平稳步提高,农村居民人均可支配收入增长 6.8%,城乡收入差距持续缩小。

(六)创新驱动与绿色发展协同共进,可持续发展能力提升

1. 科技创新能力提升。2024 年,上饶市新增高新技术企业 201 家,总数达到 639 家;新增国家级专精特新"小巨人"企业 5 家,总数达到 9 家。成功获批省级光伏新能源先进制造业创新中心,新增省级企业技术中心 2 家。技术合同成交额增长 62.2%,达到 50 亿元。省科技成果转移转化中心挂牌成立,为科技成果与产业的深度融合提供了有力支持。同时,上饶市出台《上饶市科技创新奖励办法》,引进 21 个高层次科技人才(团队),为科技创新提供了坚实的基础。

2. 生态建设成效显著。上饶市作为江西省生态产品价值实现机制改革试点,创新搭建"湿地银行",推动生态资源转化为经济价值。2024 年,上饶市绿色产业增加值占 GDP 比重提升至 19.6%。在清洁能源领域,新能源和可再生能源发电装机容量达 554.6 万千瓦,光伏发电装机占全省总量的 41.7%。生态修复成效显著,完成矿山生态修复 2806 亩,人工造林 4.2 万亩,水土流失面积缩减37%。大坳水库、婺源饶河源入选江西省“美丽河湖”十佳案例。环境质量持续领先，$PM_{2.5}$年均浓度降至24微克/立方米，主要河流断面水质达标率100%。工业固废综合利用率超全省平均水平7.2个百分点。绿色产业加速集聚，光伏新能源产业年产值突破480亿元，同比增长28.4%；非金属新材料产业出口额增长35.6%；生态旅游带动农特产品销售额达42亿元，绿色经济成为高质量发展的核心引擎。

二、2024年上饶市经济运行中存在的主要困难和问题

2024年，上饶市经济有进亦有难，关键领域结构性矛盾凸显。在产业转型方面，新旧动能转换的过程较为艰难，传统产业的主导地位尚未被有效突破，新兴产业与开放型经济的发展也面临提升阻力。在要素配置上，土地供应、人才储备以及融资渠道等方面均存在一定的限制。从内需驱动来看，消费潜力尚未充分释放，尤其是大宗消费和文旅消费的牵引作用相对薄弱。在空间协同发展中，县域之间的分化趋势有所加剧。

（一）产业发展面临结构性矛盾及创新能力不足

1.工业综合实力不强。一是传统产业依赖度高。有色金属、机械制造等传统产业占比仍较高，2024年，有色金属、机械制造等传统产业占规模以上工业营业收入的比重达45%，而新兴产业占比偏低，传统产业占比过高问题依然突出。二是产业链韧性不足。2024年，部分主导产业过度依赖单一企业，如光伏产业中个别企业产量份额占比较大，产业链关键环节存在短板，上下游配套能力较弱，产业多元化发展水平有待提高，抗风险能力需进一步增强。三是未来产业发展滞后。新型储能、生物医药等新质生产力领域虽已初步发展，但整体处于成长阶段，规模效应尚未充分显现，对经济增长的贡献率处于较低水平。2024年，上饶市新型储能、生物医药等未来产业产值占规模以上工业总产值比重仍较低，与发达地区相比存在差距，未来产业发展需进一步提速增效，以提升其在全市经济中的比重和贡献。

2.创新能力有待提升。上饶市企业自主创新能力有限，国家级创新平台较

少,科技成果转化效率不高。2024 年,上饶市 R&D 经费投入强度为 1.91%,较全省、全国平均水平低 0.04、0.77 个百分点(见图 1),创新投入不足制约了企业技术进步和产业升级。

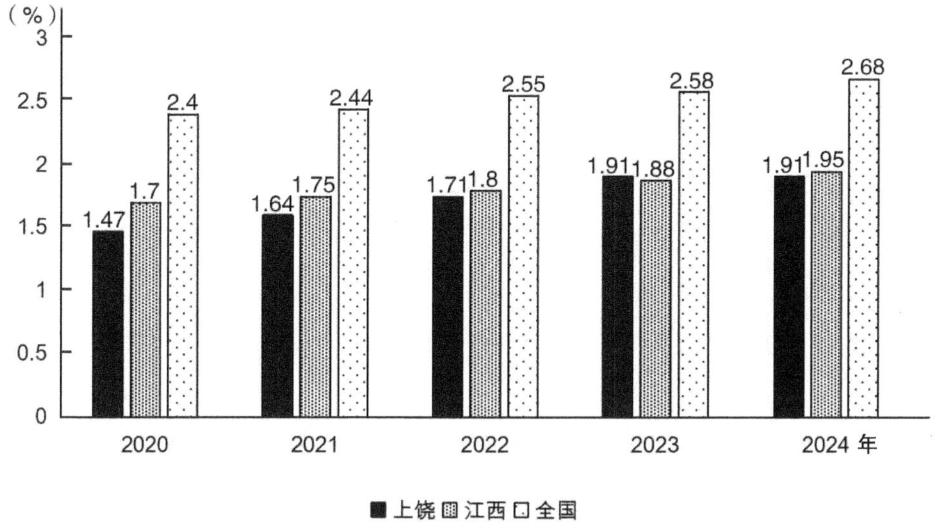

图 1 2020—2024 年上饶市 R&D 经费投入强度情况

数据来源:《江西统计年鉴》(2021—2024 年)、《中国统计年鉴》(2021—2024 年)、2025 年上饶政府工作报告、国家统计局等。

(二)开放型经济存在短板

1. 外贸结构单一。一是外贸高度依赖单一企业。2024 年,晶科集团在光伏新能源领域的出口占比高达 62.6%,较 2023 年进一步提升 3 个百分点,成为全市出口的核心支柱。然而,其他产业如铜加工、茶叶等在国际市场上的竞争力较弱,出口占比较低,未能形成有效的多元化出口格局。此外,出口市场分布不均,主要集中在少数发达国家(如美国、日本),而对新兴市场的开拓力度不足,导致出口市场多元化程度较低。这种单一的外贸结构不仅限制了整体出口潜力,也使外贸增长对外部环境变化的抗风险能力较弱。二是跨境电商发展滞后。上饶市跨境电商发展仍处于起步阶段,综试区建设进展缓慢,尚未形成完善的运营体系和服务功能。专业外贸服务企业的缺失以及规模化跨境电商园区的缺乏,导致企业在通关和支付等环节面临诸多困难,严重制约了跨境电商的规模化发展。2024 年,全市跨境电商交易额仅占出口总额的 8%,跨境电商在整体出口中的贡献有限。

2. 开放平台功能有待完善。一是综保区建设初期面临诸多挑战。上饶综合保税区已通过预验收,但其功能布局和业态发展仍处于起步阶段,保税物流、保税维修、保税研发等核心业务尚未成熟,整体运营效能有待提升。2024 年,上饶综保区进出口总额仅占上饶市进出口总额的 5%,对外贸增长的贡献率不足 10%。此外,综保区与长三角自贸区的联动合作不足,未能充分发挥区域协同效应,对全市开放型经济的带动作用有限。二是多式联运效率低。2024 年,上饶市铁水货运量占比仅为 9.3%,远低于全省平均水平,港口、铁路与公路之间的衔接不畅,物流成本较高,严重制约了外贸竞争力。铁水联运货物周转量仅为全省平均水平的 60%,物流成本较全省平均水平高出 15%。这种低效的物流模式不仅增加了企业的运营负担,也削弱了上饶产品在国际市场上的价格竞争力。

(三)内需与消费潜力仍待释放

1. 大宗消费增长承压。2024 年,受新能源汽车替代效应影响,传统燃油车消费明显下滑,与新能源汽车零售额增速(57%)形成 72.2 个百分点的差距。同时,限额以上住宿业营业额 22.9 亿元,同比下降 0.3%,反映出高端住宿市场受民宿等新兴业态分流的影响,大宗消费复苏基础仍需巩固。

2. 文旅消费转化效率有待提升。2024 年,上饶市旅游综合收入达 2418 亿元,接待游客 2.3 亿人次,创历史新高,但游客人均消费约 1051 元,与优质文旅资源禀赋相比仍有提升空间。二次消费场景开发不足,如非遗、美食等特色产品尚未充分转化为消费增量,需进一步优化业态布局。

3. 线上消费环境需持续优化。虽然网络零售额增长 21.75%,但农村地区物流配送效率、网络覆盖水平仍制约消费潜力释放。多式联运衔接不足影响电商下沉市场渗透。

（四）区域协调发展挑战较大

1. 县域经济差距显著。2024年，上饶市县域经济差距显著。广信区生产总值达到589.6亿元，横峰县、婺源县地区生产总值分别为127.2亿元、186.1亿元，仅为广信区的21.6%、31.6%。广信区规模以上营业收入占全市38.3%，广信区和广丰区两区合计占全市50%，显示出工业强县（区）在经济总量和产业贡献上的主导地位（见表2）。然而，横峰县、婺源县等县域经济发展相对滞后，财政自给能力和基础设施建设仍存在短板。这种不平衡不仅体现在经济总量上，还体现在产业结构和资源配置上。广信区和广丰区凭借其工业主导地位，在区域经济中占据了较大份额，而横峰县、婺源县等县域更多依赖农业、旅游等传统产业，经济多元化程度较低。

2. 基础设施建设滞后。与周边发达地区相比，上饶市的交通基础设施互联互通水平仍有较大提升空间，对区域协调发展的支撑作用亟须加强。2024年，上饶市高速公路密度仅为全省平均水平的70%，内河航道三级航道里程占比仅为16%，交通基础设施建设亟待提速。

表2　2024年上饶市各县（市、区）主要经济指标

地区	生产总值（亿元）	规模以上营业收入（亿元）	规模以上工业利润总额（亿元）
广信区	589.6	2397.1	86.3
广丰区	523.6	629.9	41.6
信州区	461.6	192.2	0.7
鄱阳县	372.0	316.6	19.8
玉山县	314.2	533.8	34.5
余干县	283.3	281.1	11.4
德兴市	233.3	442	24.8
万年县	227.3	350.1	16.1

续表:

地区	生产总值(亿元)	规模以上营业收入(亿元)	规模以上工业利润总额(亿元)
铅山县	210. 3	389. 6	20. 0
弋阳县	192. 5	245. 6	16. 8
婺源县	186. 1	77. 8	1. 7
横峰县	127. 2	405. 7	22. 8

数据来源:江西省统计局。

(五)风险与治理压力并存

1. 安全生产与金融风险。2024 年,上饶市能源行业隐患整治任务艰巨,新型储能电站安全管理经验不足,影响能源供应稳定性,制约产业链发展;金融机构盈利能力下滑,地方融资平台和民营房企债务风险严峻,房地产贷款持续下降,金融风险防控压力加大。

2. 财政收支矛盾突出。2024 年,上饶市一般公共预算收入 282. 0 亿元,支出 834. 5 亿元,收支缺口达 552. 5 亿元。在落实防范化解地方债务风险措施的同时,基层政府仍面临较大运转压力。

3. 房地产市场调整影响。房地产市场未见明显触底信号,下行压力依然较大,部分县区商品房去化周期延长,房地产投资对经济增长的拉动作用减弱。2024 年,上饶市房地产市场持续低迷,对相关产业的带动作用明显减弱。

三、加快上饶经济发展的对策与建议

2025 年,上饶市将继续深入贯彻习近平总书记考察江西重要讲话精神,全面落实省委、省政府的决策部署,坚持稳中求进工作总基调,在“走在前、勇争先、善作为”的目标要求激励下,打造区域中心、建设制造强市,推动经济质的有效提升和量的合理增长。

（一）推动产业转型升级与创新驱动

1. 优化工业结构。一是促进战略性新兴产业和未来产业发展。聚焦光伏新能源、新型储能、生物医药等战略性新兴产业，大力提升战略性新兴产业规模占比。加大对新兴产业的政策支持力度，设立新兴产业专项发展基金，对新兴产业项目给予税收优惠和财政补贴，激发企业创新活力，推动产业链向高端化迈进。二是推动传统产业升级。实施有色金属、机械制造等产业技改提升计划，推广“数转智改”项目，推动产业链向高端化延伸。鼓励传统企业开展智能化改造，提升生产效率和产品质量，降低生产成本，增强传统产业的市场竞争力。

2. 强化科技创新能力。一是加大研发投入。提高 R&D 经费投入强度，支持长三角 G60 科创走廊“双向飞地”建设，吸引更多科技企业和研发机构落户，鼓励企业加大研发投入，提升产品附加值和市场竞争力。设立科技创新专项资金，奖励和补贴研发投入较大的企业，激发企业创新活力。同时，鼓励企业与高校、科研机构深度合作，共同开展技术研发，增强自主创新能力。二是建设创新平台。加快省级光伏新能源创新中心、黑滑石产业研究院等高能级创新平台建设，提高科技成果转化效率。规范管理创新平台，完善服务功能，为企业提供技术研发、检验检测、成果转化等一站式服务，构建全链条创新生态系统，推动产业升级。

（二）提升开放型经济能级

1. 构建多元化外贸市场。一是拓展出口品类。支持特色产业发展，重点推动德兴银锭、婺源茶叶、铅山红芽芋等特色产业扩大出口规模。鼓励企业开展产品质量提升行动，加强品牌建设和市场推广，提升产品在国际市场上的知名度和美誉度，形成多元化出口格局增强出口竞争力。二是壮大跨境电商。加快跨境电商综试区建设，引进知名跨境电商平台，建设专业化跨境电商园区。完善跨境电商服务体系：加强跨境电商人才培养，提供涵盖培训、物流配送、支付结算等全方位服务。借鉴上海、杭州等地的先进经验，规划建设跨境电商产业园区，推动跨境电商综试区高质量发展。

2. 完善开放平台功能。推动综保区建设，加快上饶综保区封关运营，引入保税物流、维修等业态,深化与宁波港、上海港合作,提升铁海联运班列效率。加强综保区的基础设施建设,完善综保区的功能布局,提高综保区的服务能力和运营效率,充分发挥综保区在开放型经济发展中的平台作用。

3. 深化与长三角合作。建立与上海自贸区、杭州跨境电商综试区的联动机制,争取更多的长三角产业转移项目。加强与长三角地区的产业对接和合作,积极参与长三角产业分工协作,承接长三角地区的产业转移,推动区域经济一体化发展。

(三)激发内需与消费潜力

1. 提升文旅消费转化率。在望仙谷、葛仙村等景区布局夜间经济、文化演艺项目,推动游客人均消费提升。加强景区基础设施建设,完善景区服务功能,提高景区的吸引力和竞争力,延长游客停留时间,增加旅游消费。

2. 优化消费载体。推进历史街区活化与现代商业空间有机更新,构建文商旅深度融合的沉浸式消费场景矩阵,通过风貌存续、功能植入、业态升级三重赋能激活存量空间价值;建设城市级消费数字化平台,打通"线上精准引流—线下沉浸体验—全域数据洞察"闭环,通过消费行为图谱构建与商业资源配置智能优化,实现供需动态适配效率倍增。

3. 促进大宗消费升级。实施以旧换新,加大家电、汽车补贴力度,制定优惠政策,鼓励企业开展促销活动,降低大宗商品消费成本,激发居民消费热情,促进大宗消费市场繁荣。

(四)统筹区域协调发展

1. 推动县域经济差异化发展。针对县域经济发展不平衡问题,实施分类指导与精准施策。支持广丰、德兴依托工业基础和资源优势,打造千亿级工业强县;鼓励鄱阳、余干立足生态禀赋,重点发展现代农业和文旅融合产业,形成特色鲜明的县域经济格局。通过政策引导和资源倾斜,推动各县(市、区)因地制宜发展"一县一品"特色产业,构建差异化竞争优势,缩小县域间 GDP 差距,促进区域经济协调共进。

2. 加强基础设施互联。加快推进重大交通和水利工程建设，提升区域基础设施支撑能力。优先启动上鹰高速、浙赣运河等重点项目前期工作，构建高效便捷的水陆联运网络。加大交通、水利、能源等领域基础设施建设投入，优化资源配置，提升区域互联互通水平，为区域协调发展提供坚实保障。

3. 深化城乡融合发展。积极争取中央以工代赈资金，实施农村道路、水利设施等建设项目，带动农村劳动力就业增收，增强农村内生发展动力。持续加强农村基础设施建设和公共服务供给，提升农村教育、医疗、养老等服务水平，缩小城乡差距。通过巩固拓展脱贫攻坚成果同乡村振兴有效衔接，推动城乡要素双向流动，促进城乡融合发展，实现共同富裕目标。

（五）防范风险与完善治理

1. 强化安全生产监管。针对新型储能电站等重点领域，加快建立科学完备的安全标准体系，推广“智慧能源监管平台”应用，实现安全生产全链条数字化监管。严格落实企业安全生产主体责任，推动安全管理制度化、标准化，强化隐患排查与整改闭环管理。

2. 优化金融风险防控。深入开展“扫楼清街盯场”专项行动，建立覆盖线上线下、精准高效的非法集资监测预警机制，确保全年完成风险企业排查计划并强化整改落实。加强金融监管协同，完善金融市场准入与退出机制，严厉打击违法违规金融活动，防范系统性金融风险。

3. 促进房地产市场稳定发展。针对房地产市场问题，应综合施策促进稳定发展。优化住房供应结构，鼓励开发适销产品，增加中小户型和经济适用房供应。强化市场信心，刺激住房消费，加大房贷支持，降低购房成本。拓宽房企融资渠道，创新金融产品，优化信贷政策。加强市场监管，建立监测预警机制，规范市场秩序，提升产品品质。完善城市规划与配套设施，增强房屋吸引力，推动房地产市场健康发展。

（六）破解要素保障瓶颈

1. 优化土地资源配置。一是推进“亩均论英雄”改革。建立以亩均产出为核心的评价体系,优先保障晶科能源、吉利汽车等重大项目的用地需求,确保工业用地容积率提升至1.5以上。对亩均效益排名靠前的企业给予政策奖励,形成土地资源高效利用的正向激励机制。二是盘活存量土地资源。通过清理闲置土地、低效用地再开发等措施,盘活存量土地资源,提高土地利用效率。三是加强土地资源统筹管理。建立市级土地资源统筹管理平台,优化土地资源配置,确保重点产业和重大项目用地需求得到优先满足。

2. 加强人才与金融支持。一是引育高端人才。加大实施"人才飞地"计划力度,在杭州、上海设立人才工作站,新增技能型劳动力培训基地。制定具有吸引力的专项优惠政策,如提供住房补贴、子女教育优惠、医疗保障等一站式服务,吸引高端人才来饶创新创业,营造良好的人才发展环境。支持本地高校和职业院校与企业开展深度合作,开展订单式人才培养,根据企业需求设置专业课程,提升劳动力素质,为企业发展提供坚实的人才支撑。二是创新融资渠道。扩大金融产品覆盖面,鼓励金融机构扩大"科技贷""数字贷"规模和覆盖范围,降低贷款门槛,优化审批流程,为企业提供便捷融资服务。鼓励金融创新,引导金融机构开发个性化金融产品,如知识产权质押贷款,支持实体经济。支持企业通过股权、债券融资拓宽渠道,缓解融资难题。建立政银企对接机制,定期组织政银企对接,共享信息,提升金融服务效率。

参考文献

叶建春:《政府工作报告——2025年1月17日在江西省第十四届人民代表大会第三次会议上》,《江西省人民政府公报》,2025年第3期。

邱向军:《政府工作报告——2025年2月22日在上饶市第十四届人民代表大会第六次会议上》,上饶市人民政府官网,2025年3月5日。

上饶市统计局、国家统计局上饶调查队:《经济运行稳步向好发展质效持续提升——2024年上饶市经济运行情况》,上饶市统计局网站,2025年1月22日。

三

专题报告

推动长江经济带高质量发展面临的难点及策略

刘治彦　余永华*

摘要： 长江经济带在我国经济格局中占据关键地位，对全国经济增长贡献显著。当前，长江经济带经济规模庞大且持续增长，产业结构呈梯度分布，生态环保成效初显，交通基础设施逐步完善，高水平对外开放发展有所推进。然而，发展过程中仍面临诸多挑战，如生态环境保护压力依然较大、产业结构不合理与转型升级困难、交通基础设施衔接不畅、科技创新能力不强、体制机制障碍制约协同发展等。针对这些问题，本研究提出加强生态环境保护与修复、推动产业结构优化升级、完善交通基础设施建设、强化科技创新驱动、促进体制机制协同发展等建议，旨在为长江经济带高质量发展提供理论支撑与实践指导。

关键词： 长江经济带　高质量发展　难点　策略

长江经济带是具有全球影响力的内河经济带、东中西互动合作的协调发展带、沿海沿江沿边全面推进的对内对外开放带，也是生态文明建设的先行示范带。依托长江黄金水道，长江经济带能够带动区域经济协调发展，对我国经济增长具有重要的支撑作用。高质量发展是全面建设社会主义现代化国家的首要任务，以全面推动高质量发展为抓手，在中国式现代化进程中走在前列、做好示范，是沿江各省市义不容辞的责任和使命。自 2016 年习近平总书记在重庆

---

* 刘治彦，中国社会科学院生态文明研究所二级研究员，博士生导师，中国社会科学院国家未来城市实验室主任，中国社会科学院生态文明研究智库特邀研究员，研究方向为城市经济学、区域经济学；余永华，江西省社会科学院经济研究所副研究员，研究方向为城市经济学。

主持召开推动长江经济带发展座谈会以来，长江沿线各省市党委政府主要领导多次开展实地调研，多次召开现场推进会，对统筹推进环境高水平保护和经济高质量发展作出决策部署，以前所未有的决心和力度促进高质量发展，沿江生态环境保护得到明显改善，经济社会发展取得新的突破，在开创中国式现代化道路上已迈出重要一步。

一、长江经济带经济发展现状

（一）在经济规模方面

长江经济带的人口规模和经济总量在我国经济格局中具有举足轻重的地位。依托长三角、长江中游、成渝这三大城市群带动长江经济带发展，三大城市群发展成效显著。2020—2024 年，长江下游的沪、苏、浙、皖四省市经济总量占全国比重基本稳定在 24%，长江中游的赣、鄂、湘三省以及长江上游的云、贵、川、渝四省市经济总量占全国比重均超过 11%。在总量保持上升的情况下，长江经济带三大城市群的经济差距不断发生变化。长江下游的沪、苏、浙、皖四省市占比从 2020 年的 51. 9% 上升至 2024 年的 53. 7%，长三角一体化政策推动经济增长优势持续扩大；长江中游的赣、鄂、湘三省的占比从 2020 年的 23. 5% 微降至 2024 年的 22. 6%，可能受产业转型阶段性影响；长江上游的云、贵、川、渝四省市的占比从 2020 年的 24. 6% 略降至 2024 年的 23. 7%，但数字经济与生态产业潜力逐步释放。随着西部地区巩固脱贫攻坚成果工作的持续推进，长江经济带三大城市群间的发展差距逐步缩小，初步呈现高质量协调发展趋势。

（二）在产业结构特点方面

长江经济带产业结构丰富多样，呈现明显的梯度分布特征。下游地区如长三角，产业结构高度优化，以先进制造业和现代服务业为主导。在先进制造业方面，汽车制造、航空航天、集成电路等高端制造业发展成熟，具备强大的国际竞争力。例如：上海的汽车产业不仅拥有上汽、特斯拉等大型整车制造企业，还集聚了大量汽车零部件供应商，形成了完整的、产业链体系；在现代服务业领域,金融、贸易、科技服务、文化创意等产业蓬勃发展,上海作为国际金融中心,金融市场体系完备,金融创新活跃,对全国乃至全球金融资源配置具有重要影响力。中游地区产业结构处于工业化中期向后期过渡阶段,制造业是经济发展的重要支撑。装备制造、钢铁、化工等传统产业在经过转型升级后,依然保持着较强的竞争力,同时积极培育新兴产业。如武汉在光电子信息、生物医药等领域取得了显著进展,形成了特色产业集群。上游地区产业结构相对较为传统,但近年来在政策引导和产业转移的推动下,产业结构调整步伐加快。成渝地区双城经济圈在电子信息、汽车制造等产业领域不断发展壮大,成为西部地区重要的产业增长极;贵州、云南等地则依托当地资源优势,发展特色产业,如贵州的大数据产业、云南的旅游产业等,逐步形成了具有地方特色的产业结构。

(三)在生态环境保护成效方面

自"共抓大保护、不搞大开发"理念提出以来,长江经济带在生态环境保护方面取得了显著成效。在水污染治理方面,通过实施严格的水污染防治措施,加强工业污染源治理、城市污水处理设施建设以及农业面源污染防控等,长江流域水质得到明显改善。生态环境部的数据显示,2024 年,长江干流国控断面水质优良比例达到 98.5%,较 2023 年(97.9%)进一步提升,全面消除劣Ⅴ类水体。主要支流如湘江、汉江的水质优良断面比例均超过 90%,流域水生态系统稳定性明显增强;长江水生生物资源加速恢复,监测显示江豚种群数量增至 1600 余头,较 2020 年增加 600 头,刀鱼、中华鲟等珍稀物种重现长江中下游。生态修复取得突破性进展,长江沿岸累计修复退化湿地 350 平方公里,洞庭湖、鄱阳湖湿地面积恢复至历史最高水平的 80% 以上,越冬候鸟数量增长 30%;完成造林 150 万亩,重点区域森林覆盖率提升至 45%,水土流失面积减少 12%;自然岸线保有率从 2020 年的 58% 提高至 2024 年的 65%,腾退生产岸线 380 公里,改造为生态廊道和公共空间。污染治理与绿色转型协同推进,长江经济带 $PM_{2.5}$ 平均浓度下降至 28 微克/立方米(全国平均 30 微克/立方米),长三角地区重污染天气基本消除;完成 1200 个历史遗留工矿污染地块治理,重点区域土壤安全利用率达 95%;沿江省市淘汰落后化工产能 2000 万吨,高新技术产业占比突破55%，建成“零碳园区”20个，上海、苏州等地氢能产业链规模超千亿元，清洁能源消费占比提升至35%。

(四)在交通基础设施建设方面

长江经济带交通基础设施建设成效显著，已初步形成了水陆空立体交通网络。在水运方面，长江黄金水道功能显著提升，干线拥有亿吨大港15个，干支线高等级航道里程达上万公里，实现5万吨级海轮直达南京、万吨级船舶直达武汉、3000吨级船舶直达重庆。例如，武汉阳逻港作为长江中游重要的航运枢纽，不断完善港口设施，提升港口吞吐能力，开通了多条集装箱班轮航线，加强了与国内外港口的联系。在铁路方面，长江经济带铁路网络不断加密，高铁建设取得重大进展。成渝中线高铁、成达万高铁等项目的推进，进一步完善了长江上游地区的铁路网络；在长江中游，鄂湘赣三省加快打造长江中游城市群“组合港”，同时加强铁路与港口的衔接，提高铁水联运效率；长江下游地区铁路网络发达，杭绍台铁路、合杭高铁湖杭段等线路的开通，进一步提升了区域交通的便利性。公路建设也取得了长足进步，高速公路网络覆盖不断扩大，国省干线公路改造升级持续推进，加强了区域内城市之间、城乡之间的联系。此外，长江经济带还拥有众多国际机场和支线机场，航空运输能力不断提升，如四川成都天府、安徽芜宣等机场先后建成投运，建成亚洲第一个专业性货运枢纽机场——湖北鄂州花湖机场，为区域经济发展和对外交流提供了有力支撑。

(五)在高水平对外开放方面

从整体上看，长江经济带开放程度不断提高，中欧班列贸易规模持续上升，西部陆海新通道建设加快推进，中老铁路高质量开通运营，成为长江经济带各地区融入共建“一带一路”国家(地区)的重要贸易和物流通道。2024年，长江经济带11省市外贸进出口总值达19.85万亿元，占全国进出口总值的45.3%，规模创历史同期新高。其中，江苏省外贸进出口5.62万亿元，同比增长7%，占长江经济带外贸总值的28.3%，位列长江经济带首位；对共建“一带一路”国家(地区)进出口9.68万亿元，同比增长6.6%；对签署《区域全面经济伙伴关系协定》的(RCEP)其他成员国进出口6.15万亿元,同比增长3.4%;高新技术产品进出口5.61万亿元,同比增长7%,表明其在全球产业链高端环节的参与度和竞争力有所提升;开放通道不断完善,如宜宾港构建起“铁公水多式联运大通道”,成为四川省首个同时具备水运、铁路类海关监管作业场所并开办海关监管业务的城市,还推出了多条班轮航线,进一步释放“长江黄金水道”运输效能。此外,重庆成为全国首个“五型”国家物流枢纽城市,西部陆海新通道通达全球120多个国家和地区超500个港口,中欧班列(成渝)覆盖欧亚110个城市,年开行量居全国第一;中新(重庆)战略性互联互通示范项目、重庆自贸试验区、两江新区等开放平台能级不断提升,湖北、江西等地稳步推进打造内陆开放高地,江苏高标准推进柬埔寨西港特区、中阿(联酋)产能合作示范园、中哈(连云港)物流合作基地项目的建设。

二、长江经济带高质量发展面临的主要困难

(一)生态环境保护压力依然较大

尽管长江经济带在生态环境保护方面取得了显著成效,但生态环境压力依然不容忽视。工业污染问题仍然较为突出,部分企业环保意识淡薄,环保设施建设滞后,存在偷排漏排等违法行为。一些传统产业如化工、钢铁、建材等,生产过程中产生大量废水、废气和废渣,对长江流域生态环境造成较大威胁。以长江沿岸部分化工园区为例,部分企业的污水处理设施老旧,无法满足达标排放要求,导致大量污水未经有效处理直接排入长江。农业面源污染防控难度较大,长江经济带农业生产规模大,农药、化肥的不合理使用对土壤和水体产生了不利影响。相关研究表明,长江流域部分地区农业面源污染对水体污染的贡献率超过50%。农村生活污水和垃圾处理设施建设滞后,大量生活污水未经处理直接排放,生活垃圾随意堆放,对周边水体和土壤环境造成污染。生态系统退化问题尚未得到根本解决,如过度捕捞、围湖造田、湿地破坏等,导致生态系统结构和功能受损,生物多样性下降,部分珍稀物种的生存依然面临严峻挑战,一些重要湿地的生态功能退化,对长江流域生态安全构成威胁。

（二）产业结构不合理与转型升级困难

长江经济带产业结构不合理问题依然存在，部分地区产业结构偏重，传统产业占比较大，新兴产业和现代服务业发展相对滞后。在一些中游和上游地区，工业经济中重化工业占比较高，产品附加值低，资源消耗大，环境污染重。例如，某些地区的钢铁产业仍以粗钢生产为主，缺乏高端钢材产品，在市场竞争中处于劣势。产业转型升级面临诸多困难。一方面，传统产业转型升级成本高，企业缺乏足够的资金和技术支持。许多传统企业设备老化、技术落后，要实现转型升级需要大量资金投入进行设备更新和技术研发，但企业往往面临融资难、融资贵等问题，制约了转型升级的步伐。另一方面，新兴产业培育和发展面临挑战，人才、技术、资金等要素集聚不足，创新能力不强，产业配套不完善，导致新兴产业发展缓慢，难以形成规模效应和竞争优势。区域间产业同构现象较为严重，缺乏有效的产业分工与协作机制。各地区在产业发展过程中，往往追求“大而全”“小而全”，盲目跟风投资一些热门产业，导致产业结构相似，资源浪费严重，区域间竞争加剧，协同发展水平较低。例如，在一些地区，电子信息、新能源等产业存在重复建设和同质化竞争现象。

（三）交通基础设施衔接不畅

长江经济带虽然已经构建了较为完善的水陆空立体交通网络，但不同运输方式之间的衔接不畅问题较为突出，影响了综合交通网络的整体效能。在多式联运方面，铁路、公路、水运、航空等运输方式之间缺乏有效的衔接机制和信息共享平台，货物在不同运输方式转换过程中存在转运时间长、成本高、损耗大等问题。例如，在一些港口，铁路与港口的衔接不够紧密，铁路专用线建设滞后，导致货物从铁路运输转换到水运时需要多次装卸，增加了物流成本和时间成本。长江航运的三峡船闸“肠梗阻”问题越来越突出，港口集疏运体系建设滞后，港口、航运、铁路、海关、商检等各系统之间信息互联互通程度不高，价格机制不健全。交通枢纽建设不完善，枢纽内各种运输方式的换乘设施不便捷，旅客换乘体验不佳。一些城市的火车站、汽车站与机场之间的交通衔接不够顺畅,缺乏高效的公共交通连接,旅客需要花费较长时间和较高成本进行换乘。此外,部分交通基础设施建设标准不统一,不同地区之间的公路、铁路等基础设施在技术标准、建设规范等方面存在差异,也影响了区域交通的互联互通和一体化发展。

(四)科技创新能力不足

长江经济带科技创新能力与高质量发展的要求仍存在一定差距。虽然长江经济带拥有众多高校、科研机构和科技人才,但整体科技创新投入不足,科技创新资源配置效率不高。一些企业对科技创新的重视程度不够,研发投入占营业收入的比重较低,缺乏自主创新能力,关键核心技术受制于人。科技创新平台建设有待加强,虽然部分地区建立了一些科技创新园区、孵化器等平台,但平台的功能和服务水平还不能满足企业创新发展的需求,平台之间的协同创新机制不健全,难以形成创新合力。此外,科技成果转化效率较低,科技成果与市场需求对接不够紧密,存在科技成果"束之高阁"的现象,未能充分发挥科技创新对经济发展的支撑作用。在科技创新人才方面,虽然长江经济带人才资源丰富,但人才结构不合理,高端创新人才和复合型人才短缺,人才流动还存在一些障碍,不利于人才的合理配置和作用发挥。

(五)体制机制障碍制约协同发展

长江经济带跨区域协同发展面临诸多体制机制障碍。在行政管理体制方面,各省市之间行政分割现象较为严重,缺乏有效的区域协调机制和统一的规划引导,导致在产业布局、基础设施建设、生态环境保护等方面难以形成合力。例如,在长江岸线资源开发利用方面,不同省市之间存在各自为政的现象,缺乏统一规划和管理,导致岸线资源浪费和不合理开发。在市场机制方面,区域市场一体化程度较低,地方保护主义导致的区域间市场分割现象较为严重,抑制了生产要素的合理配置。不同地区在市场准入、税收政策、监管标准等方面存在差异,企业在跨区域经营过程中面临诸多障碍,影响了区域经济的协同发展。在利益分配机制方面,缺乏合理的利益共享和补偿机制,在生态保护、产业转移等领域，各地区之间难以平衡利益关系，制约了区域协同发展的积极性。

三、长江经济带高质量发展的有关对策与建议

（一）加强生态环境保护与修复

1. 加大工业污染治理力度。严格环境准入门槛，对长江经济带地区的新建工业项目进行严格的环境影响评价，从源头上控制污染。加强对现有工业企业的监管，建立健全环境监管长效机制，运用在线监测、大数据等技术手段，实时掌握企业污染物排放情况，对违法排污企业依法予以严惩。推动传统产业绿色化改造，鼓励企业采用先进的清洁生产技术和工艺，减少污染物排放。

2. 减少农业面源污染扩散。推广科学施肥、施药技术，加强畜禽养殖废弃物资源化利用，鼓励建设畜禽养殖废弃物处理设施，将废弃物转化为有机肥等资源。加大对长江经济带区域的农村生活污水和垃圾处理设施建设的投入，建立完善的农村环境治理长效机制，提高农村生活污水和垃圾处理率。

3. 加强生态系统保护与修复。实施长江经济带重要生态系统保护和修复重大工程，建立健全生态保护补偿机制，对生态保护贡献大的地区给予合理补偿，调动地方政府和社会力量参与生态保护的积极性。加强长江经济带地区的生物多样性保护，建立自然保护区、国家公园等保护体系，加强对珍稀物种的保护和监测，维护长江流域生态平衡。

（二）推动产业结构优化升级

1. 制定长江经济带产业长期发展规划。根据长江经济带上中下游地区的资源禀赋、产业基础和发展优势，确定差异化的产业发展方向。上游地区依托资源优势，发展特色产业，同时承接中下游地区产业转移，促进产业结构优化；中游地区在巩固传统制造业优势的基础上，加快培育新兴产业，推动产业转型升级；下游地区重点发展高端制造业、现代服务业和战略性新兴产业，提升产业附加值和竞争力。

2. 加大对传统产业转型升级的支持力度。刚性落实长江经济带发展负面

清单和产业结构调整指导目录,坚决遏制高耗能、高排放项目。对沿江化工、钢铁等临港产业实施绿色化、精品化改造,推动从末端治理向源头治理转型,淘汰落后产能并明确整治标准与期限。设立传统产业转型升级专项资金,用于支持企业技术改造、设备更新和研发创新。鼓励金融机构为传统产业转型升级提供融资支持,创新金融产品和服务。推广工业互联网、数字孪生等技术,推动传统制造业全流程智能化改造。

3. 培育壮大新兴产业。依托安徽"芯屏汽合"全产业链、重庆两江新区的生命健康产业、湖北的光电子信息、人工智能等产业优势,打造长江经济带电子信息、高端装备、生物医药等世界级产业集群。聚焦上海张江、武汉东湖等国家自主创新示范区,建设绿色技术创新联盟,提高产业协同创新能力。加大对长江经济带新兴产业的政策扶持和资金投入,吸引高端人才、技术和资金集聚。

4. 提升现代服务业发展水平。在生产性服务业方面,要发展工业设计、检验检测、供应链管理等高技术服务业,推动金融科技、航运服务创新,建设人工智能应用示范区,推广智能终端、机器人等产业。同时,依托长江中游城市群综合科技服务平台,促进科技成果交易与转化。在生活性服务业方面,要壮大文化旅游、健康养老等产业,推动线上经济与线下体验结合,培育数字消费新业态。推动区域协同与开放合作,打破行政壁垒,建立自由便利的金融与物流市场体系。

(三)完善交通基础设施建设

1. 加快黄金水道深度治理与功能提升。持续推进长江干线航道系统化治理,重点解决中游荆江段"肠梗阻"问题,加快下游深水航道延伸至南京工程建设,推进上游重庆至宜宾段航道升级,研究金沙江攀枝花至水富段通航可行性。同时,统筹支流航道建设,加快赣江、湘江、汉江等高等级航道扩能,形成干支联动的内河航运网络。

2. 完善铁路公路网络加密与贯通。依托东部沿海和京沪(京台)通道、中部京广和京九通道、西部丝绸之路通道和西部陆海新通道,加强南北方跨地区联系。加快沿江高铁、沪汉蓉高铁等干线建设,针对中西部交通短板,重点推进川藏铁路、渝湘高铁等战略性工程，提升南北向通道能力。完善沪昆、沪蓉等国家高速公路主通道，消除省际"断头路"。

3. 推进航空与管道网络协同发展。强化上海国际航空枢纽引领作用，提升武汉、重庆、成都等区域枢纽能级，建设鄂州花湖专业货运机场，完善"客货双枢纽"布局。同步推进油气管网建设，以沿江干线管道为轴，连接成渝、长江中游、长三角城市群，形成区域能源运输闭环。

（四）强化科技创新驱动

1. 构建高水平创新平台。进一步支持上海张江、安徽合肥等综合性国家创新中心建设，加快建设国家实验室、国家工程研究中心、国家技术创新中心等重大创新平台。推动中游城市群和成渝地区创新能力提升，优化创新平台布局，提高长江经济带整体创新能力。

2. 增强企业创新主体地位。加大对长江经济带的企业研发投入的支持力度，鼓励企业开展关键核心技术攻关。推动产学研深度合作，促进创新资源向企业集聚，提高企业的创新能力和市场竞争力。培育一批具有国际竞争力的创新型企业和产业集群。

3. 深化科技体制改革。破除创新要素自由流动的壁垒，建立健全有利于创新的评价机制、激励机制和容错机制。加强知识产权保护，营造良好的创新生态环境。加强科技资源的最优化配置，增强科技成果向现实生产力的转化效率，促进科技创新同新兴产业的协调发展。

（五）促进体制机制协同发展

1. 深化跨区域行政协调机制创新。建立常态化的"长江经济带一体化治理云平台"，整合各省政务服务、产业数据、生态监测等系统，实现跨区域审批，减少企业跨区域经营的制度性成本。建立跨区域重大项目"联合预审"制度，由国家发展改革委、交通运输部、生态环境部等部门联合评估项目对全流域的影响，避免重复建设或生态破坏。

2. 完善产业链协同发展模式。推行"链主企业 + 区域配套"协作机制，以上海、武汉、重庆等龙头城市的链主企业为核心,带动上中下游配套企业形成产业集群。建立“产业飞地”利益共享新机制,突破行政区划限制,引导产业有序转移和分工协作,避免同质化竞争。

3. 创新利益协调与考核评估机制。建立“成本共担、利益共享”的跨区域项目投资机制,试点“区域税收分享池”制度,对跨区域经营企业税收实行“源头征收、按效分配”。完善协同发展考核与激励体系,将跨区域协作成效纳入地方政府绩效考核,考核指标包括产业协同项目数量、生态补偿落实率、要素流动规模等,对在跨区域治理中表现突出的地区、企业和社会组织给予奖励,从而激发创新活力。

参考文献

何雄浪、陈贤青:《区域创新绩效对全要素生产率的影响研究——以长江经济带为例》,《武汉科技大学学报(社会科学版)》,2024 年第 2 期。

杨高升、谢秋皓:《长江经济带绿色水资源效率时空分异研究——基于 SE – SBM 与 ML 指数法》,《长江流域资源与环境》,2019 年第 2 期。

张明斗、翁爱华:《长江经济带城市水资源利用效率的空间关联网络及形成机制》,《地理学报》,2022 年第 9 期。

狄乾斌、陈小龙、侯智文:《“双碳”目标下中国三大城市群减污降碳协同治理区域差异及关键路径识别》,《资源科学》,2022 年第 6 期。

朱华、张晴、徐力刚:《基于水资源全生命周期的浙江省水系统碳排放及情景预测》,《环境科学》,2025 年第 4 期。

中国式现代化目标下中部高质量发展的优势、挑战与路径选择

刘耀彬　聂长飞*

摘要： 2024年3月，习近平总书记在湖南省长沙市主持召开新时代推动中部地区崛起座谈会强调，在更高起点上扎实推动中部地区崛起。基于中国式现代化的新背景，提出中国式现代化背景下推动中部高质量发展是必然选择。中国式现代化背景下中部高质量发展的优势主要包括综合经济实力迈上新台阶、"三基地、一枢纽"的地位日益巩固、创新发展势头强劲、协调发展稳步向前、绿色发展卓有成效、开放发展持续推进、共享发展行稳致远，但同时也面临着发展不够平衡、发展不够充分以及东部地区挤压、中部六省之间竞争现象等挑战。为此，应打好中国式现代化背景下推动中部高质量发展的"组合拳"，加快健全推动中部高质量发展的体制机制；加快建设现代化产业体系，夯实中部高质量发展的"主阵地"；深入实施创新驱动发展战略，加快培育和发展新质生产力；全面推进乡村振兴，筑牢中部高质量发展"压舱石"；推进高水平对外开放，激发中部高质量发展的动力活力；坚持以满足人民美好生活需要为出发点和落脚点，扎实推动共同富裕。

关键词： 中国式现代化　中部地区崛起　高质量发展　路径选择

2004年3月，《政府工作报告》首次提出中部崛起战略。2006年4月，《关于促进中部地区崛起的若干意见》发布，标志着中部崛起战略正式实施。进入新时代以来，习近平总书记分别于2019年5月和2024年3月两次主持召开"推

* 刘耀彬，江西财经大学党委书记，教授、博士生导师，研究方向为区域经济发展；聂长飞，南昌大学经济管理学院副教授、硕士生导师，研究方向为经济高质量发展。

动中部地区崛起工作座谈会”,对新时代中部地区崛起提出了新的、更高的要求。在此背景下,本文立足中国式现代化的新背景,论证中国式现代化背景下推动中部高质量发展的必要性,深入分析中国式现代化背景下中部高质量发展的优势和面临的短板,进而提出中国式现代化背景下推动中部高质量发展的战略路径选择。

一、中国式现代化背景下推动中部高质量发展的必要性

(一)中部高质量发展是谱写中国式现代化“中部篇章”的必然要求

党的二十大报告指出,“高质量发展是全面建设社会主义现代化国家的首要任务”,并提出新时代新征程“要坚持以推动高质量发展为主题”①。党的二十届三中全会发布的《中共中央关于进一步全面深化改革、推进中国式现代化的决定》共分为十五大部分,第三部分以“健全推动经济高质量发展体制机制”为主题,明确强调,“必须以新发展理念引领改革,立足新发展阶段,深化供给侧结构性改革,完善推动高质量发展激励约束机制,塑造发展新动能新优势”②。这一系列重要论述凸显了高质量发展对推进中国式现代化的重要意义。在新时代新征程中,要着力推进中国式现代化,就需要系统推进工业、农业、服务业、科学技术和国防等各个方面、各个领域的现代化(简新华、聂长飞,2023),而不同方面和领域现代化的切实有效实现,又必须具备坚实的物质技术基础,这些物质技术基础无法单纯依靠经济发展速度满足,而必须依靠高质量发展来满足。对于中部地区而言,加快谱写中国式现代化“中部篇章”,离不开高质量发展的支撑和推动。

---

① 习近平:《高举中国特色社会主义伟大旗帜 为全面建设社会主义现代化国家而团结奋斗——在中国共产党第二十次全国代表大会上的报告》,https://www.gov.cn/xinwen/2022-10/25/content_5721685.htm,最后检索时间:2022年10月25日。

② 新华社:《中共中央关于进一步全面深化改革、推进中国式现代化的决定》,https://www.gov.cn/zhengce/202407/content_6963770.htm?sid_for_share=80113_2,最后检索时间:2024年7月21日。

（二）中部高质量发展是我国深入实施区域协调发展战略、扎实推进共同富裕的必然要求

中国式现代化是全体人民共同富裕的现代化。中部地区承东启西、连南接北，交通网络发达、生产要素密集、人力和科教资源丰富、产业门类齐全、基础条件优越、发展潜力巨大，在全国区域协调发展格局中占有举足轻重的战略地位。中部地区能否有效实现高质量发展，事关我国高质量发展事业全局，事关我国区域协调发展大业，事关我国扎实推进共同富裕目标的实现。从全国范围来看，要深入实施区域协调发展战略、扎实推进共同富裕，必须着力缩小东部、中部、西部、东北等不同地区之间的区域发展差距。在中国式现代化的新征程，区域发展差距不仅体现在 GDP 增速、人均 GDP 等经济增长数量指标上，更体现在经济发展质量上。因此，中部地区必须在国家大的战略布局下，以推动高质量发展为主要目标任务，锚定高质量发展的目标导向，在创新发展、协调发展、绿色发展、开放发展、共享发展等维度不断取得新突破，助力我国在区域协调发展和共同富裕方面取得新成效。

（三）中部高质量发展是解决不平衡不充分问题、满足人民美好生活需要的必然要求

虽然中部崛起战略的深入实施从根本上遏制了“中部塌陷”现象，有效提升了中部地区的综合实力和竞争力，但客观上来讲，中部地区发展不平衡不充分问题依然突出，不仅居民收入水平相对偏低，在创新能力、对外开放、城镇化水平、公共服务供给等方面同东部地区也存在着一定的差距，人民群众美好生活的需要还不能得到很好的满足（刘耀彬等，2022）。要真正满足人民日益增长的美好生活需要，就必须改变发展不平衡不充分的状况。发展不平衡不充分的问题，虽然还包含有发展的数量问题、速度问题，但主要是发展的质量问题。高速增长解决不了发展不平衡、不充分的问题，必须依靠高质量发展。因此，要做到平衡充分的发展，满足人民美好生活的需要，就必须实现高质量发展、开创高质量发展新局面（简新华、聂长飞，2019）。

二、中国式现代化背景下中部高质量发展的优势

自2004年《政府工作报告》首次提出促进中部地区崛起以来，中部崛起战略提出已逾20年。党的十八大以来，在以习近平同志为核心的党中央领导下，中部地区综合经济实力迈上新台阶、“三基地、一枢纽”的地位日益巩固、创新发展势头强劲、协调发展稳步向前、绿色发展卓有成效、开放发展持续推进、共享发展行稳致远，中部地区发展站到了更高起点上。

（一）综合经济实力迈上新台阶，为推进中部高质量发展奠定了坚实基础

中部地区GDP由2004年的3.21万亿元增加到2024年的28.72万亿元，增长近8倍。人均GDP由2004年的0.89万元增加到2024年的7.93万元，连续跨越了7个“万元级”台阶，中部地区在经济社会发展中的支撑作用持续增强。具体到各个省份，中部六省的经济发展水平得到了质的飞跃。其中，安徽省GDP由2004年的0.48万亿元增加到2024年的5.06万亿元，连续跨越了5个“万亿元级”台阶，人均GDP由2004年的0.78万元增长到2024年的8.27万元，在全国方位实现了“总量居中、人均靠后”向“总量靠前、人均居中”的历史性跨越。江西省GDP和人均GDP由2004年的0.35万亿元和0.82万元增长到2024年的3.42万亿元和7.59万元，实现了“总量中下、人均靠后”向“总量中上、人均居中”的巨大跨越。此外，河南省GDP和人均GDP由2004年的0.88万亿元和0.90万元增长到2024年的6.36万亿元和6.49万元；山西省GDP和人均GDP由2004年的0.30万亿元和0.92万元增长到2024年的2.55万亿元和7.38万元；湖南省GDP和人均GDP由2004年的0.56万亿元和0.91万元增长到2024年的5.32万亿元和8.12万元；湖北省GDP和人均GDP由2004年的0.63万亿元和0.97万元增长到2024年的6.00万亿元和10.28万元。由此可见，这些省份的经济实力均得到了显著提升。

（二）“三基地、一枢纽”的地位日益巩固，为推进中部高质量发展提供了有力支撑

“三基地、一枢纽”，即粮食生产基地、能源原材料基地、现代装备制造及高技术产业基地和综合交通运输枢纽，这是党中央实施中部崛起战略对中部地区提出的发展定位。作为粮食生产基地，2024 年中部地区粮食产量 2.04 亿吨，占全国粮食总产量的 28.92%，稳定在 30% 左右，为国家粮食安全提供了重要保障。作为能源原材料基地，中部地区储备了大量能源，其中江西赣州有“稀土王国”“世界钨都”之称，离子型稀土储备量占全国的 80%。同时，山西作为我国煤炭生产大省，煤炭资源丰富、储备量大、资源分布广，煤炭品种齐全、质量优，2024 年，山西省原煤产量达到 12.69 万亿吨。作为现代装备及高技术产业基地，中部地区新一代信息技术、新能源汽车、先进轨道交通、航空航天、新材料、现代生物医药、现代种业等重点新兴产业发展壮大，在全国乃至世界都具有较强竞争力。作为综合交通运输枢纽，中部地区基础设施日益完善，营业铁路、高速铁路、等级公路和高速公路密度均位居四大板块第 2 位，在连接南北、承接东西方面发挥了关键的支撑作用。

（三）创新发展势头强劲，为推进中部高质量发展夯实了技术优势

中部六省在长期经济发展中始终坚持创新在现代化建设全局中的核心地位，深刻认识到创新是第一动力，不断优化创新资源配置，完善科技创新体系，加快推动创新驱动发展战略的实施。2004 年至 2023 年，中部地区技术市场成交额由 13.17 亿元增加到 15529.87 亿元，占全国技术市场成交额的比重由 9.87% 提高到 25.26%，增加了 15.39 个百分点。2023 年，中部地区规模以上工业企业有效发明专利申请数达 34.90 万件，占全国的比重达到 15.67%。与此同时，中部各省十分注重数字技术的作用，例如，湖北省实施“数字经济强省三年行动”，江西省积极推进数字江西建设，不断推动中部地区数字经济规模发展壮大、数字基础设施建设日益完善、数字技术创新能力持续提升，数字经济已成为稳增长促转型的重要引擎。

（四）协调发展稳步向前，为推进中部高质量发展注入了动力优势

推动以人为核心的新型城镇战略是促进区域协调发展战略的重要内容，是中部地区致力于实现高质量发展目标的必经之路。2004 年，中部地区常住人口城镇化率仅为 41.76%。2024 年，山西省、江西省、安徽省、河南省、湖北省、湖南省的常住人口城镇化率分别达到 66.32%、63.77%、62.57%、59.22%、66.35%、62.07%，中部地区城镇化水平大幅提升。与此同时，中部地区第一产业、第二产业、第三产业增加值比例由 2004 年的 13.7∶50.5∶35.8 转变为 2024 年的 7.6∶39.6∶52.8，与全国的 6.8∶36.5∶56.7 较为接近。服务业增加值占比年均增加 0.85 个百分点，产业结构高级化、合理化、服务化水平不断提升。战略性新兴产业和未来产业不断发展壮大，新质生产力加速形成，对经济社会高质量发展的支撑引领作用日益增强。

（五）绿色发展卓有成效，为推进中部高质量发展凸显了生态优势

中部地区坚持“人与自然和谐共生”的发展理念，积极推动生态文明建设，构建生态文明体系，在绿色发展方面取得显著成果。其中，长江、黄河、淮河、洞庭湖和鄱阳湖等重点水域治理成效显著，水质得到明显改善。2020 年以来，长江连续多年水质达到Ⅱ类，符合饮用水标准，一度“病得不轻”的长江实现“病后初愈”。黄河流域水质 2023 年首次提升到优，干流连续两年全线达到Ⅱ类水质，地表水优良水质断面比例达到 91%。淮河水环境保障能力明显提升，水质常年保持在Ⅲ类。洞庭湖水质同样持续向好，实现了劣Ⅴ类到Ⅳ类的转变，生物多样性持续增加。在生态治理和资源禀赋方面，除山西省和河南省外，2024 年，江西省、安徽省、湖北省、湖南省的森林覆盖率分别达到 63.35%、30.19%、42.45%、53.15%，均明显高于全国平均水平，江西省更是位居全国第二，中部地区绿色发展水平位居全国前列。

（六）开放发展持续推进，为推进中部高质量发展塑造了竞争优势

中部地区不断深化改革开放，持续推进高水平对外开放，开放型经济加速发展，形成了更大范围、更宽领域、更深层次的对外开放新格局。中部地区进出

口总额由2004年的2892.58亿元增加到2024年的35996.51亿元,增加了11倍多,年均增长13.44%。中部地区进出口总额占全国进出口总额比重由2004年的3.03%提高到2024年的8.21%,比重扩大到原来的近3倍,摆脱了四大板块中的垫底地位。中部六省积极响应"一带一路"倡议,共促"一带一路"高质量发展,扩大对外投资,外贸"新三样"成为各省对外贸易中的"红人",走俏海外市场,"走出去"迈出可喜步伐,国际经济合作不断深化,对外贸易的朋友圈日益扩大。

(七)共享发展行稳致远,为推进中部高质量发展锻造了共富优势

中部地区城镇居民人均可支配收入由2004年的7886.51元增加到2024年的46724.33元,年均名义增长9.30%;农村居民人均可支配收入由2020年的2692.77元增加到2024年的21672.50元,年均名义增长10.99%,人民收入水平稳步提升。城镇居民人均消费支出由2004年的5880.11元增加到2024年的29347.83元,农村居民人均消费支出由2004年的1590.91元增加到2024年的18896.83元,人民消费水平不断提高。此外,中部地区在教育、医疗、公共服务、社会保障等领域也取得了良好的进展,共同富裕的物质基础不断夯实,人民群众获得感、幸福感明显提升(刘耀彬、聂长飞,2023)。

三、中国式现代化背景下中部高质量发展面临的挑战

(一)中部地区经济社会发展仍然存在一些不平衡的现象

1.城乡发展差距仍然较大。虽然近年来中部地区通过深入实施乡村振兴战略等,很大程度上缩小了城乡差距,但在收入、消费、公共服务供给等方面,城乡发展差距问题仍亟待改善。城乡发展不平衡很大程度上制约着生产和消费,从而导致经济内循环不够顺畅。

2.区域发展差距不容乐观。中部六省之间以及中部六省内部各城市之间,GDP总量和人均收入水平存在较大差距。更重要的是,从经济高质量发展综合指数的差距来看,根据《中国中部经济高质量发展报告(2022)》的测算结果,在

中部地区80个城市中,经济高质量发展指数最高的城市武汉是最低城市的3.87倍,严重影响中部地区经济发展的整体性和协同性(刘耀彬等,2022)。

3.不同维度发展差距值得关注。进入新时代以来,中部地区在“创新、协调、绿色、开放、共享”各维度均取得了不错成效,但各维度之间发展不平衡、不协调的现象同样值得关注。具体来说,中部地区在创新发展和开放发展方面增速较快,但在协调发展、绿色发展和共享发展方面增速则相对较慢。

(二)中部地区经济社会发展仍然存在一些不充分的现象

1.经济发展数量和质量均相对偏低。在经济发展数量上,虽然“中部塌陷”现象得到了有效遏制,但中部地区人均GDP仅仅是全国平均水平的85%左右,与东部地区的差距则更大。在经济发展质量上,经济高质量发展指数最高的武汉得分为86.27,与最优值100还存在13.73的差距,其余城市则更低。

2.优质公共服务供给亟需增强。总体而言,中部地区在教育、医疗、社会保障等领域发展还不够充分,同全国平均水平以及东部地区相比,很多方面还存在差距,有待进一步提升,以满足人民日益增长的美好生活需要。

3.区域协调不够、省会城市引领辐射作用偏弱。一方面,中部六省区域内部竞争多于协调和合作,六个省份之间的经济联系还不是很紧密,经济社会发展缺乏协同性。另一方面,省会城市辐射带动作用还有待提升,对区域内其他城市正向溢出效应不够,区域其他城市受益不足。

(三)东部地区挤压、中部六省之间的竞争现象仍然存在

1.东部地区挤压现象仍然存在。中部六省大多与东部发达省份相邻,如江西毗邻浙江、福建、广东等东部发达地区,安徽毗邻江苏、浙江等东部发达地区,由于中部地区省份经济发展处于相对弱势的地位,东部地区省份对中部地区省份的虹吸、挤压效应依然存在,在一定程度上制约了中部地区高质量发展。

2.中部六省之间的竞争现象仍然存在。中部六省虽然在中部崛起战略的引领下有着密切的合作关系,但由于考核机制导向、产业结构相似、资源禀赋重叠、市场辐射范围交叉等客观因素的存在,部分地区仍存在“各自为战”的局面,

未能形成协同发展合力，中部六省之间在相互合作的同时，也存在着激烈的竞争关系。

四、中国式现代化背景下推动中部高质量发展的战略路径选择

（一）加快健全推动中部高质量发展的体制机制

1. 强化顶层设计，构建以新发展理念为核心的考核体系。在新时代新征程中，必须完整、准确、全面贯彻新发展理念，将创新、协调、绿色、开放、共享的新发展理念融入中部地区崛起的实践中去。在顶层设计上，应该尽快构建适应高质量发展目标的考核体系，弱化经济总量、GDP 增速等数量指标对官员晋升的作用，构建一套以科技创新、城乡协调、生态环境、对外开放、成果共享等指标为核心的高质量发展阶段的考核指标体系，更好发挥指标体系风向标、指挥棒、导航仪、红绿灯的作用，以此更好地调动地方政府推动高质量发展的积极性，加快形成“为高质量发展而竞争”的新的竞争格局，着力推动经济实现质的有效提升和量的合理增长（钞小静、王灿，2023），为推动高质量发展注入新的活力。

2. 加强中部六省之间的合作交流，促进中部六省高质量均衡发展。当前，中部六省高质量发展水平仍然存在较大的差距，不利于共同富裕目标的实现。在新的历史阶段，应充分借助新时代推动中部崛起的契机，建立更加有效的区域联动和协调发展新机制，加强中部六省之间的交流与合作，以此促进中部六省内部的协调融合发展，开拓中部高质量均衡发展新格局。与此同时，要建立完善统筹机制，破除地区之间利益藩篱和政策壁垒，打破地域、户籍、行业、编制、社会保障等的限制，增强社会流动性，促进要素自由流动，推动中部六省之间的协调发展。

3. 坚持“锻优势、补短板”，实施差别化的高质量发展推进策略。由于中部六省的资源禀赋、发展阶段等存在差异，因而在推进高质量发展的道路上不能简单地“一刀切”，而应立足地方实际，实施差别化政策措施。具体来说，应坚持以下两条思路：一是坚持“锻优势”，对于发展较为优良的维度，应进一步总结成功经验，继续保持和巩固优势地位；二是坚持“补短板”，对于发展相对薄弱的环

节，应通过深入分析找到相应的原因，提出针对性的应对措施，在短板维度加快形成“追赶效应”。

4. 确定对标省份和城市，加快赶超进程。有对比才会有改进，有改进才会有进步。在推进中部高质量发展的进程中，应充分分析自身与周边发达省份和城市之间差距的大小及差距产生的原因，并以这些省份和城市为“参照系”，加快赶超进程。关于对标省份和城市的选择，并不要求对标省份和城市中高质量发展的每一个维度都十分突出，只要这些省份和城市在某一维度、某一方面具有亮眼的表现，都可以用来借鉴和参考。

5. 以推动“有效市场”和“有为政府”有机结合为重点，妥善协调处理好市场与政府的关系。具体而言，要全面实行政府权责清单制度，进一步厘清、明确市场和政府在经济发展过程中的作用及其边界，继续深化简政放权、放管结合、优化服务改革，加快服务型政府建设，充分发挥市场价格机制、供求机制、竞争机制、风险机制等在资源配置中的决定性作用，以此不断提升资源配置效率。

（二）加快建设现代化产业体系，夯实中部高质量发展的“主阵地”

1. 以实体经济高质量发展为着力点，推动实体经济高质量发展。妥善处理好实体经济与虚拟经济之间的关系，构建有助于推动实体经济高质量发展的金融服务体系。结合地方特色优势，瞄准制造强国、质量强国、航天强国、交通强国、网络强国、数字中国等国家战略需求，积极推进新型工业化，在保证制造业增加值占比基本稳定的前提下，不断提升制造业发展的质量和效益，推动制造业发展高端化、智能化和绿色化。在微观层面，坚持企业在现代化产业体系中的主导地位，支持专精特新企业高质量发展，打造世界级先进制造业集群。

2. 积极拥抱数字经济的时代红利，利用数字经济推动现代化产业体系建设。加快推动数字产业化和产业数字化，充分利用“东数西算”等战略契机，打造具有国际竞争力的数字产业集群，不断推进数字经济高质量发展。充分发挥数据要素“报酬递增”的优势，赋能传统产业优化升级、催生战略性新兴产业和生产性服务业等新业态新模式。促进数字经济和实体经济深度融合，打造数字经济新优势。

（三）深入实施创新驱动发展战略，加快培育和发展新质生产力

1. 紧紧扭住创新驱动这个“牛鼻子”。深化科技体制机制改革，进一步增加研发支出规模和比重，提高科技资源配置效率，完善技术创新体系和科技成果转化机制。加快推进制度环境建设，营造有利于科技创新的环境，加强知识产权保护力度，营造创新氛围、激发创新热情，加快推动实现科技现代化。强化企业科技创新的主体地位，加快培育创新型企业与科技领军企业，鼓励、支持和推动企业运用数字化技术、加快实现数字化转型，以数字化手段赋能企业创新。

2. 充分发挥人才第一资源的作用。要特别重视大力发展各类教育事业，坚持需求牵引，面向国家战略和区域发展实际调整优化教育结构、提高教育的质量和针对性，为培养高素质创新型人才提供支撑。与此同时，要加快营造尊重人才的文化氛围，采取多种措施手段实现引才、育才、用才、留才，激发创新活力，加快推动人口数量红利向人口质量红利转变，为中部高质量发展注入源源不断的新动能。

（四）全面推进乡村振兴，筑牢中部高质量发展“压舱石”

1. 大力推进城乡融合发展。树立城市和乡村互促互进、共生共存的理念，积极推动城乡一体化发展进程，加快打破城市和乡村的分割边界，逐步打通城乡要素自由流动的制度性通道，畅通城乡要素流动和经济循环，为不断增加农民收入、加快乡村振兴持续注入新活力。破除城乡二元结构，补齐农村在教育、医疗、社会保障、基础设施等方面的短板，推进新型城镇化和乡村振兴协同发展，实现城乡更高质量的全面融合。

2. 加快建设现代农业。坚持系统观念，统筹高质量发展与高水平安全，保障粮食安全，牢牢守住中部地区耕地红线。在此基础上，多措并举，全面推动乡村产业、人才、文化、生态和组织振兴。在产业振兴方面，坚持因地制宜，积极发展农村电商，通过“一乡一业、一村一品”等措施发挥不同地区的特色优势和产业集聚效应，不断提高产业综合竞争力。在人才振兴方面，要通过相关政策引导和支持，鼓励和吸引优秀的人才返乡就业创业，同时要加强对本地区现有人才的培训、培育工作,以此夯实乡村振兴的人才支撑。在文化振兴方面,大力推动农村公共文化事业发展,焕发乡村文明新气象。在生态振兴方面,以美丽乡村建设为抓手,不断满足人民群众对生态环境的美好需求。在组织振兴方面,要全面提升农村基层党组织的政治功能和组织力,为乡村振兴提供组织保障。

(五)推进高水平对外开放,激发中部高质量发展的动力活力

1. 积极主动融入以国内大循环为主体、国内国际双循环相互促进的新发展格局。一是要把握好扩大内需的战略基准点,畅通经济内循环。将持续增进民生福祉作为主要着力点,千方百计促进人民群众增收,加快释放消费潜能和推动消费升级。"适度超前"布局5G、工业互联网、数据中心和大型算力中心等新型基础设施,优化投资结构、提高投资效率,更好发挥投资的关键性作用。二是推进高水平对外开放,打通经济外循环梗阻。充分发挥中部地区超大规模市场优势,扩大对外贸易规模,加大招商引资力度,稳住外贸基本盘。深入推进营商环境优化改革,营造有利于对外开放的营商环境,切实为"引进来"提供优质"土壤"。

2. 不断提升对外开放层次和水平。稳步扩大制度型开放,有效发挥自贸区、自贸港的示范引领作用,逐步放宽对外开放的范围,有序推进金融、研发、教育、文化、医疗、体育等领域的对外开放,推动对外开放水平尤其是服务业对外开放水平的提高。加强相关制度建设,合理缩减外资准入负面清单,稳步扩大规则、规制、管理、标准等制度型开放,促进对外贸易便利化和高质量发展。

(六)坚持以满足人民美好生活需要为出发点和落脚点,扎实推动共同富裕

1. 加强基本公共服务建设,增进民生福祉。一是补齐公共服务供给短板。加快公共服务体系建设,提升公共服务供给能力和水平,不断满足人民群众多样化、个性化、高品质的健康、养老、托育、文化、旅游、体育、家政等美好生活的需要,保障人民更好享受改革成果。二是促进基本公共服务均等化。坚持普惠性、均等化原则,注重提升农村地区和欠发达地区的公共服务能力和水平,促进公共服务供给的均衡性、公平性,努力弥合城乡数字鸿沟,有效缩小城乡间、区

域间基本公共服务水平差距，使人民群众更多更公平地享受改革发展成果。

2. 在高质量发展中促进共同富裕，奋力开创全体人民共同富裕的现代化。一是扩大中等收入群体规模，在高质量发展中促进人民物质生活共同富裕。在努力“做大做好蛋糕”的基础上，综合运用财政、税收、社会保障等手段，千方百计稳定就业、促进创业，不断“调高、扩中、提低”，不断扩大中等收入群体规模，打好促进人民物质生活共同富裕的“组合拳”。二是以满足人民美好生活需要为出发点和落脚点，在高质量发展中促进人民精神生活共同富裕。注重人民精神生活共同富裕的丰富性、多样性，加大对公共文化服务和科教文卫方面的投入，提高服务质量和覆盖率，为人民群众提供更加丰富多彩的文化活动和文化产品，实现精神生活富裕的人民性和共同性。

参考文献

简新华、聂长飞：《论新质生产力的形成发展及其作用发挥——新质生产力的政治经济学解读》，《南昌大学学报》（人文社会科学版），2023 年第 6 期。

刘耀彬、彭继增、聂长飞，等：《中国中部地区经济高质量发展报告（2022）》，经济科学出版社，2022 年。

简新华、聂长飞：《论从高速增长到高质量发展》，《社会科学战线》，2019 年第 8 期。

刘耀彬、聂长飞：《中国式现代化进程中高质量发展的新定位、新内涵与新路径》，《经济学家》，2023 年第 7 期。

钞小静、王灿：《推动经济实现质的有效提升和量的合理增长》，《长安大学学报》（社会科学版），2023 年第 1 期。

“2024 江西企业 100 强”发展研究

彭迪云　李伊力　苏雅　邓语宣 *

摘要: 百强企业作为江西经济的中坚力量,战略地位突出,对于稳定经济增长,引领江西省产业结构升级、发展新质生产力具有重要意义。本文通过对2018—2023 年江西企业 100 强的相关经营数据进行跟踪调查,从规模、质量、结构和成长四个方面展现“2024 江西企业 100 强”的突出成绩和发展态势。基于宏观经济环境、数智技术革命、企业经营绩效和发展质量四个层面分析江西百强企业面临的挑战。研究提出,加强宏观经济政策对接和适应性调整,努力提高企业盈利能力和经营绩效,聚力提升企业技术创新能力,主动推进企业数字化转型,弘扬企业家精神,以此推动江西百强企业高质量发展。

关键词: 百强企业　发展态势　企业高质量发展

2023 年,习近平总书记时隔四年再次来到江西考察调研,提出“走在前、勇争先、善作为”的目标要求,赋予江西发展新定位、新使命,并提出“努力构建体现江西特色和优势的现代化产业体系”等具体要求,极大鼓舞了全省上下的信

注:本报告系国家自然科学基金项目“区域一体化背景下资本 + 技术融合驱动产业转移、结构升级并引领经济高质量发展研究”(项目编号:72163021)、江西省企业联合会委托研究项目“2022—2024 年度江西企业百强榜”暨《2022—2024 年江西百强企业发展报告》(项目编号:HX2024002)阶段性成果。

* 彭迪云,南昌大学经济管理学院、南昌大学马克思主义学院二级教授、博士生导师,博士,研究方向为宏观经济理论与政策、区域与产业经济管理、金融理论与投资、公共经济与社会治理;李伊力,南昌大学马克思主义学院博士研究生,研究方向为马克思主义中国化;苏雅,南昌大学经济管理学院博士研究生,研究方向为数字金融与产业经济;邓语宣,南昌大学经济管理学院博士研究生,研究方向为数字金融与产业链治理。课题组其他成员:孙水丹,柴文昊,殷乐,马可菲,罗聪抒。感谢江西省企业联合会、江西省企业家协会的指导。

心和斗志。在江西经济发展大潮中,面对错综复杂的国内外形势和艰巨繁重的改革发展稳定任务,江西百强企业努力引领产业升级、推动科技创新、发展新质生产力,为稳住江西经济大盘作出了重要贡献。2023 年,江西百强企业实现营业收入 2.24 万亿元,较上年增长 1.82%,占全省 GDP 的 69.56%。本研究基于“2024 江西企业 100 强”榜单,通过对近六年(2018—2023 年)江西百强企业的相关经营数据的跟踪和调研,从企业的规模、质量、结构、成长等维度,分析江西百强企业的发展特点、挑战和趋势,并提出发展建议及思路。

一、“2024 江西企业 100 强”发展特点

(一)规模特征

1. 营业收入总额逐年提高。营业收入反映了企业的主要经营成果,是企业取得利润的重要保障。加强营业收入管理可以促使企业深入了解市场需求变化,为制定经营决策提供基础,为企业增强竞争力和高质量发展提供动力。根据图 1,2023 年,江西百强企业力克时艰,稳中求进,实现营业收入 2.24 万亿元,较上年增长 1.82%。截至 2023 年,江西百强企业营业收入已经持续六年稳中有增,为全省经济发展作出了重要贡献。

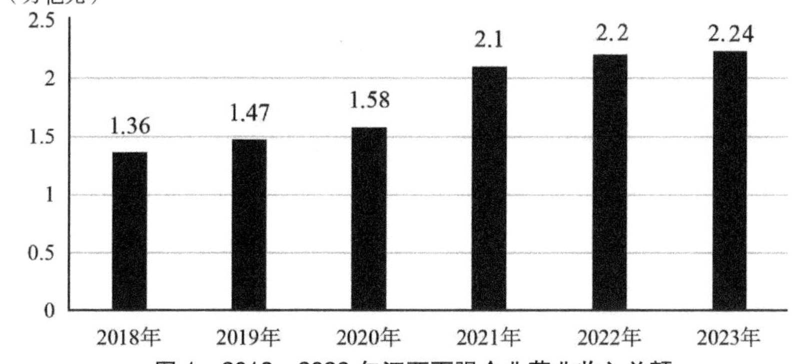

图 1　2018—2023 年江西百强企业营业收入总额

资料来源:江西省企业联合会、江西省企业家协会、南昌大学课题组发布的《“2024 江西企业 100 强”发展报告》。

2. 企业资产规模稳步增长。2023 年,江西百强企业的资产总额为 3.75 万亿元,较上年上涨6.34%。2023 年,江西百亿百强企业的资产总额为 3.19 万亿元,占百强企业总资产的 85.07%,贡献了大部分的资产占比。对比 2022 年,2023 年江西百亿百强企业的资产总额和资产占比同步增长。2018 年至 2023 年 6 年来全省百强企业与百亿百强企业的资产总额增长态势如图 2 所示。大型企业对江西经济发展具有深远的影响。他们不仅是经济增长的重要引擎,还通过优化资源配置、提升技术水平、扩大就业规模等多种方式,为经济的持续健康发展注入强劲动力。在经济复兴时期,企业在规模增大的同时应同步关注发展新兴产业、优化资源配置和加强风险管理。

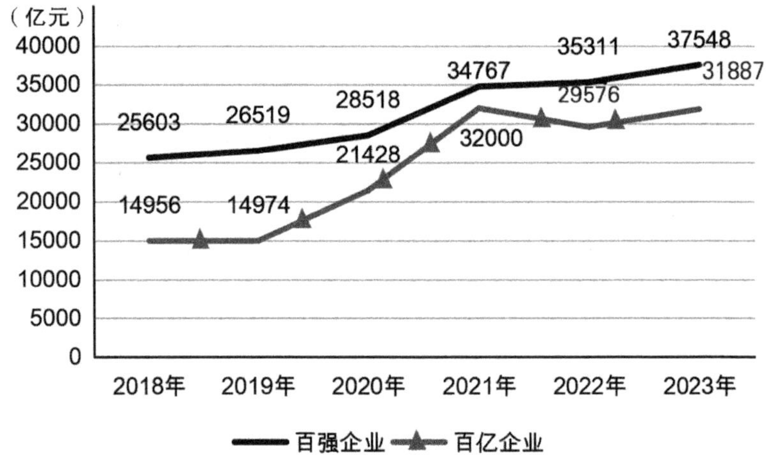

图 2　2018—2023 年江西百强企业、百亿百强企业总资产规模

资料来源:江西省企业联合会、江西省企业家协会、南昌大学课题组发布的《“2024 江西企业 100 强”发展报告》。

(二)质量特征

1. 利润率指标下降。资产利润率是反映企业资产利用的综合效果、评估企业投资价值和促进企业改善经营管理的重要指标。2023 年,江西百强企业的资产利润率为 1.84%,较 2022 年下降了 1.87 个百分点(见图 3)。资产利润率的降低将可能导致财务风险增加、制约企业盈利能力和企业扩张。企业可以通过优化资产结构和资金结构等措施提高资产利润率,以确保企业的盈利能力和长期发展。销售利润率是直观反映企业经营能力的重要因素。2019—2023 年,江西百强企业的资产利润率和销售利润率均有所下降。销售利润率降低将可能导致成本控制难度增加、管理层决策受限和偿债能力受限。企业可以通过管理销售渠道、市场调研、提高运营效率等措施来提高销售利润率。

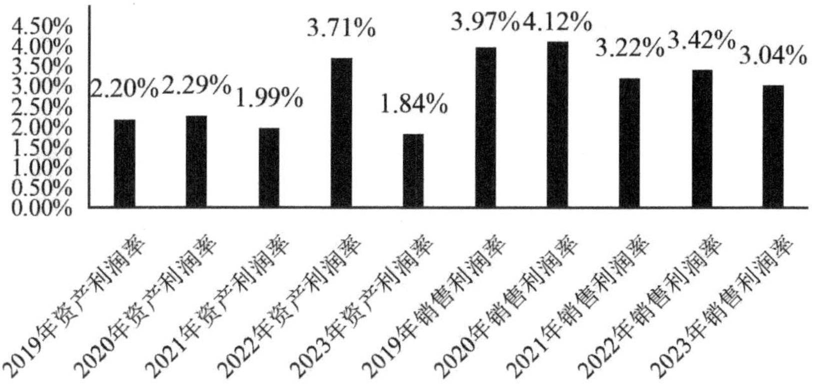

图 3 2019—2023 年江西百强企业利润指标对比

资料来源:江西省企业联合会、江西省企业家协会、南昌大学课题组发布的《"2024 江西企业 100 强"发展报告》。

2. 总资产周转效率和净资产收益率出现回落。总资产周转率体现了企业的运营效率、资产利用情况以及资产管理效率。根据表 1,2023 年,江西百强企业总资产周转率(次)出现回落。净资产收益率通常用来衡量企业盈利能力、评估企业价值和辅助经营决策,体现企业的发展质量和企业的可持续盈利能力。2023 年,江西百强企业净资产总量为 9666.33 亿元,净资产总量同比微降了 0.35%。净资产收益率下降的情况与销售利润率的下降和总资产周转率变慢息息相关,表明企业在复杂严峻的经济形势下,未能有效应对和及时调整,出现了销售收入下降、资产闲置和企业管理疲软等的情况。

表1　2019—2023年江西百强企业净资产收益率

指标＼年份	2019	2020	2021	2022	2023
净利润(亿元)	585.58	651.04	554.87	754.34	551.04
净资产(亿元)	7747.05	7249.52	9987.38	9700.74	9666.33
净资产收益率(%)	7.56	8.98	5.56	7.78	5.70
总资产周转率(%)	55.41	55.57	61.92	65.49	59.46

资料来源:江西省企业联合会、江西省企业家协会、南昌大学课题组发布的《"2024江西企业100强"发展报告》。

(三)结构特征

1.制造业企业占主体。入围"2024江西企业100强"的制造业企业共计72家(较上年增加5家),服务业企业15家,建筑业企业10家。从产业结构的角度来看,江西百强企业中制造业企业占主体部分,其次为服务业企业。如表2所示,"2024江西企业100强"中制造企业数量以及营业收入显著增加,营业收入总额为18438.18亿元,增长率为3.52%,纳税总额占比95.21%,资产总额占比35.81%。制造业企业对江西的经济发展贡献较大,起着支撑作用。相比制造业企业营业收入占总营业收入的82.4%,服务业企业和建筑业企业分别仅占13.07%和3.38%,表明江西企业行业结构需要优化适配。

表2　"2024江西企业100强"分行业主要经济指标

行业＼指标	营业收入(亿元)	净利润(亿元)	总资产(亿元)	纳税额(亿元)
制造业	18438.18	362.06	13446.28	3039.03
服务业	2918.81	161.3	23161.8	129.28

续表:

行业 \ 指标	营业收入（亿元）	净利润（亿元）	总资产（亿元）	纳税额（亿元）
建筑业	753.66	25.85	598.99	18.86
其他行业	257.71	1.83	340.75	4.86

资料来源：江西省企业联合会、江西省企业家协会、南昌大学课题组发布的《“2024江西企业100强”发展报告》。

2. 国有企业继续充分发挥体量优势保本增效。在“2024江西企业100强”榜单中，国有企业规模大、实力强，在营业收入和资产总额等主要指标上处于突出地位。榜单数据显示，共有30家国有企业入围江西百强企业，营业收入总额为12299.82亿元，占百强企业总营业收入的55.09%；资产总额为28630.6亿元，占比76.25%。这在经济下行时期为江西企业的发展起到了保基础、稳信心的引领作用。

3. 民营企业社会贡献力量突出。在“2024江西企业100强”的榜单中，民营企业在企业数量、净利润、纳税总额和员工总人数等指标方面表现突出。共70家民营企业入围“2024江西企业100强”，是国有企业数量的两倍以上。民营企业在纳税和保障就业方面贡献较大。民营企业净利润为297.63亿元，较国有企业多44.22亿元；纳税总额为2601.67亿元，占百强企业纳税总额的81.51%；员工总人数为26.07万人，占比54.76%。这充分体现了民营企业在国民经济中稳就业的作用，是扎实推进共同富裕的重要力量。

4. “1269”行动计划成效明显。全力做强做大12条制造业重点产业链条，打造6个先进制造业集群，实现年均9%左右的规模以上工业增加值增长目标是“1269”行动计划的核心要义。将“2024江西企业100强”榜单的企业按“1269”行动计划中的重点制造业产业链划分，并将其营业收入与2023年榜单数据及2026年规划目标进行比较，情况如表3所示。“1269”行动计划中有色金属、新能源2个产业实现较快增长。其中，有色金属产业与2026年规划目标差距最小，目标完成度达到 82.9%；钢铁和食品两个产业目标完成度超过 50%，分别为 53.09%和 56.94%。这体现了江西百强企业对发展 12 条制造业重点产业链的贡献。

表 3 “2024 江西企业 100 强”重点产业链营业收入及“1269”计划完成情况

重点制造业产业链	2026 规划目标（亿元）	2023 江西百强营业收入（亿元）	2024 江西百强营业收入（亿元）	2024 百强企业完成情况与 2026 规划目标差异（亿元）	2024 百强企业完成情况与 2026 规划目标完成度（%）
电子信息	12000	3880.34	1459.43	10540.57	12.16
有色金属	10000	7618.96	8289.68	1710.32	82.90
装备制造业	8000	1404.53	195.15	7804.85	2.44
新能源	7000	111.15	2926.67	4073.33	41.81
石化化工	4500	1151.08	763.29	3736.71	16.96
建材	4500	2578.48	1666.01	2833.99	37.02
钢铁	3500	2081.98	1858.04	1641.96	53.09
航空	2500	—	—	—	—
食品	2000	1157.37	1138.81	861.19	56.94
纺织服装	1600	121.51	121.26	1478.74	7.58
医药	1500	583.26	418.77	1081.23	27.92
现代家具	1000	—	—	—	—

注：“—”表示数据暂缺（如航空产业链）。本表未统计同期江西省非百强企业的营业收入（如现代家具产业链）。

资料来源：江西省企业联合会、江西省企业家协会、南昌大学课题组发布的《“2024 江西企业 100 强”发展报告》。

4. 南昌持续领跑全省，企业向赣北地区集中发展。一是企业地区分布仍以南昌为核心。依托强省会战略,南昌市以其“一枢纽四中心”的发展定位及优势扎实推进高质量发展,其发展首位度和综合竞争力不断提升。“2024 江西企业100 强”榜单中,共入围 37 家南昌市企业,地区营业收入总额为 14533.06 亿元,占江西百强企业总营业收入的 65.34%,具有明显的核心增长极态势。二是赣北地区集中发展趋势较明显。2023 年,江西百强企业在地理分布上呈现南北多、中部少、赣北地区数量多于赣南地区的特征。南昌、九江、鹰潭的百强企业数量有所增加,赣北地区百强企业数量具有明显的上涨态势。赣州、宜春、吉安百强企业数量有所减少,其余各地百强企业数量不变。其中,南昌 37 家(较上年增加 3 家)、九江 19 家(较上年增加 1 家)、鹰潭 16 家(较上年增加 3 家)、赣州 7 家(较上年减少 2 家)、宜春 3 家(较上年减少 3 家)、吉安 1 家(较上年减少 2 家)。

(四)成长特征

1. 上榜各类榜单的数量不多但排名稳中有升。江西百强企业在各类全国、全球榜单上榜的情况如表 4 所示。江铜集团有限公司、江铃汽车集团、双胞胎集团、晶科能源在“2024 年中国企业 500 强”榜单中排名较上年均有所提升,分别排在第 43 位、第 234 位、第 283 位、第 219 位。虽然江西在 2024 各类榜单上榜不具有数量上的优势,但代表性行业龙头企业保持增长的稳定态势,反映了代表性行业的健康发展。总体上来看,江西企业入围全国各类榜单的数量较少、排名不靠前、行业不多的现状仍然需要正视。要加强对龙头企业的支持、加快培育新质生产力、进一步健全各行业发展,形成龙头产业引领的现代化产业体系,推动江西企业在全国各榜单中数量、质量双提升。

表 4 “2024 江西企业 100 强”在 2024 年各类榜单的上榜情况

榜单	上榜企业
“2024 年中国企业 500 强”(7 家)	江西铜业集团有限公司、晶科能源股份有限公司、江铃汽车集团有限公司、双胞胎(集团)有限公司、新余钢铁集团有限公司、南昌市政公用集团有限公司、江西省投资集团有限公司

续表:

榜单	上榜企业
“2024 中国制造业企业 500 强”(8 家)	江西铜业集团有限公司、晶科能源股份有限公司、新余钢铁集团有限公司、江铃汽车集团有限公司、双胞胎(集团)有限公司、鹰潭沪江铜基新材料有限公司、景德镇黑猫集团有限公司、泰豪集团有限公司
“2024 中国服务业企业 500 强”(7 家)	南昌市政公用集团有限公司、江西省投资集团有限公司、江西银行股份有限公司、九江银行股份有限公司、绿滋肴控股集团有限公司、江西省金融控股集团有限公司、赣州发展投资控股集团有限公司
“2024 中国战略性新兴产业领军企业 100 强”(1 家)	江铃汽车集团有限公司
“2024 中国民营企业 500 强”(6 家)	晶科能源股份有限公司、江西方大钢铁集团有限公司、双胞胎(集团)有限公司、赣锋锂业集团股份有限公司、中大控股集团有限公司、鹰潭沪江铜基新材料有限公司
“2024 年《财富》世界 500 强”(1 家)	江西铜业集团有限公司
“2024 年世界品牌 500 强”(1 个)	江铜(JIANGXI COPPER)
“2024 全球新能源企业 500 强”(5 家)	晶科能源股份有限公司、南昌欣旺达新能源有限公司、赣锋锂业集团股份有限公司、九江腾远钴业新材料股份有限公司、九江德福科技股份有限公司

资料来源:江西省企业联合会、江西省企业家协会、南昌大学课题组发布的《“2024 江西企业 100 强”发展报告》。

2. 战略性新兴产业企业蓬勃成长。2024 年,江西企业战略性新兴产业业务收入总额为 6519.28 亿元,较上年增长 6.63%。一是分类型来看,国有企业战略性新兴产业业务收入为 1153.08 亿元,较上年增长 9.15%,民营企业战略性新兴产业业务收入为 5366.20 亿元,较上年增长 6.10%。二是分行业来看,占主要地位的有色金属行业和节能环保行业企业的战略性新兴产业业务收入分别为 1825 亿元和 2624.93 亿元,较上年分别增长 6.3%和 8.75%。三是分地区来看,省会城市南昌和省域副中心城市赣州的企业战略性新兴产业业务收入分别为2416.43亿元和328.9亿元，增长率分别为10.48%和8.8%，赣南、赣北增长极实现稳步增长。

二、江西百强企业高质量发展面临的挑战

随着中国经济模式转型，产业结构调整进入深水区，一系列内外部挑战浮现，对企业发展构成了新压力。从宏观层面来看，江西百强企业面临经济下行压力大、营商环境有待进一步改善等发展难题。从微观层面来看，江西百强企业经营绩效整体上呈现回落趋势，企业流动资金紧张，发展质量有待提高。另外，数字经济时代背景下，数智技术革命也对江西百强企业发展形成新挑战，倒逼企业数字化转型。

（一）宏观经济环境有待改善

2023年，世界经济复苏乏力，不确定难预料因素增多。国内来看，结构性问题、周期性矛盾交织叠加，经济面临下行压力。江西经济复苏步履维艰，动能不足，市场需求下降。2023年，江西百强企业利润总额较上年下降，盈利能力较弱。从短期来看，企业利润的疲弱主要是市场需求不足所导致的。消费者信心不足、投资环境不佳、出口受阻等多种因素导致市场需求下降，直接影响了企业的销售额和利润水平，使得企业在经营过程中面临较大的压力。从长期来看，企业利润不足的主要原因是经济正处于新旧动能转换期。房地产、制造业等传统产业增长速度放缓，对经济的拉动作用减弱。以新能源为代表的新经济动能虽然为经济增长提供了新的动力，但行业发展还需要持续投入时间和资源。

（二）企业经营绩效整体回落

从经营效率来看，2023年，江西百强企业人均营业收入为469.89万元，较上年有所增加；人均净利润为11.58万元，较上年有所下降；总资产周转率为60.46%，较上年有所放慢。2023年，我国经济增长正式步入全面恢复常态化运行的新阶段。尽管国民经济整体呈现出恢复向好、稳步复苏的积极态势，但企业仍然面临着复杂的经济环境变化。一是内需不足成为制约企业经营管理绩

效的关键因素之一。内需不足直接导致企业产品销售受阻,市场份额增长放缓,进而影响到企业的盈利水平和经营效率。二是世界经济增长下行和国际贸易逆全球化之势给企业出口和出海带来巨大压力。全球经济增速放缓、贸易保护主义抬头、地缘政治冲突加剧等因素,导致国际市场需求疲软,出口订单减少。这对企业的盈利能力和经营效率持续造成压力。三是技术创新滞后、投资后劲不足、市场拓展能力有限削弱了企业核心竞争力。企业技术创新和资源投入直接影响了其规模扩张速度和盈利能力。相较于发达省份,江西百强企业的研发创新能力不足、市场拓展能力有限,一些企业难以在市场变化中扩大市场份额、占领新市场,从而制约了企业的发展。

(三)企业流动资金较为紧张

2023 年,江西百强企业的净利润总额较上年有所下降。原材料、用工等成本攀升压缩了企业利润,影响了企业的流动资金。此外,江西企业普遍采用的先供货后收款的销售模式,在市场需求减弱的背景下,加剧了企业流动资金的紧张状况。随着市场需求的放缓,企业的应收账款增加、回款周期延长。先供货后收款的销售模式虽然在一定程度上有助于企业扩大市场份额,但在需求不足的情况下,却会导致企业资金链紧张,增加企业的经营风险。

流动资金作为企业经营过程中的血液,对于其持续健康稳定发展具有至关重要的作用。充足的流动资金是维持企业日常运营、支持业务拓展、应对市场变化及降低财务风险的重要保障。流动资金不足将可能制约企业研发创新和市场应对能力,尤其是战略性新兴产业企业。战略性新兴产业企业往往涉及前沿技术和新兴市场需求,面临着更大的不确定性和风险性。充足的流动资金不仅能够为研发投入、设备更新等环节提供资金基础,还能为技术失败和市场波动提供风险管理。由此可见,由外部环境变化和销售模式导致的流动资金紧张问题,是制约当前江西百强企业发展的重要因素。

(四)企业发展质量有待提升

1. 百强企业营收规模不高。2023 年,江西百强企业营业收入达到 5000 亿元级别的仅有 1 家。在 2000 亿元—5000 亿元这一区间内则出现了明显的空缺，即中高营业收入规模的企业数量偏少，而多数企业的营业收入规模都集中在 300 亿元以下。企业规模结构呈现出明显的断层现象，中等及高等规模的企业数量相对匮乏，难以形成有效的规模梯队。多数企业尚未能跨越某个关键的营收门槛，实现从中等规模企业向大型企业的跃升。企业规模结构的断层现象不仅限制了江西百强企业整体实力的提升，也影响了产业链上下游的协同发展。中等及高等规模企业匮乏，使得产业链中的关键环节缺乏强有力的支撑，难以形成高效协同的产业生态。

2. 百强企业在中部地区及全国排序有待提升。如表 5 所示，从中部六省入围 2020—2024 年“中国企业 500 强”的数量来说，2020 年江西排末位(第 6 位)，2021—2024 年一直居第 5 位。这表明江西百强企业在全国范围内的排序尚有较大提升空间，亟须加快发展，进位赶超。

表 5　中部六省企业入围 2020—2024 年“中国企业 500 强”的数量分布

省份	2020 年榜单数	2021 年榜单数	2022 年榜单数	2023 年榜单数	2024 年榜单数
湖北	13	8	13	14	14
河南	10	12	11	12	13
山西	9	6	8	10	10
安徽	10	8	9	8	8
江西	4	8	8	7	7
湖南	6	7	6	5	6

资料来源：江西省企业联合会、江西省企业家协会、南昌大学课题组发布的《“2024 江西企业 100 强”发展报告》。

(五)数智技术革命形成倒逼

在数字经济时代，数智技术革命是形成企业新质生产力的重要途径。党的二十届三中全会审议通过的《中共中央关于进一步全面深化改革、推进中国式现代化的决定》提出:“支持企业用数智技术、绿色技术改造提升传统产业。”数智技术是数字化和智能化的有机融合,即“数字化 + 智能化”,是在数字化基础上融合应用机器学习、人工智能等智能技术的过程。数智化是新型工业化的鲜明特征,是形成新质生产力的重要途径。通过“人工智能 + 工业制造”“人工智能 + 生成设计”等推进智能工厂、未来工厂、“灯塔工厂”建设,推动实现制造业数智化,是制造业转型升级的重要方向。

数智技术对推动企业高质量发展或传统企业转型发展具有重要意义,也存在一定挑战和风险,倒逼企业要加快数字化转型。一是资金实力的不足形成企业技术革命的财务风险。数智技术的研发和创新需要投入大量资源。资金实力不足的企业难以承担技术研发过程中的持续资金消耗,形成财务风险。对于资金实力不足的企业来说,数智技术的研发和创新是一项需要谨慎考虑和充分准备的任务。需要在有限的资源条件下,制定切实可行的研发计划,以降低研发风险,实现可持续发展。二是技术基础薄弱形成企业技术革命的竞争风险。技术基础薄弱的企业由于缺乏必要的技术储备和经验积累,难以攻克关键技术难题。面对技术更新迭代加速,企业适应能力不足可能会导致失去发展机遇,从而被市场淘汰。如果企业不能跟上数字经济的时代发展,那么他们将可能面临市场份额被竞争对手蚕食、客户满意度下降、运营效率相对低下等一系列问题,最终导致企业在市场竞争中处于劣势地位,甚至被市场淘汰。能否积极应对数智技术变革、实现企业数字化转型是企业未来持续发展的重要环节。

三、江西百强企业高质量发展的对策与建议

透过上述对“2024 江西企业 100 强”发展挑战的阐述和分析,不难看出这些挑战的背后,是百强企业发展及其经营管理存在的问题和困难,这些问题和困难是百强企业发展的外部环境和内在条件动态综合作用的结果。面对挑战,需要系统思维,有效应对。从企业的角度来看,要做好以下重要工作,增强“成长的韧性”,实现高质量发展。

(一)加强宏观经济政策对接和适应性调整

首先,紧密跟踪政策导向。企业应建立政策动态监测机制,利用数字化工具实时追踪国家及江西省政策变化,重点关注产业扶持、税收优惠等关键领域。确保能够及时享受政策红利。其次,组建专业团队分析政策影响,预测政策调整对供应链、市场竞争格局的潜在冲击,提前制订应对预案,建立快速响应机制。再次,灵活应对市场变化,优化资源配置弹性机制,将部分资金、产能等资源设置为"灵活储备",适时调整生产经营策略,以便快速响应重大政策机遇(如新能源补贴、区域经济改革试点等)。最后,主动参与政策制定对话,通过行业协会等渠道反馈企业诉求,推动政策环境与企业发展的良性互动。

(二)努力提高企业盈利能力和经营绩效

首先,深化成本精细化管理。利用数字化工具分析采购、生产、物流等全链条成本结构,识别可优化空间。其次,优化商业模式。动态调整产品组合策略,平衡高利润创新产品与稳定现金流的成熟产品比例,增强抗风险能力。加强与金融机构的合作,探索多元化融资方式,如股权融资、债券发行、供应链金融等,缓解流动资金紧张问题。同时,提升资金运作效率。再次,加强战略营销。利用大数据和人工智能技术进行市场调研和分析,以更准确地把握市场动态和客户需求,拓展价值创造场景,增强客户黏性。最后,构建合作共赢的产业生态。与上下游伙伴共享数据、技术等资源,降低市场波动带来的冲击。

(三)聚力提升企业技术创新能力

首先,明确技术创新战略与定位。建立分层研发体系,明确基础研究、应用开发和技术转化资源投入比例,确保技术创新与企业的长期发展目标相一致,避免短期业绩压力挤压长期创新。通过申请政府研发支持、吸引风险投资等方式,多渠道筹措研发资金。其次,完善产学研用合作机制。联合高校、科研院所等建立紧密的合作关系,共同开展科技研发和技术创新。通过项目合作、技术转移、共建研发平台等方式,实现资源共享和优势互补,加速技术从实验室到生产线的落地速度。再次,加强知识产权布局,健全科技成果转化机制。对核心技术实施知识产权保护,对非核心专利可通过授权合作实现价值转化。最后,强化风险管理与安全保障。健全科技创新风险管理体系,对创新过程中可能出现的风险进行预测和评估。同时,设立创新容错机制,允许一定比例的研发试错成本,制定相应的风险应对措施和预案,激发技术突破潜力,确保创新活动的顺利进行。

(四)主动推进企业数字化转型

首先,明确数字化转型的战略目标。制定数字化转型路线图,优先从客户服务、生产管理等痛点明显的环节切入,逐步向全业务扩展。其次,构建统一数据平台。打通企业内外信息流、数据流、业务流、资金流、知识流的协作链条,实现研发、生产、销售、库存等数据的实时共享与协同分析。再次,培养数字化人才梯队。通过"技术+业务"复合型培训,提升员工数据分析和智能工具应用能力。最后,建立数字化转型效果评估体系。定期检验转型投入与效率提升、成本降低等指标的关联性,及时优化路径。

(五)以企业家精神引领企业高质量发展

首先,胸怀"国之大者",成为担当国家战略使命的践行者。企业家需跳出企业个体视角,主动对接国家战略和发展需求,将企业发展深度融入"双循环"新发展格局,在关键领域扛起产业链"链主"或"龙头"责任,牵头攻克"卡脖子"技术难题,锻造科技自立自强的核心引擎,推动产业链从"跟跑"转向"领跑"。其次,践行长期主义,构建"时代企业"的发展模式。摒弃短期逐利思维,以"十年磨一剑"的定力培育核心竞争力;重塑组织文化的价值内核,在绩效考核中纳入长期价值指标(如研发投入、员工技能提升),倒逼长期能力建设。再次,引领规则创新,成为担当经济转型的"制度企业家"。在数字经济、绿色经济等新领域,企业家应主动参与标准制定,推动评价体系本土化,增强话语权,并将绿色发展、员工福祉等目标纳入战略规划,提升企业可持续发展的社会认同度。最后,履行社会责任,成为社会进步的"共益推动者"。积极推动实现"从商业价值到社会价值""从产品输出到文明互鉴""从财富创造到精神传承"的三重价值跃迁。

参考文献

江西省工业和信息化厅:《江西省工业和信息化发展报告(2024)》,江西人民出版社,2024 年。

黄群慧、杨耀武:《论新发展格局下的扩大内需战略》,《中共中央党校(国家行政学院)学报》,2023 年第 3 期。

彭迪云:《新常态下发展新经济与供给侧结构性改革的内在逻辑和政策建议》,《企业经济》,2017 年第 4 期。

屈庆超:《强化企业科创主体作用助推区域经济高质量发展》,《新型城镇化》,2024 年第 4 期。

黄速建、肖红军、王欣:《论国有企业高质量发展》,《中国工业经济》,2018 年第 10 期。

单伟、孙一中、施萧萧、程长风:《组态视角下专精特新"小巨人"企业高质量发展驱动机制研究》,《中国软科学》,2025 年第 1 期。

唐晓华、徐雷:《大企业竞争力的"双能力"理论——一个基本的分析框架》,《中国工业经济》,2011 年第 9 期。

"中国季度宏观经济模型(CQMM)"课题组:《2022—2023 年中国宏观经济展望——兼论加大基建投资的宏观经济效应》,《厦门大学学报(哲学社会科学版)》,2022 年第 3 期。

以制度型开放为引领打造内陆地区改革开放高地研究

麻智辉　李小玉　郑雅婷　卢小祁　汪婷　袁骏*

摘要： 在新时代背景下，江西省开放型经济发展迈入了新阶段，形成了高水平对外开放的体制机制，投资贸易更加便利化，开放平台功能持续提升，外贸新业态快速发展，营商环境进一步改善。然而江西在制度型开放中仍面临开放信息交互还存在壁垒、贸易新业态新模式有待发展、开放通道有待提升、各类开放平台协同性与联动性发展不够等问题。对此，江西应主动对接高标准国际经贸规则，进一步提升投资贸易自由化便利化水平，加速推进服务贸易扩大开放以及推进数字贸易制度型开放，为江西打造内陆地区改革开放高地注入强劲动力。

关键词： 制度型开放　内陆地区　改革开放　江西

制度型开放是实现更高水平对外开放的关键所在。党的二十届三中全会强调，要"稳步扩大制度型开放"，这是顺应新一轮经济全球化发展趋势的客观要求。当前，江西开放型经济正处于新的发展阶段，面对复杂多变的国际形势

注：本文为江西省社会科学院青年调研项目"以高水平制度性开放打造内陆地区改革开放高地研究"的研究成果，项目编号为：24QNDY02。

* 麻智辉，江西省社会科学院经济研究所研究员，研究方向为区域经济；李小玉，江西省社会科学院经济研究所所长、研究员，研究方向为区域经济；郑雅婷，江西省社会科学院经济研究所副研究员，研究方向为区域经济；卢小祁，江西省社会科学院经济研究所副研究员，研究方向为区域经济；汪婷，江西省社会科学院经济研究所助理研究员，研究方向为国际贸易；袁骏，江西省社会科学院经济所博士后、助理研究员，研究方向为区域经济。

与多重挑战，如何通过稳步扩大制度型开放，激发新的开放潜能，塑造江西在全球价值链中的竞争新优势，对于江西打造内陆地区改革开放高地具有重要意义。

一、江西在推动制度型开放，着力打造内陆地区改革开放高地方面取得的成效

（一）高水平对外开放的体制机制逐步形成

为提升江西内陆开放型经济试验区建设质量，提升对内对外开放水平，打造内陆地区改革开放高地，江西出台了《高质量建设江西内陆开放型经济试验区 打造内陆地区改革开放高地的若干措施》《关于深化投资贸易便利化改革的意见》《江西省以制造业为重点促进利用外资量质双升的若干举措》等文件，政策支持体系不断完善，为江西内陆开放型经济试验区建设提供了强有力的支撑，基本形成了江西内陆开放型经济试验区建设的政策合力。

（二）投资贸易更加便利化

1. 促进贸易自由便利。复制推广自贸区制度创新成果 302 项，有效落实 249 项，江西国际贸易“单一窗口”上线 18 项国家标准版的 121 个功能应用；深化“RCEP 进企”行动，优化实施“智能审核 + 自助打印 + 快递送达”，实施原产地证明微小瑕疵容缺机制，签发全国首份对厄瓜多尔、塞尔维亚原产地证书，2024 年签发 RCEP 原产地证书金额列全国第 10 位、中部第 1 位。

2. 促进投资自由便利。推进投资便利化改革、提高投资效率是江西内陆开放型经济试验区的重要任务，为此，江西对标先进经验做法，突出制度型开放，出台了《江西深化投资贸易便利化改革的意见》，提出创建国际投资“单一窗口”等 6 条措施，持续提升外商投资便利化水平。2024 年，江西省核准备案外资项目 181 个，总投资 678.35 亿元。

（三）开放平台功能持续提升

1. 加快综保区、跨境电商综试区等海关特殊监管区等平台建设。2023 年 6

月,上饶综合保税区获批,江西综合保税区数量达到5家。跨境电商9610、9710、9810和1210业务全面开通,跨境电商发展迈入零售与批量“并举”、寄递与货运“并进”的新阶段。

2. 探索通关新模式。创新跨关区合作模式、深化省际区域合作以及全国首创“一照通办”改革等做法走在全国前列。首创“跨省、跨直属关区、跨陆海港”组合港通关新模式——“深赣组合港”,实现了赣州内陆港口的海港功能,打通了“湾区+老区”双区联动快速通道,使到达沿海港口的物流时间从过去的平均70小时压缩到现在的30小时以内。2024年,江西的通关效率提升至居全国第5位、中部第1位。

3. 开发区产业集聚与承接功能明显增强。2024年,全省开发区投产工业企业19081家,比上年增加1036家;工业增加值同比增长9.0%;营业收入达40768.4亿元,同比增长6.0%;利润总额达2005.4亿元,同比增长7.2%。

(四)外贸新业态快速发展

1. 服务贸易创新发展。深耕服务贸易重点领域,积极引导江西中医药、文化产品等优势产业服务贸易发展,促进产品、技术、服务的“全产业链出口”,全力打造“江西服务”标志性品牌。积极融入全球服务贸易市场网络,提升传统服务贸易竞争力,加快发展知识密集型服务贸易,培育具有独特竞争力的特色服务贸易新优势。

2. 大力拓展跨境电商平台服务功能。跨境电子商务政策支持体系逐步完善,省级层面成立了跨境电子商务综合试验区建设工作领导小组,设立了跨境电商综试区管理中心和跨境电商协会,各设区市也相应设立了管理机构。创新“跨境电商+产业带”“龙头企业+跨境电商+海外仓”以及跨境电商网购保税进口“前店后仓+快速配送”新模式。积极推广跨境电商出口海外仓模式备案无纸化,支持海外仓、出口退货中心仓业务,实施跨境电商零售进口电子缴税和商品条码应用。

3. 支持市场采购贸易发展。全面推进景德镇陶瓷交易市场开展市场采购贸易方式试点工作,加快市场采购贸易综合管理系统建设,安排市场采购贸易专项扶持资金，支持市场采购贸易经营主体培育和试点集聚区功能提升，形成适应市场采购贸易方式发展的新型贸易管理体制。

（五）重点领域改革积极推进

1. 开发区管理制度改革深入推进。在分类剥离社会管理事务方面，明确设在县域的国家级开发区和省级开发区原则上不代管乡镇（街道），不承担社会管理事务。在人事薪酬制度改革方面，推行以绩效工资制为核心的开发区薪酬制度，探索末位淘汰等激励制度。在完善"管委会+公司"等运营模式方面，支持有条件的开发区组建集团公司、专业公司，或将市、县（区）属平台公司委托开发区管理，承担开发建设、投融资、招商引资等业务工作。

2. 促进产业科技创新。深入实施省级科技重大专项"2030 先锋工程"，打造更多高能级创新平台，不断完善江西省"1+M+N"科技成果转化服务体系，加强中试平台和人才建设。2024 年，江西综合科技创新水平指数达 64.52%，提升幅度位列全国第二。

3. 推进金融产品创新。积极满足外向型企业融资需求，出台《关于开展优质企业贸易外汇收支便利化业务的指导意见（2024 年版）》，制定专项外贸客户服务方案，提供"跨境汇款直通车"特色服务产品，实现跨境收支业务"秒级"处理，帮助企业打通生产、分配、流通、消费各个环节。

（六）高水平开放通道建设加快推进

1. 公路与水路等多式联运模式加快形成。公路方面：截至 2024 年底，公路通车总里程超过 20 万公里，达到 20.96 万公里，其中高速公路通车里程 6838.2 公里；高速公路出省大通道达 31 个，成为全国第三个省域范围内县与县之间通高速的省份。水运方面：全省港口完成货物吞吐量 2.8 亿吨，同比增长 5.5%，完成集装箱吞吐量 115.1 万标箱，同比增长 14.7%；以长江、赣江和信江等高等级航道为基础，以九江港、南昌港等现代化、专业化码头作为支撑的现代化集疏运体系加快形成。

2. 铁路与航空运输加快发展。铁路方面：2023 年，昌景黄高铁正式通车，江西省所有设区市均开通了时速350公里的高铁;2024年,江西省内铁路营业里程为5023.8公里,旅客运输总量达到1.4亿人次,同比增长12.1%。航空运输方面:2024年,江西新开国内首条直飞挪威奥斯陆和新开孟加拉达卡国际全货运航线,累计开行4条国际货运航线和6条国际(地区)客运航线。

(七)对外开放合作区域持续拓宽

1.共建"一带一路"走深走实。江西积极开拓共建"一带一路"国家市场,在贸易、投资和通道建设上全力对接和融入,在新兴合作领域打造了更多合作增长点,有效推进一批批"小而美"的民生项目,与这些国家的开放合作水平显著提升。2024年,江西对共建"一带一路"国家进出口额为2323.2亿,占全省进出口总额比重为49.5%。

2.与东盟、欧盟等地区合作发展深化拓宽。2024年,江西持续深耕东盟、稳住欧美、拓展金砖,与全球210多个国家和地区实现贸易往来,对中国香港地区进出口增长40.1%;对拉美国家、中国台湾地区、印度尼西亚、越南、俄罗斯进出口占外贸总额比重比2023年提升5.1个百分点。

(八)营商环境进一步改善

1.营造便捷高效政务环境。出台《2024年江西省优化营商环境提升行动方案》,企业信息变更、注销登记等25个重点事项实现"一件事一次办",办理时限精简70%,招投标不见面开标率99%,低风险经营主体"无事不扰"率达99.16%,"企业信息变更一件事"被国务院办公厅纳入优化政务服务典型经验案例。

2.营造公平竞争市场环境。建立营商环境领域投诉问题处理监测机制,重点整治"新官不理旧账"、妨碍全国统一大市场建设、影响民营经济健康发展等方面问题,有关经验做法获国家发展和改革委员会《全国优化营商环境情况交流》刊发。全面落实外商投资准入前国民待遇加负面清单管理制度,简化公务团组审批程序,采取容缺审批制,3个工作日内办结。2024年,全省共受理168个团组368人次的APEC商务旅行卡资料,办卡成功率100%。

二、江西探索扩大制度型开放中存在的问题

（一）信息开放共享还存在壁垒

1. 贸易便利化水平有待提高。政府各部门之间的数字信息共享还有一定的壁垒，在电商信用、智能物流、金融服务、风险防控、统计监测等方面的协同合作仍不畅。

2. 部分“港区”智慧化程度不高。如赣州综保区与铁路口岸虽然物理距离较近，但尚未实现业务信息互联互通、数据分级管理和综合运用，仍存在转关申报、在途监管等问题。

（二）贸易新业态新模式有待发展

1. 跨境电子商务等新业态、新模式发展环境欠优。2024 年，江西省跨境电商进出口总额占全国的比重不足 2%。服务贸易支持政策体系不完善，目前尚未出台体现江西地方特色的支持政策。跨境电商的物流配套、金融、支付等供应链服务企业较少，尚未形成支撑体系。

2. 外贸企业数字化改造升级较慢。传统外贸企业在运用数字技术，对贸易全流程进行数字化改造，建立基于数字技术的弹性供应链，拓展按需设计、订制生产等新模式，带动上下游企业数字化转型等方面，仍有较大的改进空间。

（三）开放通道有待提升

1. 各类运输方式之间衔接还不够顺畅。部分地市多式联运仍处于起步阶段，单一环节成本低、全链条运行成本高的矛盾一直存在。公路、铁路、水运、航空等交通基础设施与物流园区、物流中心和专业市场等物流节点设施间衔接不够顺畅，多种运输方式转换衔接不畅。

2. 多层次多类别的“交通＋”运输体系发展不足。当前，江西物流运输公路运输占比约为 90%，水运、航空等运输发展严重不足，国际货运航班航线开通少、头部航空物流企业少，电子信息等主导产业高端产品物流成本偏高。2024 年，全省社会物流总费用与 GDP 的比率为 14.7%，同比上升 0.3 个百分点，且

与部分先进省份相比,江西物流体系仍存在运输结构欠优、物流与产业融合度不高、信息化水平偏低等问题。

(四)各类开放平台协同性与联动性发展不够

1. 各类综保区普遍存在区港联动不足问题。以南昌综合保税区为例,南昌昌北国际机场与龙头岗码头隶属不同行政主体,赣江新区缺乏统一调度能力,水、陆、空、铁多式联运难以实现无缝对接,昌北机场一类口岸功能向综保区延伸方面进展缓慢、困难重重。

2. 支持综保区发展的政策供给不足。与东部发达城市和部分发展较好的中西部地区相比,江西支持综合保税区培育和发展方面的政策力度较小,如缺乏相关的产业引导基金支持新入驻企业的培育和发展。

(五)部分开放型体制机制有待完善

1. 外贸企业与金融机构之间的融通发展依然存在较大障碍。金融机构在创新信贷、贸易融资等业务上发展不足,为外贸企业提供远期结售汇、人民币与外汇掉期、期权等衍生金融产品、便利化金融服务以及汇率风险管理仍有较大的发展和提升空间。

2. 运用国际经贸规则方面存在障碍。在运用西方发达国家、国内发达地区的开放规则、管理体制机制和标准等方面也存在障碍,导致企业与沿海发达地区难以建立实质性结对合作关系,与境内外各类跨国公司、外商协会的对接交流难。

3. 开放型经济管理的体制机制有待完善。如江西金融业对外开放度依然较低,外资银行金融机构数量偏少,远低于周边的湖北。且金融监管制度建设与金融业开放步伐不匹配,金融风险防范制度不完善,无法适应金融快速创新的需要和金融业开放安全的要求。

三、以制度创新为引领，推进江西打造内陆地区改革开放高地的对策与建议

（一）主动对接高标准国际经贸规则

1. 加强与国际高标准经贸规则的对接。主动对接《全面与进步跨太平洋伙伴关系协定》（CPTPP）、《数字经济伙伴关系协定》（DEPA）和《区域全面经济伙伴关系协定》（RCEP）等国际高标准经贸规则。全面推行负面清单模式，深入实施“两类通关、两区优化”等创新制度，推动在重点产业和新兴领域积极推动行业标准与国际标准的接轨。

2. 推广国际认证和质量管理体系。鼓励本地企业通过国际认证，如 ISO 质量管理体系认证、环境管理体系认证等，提升企业的国际化水平。政府可以提供认证费用补贴和技术支持，帮助企业顺利通过认证，增强企业在国际市场上的竞争力。同时，推动企业建立健全符合国际标准的质量管理体系，确保产品和服务质量与国际接轨。

3. 建立国际经贸交流与合作平台。定期举办国际经贸论坛、展会和研讨会，打造具有国际影响力的经贸交流平台。通过邀请国内外知名企业、专家学者、政府官员参与，促进信息交流和项目合作，深入推动国际经贸合作。

4. 提升企业国际化运营能力。加大力度扶持本土企业“走出去”，助力企业深度拓展国际市场份额。通过精准提供国际市场信息分析、法律咨询服务、融资保障等支持措施，有效降低企业进入国际市场的难度与风险。鼓励并支持本土企业采取跨国并购、合资合作等多种方式，加速融入全球产业链，实现国际市场的快速布局与拓展。

（二）进一步提升贸易自由化便利化水平

1. 加速推进国际贸易“单一窗口”系统集成，提高智能化和自动化水平。利用人工智能、大数据和区块链技术，优化通关流程，提升数据处理和风险预警的准确性和效率。扩大“单一窗口”的服务覆盖范围，确保所有涉及国际贸易的业务和部门都能通过“单一窗口”系统进行高效对接。

2. 健全通关便利化管理体系，提升综合服务能力。不断完善监管机制，确保贸易便利化与风险防控并重。提升进出口货物风险分析与评估的能力，及时执行重大风险的预警机制，增强布控的准确性。完善应对国际技术性贸易壁垒的综合服务系统。

（三）加快提升投资便利化水平

1. 加快建设国际投资“单一窗口”，完善国际贸易服务功能。加快建设集信息咨询、项目申报、审批服务、进度跟踪等功能于一体的国际投资“单一窗口”。实行“极简审批”制度，简化审批流程，缩短审批时间。积极探索在产值统计、税收分成、利益分配等方面建立健全跨区域分享机制，促进区域间合作共赢。

2. 进一步简化外资准入程序，降低市场准入门槛。在关键领域放宽外资准入限制，鼓励更多外资进入江西。通过优化投资审批流程，减少审批环节，缩短审批时间，提高行政效率。通过“外资企业准入负面清单”制度，明确禁止和限制外商投资的行业，并对其他行业实行“非禁即入”政策。提高外资进入江西市场的透明度和便利性，增强外资企业的投资信心。

3. 加大对外资企业的政策支持力度，降低外资企业的投资成本。在税收、土地、资金等方面为外资企业提供更多的优惠政策，设立外资引导基金，支持外资企业在高新技术、先进制造业和现代服务业等领域的投资，同时为外资企业提供税收减免和租金补贴，降低外资企业的投资成本。

（四）加速推进服务贸易扩大开放

1. 积极推动教育、医疗、咨询、法律、金融等高附加值服务领域的对外开放。推动知识产权和人力资源服务贸易集聚，提升金融、咨询等专业服务机构的国际化能力，培育新的服务贸易增长点。加速教育服务贸易发展，扩大与全球知名高校合作，开展高水平合作办学。促进服务外包高端化，发展生物医药研发外包、数字制造外包，支持云外包、平台分包等新模式。加强与国外医疗机构的合作与交流，争取建设国际医疗合作中心。

2. 发挥本地资源优势发展特色服务贸易。依托江西丰富的红色文化旅游资源与深厚的道教文化底蕴,以及享誉世界的陶瓷文化和独特的客家文化,打造具有国际影响力的文化旅游品牌,吸引全球游客的广泛关注和参与。深化中医药领域的国际合作,积极发展"互联网+中医药服务贸易",推动中医药服务贸易迈向更高水平。积极搭建国际文化交流平台,融入陶瓷艺术与客家文化的展示,促进文化服务贸易的繁荣与发展,促进中外文化在更广泛领域的互鉴与融合。

(五)推进数字贸易制度型开放

1. 加快数字基础设施建设。加快5G网络、数据中心、云计算平台等关键数字基础设施的建设,提升全省互联网覆盖率和网络传输速度,确保企业和消费者能够高效、便捷地参与数字贸易。

2. 打造跨境电商大数据平台。依托跨境电商线上综合服务平台,集成跨境电商政务数据、跨境电商平台交易数据、口岸及物流枢纽流转数据、跨境电商产业园区统计数据,建立跨境电商大数据平台。

3. 构建全省统一的数字贸易平台。整合电子商务、跨境电商、数字金融等功能模块,形成覆盖面广、功能完善的数字贸易生态系统。通过建立数字服务贸易平台,推动在线教育、远程医疗、跨境金融等新兴服务业态的发展。

4. 加强数字贸易的法律法规建设。制定明确的数字贸易政策法规,包括数据隐私保护、跨境数据流动、电子合同的法律效力等方面,确保数字贸易活动在法律框架内进行。加强对数字贸易的监管,打击网络诈骗、虚假宣传等违法行为,保障企业和消费者的合法权益,营造健康有序的数字贸易环境。

5. 促进跨境数字支付和结算便利化。探索与国内外领先的数字支付平台合作,建立覆盖全球主要市场的跨境支付网络,简化跨境支付流程,降低支付成本。推动本地银行和金融机构开发适应数字贸易需求的跨境结算产品,提升资金流动效率,促进跨境数字贸易的发展。

(六)进一步拓展开放通道

1. 加快综合交通网络建设。加快推进综合交通网络的建设,特别是增强与沿海发达地区及共建“一带一路”国家的连接性。打通通往长三角、粤港澳大湾区的快速通道。

2. 建立智慧交通体系。推进交通基础设施的数字化改造，建设智能化交通调度系统，实现对全省交通流量的实时监控和动态调整。推广智能物流平台，利用大数据和人工智能技术优化物流路线和运输计划，减少运输时间和成本。

3. 提升国内国际运输通道能力。通过建立跨省交通协调机制，与周边省份共同规划和建设重大交通基础设施项目，实现区域交通网络的无缝衔接，积极参与长江经济带综合立体交通走廊的建设，进一步提升江西在全国交通运输网络中的地位。

(七)提升产业创新能力

1. 加快发展新质生产力。针对电子信息等重点产业企业用电子化学品实施便捷通关措施。推进“一站式”供应链平台建设，为企业提供进口采购、通关等公共服务，保障进口原材料源头稳定与渠道畅通。推动研发机构、创新平台开展国际科技合作，探索国际合作新模式和新路径。

2. 赋能先进制造研发基地建设。打造保税研发综合服务平台，助力制造类企业科技研发项目降本增效。探索在综合保税区内开展汽车发动机、变速箱保税再制造试点。争取将更多有企业需求的产品纳入保税维修范围。建设信息化系统，落实多部门综合监管和全链条监管，支持保税维修政策拓展至全省。

(八)促进商品和生产要素的流动性开放

1. 强化区域合作。主动对接和服务长三角一体化发展、粤港澳大湾区建设、海峡西岸经济区建设，加快汇聚资金、技术、人才等先进生产要素。通过搭建合作平台，推动内陆地区与沿海地区在产业链、技术创新、人才交流等方面开展广泛交流与合作，实现资源共享、优势互补，提升江西的产业水平，促进技术转移和人才培养。

2. 加强科技创新驱动。鼓励企业建设技术创新中心、工程技术研究中心等，提升企业的自主创新能力。通过政策引导和资金支持，鼓励企业参与国家重大科技项目,提升全省科技创新的整体水平。完善科技成果转化的制度体系,设立科技成果转化专项基金,支持科技成果的产业化应用。探索建立科技成果共享机制,打破科研单位和企业之间的壁垒,推动科技资源的开放共享。

3. 建立更高水平的金融支持体系。推动内陆加工贸易、转口贸易等多种贸易形式的结算便利化试点。研究与跨境要素市场交易相匹配的外汇收支便利化政策,促进区域要素市场进行国际贸易活动。逐步开放商品期货交易给境外企业。促进商业保理业务的成长,并探索适应商业保理业务的监管方式。

4. 优化土地供给结构。以产业链、供应链为纽带,增加混合产业用地供给,促进土地用途混合利用和建筑复合使用。鼓励通过政府收储、土地转让、土地出租"嫁接"企业等方式盘活利用低效土地和厂房,引进高端产业项目。

5. 打造引才聚才高地。制定更加开放的引才政策,吸引高层次创新人才和创新团队落户,加强与国内外知名高校、科研机构的合作,设立"人才引进专项计划",引进急需的科技人才、管理人才和专业技术人才。建立健全的人才激励机制,激发人才的创新活力。

(九)对标国际一流优化营商环境

1. 优化法治环境,保障企业合法权益。进一步加大知识产权保护力度,建立知识产权快速维权机制。设立知识产权保护中心,为企业提供知识产权申请、维权、仲裁等服务。

2. 优化政务环境,提升政府服务效率。进一步深化"放管服"改革,减少行政审批事项,优化审批流程。通过全面推行"一网通办""一窗受理"服务模式,简化企业办事程序,缩短审批时限,降低企业的时间和人力成本。制定统一的服务标准和流程,确保政务服务的规范性和高效性。针对重点投资项目和重点企业,推行"极简审批"改革,精简审批事项,压缩审批时间。

3. 优化市场环境,促进公平竞争。进一步放宽市场准入限制,推动"非禁即入"政策的落实,保障各类经营主体平等进入市场。通过清理和规范各类行政审批事项,降低市场准入门槛,鼓励更多经营主体参与竞争。对于重点产业和新兴领域,制定专项政策,支持企业快速进入市场,推动产业发展。建立健全公平竞争审查机制,对涉及市场准入、产业发展、招商引资等方面的政策措施进行严格审查,防止排除、限制市场竞争的行为发生。加强对市场主体的监管,打击不正当竞争行为,维护市场公平竞争秩序。

4. 优化国际环境,提升对外开放水平。设立外资企业服务中心,为外资企业提供从注册、审批到经营的全流程服务。提供多语言服务、法律咨询、税务筹划、市场准入等支持措施,帮助外资企业快速融入本地市场。通过优化外资企业的营商环境,提升江西对外资的吸引力,推动全省外向型经济的发展。

参考文献

国务院:《国务院关于做好自由贸易试验区对接国际高标准推进制度型开放试点措施复制推广工作的通知》(国函〔2024〕156 号),中华人民共和国中央人民政府官网,2024 年 10 月 19 日。

中共江西省委办公厅、江西省人民政府办公厅:《关于深化投资贸易便利化改革的意见的通知》(赣办发〔2024〕8 号),江西省商务厅官网,2024 年 3 月 7 日。

江西省优化营商环境工作领导小组:《2024 年江西省优化营商环境提升行动方案》(赣营商〔2024〕2 号),红谷滩区人民政府官网,2024 年 5 月 21 日。

佟家栋、鞠欣:《构建更高水平开放型经济新体制的国际战略形势思考》,《国际经济合作》,2022 年第 6 期。

倪红福:《新发展格局下构建开放型经济体系:一个逻辑框架》,《经济体制改革》,2022 年第 3 期。

数字经济背景下江西省数据资产开发与利用策略研究

刘斌　李泽宇 *

摘要： 推进数据资产开发与利用是江西省抢抓数字经济战略机遇、构建现代化产业体系的关键突破口，是破解资源约束、重塑发展动能的核心引擎，也是实现政府治理数字化转型、激发社会创新活力的必然选择。当前，江西省数据资源丰富但开发程度不足，数据资产开发与利用存在经济整体基础不强、技术创新水平不高、数据与实体经济融合不充分、数据要素市场尚待完善、高素质人才短缺等而导致的数据资产化支撑、技术、融合、要素、人才等瓶颈，需从夯实经济基础、提升技术创新能力、深化与实体经济融合、完善数据要素市场、加强人才引育等方面多措并举，形成政府引导、市场主导、社会协同的数据要素开发新格局，为江西在数字经济新赛道上实现换道超车提供有力支撑。

关键词： 数字经济　数据资产　开发　利用　策略

近年来，在数字经济蓬勃发展的全球浪潮中，数据已跃升为与土地、劳动力、资本并列的核心生产要素。我国 2022 年底出台“数据二十条”，初步搭建了我国数据基础制度体系，充分激活数据要素价值，数据要素市场建设进入制度化快车道。江西省于 2024 年推出了具有江西特色的数据基础制度——“江西数据二十三条”①，2025 年江西省《政府工作报告》中将“协同推进数字产业化

---

* 刘斌，江西科技师范大学经济管理与法学院教授，研究方向为工商管理；李泽宇，江西省社会科学院经济研究所助理研究员，研究方向为区域经济。

① “江西数据二十三条”主要分为五个方面 23 项任务，其中第三、四方面属于数据资产开发利用的核心内容。第三方面“促进数据要素流通和应用”，直接聚焦激活数据要素、推动数据流动和实际应用。第四方面“加快数据价值释放”，关注数据开发利用所产生的实际效果和价值。

和产业数字化”作为本年十大重点工作之一。数字经济的发展速度快、辐射广,对地方经济发展具有积极影响,发展好数字经济,推进数据资产的开发利用是江西省打造未来竞争力的重要抓手和必然路径。

一、江西省数据资产开发的战略逻辑

(一)理论依据

1. 数据要素价值化理论。在数字经济时代,数据已成为与土地、劳动力、资本并列的核心新型生产要素,具有可复制性、非排他性、边际报酬递增性。其价值化过程不仅涉及数据的采集、存储、处理和分析,更能通过市场化机制实现数据的流通、交易和应用,从而释放数据要素的潜在价值。中国信通院发布的《数据要素价值实现路径洞察报告(2024 年)》提炼我国数据要素价值化的“三化”共性路径:数据资源化、数据资产化、数据资本化。江西省数据产业从无到有、从小到大,产业规模已迈向全国第二梯队,产值达到 500 亿元,位居中部地区前列。

2. 制度创新理论。制度创新理论由诺斯(Douglass North)、戴维斯(Lance Davis)和汤玛斯(Robert P. Thomus)提出,融合了制度经济学与熊彼特的创新理论,强调制度变革如何通过调整规则、组织结构和激励机制来优化资源配置效率,从而推动经济发展。2025 年,国务院办公厅颁布的《关于完善中国特色现代企业制度的意见》提出健全创新导向的激励机制,强调各类企业需提高资源要素利用效率和经营管理水平。制度创新是江西省数据资产开发与利用的核心驱动力,通过产权分置、交易平台、收益分配和安全监管等制度创新,江西省已实现数据资产质押融资、产业数据入表等突破①。

(二)产业需求分析

1. 现代化产业体系构建需求。从整体数据来看,数据驱动对产业升级的贡献十分突出。2024 年底,江西省数字化转型准备阶段企业占比较 2023 年底下

---

① 上饶市信州区人民政府:《赣东北数据与知识产权运营中心与上饶国发集团达成合作,完成国发首单数据资产入表项目签约》,上饶市信州区人民政府官方网站,2024 年 6 月 28 日。

降13.95个百分点、基础爬坡阶段企业占比提升14.08个百分点，产业数字化发展水平整体结构由“金字塔型”向“橄榄型”加快转变。这充分表明，数据已成为江西现代化产业体系构建中不可或缺的关键要素，为产业的高效发展提供了有力支撑。

在此过程中，江西省积极开展“智联江西”行动，重点打造了覆盖有色金属、电子信息等支柱产业的10个省级工业互联网平台，在数据驱动企业生产运营等方面成效显著，如江铜集团借助数据中台，对矿山开采、冶炼、物流等全链条的数据进行整合，实现生产能耗降低15%、库存周转率提升20%。同时，注重以市场需求为导向，通过大数据分析构建“需求预测—产能调整”动态模型，如赣州家具产业依托消费数据分析，精准定位海外市场，在2023年实现出口额同比增长26%。这有力地证明了大数据分析对于市场拓展和产业发展的重要作用。

2. 实体经济发展需求。在投资结构方面，江西省正不断优化、加大对数字经济领域信息技术投入。2024年，全省固定资产投资统计数据显示，信息传输、软件和信息技术服务业，科技服务业等新兴产业快速发展，其中信息传输、软件和信息技术服务业投资增长从2023年度的-33.2%上升至2024年度的9.5%，科学研究和技术服务业投资增长从2023年度的-0.4%上升至2024年度的6.6%。江西省信息技术投入的显著变化有力证明本省对新兴产业快速发展的重视且注重通过数据驱动产业需求的深入分析和预判。

3. 政府治理效能需求。2025年，《江西省政府工作报告》指出，江西省在全国率先落地应用“一码付”“赣企通”“赣通码”，政务服务大厅综合窗口实现省市县乡四级全覆盖。“一表同享”改革试点县实现业务表单数量压减62.44%，数字化为民众和企业提供了更加便捷的服务，而这些应用需要数据采集、存储、处理、分析等一系列政府提升效能的技术服务，这直接拉动了对数据产业的需求。

二、江西省数据资产开发与利用现状及成效

（一）政策体系日趋完善

从2020—2023年数据资源专项政策汇总数来看，江西省本级及相关地市

出台了系列数据资产相关政策,涵盖省级、市级不同层面,在部分省份发文数量靠前(见表1)。在工业、农业、文旅等细分领域,发布了12项数据应用专项政策。江西省逐步形成了"制度设计—规范制定—场景落地"的闭环。萍乡安源区率先获颁全省首张数据资产登记证书(编号001),并成立首个县区级数据交易平台节点,实现与省级平台实时同步。

表1 2020—2023年部分省份数据资源专项政策汇总

地区	政策文件数量	部分政策文件示例(按时间倒序)	主要政策方向
全国	21份	《国土空间规划城市时空大数据应用基本规定》(2023年2月10日)《工业和信息化领域数据安全管理办法(试行)》(2022年12月8日)《中共中央、国务院关于构建数据基础制度更好发挥数据要素作用的意见》(2022年12月2日)	数据安全管理、数据要素市场构建、政务数据体系建设、互联网信息服务规范、个人信息保护等多领域数据资源管理与发展规范
江苏	26份	省级:《江苏省人民政府办公厅关于印发江苏省数字政府建设2023年工作要点的通知》(2023年4月27日);市级:《无锡市大数据管理局关于印发〈2023年度无锡市公共数据开放工作要点〉的通知》(2023年4月25日)	省级:数字政府建设、信用信息共享管理;市级:公共数据开放、城市数字化转型、数字政府规划建设
浙江	32份	省级:《浙江省自然资源厅浙江省大数据发展管理局关于印发〈浙江省域空间治理数字化平台管理办法(试行)〉的通知》(2022年11月24日);市级:《丽水市发展和改革委员会丽水市大数据发展管理局关于印发〈丽水市数字孪生应用规划〉的通知》(2023年3月13日)	省级:公共数据管理、数据授权运营探索、数字化平台管理、地方标准制定;市级:数字孪生应用、公共数据开放与管理
安徽	17份	省级:《安徽省数据资源管理局关于征询公众对〈安徽省公共数据开放管理暂行办法(征求意见稿)〉意见的公告》(2022年11月9日);市级:《铜陵市电子政务网络和数据安全三年行动方案(2023—2025)》(2023年4月11日)	省级:公共数据的规范化开放、安全管理及价值挖掘;市级:电子政务安全保障、制度规范、云网安基础设施

续表

地区	政策文件数量	部分政策文件示例(按时间倒序)	主要政策方向
江西	22份	省级:《江西省人民政府办公厅关于印发江西省2023年数字政府建设工作要点的通知》(2023年4月13日)《江西省关于落实数据基础制度激活数据要素价值促进数字经济高质量发展的实施意见》(2024年10月16日);市级:《南昌市人民政府办公室关于印发南昌市数字政府规划建设方案的通知》(2023年2月23日)	省级:数字政府建设推进、公共数据管理规范、数据应用与相关条例探索;市级:数字政府规划、政务数据安全管理
湖北	13份	省级:《湖北省市场监督管理局关于印发〈湖北省碳计量中心建设管理办法〉〈湖北省计量数据建设应用基地建设管理办法〉的通知》(2023年2月17日);市级:《武汉市数据要素市场化配置改革三年行动计划(2023—2025年)》(2023年4月3日)	省级:碳计量数据采集、分析、评价和应用服务;市级:数据要素市场化改革、公共数据资源管理、数据基础设施、基础数据采集整合、城市数据治理
湖南	20份	省级:《湖南省住房和城乡建设厅关于印发〈2023年湖南省"数字住建"工作要点〉的通知》(2023年4月21日);市级:《长沙市人民政府办公厅关于进一步加强新型智慧城市和数字政府"四梁八柱"建设的指导意见》(2023年2月6日)	省级:行业数字化推进、数字政府建设规划、政务信息资源共享管理;市级:新型智慧城市与数字政府建设、政务数据资源共享开放管理

数据来源:相应省、市官方网站收集统计而得。

(二)算力网络布局优化

截至2024年底,江西省已累计建成5G基站10.7万个、4G基站18.4万个、具备千兆网络服务能力的端口达60.5万个①,为使用主体畅享高速网络服务、推动各类5G应用的落地创造了有利条件。同时,根据2024年江西省信息中心公布的数据,江西省的数据中心标准机架数超过880万,算力规模较2023年底

① 中国日报网:《全省5G基站建成超10万个 三大运营商"信号升格"齐发力》,中国日报网官方网站,2024年4月10日。

增长16.5%①。这不仅表明江西省在数据存储和处理能力上取得了重大突破，也为大数据、人工智能等新兴技术的发展提供了强大的算力保障。

(三)产业融合纵深推进

1. 在平台建设方面成绩斐然。在工业方面，目前已建成省级工业互联网标识解析二级节点16个②，接入企业超过2万家，日均解析量高达百万次。企业之间能够实现更高效的数据交互和协同，为产业链上下游的沟通与合作提供了便利，提升了整个工业体系的智能化水平。在农业方面，全省60%的县域接入了"智慧农业云平台"，监测分析作物长势，农业生产更加精准化、智能化，不仅提高了农作物产量，还降低了生产成本，南昌县大田农社实现20多人管1.6万亩地③。

2. 在制造业领域转型成效显著。江铃新世代全顺Pro在行业内首次推出"Uptime100%"服务，车辆传感器可以通过软件、云服务、OTA等科技手段，通知客户电池缺电预警等信息。这一技术的应用，极大地提高了产品质量检测的准确性和效率，降低了企业的人力成本，增强了企业在市场中的竞争力，也为制造业的智能化升级提供了可借鉴的范例。

三、江西省数据资产开发与利用存在的问题

(一)经济整体基础不强，数据资产化面临支撑瓶颈

1. 数字经济发展基础不强。2024年，全国31个省份(未包括港澳台)经济数据中，江西省GDP总量3.42万亿元，与接壤的广东(14.1万亿元)、浙江(9万亿元)、福建(5.7万亿元)、安徽(5.06万亿元)相比，有一定的差距，在中部地区中仅高于山西；在人均GDP方面，江西处于全国第19名，中部地区中排名

---

① 李芃达:《880万架 算力产业量质齐升》,《经济日报》,2025年1月24日,第6版。

② 陈柱佐:《江西实现工业互联网标识解析 二级节点全覆盖》,《经济参考报》,2024年12月6日,第7版。

③ 王丹:《江西南昌县,智慧农场平台监测分析作物长势 稻田里安上5G传感器(三夏进行时)》,《人民日报》,2024年6月10日,第2版。

第 4 位，处于中下游水平。从全国数字经济发展来看，2023 年，江西省数字经济发展总指数位居全国第 17 名，江西省产业数字化指数位于全国第 12 名，江西省数字产业指数位于全国第 20 名。

2. 区域经济发展不均衡限制了数据市场区域发展。2024 年，各市 GDP 数据显示，南昌市以 7800.4 亿元居全省第 1 位，赣州（4940.5 亿元）和九江（4021.8 亿元）分列第 2、3 位，而鹰潭市仅为 1384.34 亿元。这种区域经济发展的不均衡直接导致了数字资源分布的非对称性，大部分数字创新要素集中在南昌等少数城市，制约了全省数据要素市场的协调发展。

（二）技术创新水平不高，数据资产化面临技术瓶颈

1. 全省整体科技创新水平不高。2024 年，全省研发经费投入强度为 1.95%，人工智能、区块链等前沿技术领域 80% 以上的核心算法依赖省外供应，部分重点企业生产设备联网率不足 40%，制约了产业数字化转型的深度推进。《中国区域科技创新评价报告 2024》显示，江西省综合科技创新水平指数为 64.52%，较上年提高 4.25 个百分点，仅居全国第 16 位。

2. 数据资产化缺乏有效的技术支撑。江西省当前数据资产化领域存在技术支撑不足的问题。具体表现为数据确权、评估及流通等环节的技术复杂度高、标准化滞后与安全机制不完善，这也是全国普遍存在的“数据要素市场化技术体系不健全”的短板。江西省虽率先探索数据产权公证并发布地方标准，但数据资产融资方面仍需依赖多平台协同认证，包含全国数据资产登记服务平台、央行动产融资系统等，流程繁琐且效率受限，从中也反映出数据资产化技术链条的整合度不足。同时，数据安全技术区块链的应用仍依赖外部标准，本土化解决方案尚未成熟。

（三）数实融合不够充分，数据资产化面临融合瓶颈

1. 新兴产业弱势限制了数实融合。目前，江西省传统产业还保持“支柱产业”位置。在 2024 年 11 月省企业联合会、省企业家协会公布的“2024 江西企业 100 强”中，前 5 名中依旧是传统产业占了 4 席，特别是第一名有色金属产业的

江铜集团以 5539 亿元营业收入额继续领跑,成为全省首家进入并保持营业收入额超五千亿元级的企业(见表 2),传统产业依旧是支柱产业,新型技术产业还是处于弱势。

表 2 “2024 年江西企业 100 强”前 5 名公司一览表

排名	企业名称	营业收入(万元)	归属产业
1	江西铜业集团有限公司	55390197	有色金属
2	晶科能源股份有限公司	12228257	光伏
3	江铃汽车集团有限公司	10914250	汽车
4	江西方大钢铁集团有限公司	10750772	钢铁
5	双胞胎(集团)股份有限公司	8684219	农、林、牧、渔业

数据来源:江西省企业联合会、江西省企业家协会。

2. 数字赋能传统产业效果体现不足。2023 年,江西省战略性新兴产业增加值增速(9.1%)显著高于全省规模以上工业增加值增速(5.4%)①,“一快一慢”的局面进一步凸显传统产业数字赋能的相对滞后,并未完全形成新兴产业和传统产业“双轮驱动”格局。截至 2024 年 7 月底,南昌市已开工省数字经济重点项目 13 个,累计完成投资额只占总投资额的 43.67%,资金利用率还需要进一步加强②。

(四)数据要素市场尚待完善,数据资产化面临要素瓶颈

1. 尚未形成完整的数据要素供应链。数据要素供应链仍在建设和完善中,数据产权界定模糊、价值评估标准缺失等问题尚未破解,尚未形成覆盖数据清洗、确权、定价的全链条服务体系,导致大量工业数据、政务数据仍处于“沉睡”

① 李兴文、余贤红、范帆:《开辟转型升级广阔蓝海 江西制造业发展“新三观”》,《新华每日电讯》,2024 年 4 月 8 日,第 1 版。

② 李文娣、姚敏亮:《数智化升级方兴未艾——江西省南昌市探索中小企业数字化转型综述》,《中国财经报》,2024 年 9 月 5 日。

状态，企业间数据共享存在“不愿交、不敢用”的困局。

2. 数据交易平台亟待完善。截至2025年3月，全国共有58家数据交易平台，其中包括五大领头数据交易所：北京国际大数据交易所、上海数据交易所、广州数据交易所、深圳数据交易所和贵阳大数据交易所。2024年9月，江西省公共资源交易集团有限公司加挂了“江西省数据交易平台”牌子，数据交易才刚刚起步，交易平台建设滞后于现实需求。

（五）高素质人才短缺，数据资产化面临人才瓶颈

1. 专业技能人才及跨界人才大量空缺。江西省科研技术人员存在较大的专业技术人才缺口。2023年，规模以上工业企业法人单位R&D人员折合全时当量12.62万人·年，远低于全国规模以上工业企业法人单位R&D人员全时当量为481.7万人·年。

2. 数据资产化高素质人才供需矛盾较为突出。从智能制造技术人才领域来看，按高H因子①衡量的杰出人才方面，中国占全球比重仅为5%左右，排名世界第6位。2024年，省属高校毕业生留赣率仅为53.4%、省外生源中仅有19.8%愿意留赣工作②。人才外流加剧了“技术空心化”风险，制约着江西省数据资产开发的可持续发展。

四、江西省数据资产开发与利用的对策与建议

江西省应充分发挥“法治+数据”的叠加优势，构建具有前瞻性的数据要素制度体系，为数据资产开发与利用提供坚实的法治保障。当前，江西省已在全国首创数据产权公证模式，并发布《数据资源公证登记规范》和《数据资产质押公证登记规范》两项省级地方标准。在此基础上，应进一步深化制度创新，从数字发展基础、技术支撑、产业融合、要素价值实现、人才引育五个维度进行体系化拓展，从而推动数据要素市场化配置改革向纵深发展。

---

① H因子：又称H指数，用于评价科学家的科研绩效，是一个影响力判定参数。

② 郑晰：《江西总队专项调研结果显示——江西高校毕业生就业形势总体平稳》，《中国信息报》，2024年6月26日，第3版。

(一)夯实数字发展基础,突破支撑瓶颈

1. 加强数字基建投入。加快 5G 基站、工业互联网、算力中心等新型基础设施建设,提升江西移动智算中心、中国电信鄱阳湖智算中心等设施能级,为数据要素流通提供强大算力支撑,不仅覆盖南昌、赣州等核心城市群,并应向县域延伸,同时设立省级数字基建专项基金、引导社会资本参与。

2. 培育数据驱动型产业。重点扶持电子信息、新能源、航空制造等优势产业的数据化转型,打造"数据 + 制造业"标杆项目。建设省级数据产业园区,吸引头部企业落户,形成产业集群效应。

(二)提升技术创新能力,突破技术瓶颈

1. 优化新型基础设施布局。根据江西省各设区市算力发展水平,构建"一核两翼"①算力布局,以区域算力发展水平处于领先地位的南昌、赣州为核心打造智能计算中心集群,同时设立省级数据技术转化中心,攻关数据清洗、隐私计算、区块链等关键技术,加速成果落地。

2. 支持国产化技术应用。在全球供应链不确定性加剧、技术封锁等背景下,江西省应抓住机遇,加速国产化技术替代,降低对外技术依赖风险。鼓励政务、金融等领域优先采用国产数据库和云计算平台,降低技术依赖风险。对自主创新企业给予税收减免和研发补贴。扶持本土大数据与云计算企业、推动国产技术"出海"。

(三)深化与实体经济融合,突破融合瓶颈

1. 实施行业赋能计划。在陶瓷、有色金属、农业等特色"支柱产业"中推广数据应用(如物联网监测、供应链优化),每年遴选 100 家试点企业给予补贴。建立"产业数据服务商"认证体系,培育第三方数据服务企业。

2. 打造融合示范场景。建设"赣鄱数据应用案例库",推广"江西省产业大

---

① "一核两翼"布局是一种算力基础设施的发展策略。"一核":通常指的是以某个重要区域或城市为核心,作为算力基础设施的主要集聚地和发展中心;"两翼":则是指以智算、通算和超算为两翼,分别对应不同类型的算力服务。

脑”“江西省食品安全溯源平台”等成功模式。举办“数据赋能实体经济”高峰论坛,促进经验交流。

3. 构建数据要素产业生态。引进培育数据商、第三方专业服务机构等市场主体,发展数据清洗、标注、评估、审计等专业服务。

(四)完善数据要素市场,突破要素瓶颈

1. 健全市场监督规则。制定明确数据权属、交易流程和收益分配机制。探索数据资产质押融资、证券化等金融创新。开展数据安全“铸盾”行动,对年交易额超千万的数据商实施强制安全认证。

2. 推动公共数据开放。优先开放交通、环保、医疗等领域的脱敏数据,建立“江西省公共数据开放平台”。推行“数据可用不可见”模式,保障安全前提下释放数据价值。

3. 建设一体化数据要素平台。整合现有平台资源,打造集数据登记、授权运营、流通交易、安全监管于一体的省级数据要素平台。建设江西省数据安全应急指挥中心,建立数据泄露预警、溯源、处置一体化机制,重点保障金融、能源等领域数据安全。

(五)加强人才引育,突破人才瓶颈

1. 加强多层次人才培养。在省内高校增设数据科学、人工智能等专业,扩大招生规模;联合企业开设“订单班”,实施“数字工匠”计划,针对传统行业从业人员开展数据技能培训;推动产学研结合,加强高校与企业的合作,建立产学研合作基地,推动科研成果的转化和应用。鼓励企业开展技术创新和研发项目,提供实践机会和经验积累平台,培养高标准、高质量的应用型数字人才。

2. 强化高端人才引进。江西省推进“人才飞地”“科创飞地”建设,打破地域限制,吸引国内外优秀数字经济人才。落实“赣江英才”政策,对大数据领域高层次人才给予安家补贴、项目资助。建立“候鸟型专家”机制,柔性引进长三角、粤港澳专家资源。

展望未来,江西省通过释放数据要素价值、深化产业融合、优化治理模式,有望在中部地区率先形成数据驱动型经济新范式,为高质量发展注入强劲动

能,数据资产开发将成为江西省数字经济实现"换道超车"的关键抓手。因此,江西省应坚持创新引领、开放合作、安全可控的发展路径,让数据成为新时代赣鄱崛起的新动力,助力全省经济迈向更高水平。

参考文献

叶建春:《政府工作报告——2025 年 1 月 17 日在江西省第十四届人民代表大会第三次会议上》,《江西日报》,2025 年 1 月 26 日。

国家统计局:《第五次全国经济普查公报(第六号)——部分新兴产业发展情况》,国家统计局官方网站,2024 年 12 月 26 日。

江西省人民政府:《江西省推动大规模设备更新和消费品以旧换新实施方案》,江西省人民政府官方网站,2024 年 5 月 8 日。

江西省统计局:《江西省第五次全国经济普查公报(第六号)——部分新兴产业发展情况》,江西省统计局官方网站,2025 年 3 月 5 日。

江西省统计局:《江西省 2024 年国民经济和社会发展统计公报》,江西省统计局官方网站,2025 年 3 月 31 日。

李小玉、李华旭:《以新型工业化助力构建现代化产业体系》,《江西日报》,2023 年 10 月 25 日。

李芃达:《880 万架 算力产业量质齐升》,《经济日报》,2025 年 1 月 24 日。

陈晖:《我省制造业数字化转型成效明显》,《江西日报》,2025 年 3 月 1 日。

吴丽琳:《江西:力争两年内推进 1 万家企业数字化改造》,《中国电子报》,2024 年 3 月 19 日。

江西民营经济发展现状、问题与提升路径

江西省社会科学院课题组 *

摘要： 民营经济是推进中国式现代化的生力军。近年来，江西深入学习贯彻习近平总书记关于民营经济发展的重要论述和考察江西重要讲话精神，始终坚持“两个毫不动摇”“三个没有变”，促进“两个健康”，民营经济发展态势稳健向好、综合实力显著提升、创新动力不断增强、营商环境持续优化，但仍存在企业投资信心下降、提质增效任重道远、科技创新能力有待提升等问题，应进一步强化制度建设、加大培育力度、提升创新能力、提高绿色化智能化水平、提升服务效能，多措并举，推动全省民营经济持续健康发展、迈上新台阶。

关键词： 江西　民营经济　营商环境

2025 年 2 月，习近平总书记出席民营企业座谈会并发表重要讲话，强调新时代新征程民营经济发展前景广阔、大有可为，广大民营企业和民营企业家大显身手正当其时。民营经济是经济发展的生力军，是推动江西高质量发展的重要力量。本文深入分析江西民营经济发展现状和存在的问题，提出对策建议，对于促进江西民营经济高质量发展有着重要的意义。

* 课题组组长：李小玉，江西省社会科学院经济研究所所长、研究员，研究方向为区域经济。课题组成员：李华旭，江西省社会科学院经济研究所副研究员，博士，研究方向为区域经济；刘东，江西省社会科学院发展战略研究所助理研究员，研究方向为产业经济；朱顺东，江西省社会科学院经济研究所助理研究员，研究方向为区域经济；余小琴，江西省社会科学院经济研究所助理研究员，博士，研究方向为产业经济；刘英，江西省社会科学院经济研究所助理研究员，博士，研究方向为区域经济。

一、江西民营经济发展现状

(一)发展态势稳健向好

近年来,在国际环境复杂严峻、国内经济下行压力加大的背景下,江西民营经济经受住了国内外多重风险考验,发展韧性持续显现,牢牢撑起了江西经济的“半壁江山”。

1. 整体规模稳步提升。2024 年,全省非公有制经济增加值达 21355.2 亿元,较 2019 年增加 6467.1 亿元,增长 43.4%;非公有制经济占 GDP 比重为 62.4%,比 2019 年上升 2.3 个百分点。截至 2024 年,全省个体工商户、私营企业达 452.9 万户,是“十三五”期末的 1.65 倍。如表 1 所示,2023 年,江西规模以上私营工业企业单位数达 14150 个,较 2019 年的 8247 个增长了 71.6%;规模以上私营工业企业资产总计为 12238.1 亿元,较 2019 年的 8274.2 亿元提高了 47.9%。

2. 社会贡献不断增大。民营经济是江西经济社会发展的重要生力军,已成为兴赣富民的重要力量。2024 年,全省城镇新增就业人数为 46.5 万人,民营企业吸纳了 90% 以上的城镇新增就业,成为就业“蓄水池”。如表 1 所示,2023 年,江西城镇私营单位就业人员平均工资为 55201 元,较 2019 年的 46341 元增长了 19.1%。

表 1　2019—2023 年江西私营单位情况统计表

年份	规模以上私营工业企业单位数(个)	规模以上私营工业企业资产总计(亿元)	城镇私营单位就业人员平均工资(元)
2019 年	8247	8274.2	46341.0
2020 年	9281	9018.1	48864.5
2021 年	11933	12079.2	52667.0
2022 年	12744	13501.4	53650.3

续表:

年份	规模以上私营工业企业单位数(个)	规模以上私营工业企业资产总计(亿元)	城镇私营单位就业人员平均工资(元)
2023 年	14150	12238.1	55201.0

数据来源:《江西统计年鉴》(2020—2024 年)。

(二)综合实力显著提升

近年来,江西民营经济展现出了强劲的发展势头,骨干企业加速成长,竞争能力显著增强,综合实力大幅跃升。

1. 骨干企业加速成长。2024 年,晶科能源控股有限公司、江西方大钢铁集团有限公司、双胞胎(集团)股份有限公司、江西赣锋锂业集团股份有限公司等 6 家江西民营企业入围“2024 中国民营企业 500 强”,其中有两家营业收入超千亿元(见表 2)。晶科能源股份有限公司、江西方大钢铁集团有限公司、双胞胎(集团)股份有限公司、江西赣锋锂业集团股份有限公司等 10 家江西民营企业入围“2024 中国制造业民营企业 500 强”,比上年度增加 1 家(见表 3)。

表 2　江西入围“2024 中国民营企业 500 强”的企业名单

企业名称	营业收入(万元)
晶科能源控股有限公司	12228257
江西方大钢铁集团有限公司	10750772
双胞胎(集团)股份有限公司	8684219
江西赣锋锂业集团股份有限公司	3297168
中大控股集团有限公司	3181942
鹰潭沪江铜基新材料有限公司	2981813

数据来源:2024 中国民营企业 500 强榜单。

表3　江西入围“2024中国制造业民营企业500强”的企业名单

企业名称	营业收入(万元)
晶科能源控股有限公司	12228257
江西方大钢铁集团有限公司	10750772
双胞胎(集团)股份有限公司	8684219
江西赣锋锂业集团股份有限公司	3297168
鹰潭沪江铜基新材料有限公司	2981813
江西济民可信集团有限公司	2554526
江西远桥金属有限公司	2407240
泰豪集团有限公司	1951453
孚能科技(赣州)股份有限公司	1643641
江西立讯智造有限公司	1618585

数据来源:2024中国制造业民营企业500强榜单。

2. 竞争能力显著增强。江西百强民营企业竞争能力显著增强,2024年,江西民营企业100强入围门槛为营业收入达43.17亿元,比上年度提高1.38亿元;制造业民营企业100强的入围门槛为营业收入达34.01亿元,比上年度提高2.7亿元;服务业民营企业20强的入围门槛为营业收入达23.48亿元,比上年度提高10.2亿元,均为历年来最高值。

(三)创新动力不断增强

企业是创新的主体,民营企业作为创新发展的重要力量,为江西经济高质量发展注入了强劲动力。

1. 企业数字化转型不断加快。2023年,江西立讯智造有限公司、绿萌科技股份有限公司、江西安驰新能源科技有限公司、江西景旺精密电路有限公司4家数字企业获批第30批国家企业技术中心,江西贪玩信息技术有限公司成为江西唯一入围全国互联网百强企业的公司。截至2024年底,全省上云企业突破40万家，超1.5万家企业开展入企诊断，1万多家企业启动数字化改造。

2.创新型企业梯度培育不断增强。2023年，江西全省新增入库国家科技型中小企业14528家，同比增长34%。作为在全国率先开展科技领军（入库）企业培育的省份之一，2023年，晶科能源股份有限公司、江西赣锋锂业集团股份有限公司等6家企业被认定为首批科技领军企业，覆盖了电子信息、有色金属、新能源、新材料等江西特色优势产业领域。2024年，江西有35家企业入围第六批国家级专精特新“小巨人”名单，新增数量位列全国第十五名。

（四）营商环境持续优化

营商环境是民营经济发展进程中资源要素流动的重要推动力。近年来，江西聚焦市场环境、法治环境、政务环境等建设，营商环境不断优化，持续向好。

1.市场环境不断改善。一是市场准入更加便利。江西积极推进“一照通办”改革，“一照通办”亮证功能使用频率不断提高。二是融资举措不断完善。出台了《江西省强化金融支持民营企业发展行动方案》等一系列针对性强、含金量高的政策措施，引导推动金融机构大胆投、持续投、放心投。近年来，大批企业纷纷加大力度在江西投资布局，宁德时代、比亚迪、格力、吉利、欣旺达等行业知名企业用实际行动对江西营商环境投下了“信任票”。

2.法治获得感显著提升。江西聚焦打造一流法治化营商环境，以深入推进优化法治化营商环境为抓手，坚持在法治轨道上持续优化营商环境，切实提升各类经营主体的法治获得感。着力推广“轻微免罚”“首违不罚”，2024年，全省行政执法部门办理免予行政处罚案件84.3万件，免予处罚金额9.7亿元，减轻从轻行政处罚案件30.7万件，不予实施行政强制措施案件3908件。

3.政务环境持续优化。江西认真贯彻“两个毫不动摇”“三个没有变”①，深入实施营商环境优化升级“一号改革工程”，出台了促进民营经济发展壮大的江

① “两个毫不动摇”：毫不动摇巩固和发展公有制经济，毫不动摇鼓励、支持、引导非公有制经济发展。“三个没有变”：非公有制经济在我国经济社会发展中的地位和作用没有变，我们毫不动摇鼓励、支持、引导非公有制经济发展的方针政策没有变，我们致力于为非公有制经济发展营造良好环境和提供更多机会的方针政策没有变。

西民营经济“36 条”,制定了降本增效“30 条”、助企纾困“28 条”、稳经济“43 条”等一系列扶持经济发展的改革举措,为民营企业发展营造良好的发展环境。

二、当前江西民营经济发展存在的主要问题

(一)经营受压:企业投资信心下降

受宏观经济下行影响,江西民营经济发展面临巨大困难,内卷加剧,企业经营压力不断积累,市场信心明显不足,活力下降。

1. 民营企业投资动能不足。自 2021 年以来,江西民营经济投资动能总体呈现下滑趋势。2024 年,江西民间投资增速为 3.6%,比 2021 年低 12.5 个百分点,虽相较于 2023 年转负为正,但该增速仍然偏低(见图 1)。面对目前政府大力推进的大规模设备更新工作,一些民营企业持相对消极的态度,缺乏投资信心和意愿,民营经济投资活力尚待恢复。

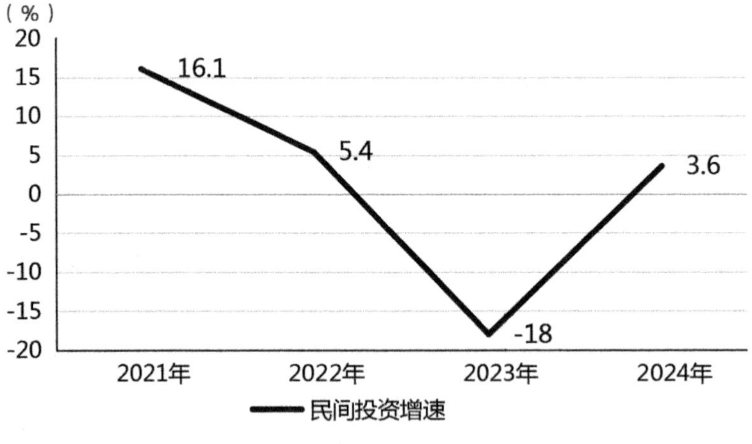

图 1　2020—2024 年江西民间投资增速

数据来源:《江西省国民经济和社会发展统计公报》(2020—2024 年)。

2. 民营企业招工动力下降。面对严峻的市场环境,民营企业纷纷选择降本增效,缩减员工规模。2019 年,江西城镇私营单位就业人数为 426.8 万人,2023 年下降到 314.8 万人,减少了 112 万人(见图 2)。

图 2　2019—2023 年江西城镇私营单位就业人数

数据来源:《江西统计年鉴》(2020—2024 年)。

3. 民营企业融资增速放缓。经济下行导致整体信贷增长明显收缩。2019 年,江西年末各项贷款增长率为 16.8%,2023 年下降到 10%,下降了 6.8 个百分点(见表 4),民营企业由于抗风险能力较弱、信用评级相对较低等原因,受到信贷紧缩的影响更大,融资增速明显放缓。

表 4　2019—2023 年江西年末各项贷款余额和贷款增长率

年份	年末各项贷款余额(亿元)	贷款增长率(%)
2019	35696.9	16.8
2020	41667.7	16.7
2021	47173.4	13.2
2022	52775.6	11.9
2023	58049.2	10.0

数据来源:《江西统计年鉴》(2020—2024 年)。

(二)后劲不足:提质增效任重道远

江西民营企业存在“顶尖乏力、新秀稀缺”的问题,近几年来,民营企业经营效益呈现下降态势。

1. 民营企业整体实力偏弱。龙头企业数量偏少,在培育大型民营企业方面成效不明显。2021—2024 年,江西各年度入选民营企业 500 强的数量维持在 5 ~ 6家,在中部六省中排名基本垫底,而同期安徽从 5 家增至 10 家,湖南从 7 家增至 9 家(见表 5),表明江西民营经济在区域竞争中处于相对劣势。并且,2023 年,江西民营企业营业收入超千亿元的只有 2 家,超百亿元的有 36 家,而同期安徽营业收入超百亿的民营企业有 53 家,反映江西大体量、高实力的民营企业相对缺乏。同时,江西民营企业后备力量不足。专精特新“小巨人”企业代表着行业的创新力量和未来发展潜力, 2021—2024 年,江西新增国家级专精特新“小巨人”企业数量从 144 家减少到 35 家,反映优质中小企业培育力度减弱。与中部其他省份相比,江西 2024 年入选企业数量明显偏少,仅有 35 家,远低于安徽(113 家)、湖北(72 家)和湖南(64 家)(见表 6),产业新兴力量相对较弱。

表 5　2021—2024 年中部省份民营企业 500 强数量(单位:个)

省份	2021 年	2022 年	2023 年	2024 年
湖北	16	19	16	14
河南	12	14	14	13
山西	5	8	8	0
湖南	7	7	7	9
安徽	5	7	7	10
江西	6	5	6	6

数据来源:《中国民营企业 500 强榜单》(2021—2024 年)。

表6 2021—2024 年中部省份入选专精特新"小巨人"企业数量(单位:家)

省份	2021 年（第三批）	2022 年（第四批）	2023 年（第五批）	2024 年（第六批）
湖北	172	306	217	72
河南	207	167	52	41
山西	100	40	15	6
湖南	232	174	116	64
安徽	229	259	129	113
江西	144	73	56	35

数据来源:根据工信部发布的专精特新"小巨人"企业名单整理而得。

2. 经营效益有待提升。一是产品销售率持续下降。由于市场总体需求下降、竞争加剧,江西民营企业面临很大的销售压力和库存风险, 2020—2022 年,江西规模以上私营工业企业产品销售率呈现明显下降趋势,从 98. 9% 下降到 97. 7% ,减少了 1. 2 个百分点。二是企业亏损面逐渐扩大。2023 年,江西规模以上私营工业企业亏损面为 12. 9% ,比 2020 年上升了 5. 6 个百分点。三是企业负债率提升。2023 年,江西规模以上私营工业企业的平均资产负债率为 57. 7% ,较 2020 年提高了 8. 6 个百分点(见表 7)。

表7 2020—2023 年江西规模以上私营工业企业经营状况

指 标	2020 年	2021 年	2022 年	2023 年
产品销售率(%)	98. 9	98. 9	97. 7	——
企业亏损面(%)	7. 3	6. 4	7. 9	12. 9
资产负债率(%)	49. 1	50. 5	52. 6	57. 7

数据来源:《江西统计年鉴》(2021—2024 年)。

(三)升级乏力:科技创新能力有待提升

江西民营企业的科技创新能力整体较弱,在因地制宜发展新质生产力上竞争力不强。

1. 高新技术企业数量相对较少。2023 年,江西国家高新技术企业约 7000 家,远不及同处于中部地区的湖北(25000 家)、安徽(20000 家)、湖南(16000 家)、河南(12000 家),仅多于山西(4155 家)。

2. 企业创新能力相对较低。“2023 民营企业研发投入 500 强”当中,江西仅有 9 家上榜,低于河南(16 家)、湖北(15 家)、安徽(12 家)等中部省份。并且,2023 年江西规模以上工业企业研发强度为 1.2%,明显低于湖南(2.4%)、湖北(1.9%)、河南(1.9%)和安徽(1.8%)(见表 8)。

表 8　2023 年中部六省规模以上工业企业研发强度

省份	研发经费(亿元)	营业收入(亿元)	研发强度(%)
江西	484.1	42012.4	1.2
安徽	927.0	51322.1	1.8
湖南	942.0	39814.0	2.4
湖北	895.6	46973.8	1.9
河南	914.2	49278.6	1.9
山西	217.6	35862.1	0.6

数据来源:国家统计局网站。

3. 科技成果转化能力有待提高。江西技术市场成交额逐年增长,从 2021 年的 409.4 亿元增至 2023 年的 1584.9 亿元,成交额增长了近 3 倍,显示了较好的发展势头,但与湖北(4771.2 亿元)、湖南(3989.8 亿元)、安徽(3597.6 亿元)等省份相比,规模仍然偏小(见表 9)。技术交易活跃度不够,在成果转化及产学研协同等方面的能力还需加强。

表 9 2021—2023 年中部六省技术市场成交额(单位:亿元)

省份	2021 年	2022 年	2023 年
江西	409. 4	733. 9	1584. 9
湖北	2090. 8	3010. 0	4771. 2
安徽	1787. 7	2875. 5	3597. 6
湖南	1261. 3	2542. 9	3989. 8
河南	607. 3	1020. 8	1362. 6
山西	134. 5	161. 4	223. 9

数据来源:国家统计局网站。

三、推进江西民营经济高质量发展的路径

(一)以制度建设破解“信心之困”,激发民营经济投资新活力

1. 强化促进民营经济发展的顶层设计。认真贯彻落实 2025 年 4 月颁布的《中华人民共和国民营经济促进法》,制定并实施新一轮促进江西民营经济高质量发展专项行动方案,明确江西民营经济发展的行动纲领、重点任务、实施方略,探索地方性立法,把产权保护、公平竞争、政商关系等方面成果经验固化下来。建立健全江西民营经济定期统计监测制度,加强江西民营经济运行分析和运行情况监测。全面梳理、复盘、研判各类政策执行效果,构建政策制定、落实、反馈、评估的闭环机制,及时实施动态调整,打通政策出台与落实落地间的“肠梗阻”。制定涉企政策时要征询民营企业的意见,并将此做法通过制度形式确定下来,确保政策的连贯性和稳定性,最大限度降低江西民营企业发展中可能出现的不确定性风险。

2. 因地制宜、分类分层建立化债机制。加大政府对江西民营企业的清欠力度,摸清机关、事业单位、国有企业拖欠民营企业款项底数,具体分析拖欠账款

原因,建立台账清单、制订支付计划。积极运用大数据识别长期拖欠企业应收账款问题,建立逾期尚未支付民营企业账款强制披露制度,高效解决江西民营企业款项支付投诉办理事项,推动解开企业之间相互拖欠的“连环套”,完善拖欠账款清理与审计、督查、巡视等制度的常态化对接机制,重塑政府信用,恢复民企信心。

3. 激发民营企业家干事创业激情。定期举办江西民营企业家峰会,探索设立全省“企业家日”“企业家节”,开展年度江西百强优秀企业家评选活动,并在主流媒体开展系统宣传,在社会舆论层面弘扬企业家精神。加强江西民营企业家培育,发挥江西老一辈民营企业家的“传帮带”作用,支持促进江西年轻一代民营企业家健康成长,支持江西优秀民营企业家在各级人大、政协、工商联发挥作用,增强江西民营企业家的获得感、荣誉感。

4. 提升民间资本投资意愿。发挥政府投资牵引和撬动作用,支持江西民营企业参与重大项目建设,鼓励民间资本参与新型基础设施、能源通信、重点产业链供应链等领域投资建设和运营,建立全省重点民间投资项目库。优化民间投资项目管理流程,尽快明确民间投资的“红绿灯”,全面排查江西民营企业在经营运行、招投标、军民融合等领域市场准入和审批许可等“壁垒”。支持江西民营企业采取市场化转让、混改合作等方式参与盘活国有企业存量资产。

(二)以精准培育破解“发展之困”,促进民营经济质效双升

1. 分梯度加快民营企业的培育。加快实施“个转企、小升规、规改股、股上市”江西民营企业培育计划,推进国内头部企业与江西民营企业进行战略合作,打造科技领军企业和“链主”企业引领、单项冠军企业攻坚、专精特新企业筑基的世界一流企业群。加大对江西科创型民营企业的孵化培育,完善“众创空间—孵化器—加速器—双创示范基地—产业园”孵化链条,引导中小微科创企业进入孵化体系,省级层面设立专门的风险基金帮扶初创企业、小型企业以及从事关键领域研发的优质民营企业。

2. 构建大中小民营企业融通体系。聚焦航空、电子信息、装备制造、中医药、新能源、新材料等优势产业,打造一批在江西民营经济产业链中占据优势地

位的核心企业。鼓励“链主”企业通过并购、引进、参股等方式补链强链扩链，以“链主”企业为核心，充分发挥大企业引领支撑和中小微企业协作配套作用，创新大中小企业利益联结机制，培育一批相互配套、功能互补、联系紧密的大中小企业共存的“1 + N”产业生态系统。

3. 加大民营企业上市培育。面向全省支柱优势产业、战略性新兴产业、现代服务业等各类优秀企业，加强江西民营企业上市培育和辅导，支持属地券商辅导机构为江西民营企业上门服务，支持符合条件的各类江西民营企业上市或到“新三板”挂牌，加快江西民营企业上市进程。

（三）以创新驱动破解“升级之困”，培育民营经济发展新动能

1. 提高民营企业核心技术攻关能力。推进江西规模以上工业企业研发活动扶持计划，加大民营企业在新能源、数字经济、电子信息等江西重点产业、新兴产业核心关键领域技术攻关支持力度。引导江西科技型民营企业与全国科研机构、高等院校加强技术研发合作，扩大江西民营企业“科研朋友圈”。运用虚拟团队等新型合作方式，拓展江西民营企业参与国际科技合作窗口。充分发挥江西各地科技创新专项奖补资金的作用，引导各类创新要素向江西民营企业集聚。完善江西民营企业科技创新服务体系，建立以企业为主体、市场为导向的关键共性技术测试与产业化服务平台，为江西民营企业提供实验研究、中试熟化、检测认证、技术标准等公共技术服务。

2. 加强开放式创新平台建设。持续对江西民营企业开放科技资源，推动各类科技成果转化平台的成果库、需求库、专利库向江西民营企业免费开放。引导高等学校、科研机构及重大科技基础设施向江西民营企业开放共享仪器设备。引导国有大企业向江西民营企业开放品牌、设计研发能力、仪器设备、试验场地等各类资源要素，共享产能资源。支持有条件、有能力的江西民营企业与高校、科研单位共建国家级和省级重点实验室、技术创新中心等高能级创新平台。支持江西民营企业牵头的创新联合体积极承担国家级和省级重大科技项目。强化对江西民营企业牵头或参与组建国内、国际产业标准组织及规范的支持力度。

(四)以绿色智能化解"转型之困",塑造民营经济发展新优势

1.加快推动重点民营企业数字化改造。加快江西民营企业数字化转型步伐,尽快出台江西民营企业产业数字化转型的行动指南。全面分析诊断江西民营企业数字化转型现状,围绕重点行业领域,分行业分领域遴选打造一批应用成效显著的数字化转型民营企业样板,大力培育一批数字车间、智能工厂、"小灯塔"企业,加大典型案例复制推广力度。鼓励江西民营龙头制造企业依托互联网将业务流程与管理体系向上下游延伸,共享经验、知识等资源,提升整体发展水平。

2.创新数字化运营解决方案。培育推广一批符合江西民营企业需求的数字化平台、产品和服务,建立数字化服务商名录,引导其针对共性需求加快数字化解决方案开发,支持江西民营企业采用新技术、新工艺进行高端化、智能化、绿色化的技术改造和应用场景升级。推广应用集中采购、资源融合、共享生产、协同物流、新零售等解决方案,为民营企业提供更加便利、安全、可靠、低成本的服务产品和平台资源。

3.提升民营企业绿色化转型能力。加强减碳、零碳和负碳技术综合性示范,积极创建碳账户、碳画像,继续推进全省民营企业园区向基地化、规模化、清洁化、一体化方向发展,开发江西工业碳效智能对标,鼓励江西民营企业开展减污降碳协同创新,支持江西民营企业发展绿色低碳产业和绿色供应链,推进江西民营企业绿色智造发展。

(五)以服务优化补齐"环境短板",营造民营经济发展新生态

1.营造公平公正的法治环境。规范涉企案件执法行为,适当推行柔性执法,在生态环境、应急、消防、城管、市场监管等执法领域实施包容审慎监管,健全并落实推行"首违不罚""轻微违法不处罚"等市场主体免罚清单制度。依法加强对江西民营企业权益的司法保护力度,坚决贯彻落实少捕慎诉慎押刑事司法政策,严格规范涉江西民营企业家审查调查行为,确保江西民营企业胜诉权益及时落实兑现。建立江西民营企业知识产权保护预警机制,开发推广中小微

企业知识产权托管等普惠性服务，完善知识产权仲裁、调解、公证、鉴定、评估等制度机制。

2. 营造高效便捷的政务环境。整合政府各部门、各行业的公共服务平台，将其全部归集到“赣服通”一个平台，积极运用大数据、人工智能等技术实时精准推送政策，变“人找政策”为“政策找人”。落实减税降费等助企纾困政策，逐步实现惠企政策“一口发布、一口受理、一口咨询”服务。健全满足江西民营企业全生命周期和全链条服务需求的政策支持体系，推动智慧审批、智慧监管，建立全过程、全链条、全覆盖的电子审批追溯机制。针对江西民营企业初创期、成长期、成熟期和衰退期（蜕变期）等不同阶段需求，在市场开拓、金融服务、人才服务等领域精准施策，建立健全政策实施评估机制，强化政策落地落实。

3. 营造多元包容的市场环境。持续推进江西民营企业征信体系建设，完善江西民营企业信用“画像”。引导金融机构强化“敢贷愿贷能贷会贷”长效机制，积极对接江西民营企业新增融资需求。减轻江西民营企业融资成本，对江西民营企业融资，金融机构不得盲目惜贷、抽贷、断贷、压贷，灵活采取展期、无还本续贷、随借随还等贷款模式，做好延期还本付息政策到期的接续转换。鼓励知识产权变“资产”，持续优化并推广“政采贷”融资业务，探索推广知识产权混合质押新模式，积极推广“商标 + 专利”混合质押融资。探索创新以产业链、产业集群为点线面结合的融资模式。加大科技金融支持江西民营企业力度，引进培育种子投资、天使投资、风险投资、私募投资。

4. 营造“近悦远来”的人才环境。开展江西民营企业人才需求摸底调查，收集江西民营企业紧缺人才种类和数量等信息，编制江西民营企业分产业人才需求表和企业图谱，加快实施引智聚才创新工程，支持符合条件的江西民营企业家和民营企业从业人员按程序、标准申请认定高层次人才，并为江西民营企业家和民营企业从业人员预留一定份额。以“5 + 2 就业之家”为载体，为重点行业民营企业提供精准高效“一企一策”的人才服务方案。支持江西民营企业建设“人才飞地”，通过柔性引进“周末科学家”方式，开展联合创新研究。完善高校毕业生留赣奖励政策，引导鼓励更多毕业生留赣发展。引导江西民营企业与省内职业(技工)院校联合开展“订单式”“学徒式”等技能人才培养。

参考文献

张新芝、肖风:《江西民营经济如何“大有可为”》,《当代江西》,2025 年第 3 期。

李梦玉:《以环境之“优” 促发展之“进”——专访省发改委党组书记、主任王前虎》,《当代江西》,2024 年第 7 期。

昌道励、许宁宁、曾良科:《保障民企公平参与市场竞争 常态化向民间资本推介项目》,《南方日报》,2024 年 1 月 13 日。

梁施婷:《广东壮大民营经济“放大招”》,《21 世纪经济报道》,2024 年 1 月 15 日。

李娟、黄鹰西:《江西省构建现代化产业体系的主要成效、问题挑战和实践路径》,《老区建设》,2024 年第 9 期。

贺银娟:《优化营商环境 推动江西民营经济高质量发展》,《当代县域经济》,2024 年第 7 期。

张宇:《赣商回乡投资正当时》,《江西商报》,2024 年 10 月 16 日。

省会引领战略下提升南昌制造业竞争力研究

江西省社会科学院课题组 *

摘要： 制造业是实体经济的根基，是强国之基。制造业高质量发展是实现中国式现代化的重要支撑。南昌作为江西省会城市，具有通江达海、承东启西、连接南北的交通区位优势，同时也面临着国家多个战略叠加的发展机遇，经济发展基础较好，制造业产业体系不断完善、制造业总体实力不断增强、转型升级步伐加快、科技创新的赋能作用日益凸显、产业集群持续壮大。但与中部其他省会城市相比，南昌制造业发展还存在制造业总体实力不强、结构欠优，科技创新与产业创新融合发展不够，制造业转型升级步伐有待加快，重点产业同质化竞争加剧等问题。省会引领战略下，建议通过持续推动制造业转型升级、加快推进科技创新与产业创新融合发展、鼓励制造业走出去以及完善制造业发展要素支撑来激发制造业发展潜力、提升制造业竞争力。

关键词： 省会引领　制造业　竞争力　提升对策

近年来，南昌市通过全面贯彻落实省会引领战略，坚持制造业强市，深入实施南昌制造业重点产业链现代化建设“8810”行动计划，聚焦主导产业、龙头企业、重大重点项目发展，推进电子信息、汽车和新能源汽车、生物医药、航空制造等重点产业发展，推动重点产业集群提质升级，制造业高质量发展成绩显著。

---

* 课题组组长：卢小祁，江西省社会科学院经济研究所副研究员，研究方向为区域经济；课题组成员：薛飞，江西省社会科学院经济研究所助理研究员，研究方向为区域经济；甘江英，南昌社会科学院经济研究所助理研究员，研究方向为区域经济。

一、南昌制造业发展的基本情况

(一)制造业总体实力不断增强

1. 主要指标增势较好。2024 年,南昌市规模以上工业增加值同比增长 10.2%,连续 9 个月实现两位数增长,保持在全国省会城市中位列“第一方阵”——在全国省会城市中的排名位列第三,规模以上工业营业收入达 7170.9 亿元,位列全国 2024 先进制造业百强市第 47 位(较 2023 年前进 5 位)。从投资来看,工业投资增长 14.7%,拉动全部投资增速 3.2 个百分点,其中,制造业投资增长 13.7%,拉动全部投资增速 2.7 个百分点;从用电量来看,工业用电量达 151.5 亿千瓦时,同比增长 8.9%,其中制造业用电量为 106.2 亿千瓦时,同比增长 10.1%;规模以上工业企业利润总额 243.5 亿元,同比增长 23%。2024 年,南昌市规模以上工业营业收入增速、工业投资增速、规模以上工业企业利润增速以及工业用电等指标均保持较高的增长率,南昌市入围 2024 全国先进制造业 50 强城市。

2. 新产业新产品加快发展。从新兴产业看,高技术制造业增加值增长 15.8%,高于南昌市平均水平 5.6 个百分点。从南昌市制造业重点产业链看,新能源和电子信息等产业链发展较快,增加值分别增长 16.0%、14.7%,分别高于南昌市平均水平 5.8、4.5 个百分点。2024 年,南昌市重点监测的 156 种主要工业品中部分新产品增势良好,如新能源汽车、虚拟现实设备、电子工业专用设备、集成电路和智能手机等产品增势较好,分别增长 226.8%、215.0%、89.3%、56.2% 和 41.9%。

3. 龙头企业数量不断增多。2024 年,南昌市规模以上工业企业达 2135 家。龙头企业数量日益增多,南昌市制造业企业上市步伐明显加快,上市企业数量实现量质齐升。上市公司群体不仅涵盖各类科技创新型企业,还包括部分传统制造业,企业类型日益多元化,为激发南昌经济发展活力与释放发展潜力提供了强力的支撑。2024 年,南昌新增上市公司 3 家,新增数居全省设区市第一。2024 年,南昌上市公司数量达 45 家。其中,制造业上市公司数达 26 家,比 2023

年增加 2 家。

(二)制造业转型升级步伐加快

1. 新兴产业加快发展。从新兴产业看,2024 年,南昌高技术制造业增加值增长 15.8%,高于南昌市规模以上工业增加值平均增速 5.6 个百分点。从南昌市 8 条制造业重点产业链看,汽车与装备制造、新能源以及电子信息等产业链实现较快发展,三大产业增加值分别增长 17.4%、16.0%、14.7%,分别高于南昌市平均水平 7.2、5.8、4.5 个百分点。近年来,南昌通过支持移动智能终端、光电以及芯片制造等重点领域发展,以移动智能终端、LED 为主的电子信息产业集群加快形成,电子信息产业的产业链条不断完善,从"小而弱"不断向"大而强"跃升,发展扩量提质。

2. "智改数转"持续扩围。作为中小企业数字化转型城市试点,南昌以大规模设备更新为契机,引导制造业企业积极应用新产品、新技术、新工艺、新装备,加快"四新技改"。通过加大技改投入来推动制造业智能化转型,绿色食品、新型材料、现代针纺、机电装备制造等传统产业数字化、网络化、智能化不断提升水平。2024 年,南昌推进投资 500 万元以上技改项目 510 个,位列全省第一。同时,大力推行智能车间、智能工厂建设,加快企业生产执行系统智能化改造,引导企业开展"机器换人""设备换芯""生产换线",推动企业上云用数赋智,制造业企业智能化水平整体提升。2024 年,南昌新增上云上平台企业 25815 家,新增深度上云企业 734 家,累计上云上平台企业总数共 79002 家。其中,方大特钢获评"2024 全国制造业优秀数智化案例",江中药业等三家企业被评为国家级卓越级智能工厂,华勤电子、双胞胎以及华润江中三家企业获评省级"数字领航"企业。

3. 绿色制造"颜值"提升。为加快构建完善绿色制造体系,南昌先后印发了《南昌市碳达峰实施方案》《南昌市工业领域碳达峰实施方案》《南昌市绿色制造体系建设三年行动计划(2024—2026 年)》等政策文件,为绿色制造提供了强力的支持,南昌绿色制造专业化、市场化公共服务能力不断提升。同时,通过加大力度开展绿色制造梯度培育,一批批绿色制造典型示范持续发力。2024 年,南昌矿机等11家企业获评国家级绿色工厂;南昌全年成功获评省级绿色园区1个、绿色工厂3个、绿色供应链管理企业1家。2024年,南昌市规模以上工业企业单位工业增加值能耗同比下降7.5%。

(三)科技创新的赋能作用日益凸显

1. 创新主体培育成效明显。企业是创新的主体,也是推动制造业创新发展的主力军。2024年,南昌市积极引导年营业收入1亿元以上工业企业和专精特新企业建立研发机构,进一步筑牢制造业创新根基。与此同时,通过加速培育一批创新型中小企业、省级专精特新企业、国家专精特新"小巨人"企业,中小企业梯度培育体系加快构建。2024年,南昌新增创新型中小企业421家、省级专精特新企业264家、江西省制造业单项冠军企业8家,均位居全省第一;截至2024年底,南昌市入库科技型中小企业数量达3648家,同比增长7.2%。

2. 创新平台支撑持续发力。创新平台是集聚创新要素的重要载体,也是制造业技术升级的关键"加速器",近年来南昌加快建设一批国家级、省级制造业创新中心和企业技术中心,源源不断地为制造业发展注入澎湃动力。截至2024年底,南昌有全国重点实验室5家,国家级工程技术研究中心4家,国家级制造业创新中心1家,国家级企业技术中心11家;省级重点实验室142家,省级工程技术研究中心113家,省级企业技术中心215家。

3. 创新人才引育步伐加快。人才是创新的核心要素,南昌通过全面实施新"人才10条",丰富科教资源,积极培育和引进高层次人才,为制造业科研创新提供了坚实基础。2024年,南昌市有2人入选国家重大人才工程,有26人入选省"赣鄱俊才计划";有14.5万名大学生和技能人才被吸引到南昌创业就业,南昌入选全国"人才友好型城市"。

4. 科技成果转化能力持续增强。随着研发人才队伍的壮大和创新体系的完善,南昌产业创新能力、成果产出水平不断提升。2024年,南昌市每万人口发明专利拥有量提高到3.1件。成果转化渠道不断拓宽,成果转化量大幅提升。2024年,南昌市技术合同成交额达到666.6亿元,增长70.4%。

(四)产业集群持续壮大

1.主导产业链群能级加快提升。2024年,南昌已经形成3个千亿级产业链。其中:电子信息产业链实现营业收入2508.1亿元,同比增长17%,持续巩固全省首位发展态势;汽车及装备产业链实现营业收入2238.1亿元,同比增长9.8%;新材料产业链实现营业收入1298.8亿元。此外,南昌参与的长三角(含江西)大飞机集群、铜基新材料产业集群成功入选国家先进制造业集群,南昌航空产业集群荣获省级先进制造业集群,龙头企业中发天信、中航光电等纷纷落户南昌,C909交付量占全国总量的1/3;安义县铝型材产业集群获评国家级中小企业特色产业集群。

2.开发区产业集聚效应凸显。2024年,南昌市三个国家级开发区规模以上工业企业营收均突破千亿元,且增势良好。其中,南昌高新区规模以上工业企业营业收入达3519.4亿元,同比增长9.0%。在全国178家国家级高新区的考评排名中,综合排名位居第26名,且工业总产值单项排位列全国第16位。南昌经开区规模以上工业企业营业收入达1053.6亿元,同比增长8.5%。南昌小蓝经开区规模以上工业企业营业收入达1011.9亿元,同比增长9.6%(见表1)。

表1 南昌市开发区(工业园区)主要指标发展情况

园区(开发区)名称	2023年		2024年	
	规模以上工业企业营业收入(亿元)	同比增长(%)	规模以上工业企业营业收入(亿元)	同比增长(%)
南昌青山湖高新技术产业园区	359.2	-9.4	370.7	2.1
南昌小蓝经济技术开发区	952.2	1.5	1011.9	9.6
新建经济开发区	331.0	38.3	301.9	13.9
安义高新技术产业园区	397.6	3.3	387.2	-4.7
进贤产业园	175.8	-2.0	183.8	4.1
南昌经济技术开发区	964.5	-4.8	1053.6	8.5

续表:

园区(开发区)名称	2023 年		2024 年	
	规模以上工业企业营业收入(亿元)	同比增长(%)	规模以上工业企业营业收入(亿元)	同比增长(%)
南昌高新技术产业开发区	3309.1	3.4	3519.4	9.0

数据来源:根据南昌市发改委提供的数据整理而得。

(五)发展环境持续优化

1.财政政策持续发力。一是积极落实税费优惠政策。极大减轻企业税费负担,如积极落实企业研发费用加计扣除、先进制造业企业增值税加计抵减等税收优惠政策,推动制造业加大研发投入、加快转型升级。二是加大财政资金对制造业转型升级的引导和支持。如 2024 年,南昌市财政总计安排 8.4 亿元扶持制造业发展专项资金及 5 亿元科技发展专项资金,重点支持现代化产业体系建设和科技创新引领新质生产力的发展。同时,进一步整合中小企业发展专项、商务发展专项、金融发展专项等市级专项资金,加大专项资金管理,提高专项资金使用效率,让专项资金集中用于培育优质中小企业、加大招商引资力度、鼓励企业上市融资等事项。三是发挥财政金融政策的联动作用。如充分发挥财政风险补偿金作用,助力缓解企业融资难、融资贵的问题。持续优化"财园信贷通"及"洪城科贷通"政策体系,提升政策服务实体经济效能。2024 年,南昌市"财园信贷通"共完成放贷总额 54.9 亿元,共计惠及企业 1113 户次。2024 年,"洪城科贷通"全年放贷 8.1 亿元,比上年增长 142.6%。

2.金融支持体系不断完善。2024 年,南昌市出台《关于金融支持"8810"产业行动计划若干措施的通知》(洪府办发〔2024〕20 号),通过加大信贷支持力度、发展多层次资本市场、强化风险保障机制、完善综合融资服务等举措,引导驻南昌市的法人金融机构综合运用投、贷、债、租、证、基等多种金融工具,做好制造业重点产业链、产业集群金融服务。通过不断提升金融服务质效,稳步扩大制造业信贷投放规模,进一步强化南昌市重点产业行动计划的金融支持力度。截至 2024 年末,南昌市制造业贷款余额达 1810.5 亿元,同比增速为 9.1%,比各项贷款的平均增速高出 5.0 个百分点。

二、南昌制造业发展面临的主要问题

(一)制造业总体实力不强、结构欠优

1. 大型龙头企业数量较少。2024 年,南昌规模以上制造业 2073 家,其中营业收入超亿元的企业 483 家,占比仅为 23.3%。南昌入围"2024 中国制造业企业 500 强"榜单的企业仅 3 家,分别为江铃汽车集团有限公司、双胞胎(集团)股份有限公司以及泰豪集团有限公司;营业收入超千亿元的企业仅江铃汽车集团有限公司 1 家。

2. 制造业重点产业链上下游协作不紧密。从各产业集群内部看,南昌部分产业链条协作不够紧密,产业集群内部各企业之间在技术研发、生产配套、市场拓展等方面的协同合作不足,无法形成强大的产业合力,导致重点产业整体竞争力受限。

3. 制造业产品档次不高、附加值偏低。部分产业产品档次不高,如进贤医疗器械产业以一次性输液产品为主,高附加值产品较少;安义建材产业多为传统民用型建材;青山湖针织服装产业以"文化衫"等低端产品为主,缺乏自主品牌。南昌制造业在高端市场缺乏竞争力,利润空间受到挤压。

4. 新兴产业与未来产业有待发展。虽然新兴产业有所发展,增速较快,但与发达城市相比仍有差距。如 2024 年,航空产业规模以上工业企业仅 16 家,工业增加值仅 2.0 亿元,营业收入仅 15 亿元;新能源产业工业增加值仅 16 亿元,营业收入仅 419.8 亿元,不足 500 亿元。南昌在人工智能、新能源汽车核心技术等关键领域,产业规模较小,龙头企业数量少,企业创新能力较弱,未能形成具有强大竞争力的产业集群。未来产业布局尚处于起步阶段,在技术储备、人才集聚、产业生态构建等方面还需进一步发力。

(二)科技创新与产业创新融合发展不够

1. 创新主体数量偏少。2024 年,南昌市高新技术企业总数 1854 家,不足

2000 家，与武汉、合肥、长沙、郑州等城市相比差距明显，仅为武汉的 12.8%、合肥的 18.5%、长沙的 21.6%、郑州的 29.4%。

2. 企业研发投入不足。2023 年，南昌市规模以上工业企业有 R&D 活动企业数仅 326 个，比上年同期下降 31.5%；南昌市企业研发经费投入占比不足 70%。科技投入水平低严重制约了企业的技术创新和产品升级能力，使得企业在技术研发、设备更新、人才引进等方面受到限制，难以开展前沿技术研究和创新产品开发。

3. 高学历、高技能人才引进难。2023 年 9 月至 2024 年 8 月，从南昌市引进的 18—35 岁大学生和技能人才结构分布情况来看，其中，博士、硕士分别仅占总数的 0.6%、5.7%，技能人才仅占总数的 5.2%；从人才来源情况来看，从省外引才占比不足 11.7%。高层次人才引进难、创新型人才的短缺，导致企业在关键技术研发、创新管理等方面面临较大制约，限制了制造业企业竞争力的提升。

（三）制造业转型升级步伐有待加快

1. 制造业智能化绿色化发展步伐仍需提质。截至 2024 年底，南昌国家绿色工厂数量、企业绿色化转型的标杆示范企业数量依然不多，且企业开展深度数字化转型动力不足。另外，南昌省级数字化发展水平评价 L6 以上级别企业数量较少，多数企业数字化评价位于 L2—L3 层级，受资金、人才等要素制约，中小企业向上转型的驱动力不足。

2. 制造业与服务业融合发展不足。信息服务、现代物流、工业设计等服务业规模小，2024 年，南昌生产性服务业增加值不足 3000 亿元，生产性服务业附加值占服务业附加值的比重低于 60%。尤其是，工业软件、VR 服务、人工智能、大数据与云计算等高质量信息服务发展不足，应用范围不广。截至 2024 年底，南昌规模以上软件和信息技术服务业营业收入不足 200 亿元。由于生产性服务业向专业化和价值链高端延伸慢，如 2024 年南昌市全社会物流成本依然偏高，社会物流总费用与 GDP 比率高于 13%，增加了制造业运营成本，也在一定程度上制约了制造业的发展。

(四)重点产业同质化竞争加剧

1. 部分传统产业市场需求提振困难。如汽车消费分化严重,传统燃油汽车零售额持续走低,2024 年同比下降 7.8%,燃油车消费需求的收缩导致石油类商品销售也大幅下滑。而汽车等传统产业消费市场的低迷将直接影响南昌制造业重点产业产能的扩张。

2. 区域“内卷式”竞争压力较大。武汉、合肥等周边省会城市都以电子信息、汽车等产业为重点产业,由于南昌重点产业布局与周边省会城市存在雷同,且缺乏特色产品,加上南昌在产业规模、创新能力、人才吸引等方面缺乏明显优势,南昌制造业在承接产业转移、吸引投资和人才等方面面临激烈竞争。

3. 国际市场拓展能力有限。2024 年,南昌市规模以上制造业企业中营业收入超亿元占比仅为 23.3%。由于南昌制造业龙头企业数量少,且企业大多处于中低端环节,产品附加值较低,缺乏具有国际竞争力的品牌,在国际市场上的影响力不足,难以在国际高端市场站稳脚跟。从外贸出口数据来看,2024 年,南昌市外贸商品出口 723.3 亿元,同比下降 8.2%。由于全球经济增长动力不足,贸易保护主义加剧,给南昌制造业产品出口和国际市场的拓展带来诸多不利影响。

三、提升南昌制造业竞争力的对策与建议

(一)持续推动制造业转型升级

1. 支持传统产业“发新芽”。深入落实江西省委、省政府提出的“千项技改、万企升级”行动,以国家新型技术改造城市试点为契机,重点推进大规模设备更新、智能化升级、绿色升级行动。在设备迭代升级方面,抢抓大规模设备更新政策机遇,升级改造生产工艺和设备,推动产品高端化、智能化、安全化。在数字赋能制造业升级方面,以“点线面”结合方式推进“智改数转”全覆盖,加快“产业大脑”建设,推动数字化转型促进中心省市共建,培育一批“小灯塔”企业和“数字领航”企业。在制造业绿色降碳升级方面,重点加大节能节水、降碳减排

等先进工艺、技术及装备的应用力度，持续打造一批绿色工厂和绿色供应链。

2.促进新兴产业“长成林”。鼓励电子信息产业从代工制造向设计研发延伸，支持汽车产业从整车组装向智能驾驶突破，促进航空产业由整机制造向改装等领域延伸，推动新能源产业向下游发电系统和储能应用端延伸，着力做强光电及通信、航空装备、汽车、新型储能等标志性产业集群。

3.推动未来产业“快生根”。聚焦AI、VR和未来显示、低空经济、生命健康、先进材料、新能源等优势赛道，出台支持发展行动方案，推动未来产业发展。支持有条件的县区、开发区申报省级未来产业先导试验区，构建集“先进技术研发、高端智能制造、前沿场景应用”于一体的未来产业生态圈。

(二)加快推进科技创新与产业创新融合发展

1.持续提升创新平台能级。持续构建国家实验室研究基地、全国重点实验室、省实验室、省重点实验室、省技术创新中心、新型研发机构、市重点实验室和市工程技术研究中心的“金字塔”创新平台体系。强化新型研发机构考核，创新考核机制，引导共建新型研发机构加大母校创新资源导入，与南昌制造业重点产业、未来产业和企业紧密结合。

2.加强关键核心技术攻关。引导重点产业链上链主企业、龙头企业申报省科技重大专项工程建设，对标各类省科技重大专项工程，结合本地产业发展特色以及创新基础条件，积极开展科技重大专项攻坚行动，在重点产业领域加快形成一批有一定市场优势和竞争力的标志性重大成果。

3.培育壮大科技型企业队伍。建立以科技型中小企业为基础支撑、以高新技术企业为主力部队、以高成长性科技型企业为标杆队伍、以科技领军企业为龙头的科技型企业梯次培育体系。加快培育更多数量的科技型中小企业、高新技术企业以及科技领军企业，集聚一批高成长性科技型企业形成强大的科创合力。支持规模以上工业企业持续推进研发机构建设，发挥企业研发机构在产品创新和技术攻关方面的积极作用。

4.加速科技成果转化落地。不断完善科技成果转移转化服务体系，加快形成南昌科技大市场，通过推进一批科技成果概念验证中心、转化熟化中试基地。

同时,深化校企合作,积极争取高水平大学在昌建设新校区、高等研究院、卓越工程师江西基地。积极对接长三角、粤港澳大湾区等区域的优质科技资源,培育一批“研发飞地”。

(三)鼓励制造业走出去

1. 提升制造业品牌质量。全力支持南昌企业开展产品创新,鼓励企业积极申报省级优秀新产品、“赣出精品”,促进创新成果的产业化。培育和发展南昌市产业团体标准,探索建立新产品标准,开展产业科技成果评选发布表彰,推动技术提升和产业融合,打造行业示范标杆,并向全省、全国复制推广。

2. 降低“赣品”出赣成本。加快推进物流业与制造业深度融合,优化现代物流发展布局,大力推动昌北临空空港、向塘国际陆港项目建设,加快建设南昌西部、东南部以及北部物流产业园。促进物流业与制造业企业深入合作,加强园区开发区、重点产业集群与重要物流枢纽、重点物流园区等项目设施布局相互衔接、有效联动,不断降低制造业企业物流成本。鼓励物流企业走出去,提高物流和服务水平,通过优化通关流程,缩短通关时间成本,构建安全便利高效的贸易环境,支撑南昌制造走向全球。

(四)完善制造业发展要素支撑

1. 优化财政政策体系。一方面,紧紧围绕制造业重点产业链现代化建设“8810”行动计划,结合当前南昌工业经济发展的实际情况,加快推动新政策及实施细则正式印发。另一方面,积极向上争取资金。持续关注最新政策,积极争取省级工业发展专项、中央中小企业发展专项等上级专项资金,缓解地方财政收支矛盾,增强南昌制造业发展动能。同时主动配合开展试点申报,如争取获得制造业新型技术改造等试点项目支持,以试点工作为契机更好推动南昌市企业技术改造。

2. 加大金融政策支持力度。引导金融机构提供全方位、多元化、高效率的金融服务,为南昌市现代化产业体系建设贡献更多金融力量。促进产业与金融的精准对接。整合各行业主管部门的信息数据,收集汇总各类企业融资需求清单、首贷户名单、创新型科技企业知识产权信贷资金需求名单等,向金融机构推送,提升银企信息互通能力,降低企业融资成本。大力发展数字普惠金融服务,加快形成集“金融超市、政策发布、需求申请、需求监管、数据统计”等功能于一体的综合金融服务平台,提高小微企业融资服务的可得性。引导金融机构加大对企业科技创新的支持力度,聚焦重点领域,如技术改造和设备更新项目,创新金融产品,契合企业创新需求,提供金融服务支持。推进更多企业入库“洪城科贷通”贷款备选企业入库,扩大放贷资金,提高科技型企业金融贷款的覆盖率。

3. 集聚更多创新人才。强化产业技能人才培育。依托驻昌的各类大专院校、职业技术学院等教育资源优势,鼓励产教融合,立足南昌本地产业需求,培养一批高技能人才。鼓励高校与企业联合建立教研与就业实习基地,探索订单式技能人才培养模式,为南昌制造业培养一批高技能人才队伍。加快创新人才引育集聚,落实落细南昌新“人才 10 条”,加快推进各类国家级、省级人才工程建设,集聚更多高层次人才。深入实施“洪城英才计划”,持续构建“青年科技人才—科技领军人才—国家级人才”的引育体系。加强人才招引,吸引省内外青年俊才来昌留昌创业就业。同时,探索建立科技人才服务机制,持续推进“科技副总”专项计划,促进更多人才智力资源向产业生产一线流动汇集。鼓励高层次人才服务下沉,建立重点产业专家服务库,集聚一批省内外专家,通过线上与线下问诊把脉,针对重点产业高质量发展中面临的各类问题提供专业化的咨询服务。

参考文献

叶建春:《2025 年江西省政府工作报告——2025 年 1 月 17 日在江西省第十四届人民代表大会第三次会议上》,《江西日报》,2025 年 1 月 26 日。

高世文:《2025 年南昌市政府工作报告——2025 年 1 月 10 日在南昌市第十六届人民代表大会第六次会议上》, http://www.nc.gov.cn/ncszf/zfgzbga/202502/a586bc6f827942df80371160e9722d32.shtml,2025 年 1 月 27 日。

南昌市统计局:《2024 年南昌市经济运行情况》,https://tjj.nc.gov.cn/ncstjjtjfx202501/a85406720ef04df3b0ad85362e072cbf. shtml,2025 年 1 月 23 日。

南昌市统计局、国家统计局南昌调查队:《南昌市 2024 年国民经济和社会发展统计公报》,南昌市统计局网站,2025 年 4 月 17 日。

万能:《着力构建现代物流体系 促进物流提质增效降本》,《南昌日报》,2024 年 2 月 21 日。

张瑞哲、黄之昊:《向“新”突变 以“制”谋变》,《南昌日报》,2025 年 2 月 15 日。

万磊:《打好政策服务“组合拳” 助力企业上市“加速度”》,《南昌日报》,2025 年 1 月 17 日。

上饶深度融入长三角一体化发展的路径研究

李华旭　汪婷*

摘要： 长三角地区是我国经济发展最活跃、开放程度最高、创新能力最强的区域之一。上饶与长三角地区毗邻，是江西对接融入长三角的前沿阵地。本研究立足上饶融入长三角一体化的现状、困难和问题，提出应强化高标准规划引领，健全对接合作机制；推动交通互联互通，畅通对接融入大通道；加强产业协同发展，建设现代化产业体系；加强科创共同体建设，培育新质生产力；持续推动改革开放，优化双向开放格局；推动公共服务扩面增效，加强民生保障共建共享；加强生态建设深度融合，推进生态文明一体化等方面的实践路径。

关键词： 上饶　深度　融入　长三角一体化

习近平总书记考察江西时要求江西主动对接和服务长三角一体化发展，省委、省政府赋予上饶“建设区域中心城市、全方位对接和服务长三角一体化”的使命任务。因此，分析研究上饶市对接和服务长三角一体化发展现状、困难和问题，探寻深度对接融入长三角一体化的有效途径具有重要战略意义。

一、上饶融入长三角一体化发展取得的成效

上饶立足自身优势，积极对接和主动融入长三角一体化发展，目前已取得一定成效，具体表现为以下几个方面：

---

* 李华旭，江西省社会科学院经济研究所副研究员，研究方向为区域经济；汪婷，江西省社会科学院经济所助理研究员，研究方向为开放型经济。

（一）科技合作取得新进展

1. 科技交流互动更加频繁。2024年12月，上饶承办了“江西省对接和服务长三角一体化发展座谈会”，国家发展改革委、长三角区域合作办、沪苏浙皖三省一市及9个长三角城市等作为特邀嘉宾出席了会议，有效扩大了上饶市“长三角朋友圈”。上饶主动对接和服务长三角G60科创走廊一体化发展等国家战略，2023年，上饶作为唯一特邀城市参加长三角G60科创走廊推进科创生态建设大会，2024年以合作伙伴身份参加科创生态建设大会，首次承办华东地区科技企业孵化器网络年会，共同推进孵化器向国际化、专业化、规范化方向发展。

2. 科创飞地建设不断完善。上饶印发了《组建一企三平台 建立三项机制推进融入长三角G60科创走廊工作方案（试行）》《上饶（长三角）科创飞地管理暂行办法》等，组建了上饶市兴新科创发展集团，上饶·上海科创“双向飞地”建设加快推进。截至2024年底，长三角G60科创走廊（上饶）科技合作产业园已落户20余家长三角企业；长三角G60科创走廊上饶科创（人才）中心已入驻国家知识产权运营（上海）国际服务平台G60服务处、中科（长三角）创新中心等10余家机构和研发中心；与上海联辰千帆科技服务有限公司合作的上饶飞地——G60科创共享中心已有8家企业入驻；与浙江工业大学联合共建“浙江工业大学上饶市技术转移中心”；联合上海技术交易所共建“上海技术交易所（上饶）科创服务工作站”；上饶市以企业为主体在长三角地区建设的科创飞地已超20家，例如晶科能源、耐普矿机等企业纷纷与长三角高校和大院大所合作共建研发机构。

3. 协同创新模式正加速构建。利用长三角G60科创走廊的科创资源，上饶引进国家技术转移东部中心、上海技术交易所等科技转化机构在上饶设立分中心，推进科技成果转化“1+M+N”体系建设，开展“蓝马甲”行动。围绕上饶市的重点产业发展，将9项企业关键核心技术需求以“揭榜挂帅”方式在长三角G60科创云及科创矩阵进行发布，与长三角大院大所联合攻关，“研发孵化在长三角、生产转化在上饶”的协同创新模式正在加快构建。

(二)文化旅游合作成效显著

1. 旅游市场蓬勃发展。上饶通过加强与长三角地区旅游合作,旅游市场规模持续扩大。2024 年,全市接待游客数 2.3 亿人次,同比增长 2.67%,其中,长三角地区游客占比 28.4%,达 6560.4 万人次,同比增长 4.58%;实现旅游综合收入 2418 亿元,同比增长 2.86%,其中,长三角地区占比 28.9%,达 698.89 亿元,同比增长 4.91%;全市 4A 级以上景区过闸机人数 4732.48 万人,同比增长 1.97%,其中,长三角地区占比 28.8%,达 1362.95 万,望仙谷、篁岭、葛仙村、婺女洲、三清山等网红打卡地深受长三角游客青睐。

2. 品牌认可度不断提升。上饶市积极打造"大美上饶 自在山水"品牌,在长三角地区的知名度和美誉度显著提高,从 2024 年开展的游客调研数据来看,长三角地区游客对上饶市旅游品牌的认知度达到 80% 以上,满意度也逐年提升,越来越多的游客将上饶市列为旅游目的地首选之一。

3. 文化交流日益频繁。2024 年,上饶市累计在长三角地区举办文旅宣传推介活动 12 场 ,同比增加 30%,让上饶的弋阳腔、茶艺表演、徽剧等非遗项目走进长三角城市。例如,在上海市崇明区博物馆举办"砚海撷珍——上饶市博物馆藏历代名砚精品展"并签订双向合作协议和设立"上饶文化交流基地";上饶非遗"铅山连四纸制作技艺""铅山河红茶制作技艺"参加"妙会 · 春泽龙耀"2024 上海龙华庙会等。通过非遗文化展览、戏曲演出等活动增强了地区间文化认同感。

4. 文旅业态持续丰富。上饶市全力建设文旅项目,龟峰夜游与上海华住集团联合打造的弋阳龟峰"花间堂""碧水丹心"等特色民宿对外运营,与上海地中海、上海艾绿、浙江花之韵、东阳乾王影视等企业合作建设三清山 ClubMed、月亮湾石门生态环境整治与绿色产业融合发展、上饶花语世界生态产业园、横峰影视城铺矿影视基地等项目。

(三)农产品供给合作渠道不断拓宽

1. 上饶"土特优"农产品进入长三角市场渠道进一步拓展。上饶市强化农产品宣传推介，组织各地米面、粮油、茶叶、休闲食品四大类近百款特色农产品在上饶市融入长三角系列活动中进行现场展示品鉴。2024 年以来，全市共新增 520 款优质农产品进驻高端商超、榜单餐饮和圳品，总数达 558 款，居全省第一，为上饶农产品在长三角地区开辟了新渠道。例如，广丰马家柚成功进驻上海联华、上海快果等知名商超；铅山红芽芋等上饶特色农产品在上海江桥、西郊国际、上海江杨等大型批发市场销售旺盛，2024 年铅山红芽芋在长三角地区的销售量达 9 万多吨，占总产量 70% 左右，销售额约 5.4 亿元。上饶市加大农业产业外引内培力度，引进上海强丰投资集团有限公司、浙江盛达谷农业发展有限公司等一批长三角地区知名企业。

2. 绿色直采基地建设持续加强。上饶市以长三角地区市场需求为导向，加快发展绿色农业、有机农业、定制农业等高端农业，2024 年以来，新增建设 8 个绿色直采基地，绿色直采基地总数达 12 个，位居全省第一。

（四）民生事业合作更加密切

1. 教育合作进一步融通共进。上饶市政府与上海市教委签订了新一轮教育协作协议，深入推进“上上教育合作”。信州、广丰、铅山、婺源、余干、玉山、万年等教体局与上海市区级教育部门签订了新一轮交流协作协议，并通过教育考察、学术交流、师生互访、跟岗培训等多形式共享教育资源。连续 8 年举办华东师大信江教育论坛。

2. 医疗卫生合作继续走深走实。上饶市人民医院与浙江大学附属第二人民医院、复旦大学耳鼻喉科医院、上海第九人民医院开展协作共建，签约落地 10 个“国家队”专家博士工作站，柔性引进 48 名专家，让饶城百姓在家门口享有“国家队”的救治和诊疗。上饶市妇幼保健院挂牌上海儿童医学中心“上饶定点合作医院”，上饶市中心医院与上海市第一人民医院聚焦眼科学科建设深度合作，合力推动医疗服务跨区域共建共享。各县（市、区）医院纷纷与上海等长三角地区医院开展学科共建、远程查房、来饶坐诊等合作，使上饶人民在家门口就能享受到长三角的优质医疗服务。

3. 劳务协作持续扩面升级。促进劳务需求与劳动力供给有效匹配，与江苏宿迁、常熟以及浙江义乌、温州、宁波、台州、杭州萧山、衢州等地签署劳务协作协议,推动农村劳动力赴长三角就业增收。

(五)双向开放合作进一步优化

1. 开放通道建设持续推进。昌景黄高铁开通运营,祁婺高速建成通车,沪昆高速"四改八"有序推进,开化至德兴、甬金衢上等高速公路前期工作加快推进;与衢州市政府签订了共同推进浙赣运河规划建设战略合作框架协议;上饶至宁波海铁联运天天班稳定运行,全年共开行 555 趟,新开行了上饶至温州海铁联运班列。

2. 开放平台持续扩大。上饶联合温州申报国家综合货运枢纽补链强链支持城市,加快推进浙赣边际合作(衢饶)示范区建设,放大"上饶经开区 + 上饶高铁经济试验区 + 跨境电商综合试验区 + 综合保税区"叠加效应。入选中国外贸百强城市榜单,2024 年新签约来自长三角的项目 435 个,占比 61%。目前,长三角地区来饶投资企业超 8300 家。

3. 营商环境对标长三角持续优化。上饶"高效办成一件事"改革深入推进,"出生第一件事"获 2023 年度江西优化营商环境优秀案例以及在央视《朝闻天下》等播出介绍,义务教育入学"一件事"入选国办政务办"高效办成一件事"典型案例。"E 呼即办"入选国家市场监督管理总局 2024 年第一批十佳"行风建设助力优化营商环境"优秀实践案例,编入了中央政策研究室《综合研究》典型案例,列入《江西营商》典型案例,获得新华网、《中国营商环境》等媒体发布。加强与浙江衢州、江苏扬州、上海黄埔等 30 多个市(区)"跨省通办"合作,实现"远程视频、远程导办、实时服务"。借鉴浙江增值化改革以及"一窗通办"等经验,推动市本级政务服务大厅智慧型、标准化提标升级。

(六)生态环境联防共治合作持续加强

上饶市与安徽省黄山市、池州市,浙江省衢州市构建跨区域生态环境联防联控合作机制,聚焦跨区域流域、生态环境执法、环境监测、应急响应等重点领域,签订了合作协议,有效防范和处置跨界突发环境事件。德兴市与钱江源国家公园签订跨区域合作保护协议，并在新岗山镇白沙关建立“赣浙两省交界生态司法碳汇修复基地”，签订“生态司法＋碳汇”框架协议，助力构建浙赣边际生态环境保护综合治理新格局，共推生态资源大保护。2024年，德兴与开化钱江源国家森林公园联合开展生态环境保护知识宣传58次、环境综合整治43次、“生态联巡”35次、移送非法收购盗伐滥伐林木犯罪线索1起，为边界地域群众打造“畅、安、舒、美”的人居环境。婺源县与浙江省钱江源国家公园、安徽省休宁县等共同成立江西婺源森林鸟类国家级自然保护区生态共建联盟，并签订《生态共建公约》《生态共建倡议书》。

二、上饶深度融入长三角一体化的困难和问题

尽管上饶市积极融入长三角一体化发展取得了显著成效，但在深度对接和服务长三角方面还存在一些困难和问题。

（一）政策协调机制不健全，对接服务“底气”不足

1. 政策支持力度仍不强。相比赣州对接粤港澳大湾区建设、萍乡对接长株潭一体化发展，国家给予湘赣边区域合作示范区建设、革命老区城市对口合作等政策支撑，而上饶对接和服务长三角一体化发展缺少国家层面政策支撑。例如，虽然上饶积极争取参加长三角城市经济协调会，但是协调会办公室在决定是否接受上饶参会时有较大顾虑，因长三角范围划定为国家事权，接纳域外城市参会可能向外界传递出“长三角要扩围”的信号；省级层面的政策支持也有不足，省委、省政府尚未出台专门政策支持赣东北地区对接和服务长三角，导致多层级、多领域的规划目标和实施方案缺乏有效统筹衔接。

2. 合作对接机制不健全。赣州对接粤港澳大湾区建设、萍乡对接长株潭一体化发展，国家层面推动建立了赣州、深圳革命老区城市对口合作机制，细化了7个方面、23个领域深度合作；省级层面有湘赣边联席会议、泛珠区域合作等会晤沟通机制，赣湘、赣粤两省领导定期协商重点事项；市县层级也有多样化的区域合作交流会、对口合作联席会等会议联络和日常推进机制。而上饶与长三角地区对接合作，当前既没有国家层面推动建立的对口合作机制，省级层面也未

与长三角三省一市签署战略合作协议,市县层面尚不能参加长三角相关合作会议和活动,多层级、制度化、常态化的对接交流机制尚未形成。

(二)交通体系建设不完善,对接服务“通道”不畅

1. 高速公路密度低。与长三角其他城市相比,上饶的高速公路密度较低,目前布局的杭上高速开化(赣浙界)至德兴至上饶段、上饶(赣浙界)至鹰潭、鄱阳(赣皖界)至都昌至南昌、弋阳至南丰、彭泽至东乡(经鄱阳、余干)、鄱阳至万年、德兴至婺源等高速项目都处于前期工可阶段。

2. 内河航道高等级里程较少。上饶市内河航道总里程 817 公里,三级航道只有 132.5 公里(鄱阳、余干地区),其余普遍是低等级航道和等外航道,现有航道不具备通航条件。

3. 多式联运有待进一步完善。现有铁路、公路、水运等运输方式衔接还不够,影响整体运输效率。目前,全市现代化综合码头只有一座——鄱阳角子口码头,部分码头因环保设施或装卸工艺落后,正在进行停业改造;铁路、水运优势尚未充分发挥,2024 年,上饶市铁水货运量占综合运输比例仅为 9.3%,这与 2025 年江西省铁路和水路货运量占比达到 15% 的目标存在差距。

(三)区域资源优势发挥不足,对接服务“魅力”不够

受多种因素影响,上饶对自身产业基础和资源禀赋优势挖掘不足、利用不够,深度融入长三角产业分工和市场体系的能力有待加强。例如,农产品生产及供应标准化、规模化、品牌化水平不高,难以满足上海等长三角主要城市的超大市场体量需求;景区景点串联整合不足,与建成长三角地区文旅休闲“后花园”的要求还是存在差距;虽然上饶市一直在按照“凡是长三角能做到的,上饶都要做到”的要求在努力,但与长三角国际化的营商环境相比还有不小差距,“百般呵护企业,充分尊重企业家”的氛围还不够浓厚,破坏营商环境的情况还时有发生。从现阶段情况看,对接和服务长三角一体化仍是上饶的单向追求,距离实现优势互补、良性互动的“双向奔赴”还有较大差距。

(四)招商引资难度有所加大,对接服务“密度”不高

当前,国内发展环境已发生显著变化,过去拼资源、拼成本、拼政策的增长模式已难以持续，区域竞争已经转变为质量和效率的竞争。上饶作为中部欠发达地区，受到长三角、粤港澳大湾区等地区“虹吸效应”的不利影响，后发优势日益消减，上饶深度参与长三角产业链分工协作、融入“数字长三角”、长三角物流体系等仍有不足。此外，当前受有效需求不足影响，市场预期转弱、企业投资信心不足尚未根本缓解，给上饶深度融入长三角一体化带来挑战。从全年情况来看，2024 年，上饶各地各部门深入长三角考察学习及招商引资较 2023 年相比有所减少。

三、上饶深度融入长三角一体化的实践路径

2025 年，上饶继续深入贯彻落实省委、省政府，市委、市政府决策部署，持续发挥毗邻长三角的区位优势，聚焦交通、产业、科创、文旅、民生等重点领域，着力推进上饶对接和融入长三角一体化迈上新台阶，进一步彰显江西东大门生机活力。

（一）强化高标准规划引领，健全对接合作机制

1. 加强规划引领。精心组织编制《上饶市“十五五”时期对接和服务长三角一体化发展规划》，并使之与长三角区域相关规划相衔接，进一步明确上饶“十五五”时期深度融入长三角一体化的方向和思路，细化上饶对接长三角在产业一体化、科创一体化、交通一体化和民生一体化的重点领域，加强与长三角区域相关交通通道等重大工程和空间布局的衔接。大力争取国家政策支持，强化与国家发展改革委沟通汇报，争取将上饶纳入长三角一体化相关规划政策和工作机制的辐射范围，将上饶对接长三角重点事项列入推动长三角一体化发展重点工作安排，形成深度对接和服务长三角一体化的有力态势。

2. 健全全方位、多层级、分领域对接合作机制。加强重大政策的跨省协调，推动重点合作园区、合作项目创新发展，将浙赣边际合作（衢饶）示范区纳入浙皖闽赣国家生态旅游协作区和“衢黄南饶”绿色低碳产业发展合作区建设方案，探索建立联合招商、资源分享、产值核算、税收分成等协同机制。继续争取上饶以适当方式参与长三角城市经济协调会等重要会议活动，争取上饶继续作为特

邀城市参加在江苏宿迁召开的长三角城市经济协调会第二十四次全体会议。建好用好省际合作平台,多点推进、以点带面加速融入长三角一体化。

(二)推动交通互联互通,畅通对接融入大通道

1. 打造快速高效的铁路交通网。以建设交通强市为契机,围绕“赣浙闽皖四省交界区域中心城市”“江西融入长三角桥头堡”城市发展定位,依托“四省通衢”的区位优势,全面清理交界地带“断头路”,谋划推动建设武九上温、杭衢上深铁路,打造“米”字型高铁枢纽和“十”字型货运铁路枢纽。构建便捷通达的公路交通网,加快推进国家高速公路 G2531 杭州至上饶(开化至德兴至上饶段)、上饶赣浙界至鹰潭、彭泽至东乡等高速公路建设,推动建成上浦高速、加快沪昆高速北移“四改八”,打通与长三角的综合交通“大动脉”,提高上饶与长三角重点城市通达效率。

2. 积极推动水路运输融入长江航运体系。发挥上饶信江黄金水道的通道作用,提升信江水系的航道条件,加快推进信江八字嘴航电枢纽、界牌至双港航道整治等工程项目建设,加快推进浙赣运河前期论证工作,提升水运服务能力和水平。

3. 加快融入数字长三角。抢抓“新基建”建设机遇,紧跟长三角步伐,加快布局智算中心建设,打造长三角中心城市实时算力需求承接基地,提升网络、算力、存储等资源的供给水平,打造国家“千兆城市”标杆,以应用场景需求为导向,建设全国数据要素应用示范城市。

4. 加快融入长三角物流体系。推进物流基础设施建设,加快上饶国际陆港建设投运,推动与金华市签订的共建国际陆港战略合作协议落地落实。加快推进横峰、弋阳、德兴、广丰等县(市、区)物流基础设施建设,稳定开行上饶—宁波海铁联运天天班,推进企业物流降本增效。

(三)加强产业协同发展,建设现代化产业体系

1. 推进战略性新兴产业融入长三角高端产业生态。充分“联衢融杭接沪”,抓住全球产业链、供应链重构重组机遇,从嵌入优势产业、提振数字产业、布局

未来产业发力，推动卫星互联网、光伏新能源、电子信息等重点产业融入长三角G60科创走廊产业联盟。推进有色金属、非金属材料、机械制造、化工、纺织服装等产业向精深加工延伸拓展，稳步提升产业链竞争力。积极参与长三角科技创新共同体，加快光伏锂电新能源、电子信息、生物医药等产业的强链延链补链，努力在人工智能、新型储能、再生医学等领域抢先锻造新引擎。加快建设数据产业集群，主动融入杭州"数字内容""数字零售"等产业体系，布局数据技术和数据服务板块，引进长三角优质数商，推动企业由数据应用型向数据资源型跃迁，建设数字文创产业基地、数字营销产业基地和数字内容审核基地。

2. 推动优质农产品进一步融入长三角供应链。深化上饶农产品与长三角市场产销对接，畅通面向长三角地区农业研发、生产、加工、储运、销售、体验等产业链环节。构建种养加、产供销、内外贸一体化的现代供应链体系，深化与知名电商企业合作，大力推进电商运营中心、绿色直采基地建设，推进更多上饶优质农产品进驻知名商超、餐饮，促进上饶优质农产品品牌在长三角地区"扩面增效"。加快上饶农产品品牌，打造并发布上饶农产品区域公用品牌和产业IP。

3. 加快文化旅游业与长三角融合发展。加快共建浙皖闽赣国家生态旅游协作区和衢黄南饶"联盟花园"，联合推出"旅游惠民"优惠政策，积极开展"浙皖闽赣四省四市博物馆联盟"系列活动。充分发挥婺源"中国最美乡村"和"三清天下秀"品牌效应，打造一批集文化、体育、商贸等元素为一体的新型文旅业态，巩固拓展长三角旅游市场。联动发展特色中医药健康服务业，推动德兴花桥中医药度假区创建省级旅游度假区，探索候鸟式、疗养式、田园式康养模式，打造长三角康养旅居优选栖息地。

（四）加强科创共同体建设，培育新质生产力

1. 强化G60科创走廊战略协作区建设。加强G60科创走廊战略协作区（江西段）顶层设计，推进编制《G60科创走廊战略协作区（江西段）规划》，从省级层面明确G60科创走廊战略协作区（江西段）的战略定位、发展目标和重点任务。推动G60科创走廊及其战略协作区重大科研基础设施、大型科研仪器、科技数据等资源开放共享，争取常态化参加长三角G60科创走廊科创生态建设大

会及上海进博会 G60 专场等系列活动。

2. 建立优化的开放式创新系统。从建立联合攻关机制、公共服务机制和成果转化机制入手,协同长三角 G60 科创走廊科创资源,共享长三角公共科创服务平台。加强与国家科技成果转移东部中心合作,推进在上饶设立江西分中心;联合浙大控股集团,共建概念验证中心、杭州科创飞地;与上海师范大学、上海电力大学、上饶师范学院开展深度合作,推进建立研究中心,对上饶企业关键核心技术开展联合攻关。

3. 建立健全科创协同联动机制。制定跨区域科技成果转移转化政策,推动创新平台跨区域共享,积极参与科研资金跨区域使用试点。积极建立与长三角统一的技术交易市场。落实上饶与长三角地区互认互通的人才培养评价体系,探索建立上饶高新技术企业在 G60 科创走廊及其战略协作区范围内互认机制。

(五)持续推动改革开放,优化双向开放格局

1. 强化与长三角地区开放合作。复制推广自贸区改革试点经验,主动对接 RCEP 等国际高标准经贸规则,推动上饶由内陆腹地向开放前沿跃升。持续强化面向长三角招大引强,深度参与长三角产业分工协作创新合作方式,探索建立利益共享机制。推动上饶国际陆港、上饶跨境电商综试区、上饶综合保税区等对接长三角高能级开放平台体系。

2. 推动形成与长三角基本一致的发展环境。全面学习长三角核心城市在制度规定、服务流程等方面做法,创造长三角企业"宾至如归"的营商环境。持续打响"E 呼即办"政务服务品牌,持续推进"放管服"改革和"一网通办",纵深推进"一件事一次办"集成改革,深化损害营商环境专项治理,简化行政审批流程,推进项目全生命周期一件事集成改革,构建亲清统一的新型政商关系。

3. 加快复制长三角一体化制度创新的先进做法。学习借鉴上海自贸区经验,构建"五自由一便利"的制度型开放体系。复制长三角生态绿色一体化发展示范区制度创新的做法,探索在"不破行政隶属关系"格局下打破行政边界的路径和策略。

（六）推动公共服务扩面增效，加强民生保障共建共享

1. 健全公共服务标准体系。积极参与制定并落实省、地方标准和分行业领域标准规范，向长三角中心区基本公共服务标准看齐。加大民生投入力度，推动毗邻城市之间公共服务同城化，推动赣浙皖交界地区实现社保便捷互转、学籍互认、公交同城，缩小与长三角地区的差距。

2. 优化教育供给能力。深化教育综合改革，推动广信区、弋阳县、横峰县、鄱阳县、德兴市等各县（市、区）与上海各结对区全面签署新一轮教育合作协议，组织开展两地师生交流互动、研学互访、线上互帮等教育活动，提升教育服务水平。

3. 加快赣浙皖交界地区跨省医联体建设。搭建医疗卫生信息共享平台，实现居民健康档案、电子病历、预约挂号等信息互联互通，推进医学检验结果互认；持续加强与长三角地区知名公立医院和民营医院等医院共建医联体，开展学科共建、远程查房、来饶坐诊等合作，持续打造名医、名科、名院。增强异地就医问题协同处理能力，努力实现医保业务在长三角区域内无障碍办理。

（七）加强生态建设深度融合，推进生态文明一体化

1. 加快建设毗邻地区生态环境共保联治机制。推进上饶与长三角地区协同推进降碳、减污、扩绿、增长，积极探索建立玉山、德兴、广丰、婺源等与长三角毗邻地区生态环境共保联治机制。推进区域大气污染协同防治，实现大气环境监测数据共享。积极开展水资源保护跨省协作，推动共同监测、共享信息，推进流域环境协同治理。

2. 协作建设生态绿色一体化示范区。借鉴上海市青浦区、江苏省苏州市吴江区、浙江省嘉兴市嘉善县长三角生态绿色一体化发展示范区建设经验，探索建设婺源、休宁、开化钱江源国家公园生态绿色一体化发展示范区。

3. 加强生态产品价值体制机制互动创新。加强与浙江省丽水市、衢州市等相邻流域区域，联合开展建立面向生态消费市场的生态资源价值评估体系、生态产品产业体系和生态文化繁荣体系。在重点领域开展生态补偿改革试点，建立地区间横向生态保护补偿机制。

参考文献

卢瑛琦:《奋力打造江西对接融入长三角一体化发展先行区》,《江西日报》,2025 年 3 月 7 日。

魏依晨、郑欢:《江西上饶:推进“双向飞地”实现“双向成就”》,《科技日报》,2024 年 5 月 24 日。

曾光:《国家内陆开放型经济试验区建设的重点路径研究——以“十四五”时期江西对接长三角、粤港澳大湾区为例》,《老区建设》,2020 年第 11 期。

江西省人民政府:《江西省人民政府关于支持赣东北开放合作推动高质量跨越式发展的若干意见》,《江西省人民政府公报》,2019 年第 22 期。

四

典型报告

千年瓷都再造瓷业新高地

——基于景德镇先进陶瓷产业发展的典型调查

江西省社会科学院课题组 *

摘要： 作为高技术含量、高附加值的战略性新兴产业，先进陶瓷对推动传统陶瓷产业转型升级、增强区域经济竞争力具有重要意义。对于“千年瓷都”景德镇而言，发展先进陶瓷不仅是落实习近平总书记“做大做强陶瓷产业”重要指示的具体举措，也是传承陶瓷文化、擦亮城市名片的有效路径。近年来，景德镇以先进陶瓷为抓手，通过政策引导、产业规划和创新驱动，探索陶瓷产业从传统向现代的转型发展道路。本研究通过政策文件梳理、统计数据分析以及实地调研，考察景德镇先进陶瓷产业的发展成效，剖析其面临的挑战，并提出相关对策建议，以期为景德镇做大做强陶瓷产业、实现高质量发展提供理论支撑与工作建议。

关键词： 景德镇　先进陶瓷　产业发展

随着高新技术产业的快速发展，陶瓷被广泛应用于机械、化工、能源、环保等行业，成为航空航天、通信电子、生物医药、新能源等领域高新技术产品和装备的关键性原材料，在现代陶瓷产业体系中占有重要地位。2023 年 10 月 11 日，习近平总书记在江西景德镇考察时指出，要集聚各方面人才，加强创意设计和研发创新，进一步把陶瓷产业做大做强，把“千年瓷都”这张靓丽的名片擦得

---

* 课题组组长：李小玉，江西省社会科学院经济研究所所长、研究员，研究方向为区域经济。课题组成员：陈德明，江西省社会科学院哲学研究所副所长、副研究员，研究方向为哲学和地域文化；李华旭，江西省社会科学院经济研究所副研究员，研究方向为产业经济；余小琴，江西省社会科学院经济研究所助理研究员，研究方向为区域经济；袁骏，江西省社会科学院经济研究所助理研究员，研究方向为产业经济。

更亮。近年来，景德镇坚持陶瓷优先战略，把低能耗低物耗、高科技高附加值的先进陶瓷作为产业主攻方向，作为推动经济高质量发展、提升区域竞争力的重要举措。为了解景德镇先进陶瓷产业发展的成效、存在的问题，并就推动先进陶瓷产业高质量发展提出对策建议。2024 年，课题组多次赴景德镇开展先进陶瓷调研，走访相关市属单位、开发区，陶瓷企业数十家，访谈相关部门领导、科研人员，陶瓷企业家几十人，形成本研究报告。

一、景德镇先进陶瓷产业发展成效

景德镇立足“千年瓷都”产业基础，把先进陶瓷产业作为推动传统陶瓷产业转型升级的重要突破口，通过加强顶层设计、优化产业布局、完善创新体系等举措，推动先进陶瓷产业发展迈上新台阶。

（一）主动谋划，以顶层设计锚定产业发展方向

景德镇高度重视先进陶瓷产业发展。特别是 2021 年以来，景德镇市委、市政府通过加强顶层设计、完善体制机制、强化政策支持等举措，为先进陶瓷产业发展注入强劲动力。

1. 坚持规划引领，科学布局发展重点。编制《景德镇市先进陶瓷产业发展规划（2022—2025 年）》，确立主攻通信电子、新能源两大领域，培育航空航天、生物医疗、节能环保、国防军工四大领域的“2 + 4”产业发展思路，明确了先进陶瓷发展的重点。统筹推进园区设施载体建设，在浮梁县、昌江区、高新区和昌南新区建立了各具特色、错位发展的先进陶瓷产业平台。加快园区标准化厂房建设，截至 2024 年底，累计建成标准化厂房 256 万平方米。

2. 坚持高位推动，建立高效工作机制。成立景德镇市先进陶瓷产业发展推进领导小组，实施“实体化运作”，由市委副书记兼任办公室主任，各区县由副书记兼任负责；建立健全重点项目月调度、挂点服务的工作机制，形成高效的指挥推进体系。出台《关于强化先进陶瓷产业重点项目要素保障的工作机制》《关于实行“双向收集、三级调度”服务机制优化先进陶瓷产业营商环境的工作举措》等制度性文件，提升服务效能，保障产业发展。

3. 坚持政策赋能，构建全方位支持体系。加大资金支持，设立24个政府引导基金和产业发展基金，总规模超百亿元。扶持了包括芯声先进陶瓷、磐盟电子在内的20个具有高技术含量和良好市场前景的重点产业项目。完善产业配套，建设先进陶瓷检验分析中心、电镀集控中心等公共服务平台，为企业提供专业技术支持，降低企业运营成本。强化技术攻关，将先进陶瓷多项重要技术纳入产业链关键技术攻关清单。优化营商环境，完善产业服务配套，解决浮梁县先进陶瓷产业园公交线路开通、中科泛半导体人才公寓建设等配套问题。

(二)做大规模，以招大引强促进产业跨越提升

近年来，景德镇通过招商引资扩大增量，扶优扶强做大存量，打好系列政策组合拳，促进先进陶瓷产业规模持续壮大(见表1)。

1. 产业规模快速增长。2021—2024年，先进陶瓷产值从49.2亿元增长到326.3亿元，增长5.6倍；先进陶瓷产值占全市陶瓷工业总产值的比重从9.5%提升至34.8%，提高了25.3个百分点。

2. 企业数量持续增多。2021—2024年，景德镇先进陶瓷企业总数从86家增加到209家，增长143%；规模以上先进陶瓷企业从28家增加至82家，增长近2倍。截至2024年底，景德镇从事先进陶瓷研发与生产的创新型中小微企业28家，获得国家高新技术企业认证的先进陶瓷企业数24家，创新主体数量持续增多。

3. 税收贡献显著提升。2021年，景德镇市先进陶瓷产业税收不到1亿元(0.9亿元)，2023年增长到3.2亿元，增长2.6倍；占全市陶瓷工业税收比例从17.6%提升至30.2%，提高了12.6个百分点。

表 1 2021—2024 年景德镇先进陶瓷产业发展情况

指标	2021 年	2022 年	2023 年	2024 年
陶瓷工业产值(亿元)	516	665	861.3	939
先进陶瓷产值(亿元)	49.2	130.8	253.2	326.3
先进陶瓷产值占陶瓷工业产值比(%)	9.5	19.7	29.4	34.8
先进陶瓷企业总数(家)	86	147	172	209
规模以上先进陶瓷企业总数(家)	28	43	69	82
先进陶瓷产业税收(亿元)	0.9	2.5	3.2	—
先进陶瓷产业税收占全市陶瓷工业税收比例(%)	17.6	32.7	30.2	—

数据来源:景德镇市统计局。

(三)精准布局,以特色优势促进产业集群发展

景德镇坚持“一园两基地”空间布局,以差异化发展为导向,推动先进陶瓷产业集群化、特色化发展。

1. 建设压电陶瓷产业集群。昌南新区压电陶瓷产业园致力于建设国内首家压电陶瓷专业园区,总建筑面积 16.77 万平方米。着力构建压电陶瓷材料制备、元件生产、器件设计乃至整机系统的产业链体系,打造技术领先、应用广泛、链条完善的压电陶瓷产业集群。已引进宇能特陶、领先特陶、迪纳科、森村电子、赛万玉山等重点企业签约入驻,覆盖高可靠性压电陶瓷片、光伏和半导体高端陶瓷、高纯氧化铝压电陶瓷等多个细分领域。

2. 聚焦高纯氧化铝粉体领域。浮梁县先进陶瓷产业园重点布局先进陶瓷粉体技术研发,设立景德镇先进陶瓷粉体技术开发及应用研究中心。银铱科技自主掌握的高纯氧化铝粉体产业化制备技术已达到国际先进水平,万微新材料有限公司在纳米氧化物粉体研发方面取得新突破。依托银铱材料、万微粉体等上游核心企业,以景华特陶、景龙集团、景光电子等元器件企业为支撑,结合智

慧家居产业园建设，着力形成“上游粉体—中游器件—下游整机”的氧化铝产业集群。2023 年 8 月，浮梁产业园先进陶瓷产业集群成功获评省级（特色）产业集群。

3. 布局先进陶瓷复合材料。景德镇高新区先进陶瓷复合材料基地加快推进“产、学、研、用”一体化发展，重点发展陶瓷基复合材料、高温先进陶瓷涂层等高精尖项目，为航空航天、国防军工等领域提供关键配套支持。

（四）创新驱动，以技术进步强化产业发展实力

景德镇深化产学研合作，加强创新平台建设，先进陶瓷产业创新体系日益完善，技术成果转化成效明显。

1. 创新主体持续壮大。截至 2024 年底，景德镇成功孵化先进陶瓷创新型中小企业 28 家，获得国家级高新技术企业认定的达 24 家，具备专精特新资质的企业有 22 家，其中 5 家企业跻身专精特新“小巨人”行列，另有 3 家成为“瞪羚”企业，形成了多层次的创新企业梯队。

2. 创新平台深化发展。景德镇市通过深化校地合作、校企合作，构建了多元化研发平台。截至 2024 年底，景德镇与包括清华大学、中科院上海硅酸盐所、哈工大及本土的景德镇陶瓷大学在内的 27 家“大院大所”建立了合作关系，共同打造创新平台。自 2020 年以来，景德镇促成多个高端研发平台落地：昌南新区携手江丰电子成立特种工业陶瓷研究院；浮梁县协同陶瓷大学打造先进陶瓷粉体开发及应用研究中心；高新区联合哈工大特陶所共建景德镇先进陶瓷研究院，并挂牌工信部“先进结构功能一体化材料与绿色制造技术”研究中心及哈工大特种陶瓷研究所分中心。截至 2024 年底，这些平台累计孵化产业合作项目 11 个，为产业创新发展提供了强有力的支撑。

3. 创新项目加速落地。景德镇多家先进陶瓷企业在细分领域取得突破性进展，如芯声微研制的小型高容车规级 MLCC 元件打破了国外技术垄断，实现进口替代；银铱科技在高纯氧化铝粉体制备工艺上不断取得突破并达到国际先进水平；奥迪威研发的超声波传感器、换能器件等产品占据国内市场领先地位。同时，依托各类研发创新载体，景德镇实现了多项技术成果的产业孵化与有效转化，如具备电子封装功能的氮化硅陶瓷基底、用于高硬度研磨的超细碳化硼粉末材料、用于牙科修复的高纯氧化锆粉体等。这些项目不仅实现了从实验室到工厂的跨越，还催生了钰康科技、钰鑫材料科技及圣垚科技等一批具有发展潜力的高科技实体企业，形成了技术突破与产业布局的良性循环。

二、景德镇先进陶瓷发展存在的主要问题

尽管景德镇先进陶瓷产业发展取得了明显成效，但距离相关部署要求，如“抢滩布局先进陶瓷、光伏玻璃、硅基材料等无机非金属新材料”等还面临多方面的短板弱项亟待改善。

（一）区域空间发展布局有待优化

从行业属性看，先进陶瓷是资本、技术密集型产业，具有较强的产业聚集性。但总体而言，景德镇先进陶瓷的空间分布相对分散，产业集聚效应不强。景德镇以“一极引领、两带支撑、三点错位”布局先进陶瓷产业发展，但这种布局基于现有产业基础，企业较为分散且彼此间的关联性、黏合性不强。作为先进陶瓷的“一极引领”，昌南新区近年来先进陶瓷发展迅速，但在国内具有较强竞争力影响力的细分领域和龙头企业不多，“一极引领”的作用不够突出。作为两个“支撑带”，浮梁县湘湖片区和景德镇高新区先进陶瓷发展不平衡，浮梁县在氧化铝领域聚集了一批重点企业，但高新区的主导产业是航空产业，先进陶瓷企业数和规模以上陶瓷企业数各仅占全市的20%左右。珠山区、昌江区、乐平市“三点”依据各自产业基础和条件发展先进陶瓷，但企业分布较零星，规模较小、企业间的关联度不高，缺乏具有强大引领力和吸附力的先进陶瓷企业。

（二）产业强链补链延链有待拓展

总的来看，景德镇先进陶瓷产业有较好基础，但产业规模和工艺水平与广东、江苏、山东等地区相比还有较大差距，产业链话语权较弱，在国内先进陶瓷产业体系的地位不高。具体到细分领域，景德镇在氧化铝和压电陶瓷方面具有较好的基础（氧化铝40余家、压电20余家），但主要集中在元器件制造端，各个

企业生产的小元器件之间缺乏共性和内在关联,没有形成联合竞争力。产业链条较短,上下游产业协作配套能力不足,“中间粗、两头细”的问题较为突出。景德镇主要做中端元器件,前端基础的粉体制备及后端体量规模大的整机制造企业相对缺乏,尤其是材料端、装备端、应用端、终端产品端等研发严重不足,普遍缺乏高水平创新能力。

(三)龙头企业的引领作用有待发挥

景德镇有日盛电子、景华特陶、景龙特陶等规模较大的企业,并在特定领域形成了一定的优势,但企业影响力还不强,没有陶瓷上市企业,龙头引领、梯队协同、集群共进的“航母群”式发展模式尚未形成。相较而言,广东、山东、福建、浙江等地均有知名的先进陶瓷上市企业(见表2)。景德镇先进陶瓷企业中带动力强、含金量高的龙头型、链主型优强企业数量较少,大型企业辐射、配套企业集配式服务的高关联度企业欠缺。人工智能、移动物联网等数字技术的应用还不多,企业技术升级、节能环保等方面的进展较为缓慢。

表2　国内先进陶瓷主要上市企业

注册地	企业名称	主营业务
风华高科	主要从事新型元器件、电子材料等电子信息基础产品的研发、生产和销售	广东省肇庆市
潮州三环	主要从事基础材料、电子元件、通信器件的研发、生产和销售	广东省潮州市
顺络电子	主要从事磁性器件、微波器件、敏感器件、精密陶瓷的研发、生产和销售	广东省深圳市
东方锆业	主要从事氯氧化锆、二氧化锆、复合氧化锆、氧化锆结构陶瓷、硅酸锆等锆系列制品研发、生产和销售	广东省汕头市
国瓷材料	主要从事电子材料、催化材料、生物医疗材料、精密陶瓷的研发、生产和销售	山东省东营市

续表：

注册地	企业名称	主营业务
奥福环保	主要从事蜂窝陶瓷催化剂载体、柴油车碳烟颗粒捕集器 DPF、汽油车颗粒捕集器 GPF 研发、生产和销售	山东省临沂市
火炬电子	主要从事电容器研发、生产和销售	福建省泉州市
鸿远电子	主要从事瓷介电容器（MLCC）、滤波器研发、生产和销售	浙江省宁波市
中瓷电子	从事电子陶瓷系列产品的研发、生产和销售	河北省石家庄市

注：当前国内尚未对先进陶瓷有统一的定义和统计，部分地区将先进陶瓷归类为新材料。上述企业为具有以先进陶瓷为主营业务的上市企业，国内其他新材料上市企业可能也有先进陶瓷业务。

（四）科技人才支撑作用有待强化

1. 企业研发能力不足。与广东、江苏、山东等地区相比，景德镇的先进陶瓷产业拥有自身的特色优势，但整体研发体系不够完善、研发能力亟待提高，先进陶瓷企业在技术创新方面投入不足，部分企业仍依赖传统工艺，缺乏对新技术、新材料的研发。

2. 平台作用发挥不够。景德镇打造了一批科研创新平台，拥有一批从事先进陶瓷研究的高层次技术人才，但是高端研发团队和急需的产业化人才较少，产业关键共性技术、"卡脖子"项目研发不够，没有形成创新驱动力。如景德镇研发粉体材料的纯度、分散性、均匀性、性能稳定性等虽在国内处于领先地位，但与国际同类产品还有较大差距，高性能粉体虽在实验室实现，但规模化商用仍依赖进口。

3. 企业融资难、融资贵问题依然存在。直接融资占比较低，金融对科技的服务作用没有充分发挥，科技保险、科技担保、专利质押等科技金融服务能力有待提升。

4. 高校服务体系不全。景德镇拥有完备的陶瓷产业教育科研体系，但本地高校专业设置更多偏向于工艺美术类,工业技术类比例偏低,对先进陶瓷产业技术创新支撑力度不够,职业技术院校培养与先进陶瓷企业的衔接不够,高校人才培养与企业市场需求之间存在偏差。

三、推进景德镇先进陶瓷产业发展的对策与建议

围绕贯彻落实习近平总书记"做大做强陶瓷产业"的殷殷嘱托,景德镇应重点聚焦强链补链、数字赋能、科技创新、节能环保、形成合力五个方面,推进先进陶瓷高质量发展。

(一)聚焦强链补链,增强产业发展实力

1. 强化优势产业引领地位。立足氧化铝陶瓷、压电陶瓷等优势赛道,进一步提升产业集群的影响力。以"链主"企业为核心,发挥大企业引领支撑、中小微企业协作配套作用。在氧化铝陶瓷领域,增强高性能粉体制备研发投入,努力引进培育新能源、半导体等高端应用领域企业,形成上下游联系紧密的产业链。在压电陶瓷领域,重点推进压电陶瓷向下游器件、整机领域延伸,加强压电陶瓷加强大功率、低损耗的压电陶瓷材料以及无铅化方向研发。

2. 推动特色产业集群。壮大延伸陶瓷复合材料、生物陶瓷、环保陶瓷、防弹陶瓷等局部产业链。打造以昌南新区、高新区为依托的片式陶瓷元器件和陶瓷复合材料产业集聚;推进乐平市、昌江区错位发展相关生物陶瓷材料,形成齿科氧化锆陶瓷产业聚集;加快以高新区、浮梁县为重点的多孔陶瓷、陶瓷膜等环保陶瓷产业集聚;以昌南新区为主在防弹陶瓷领域,拓展碳化硅、碳化硼、氮化硅陶瓷制品在核能、半导体设备等领域的应用,形成防弹陶瓷产业的局部集聚。

3. 强化产业链招商。紧盯行业内靶向标杆性企业,强化部门和地区联动,用好产业基金和激励政策,积极采取资本招商、产业链招商、并购招商和以商招商等方式着力招引、培育一批先进陶瓷高新技术企业、专精特新企业、科技领军企业和潜力强、成长性高的企业。围绕加强先进陶瓷企业产业功能和上下游配套开展招商,重点招引先进陶瓷专用生产设备、先进智能窑炉、精密模具加工制造等产业链关键配套项目,逐步构建较为完备的先进陶瓷产业链配套体系,形

成上下联动的产业功能。

（二）聚焦数字赋能，推动产业数智化转型

1. 加快推进智能制造升级步伐。促进数字经济与景德镇陶瓷产业深度融合，引导先进陶瓷企业上云上平台，支持景德镇先进陶瓷企业实施两化融合贯标。支持牵头制定先进陶瓷行业智能制造相关规范和标准，加速智能制造综合解决方案的研发与应用，推动一批智能制造标杆车间、标杆企业创建。开展景德镇先进陶瓷产业中小企业数字化转型试点，打造数字化转型示范园区，通过园区和集群的数字化实践，培育推广转型标杆，形成系统性的景德镇先进陶瓷产业数字化转型生态。

2. 打造产业数智化“大脑”。加快建设景德镇先进陶瓷产业发展数智化大脑，并设立需求洞察、原料采购、生产能耗、设备运行、供应链协同管理、销售管理等细分模块。将新一代信息技术广泛应用于先进陶瓷企业的研发设计、生产制造、运营管理等产业链发展各个环节，鼓励企业龙头企业积极培育先进陶瓷行业的数字化转型典型应用场景。

3. 引进培育数字服务供应商。聚合景德镇先进陶瓷产业的共性痛点，引导专业服务商聚焦重点环节，构建起涵盖先进陶瓷产业不同环节、阶段的中小企业数字化转型“痛点矩阵”。引进培育一批具有产业特色的智能改造系统解决方案供应商，引导专业服务商聚焦重点环节，开发集成并推广一批“小而精”“模块化”“组合式”的解决方案和应用场景，为景德镇先进陶瓷企业提供“研、产、供、销”全链路一体化协同发展的数字技术服务。建立转型方案资源池，并通过场景化、图谱化的手段推动产业链上下游企业协同。

（三）聚焦科技创新，推动新质生产力发展

1. 推进关键核心技术协同攻关。面向先进陶瓷产业，推进一批产业核心共性技术攻关工程，分批分阶段组织优势科研力量攻克先进陶瓷粉体细分领域等关键“卡脖子”技术问题。进一步夯实企业创新主体地位，着力构建以企业为主体、市场为指引、产学研深度融合的技术创新体系，提升关键技术攻关能力，建

立科技型企业联动培育机制，推进研发项目向市场化、产业化发展。

2. 提高科技创新平台的利用效率。进一步整合好、利用好和管理好现有科研平台，着力发挥其整合创新资源、培育创新主体、提升创新服务等功能。强化现有实验室、技术创新中心（工程技术研究中心）的功能建设，优化提升现有景德镇市级技术创新中心科研攻关能力，争创省级技术创新中心。支持龙头企业、高校或科研院所牵头，布局建设一批公共的、开放的市级技术创新中心。

3. 加快促进科技成果转移转化。积极推进景德镇先进陶瓷产业科技成果转移转化服务体系建设，尽快落实科技成果转移转化中心建设的各项具体举措。吸引国内大院大所名企等优质创新资源为先进陶瓷产业技术进步提供支持，鼓励和引导知名高校、大院大所、链主企业共建先进陶瓷产业创新联合体，推动科技成果高效转化，形成“产业化技术中心—孵化器—加速器—产业园”完整的科研成果产业化链条。

（四）聚焦节能环保，树立产业绿色发展标杆

1. 构建绿色制造体系。围绕先进陶瓷原材料、生产工艺及产品更新，全面推进先进陶瓷绿色低碳发展，持续调整优化产业结构，加快对景德镇现有先进陶瓷企业的低效企业进行结构性调整，以绿色低碳为导向，引入更多高成长性项目，通过应用智能化装备、现代化工艺和绿色化能源等手段，构建高效、清洁、低碳、循环的绿色制造体系。聚焦先进陶瓷产业的绿色产品、绿色工厂、绿色园区和绿色供应链，大力推行先进陶瓷产品的绿色设计，加快开发节能、环保、易回收的绿色产品。

2. 加强资源循环利用。全面提高景德镇先进陶瓷企业绿色生产水平，加强先进陶瓷产业的废渣、废水、废气等工业固废循环利用，推进工业余热、余压、余能再利用，开展废陶瓷资源化利用、循环利用，构建再生资源回收利用体系。鼓励景德镇整合相关资源、提供绿色共享服务，推动智能电网应用，优化景德镇先进陶瓷园区和企业用能系统，构建清洁高效、绿色发展的生态产业体系。

3. 探索绿色智慧化方案。探索创新先进陶瓷产业精准测碳、综合评碳的智慧化方案。积极创建碳账户、碳画像，加快构建景德镇陶瓷先进产业碳码标识

管理体系,依托“碳效码+企业码”探索“碳诊断”“碳技改”等定制化综合应用场景,将环境信息强制性披露纳入先进陶瓷产业绿色制造评价体系。加强减碳、零碳和负碳技术综合示范建设,带动先进陶瓷产业绿色低碳高质量发展。

(五)聚焦形成合力,培育产业发展良好生态

1. 健全高品质产品供给体系。加快推进景德镇先进陶瓷产业标准、质量、品牌体系建设,推动景德镇先进陶瓷产业的国内外标准认证衔接,支持景德镇先进陶瓷企业牵头或参与国际标准、国家标准、行业标准、地方标准和团体标准等标准制定。加大景德镇先进陶瓷产业重点产品质量评价体系和质量控制检验中心建设力度,建立品质追溯模型,对企业实施第三方质量检验检测和认证服务,支持有条件的先进陶瓷企业建设质量追溯体系。

2. 构建完善的产业要素保障体系。建立先进陶瓷产业发展基金,专门设立对景德镇先进陶瓷产业的技术改造支持政策。发挥财税和金融政策引导作用,降低要素成本,探索“资本+数据”和“数字金融”等要素组合新形态,提升支持工业互联网平台的金融保险服务,引导金融机构有针对性创新契合先进陶瓷产业特点的金融产品,尤其加大对中小先进陶瓷产业实施差异化的信贷支持和财税优惠力度,将景德镇先进陶瓷产业重点建设项目纳入省级项目服务清单。

3. 优化人才智力支撑服务体系。针对先进陶瓷产业急需的高层次人才实行“一事一议”,充分发挥园区平台、研发平台和产教联合体对人才的集聚作用,在项目招引、技术研发、企业培育的过程中引进人才、留住人才、用好人才,健全“人才飞地”“科创飞地”等柔性引进模式,创新科技副总、顾问指导、项目协同攻关、技术入股等多样化引才育才机制。支持景德镇陶瓷大学材料科学与工程学院开展工作,聚焦先进陶瓷核心学科专业,培养关键工程技术人才,加强“校企联姻”,支持企业深度参与产业人才培养,以“订单式培养”促进院校与企业无缝对接,探索“上课即实训”“毕业即就业”的“企业专班”人才培养模式,创新“劳动+数据”“数字经济新劳动者”等要素深度融合模式。加强技术工匠培育,启动职业技能提升行动,打造结构合理、技艺精湛的新型技术人才队伍。

参考文献

景德镇市先进陶瓷产业发展推进领导小组:《景德镇市先进陶瓷产业发展规划(摘要)》,《景德镇陶瓷》,2021 年第 6 期。

邱辉:《数字经济背景下景德镇先进陶瓷产业发展现状及对策研究》,《景德镇陶瓷》,2024 年第 1 期。

许剑雄、姜宇琪、张海霞、钟婷、叶仔依:《景德镇先进陶瓷产业发展初探》,《佛山陶瓷》,2024 年第 8 期。

刘冰峰、曹嘉琪、杨建仁、许剑雄、屈稻丰:《打造产业生态圈 提升景德镇先进陶瓷产业能级》,《陶瓷学报》,2023 年第 5 期。

晋级"国家队"成员的成功秘诀
——基于贵溪经开区的调研

江西省社会科学院、贵溪经开区管委会课题组*

摘要： 工业是实体经济发展的命脉和基石，工业兴则地方经济活，工业强则地方经济强。工业园区作为工业经济高质量发展的主阵地和主战场，加快推进江西工业园区高质量转型升级，是壮大江西实体经济的主引擎。本文从聚焦重点产业，筑牢园区发展的产业支撑；强化科技创新，增强园区发展的新动能；优化发展环境，提升园区发展的"磁场力"；推进体制机制改革创新，释放园区发展的新活力以及强化各类要素保障，提升园区发展的承载力五个方面分析了贵溪经开区转型升级的主要做法。从立足资源禀赋选准产业赛道，夯实园区升级的产业"硬支持"；坚持向"新"而行，以新质生产力推动传统优势产业"发新芽"；坚持开放思维，争当高水平对内对外开放的先行者；注重激发企业发展内生动力，发挥企业在产业升级中的主体作用以及做好深化改革文章，以体制机制改革拓展园区发展增量空间五个方面总结出贵溪经开区成功晋级的经验与启示，为全省其他工业园区（开发区）高质量转型升级提供借鉴。

关键词： 贵溪经开区　国家级经开区　成功升级　经验启示

党的二十届三中全会提出："加快推进新型工业化，培育壮大先进制造业集

* 课题组组长：卢小祁，江西省社会科学院经济研究所副研究员，研究方向为区域经济。副组长：姚昌广，贵溪经开区管委会副主任，研究方向为区域经济。课题组成员：陈刚，贵溪经开区管委会经济发展部部长，研究方向为区域经济；朱顺东，江西省社会科学院经济研究所助理研究员，研究方向为区域经济；毛江湖，贵溪经开区管委会经济发展部干部，研究方向为区域经济；刘洋，贵溪经开区管委会经济发展部干部，研究方向为区域经济。

群,推动制造业高端化、智能化、绿色化发展。"工业园区作为工业经济高质量发展的主阵地和主战场,是产业集聚发展的重要载体,是创新创业和对外开放的重要平台,也是作为推动所在地区新型工业化与新型城镇化快速发展的重要力量。2024 年 10 月 27 日,国务院办公厅发布复函江西贵溪经济开发区由省级开发区升级为国家级经济技术开发区。贵溪经济开发区从省级到国家级,不只是简单的名号之变,在推进体制机制改革创新、高水平对外开放,积极发展新质生产力,推动区域开放和区域协调发展等方面的实践探索经验在全省具有典型示范意义,能为全省其他园区发展提供宝贵的经验借鉴,也值得思考和总结。

一、贵溪经开区转型升级的主要做法

(一)聚焦重点产业,筑牢园区发展的产业支撑

一是出台系列支持政策引导"铜"产业做强做优。近年来,贵溪经开区深入落实全省制造业重点产业链现代化建设"1269"行动计划,出台了《贵溪市打造国家级铜基新材料先进制造业集群主阵地实施方案(2023—2026 年)》,强化产业链、工艺链、创新链、金融链、环境链"五链"联动,推动铜产品向着"先进基础材料、关键战略材料、前沿先进材料"的方向发展,着力打造政策最优、成本最低、要素最全、生态最好的国家级铜基新材料先进制造业集群。二是持续推动铜产业转型升级。通过深入推动产业转型升级,加快推动传统的附加值不高的铜粗加工向附加值较高的铜精深加工、终端铜产品以及铜应用产业方向发展,产业实现由低端到高端。立足现有的铜及铜加工和高端线缆线束两个省级产业集群,全力做大做强高品质电解铜,做强做优铜线、铜棒、铜排、铜粉等铜基新材料。大力延伸终端应用铜基新材料产业链,进一步提升铜基载板材料、新能源汽车、智能控制阀门配件等终端应用铜材和深加工品种比例。同时,重点聚焦高精度铜板带、电解铜箔、异型铜材等细分领域,强化优强企业培育,引导企业向产品附加值较高的铜精深加工、终端铜产品、铜应用产业转型升级。

(二)强化科技创新,增强园区发展的新动能

坚持创新驱动,将科技创新作为提升铜基新材料产业集群发展水平的源头

活水，加快拓展贵溪铜产业科技创新和成果转移转化通道，集中破解制铜产业转型升级的关键技术和共性难题。一是出台科技攻关专项支持政策。如实施《贵溪市铜产业升级科技攻关五年行动计划（2020—2025 年）》，每年安排 2000 万元铜产业科技专项资金，集中破解无铅环保黄铜、弥散铜等铜加工领域关键技术瓶颈。二是加强铜产业创新平台载体建设。建立了以江铜为首的国家级创新平台培育库，以洪达轴承、鑫发实业、新越集团等为重点的省级创新平台培育库；打造了贵溪经开区管委会博士后创新实践基地、贵溪市铜拆解及精深加工共性技术服务平台等一批科研创新平台，建设了红旗铜业、凯安智能等一批省级企业技术中心和工程技术研究中心，与江西先进铜产业研究院、南昌大学产教融合鹰潭研究院等科研院所深度合作，促成中科院宁波所、兰州大学化学研究所等院校帮助企业突破关键技术瓶颈，实现产业成果转化。三是大力培育创新型企业。积极构建“科技型中小企业—高新技术企业—瞪羚（独角兽）企业”科技型企业梯次培育机制，围绕培育要素开展针对性专题培训和科技服务，提升企业创新能力，提高企业申报科技型企业的积极性。四是将铜产业关键技术攻关列为重点科技创新任务。如支持易藤电气的高服役性汽车高压线束用铜合金导体及绞线制备技术项目入选省“揭榜挂帅”项目。

（三）优化发展环境，提升园区发展的“磁场力”

一是推进园区基础设施完善。一方面，加快推进硬件设施的升级改造，如推进园区实行“七通一平”全覆盖，持续完成道路亮化，合理布局设置高标准路灯，建设主干道智能节能路灯系统，全面提升了园区的形象档次。另一方面，持续打造高品质发展软环境，如通过完善经开区的酒店、餐饮等生活配套设施，建成金融产业园、物流仓储中心，极大改善了园区发展的软环境。二是持续优化园区营商环境。一方面，积极推行服务下沉，通过一站式“管家”服务缩短企业服务距离、提高企业办事效率。通过设立贵溪经开区综合服务中心，设立企业开办、工程审批、水电气网、金融服务、综合服务等窗口，针对企业开办、项目建设审批、水电气网接入、企业贷款融资等企业设立全生命周期进行“闭环”管理服务。另一方面，不断优化办事流程、创新服务模式，以“优质服务”解“企业与群众忧”。如贵溪经开区通过加强与市直部门的日常沟通,定期收集相关企业、项目业主和行业协会代表需协调解决的“堵点”“痛点”问题,分类整理,形成问题清单,定期召开贵溪经开区需市直部门支持协调会,牵头组织各涉企部门人员集中到园区一线帮助企业现场办理解决相关事项、宣传惠企政策、答疑解惑、化解梗阻。对重大重点项目审批实施“容缺预审”,加快重大项目建设的推进速度。

(四)推进体制机制改革创新,释放园区发展的新活力

一是推进社会事务逐步剥离。贵溪经开区围绕推进经开区“去行政化”改革,稳步开展社会事务剥离移交。根据2023年3月鹰潭市下发的《贵溪经济开区党工委和管委会职能配置、内设机构和人员编制规定》,对贵溪经开区进行优化整合,进一步明确工作职责,不再承担社会管理事务,让管委会腾出更多精力聚焦谋经济发展的主责主业。二是建立激励性人事薪酬制度。贵溪经开区启动新一轮薪酬制度改革,制定出台《贵溪经济开发区干部人事制度改革总体方案(试行)》《贵溪经济开发区岗位管理办法》,坚持“员额总控、按需设岗、以事定岗、以岗定责、人岗相适”原则,建立健全“经开区领导+内设部室长(常务副片区长)+主办”三个管理层级“扁平化”管理架构,围绕主责主业精简机构和机关人员。在原有薪酬管理办法基础上,制定新的贵溪经开区薪酬管理办法以及经开区绩效考核办法,明确绩效工资与绩效考核结果挂钩,与开发区综合考核、工业高质量发展等相衔接,突出经济指标、招商引资、重大项目建设、优化营商环境等完成情况。三是实施“管委会+公司”运营模式。贵溪经开区积极推行园区“公司制”管理模式,制定《贵溪经开投资控股集团有限公司组建方案》,整合经开区现有平台公司,代管市属兴业实业、鹰潭陆港控股、工业控股等公司,共同组建贵溪经开投资控股集团有限公司,构建“经开区管委会—经开投控集团—专业化子公司”三层国资管理架构。充分发挥经开区平台公司在推进园区资本运营、基础设施项目建设管理、招商引资、产业园区运营服务以及产业转型升级等方面的积极作用。2023年,贵溪经开区兴同创实业公司获批“AA”主体信用等级。

（五）强化各类要素保障，提升园区发展的承载力

一是发挥金融活水作用。在全省率先推行铜供应链金融服务模式，大力推动发展铜基新材料产业转型金融，帮助企业解决铜供应链金融业务资金来源问题。2024 年，铜供应链金融服务累计扶持资金 460 亿元，降低企业成本 1.5 亿元。同时，与农商行合作推出“数智贷”等金融产品，政府每年贴息 300 万元，引导激励企业开展数字化转型。二是重视土地集约利用。通过启动新一轮扩区调区工作，将开发区面积由 16.7 平方公里调至 19.9 平方公里。同时加快僵尸企业处置。大力推行集约节约用地，先后出台了低效企业处置文件，并成立处置工作领导小组，明确各成员单位职责任务，引入工商银行、兴业银行、中国银行、农商银行等金融机构腾笼换鸟专项贷款。三是强化人才引育留用。积极创新人才培养模式，通过成立铜产业产教联合体，实行校企资源共享融通来破解“毕业生本地化就业难、本地企业校招难、铜产业技能人才培养难”等难题。如支持江西铜产业高级技工学校开设铜相关专业 6 个，积极培养专技人才，逐步缓解铜企业专技人才紧缺现象。通过推进创新创业园、电子商务产业园、院士工作站、博士创新实践基地等项目加快建设，不断优化经开区人才发展和技术的软环境。主动对接国家、省、市重大人才工程，组织国家创新创业人才、江西省“双千人才”和鹰潭市“鹰才计划”等科技人才认定和人才项目申报工作，拓展人才发展空间，从而吸引人才、留住人才、培育人才。

二、贵溪经开区的发展成效

（一）发展实力持续增强

一是工业经济规模稳步扩大。2022 年，贵溪经开区规模以上工业企业实现主营业务收入 1618.2 亿元，同比增长 18.1%；工业增加值为 236 亿元，同比增长 15.9%。2024 年，实现主营业务收入 2157.6 亿元，同比增长 21.4%；实现工业增加值 306.9 亿元，同比增长 21.5%。二是工业企业盈利能力不断提升。2022 年，贵溪经开区规模以上工业企业完成利润总额 32.7 亿元，同比增长

18.6%。2024年完成利润总额64.7亿元,同比增长53.5%(见表1)。三是产业集聚效应不断凸显。2023年,细分产业集群铜基新材料产业集群获评“国家级中小企业特色产业集群”称号。2024年,贵溪铜基新材料产业集群规模以上铜企业136家,集群从业人员10428人;铜产业集群营业收入1924.5亿元,同比增长23.1%;实现利润58.6亿元,同比增长53.9%,铜产业集群影响力竞争力不断提升。

表1　2022—2024年贵溪经开区主要经济指标运行情况

指标类别	2022年		2023年		2024年	
	统计指标数据	同比增长(%)	统计指标数据	同比增长(%)	统计指标数据	同比增长(%)
规模以上工业企业(家)	175	—	195	—	221	—
规模以上工业企业主营业务收入(亿元)	1618.2	18.1	1746.4	25.7	2157.6	21.4
规模以上工业企业工业增加值(亿元)	236	15.9	236.9	20.4	306.9	21.5
规模以上工业企业利润总额(亿元)	32.7	18.6	42.9	50.3	64.7	53.5

数据来源:根据贵溪经开区管委会经发部提供的数据整理而得。

(二)创新水平不断提升

一是研发投入规模逐年扩大。2024年,贵溪经开区全社会研发投入总量59.3亿元,同比增长12.1%;研发投入强度2.74%,比全国平均水平(2.68%)高出0.06个百分点。二是企业创新意识明显提高。2024年,贵溪经开区规模以上工业企业221家,其中有R&D活动企业数为114个,同比增长6.54%;有效期内高新技术企业达88家。三是研发产出能力持续增强。2024年,贵溪经开区全年专利授权量607件;有效发明专利拥有量530件,同比增长9.8%;每万人高价值发明专利拥有量3.3件,同比增长24%。四是成果转化能力不断提升。2024年,贵溪经开区技术合同成交金额27.3亿元,同比增长59.2%(见表2)。

表2 2022—2024年贵溪经开区创新发展指标情况

指标类别	2022年		2023年		2024年	
	统计指标数据	同比增长(%)	统计指标数据	同比增长(%)	统计指标数据	同比增长(%)
全社会研发投入总量(亿元)	45.3	15.4	52.9	16.7	59.3	12.1
研发投入强度(%)	2.8	0.3	3.03	0.5	2.74	-0.29
全年专利授权量(件)	867	38.7	899	3.7	607	48
有效发明专利拥有量(件)	326	6.0	470	8.7	530	9.8
每万人高价值发明专利 拥有量(件)	2.3	118	2.6	17	3.3	24
技术合同成交额(亿元)	8.0	291.2	17.1	113.5	27.3	59.2
规模以上工业企业有R&D活动企业数(个)	86	11.7	107	24.4	114	6.5
有效期内高新技术企业(家)	70	6.1	74	5.7	88	18.9

数据来源:根据贵溪经开区管委会经发部提供的数据整理而得。

(三)数字化绿色化转型走深向实

一是企业数字化转型动力十足。园区获批为全省第一批中小企业数字化转型试点园区。2024年,实现规模以上工业企业深度数转问诊全覆盖,178家企业数字化转型稳步推进,规模以上工业企业开展数字化改造比例达73%。江西云泰铜业有限公司获评国家级专精特新“小巨人”企业,江西中易微连新材料科技有限公司入选全国“2023 年度智能制造示范工厂”。二是园区绿色颜值明显提高。贵溪经开区先后获得“国家级绿色园区”“国家级园区水效领跑者”“中国再生资源循环利用基地”“全国循环经济工作先进单位”“国家第四批城市矿产示范基地”“区域性大型再生资源回收基地”“第一批省级循环经济试点单位”“江西省再生资源利用产业示范基地”等称号。截至 2024 年底,园区有国家级绿色工厂 6 家,省级绿色工厂 19 家(见表 3)。

表 3　2022—2024 年贵溪经开区企业绿色发展情况

指标类别	2022 年		2023 年		2024 年	
	统计指标数据	同比增长(%)	统计指标数据	同比增长(%)	统计指标数据	同比增长(%)
省级绿色工厂(家)	6	50	11	83.3	19	72.7
国家级绿色工厂(家)	3	0	6	100	6	0

数据来源:根据贵溪经开区管委会经发部提供的数据整理而得。

(四)企业竞争力逐步提高

一是龙头企业数量明显增多。2024 年,贵溪经开区规模以上工业企业 221 家,其中营业收入超亿元的企业达 121 家。上榜“2024 年江西民营企业 100 强榜单”的企业有 12 家,入围“2024 年江西制造业民营企业 100 强榜单”的企业有 18 家。二是部分企业在国内市场的话语权逐步增强。如铜产业集群中的企业洪达的铜基自润滑轴承、凯安的伽马线、毅鹏的铜及铜合金微细线智能加工设备等产品为代表的技术全国先进,获国家科技进步奖二等奖 1 项。铜产业集群主持制定 3 个国家标准、2 个行业标准、7 个团体标准。三是企业专业化、精细化、特色化步伐加快。截至 2024 年底,贵溪经开区国家级专精特新“小巨人”企业 12 家,省级专精特新企业 79 家(见表 4)。

表4 2022—2024年贵溪经开区企业发展实力指标情况

指标类别	2022年		2023年		2024年	
	统计指标数据	同比增长（%）	统计指标数据	同比增长（%）	统计指标数据	同比增长（%）
有效期内高新技术企业（家）	70	6.1	74	5.7	88	18.9
国家级专精特新“小巨人”企业(家)	10	11.1	11	10	12	9.1
省级专精特新企业(家)	23	—	51	121.7	79	54.9
规模以上工业企业(家)	175	16.7	195	11.4	221	11.3
营业收入超亿元企业（家）	98	7.7	108	10.2	121	12.0

数据来源:根据贵溪经开区管委会经发部提供的数据整理而得。

(五)开放型经济提质增效

一是开放平台持续扩能提质。鹰潭国际陆港于2022年5月投入运营以来,坚持边建设边发展,通过搭平台、建枢纽、畅通道,口岸业务及贸易事业实现了从零到有,并高速发展的良好成绩。2024年,陆港集装箱货物吞吐量完成24892标箱,同比增长32.3%;货重33.6万吨,同比增长53.8%;货值41.46亿元,同比增长20.8%;进出口贸易额35.1亿元,同比增长80%;国内贸易额262.5亿元,同比增长121.5%。二是企业物流费用明显降低。宁波、厦门、江阴、大西南、广东方向铁路运输费用取得南昌铁路公司运费下浮优惠,运费下浮涉及24个大品类,29个国内一线铁路站点。再生金属原料目的地智慧检验监管试点通过提高通关效率、减少查验、掏箱、返空、滞箱等费用,综合降低企业成本约100元/吨。三是物流时效显著提升。宁波北仑港站至贵溪北站的运输时效从72小时降低到24小时,厦门港、江阴港的运输时效也得到有效提升。再生金属原料目的地智慧检验监管试点以来,进口再生铜原料从进境到进厂的运输周期从原来的7至10天压缩到2至3天。

三、经验与启示

(一)立足资源禀赋选准产业赛道,夯实园区升级的产业"硬支持"

一是持续深耕铜产业赛道。多年来,贵溪经开区始终咬定铜产业这个主导产业,久久为功,不断加强产业集群建设,加快推进延链、补链、强链,从最初江铜一家铜企业,发展到目前规模以上铜加工企业142家,企业实现由少到多、产业由小到大。铜产品全球覆盖率已超过80%,首位产业集聚度高达96.7%,贵溪铜产在全球市场上已经占据举足轻重的地位。已形成了独具特色的铜产业体系,涵盖铜原料、铜冶炼、铜加工、铜贸易、铜研发、铜检测、铜文化以及铜制品等"八位一体"的全方位产业链。二是重点打造铜产业集群。铜产业集群兴起于2006年,2012年被认定为省级重点产业集群。集群先后引进兴成铜业、新越集团、力博集团等龙头骨干企业,重点发展以电解铜、铜棒、铜板带为代表的主导产品,形成了从废杂铜到电线电缆等链条较完备的产业体系。铜产业集群基本形成产业上中下游相对完整的产业链条,主要分布在铜冶炼、铜熔炼、铜精深加工等领域,在铜熔炼细分领域位居行业前列,集群上游铜冶炼聚集了丰茂铜业、中星铜业、鑫发实业等龙头企业,中游熔炼集聚了正发铜业、中南铜业等骨干企业,下游铜精深加工汇聚了三花自控、兴成铜业、力博科诚等优势企业。

(二)坚持向"新"而行,以新质生产力推动传统优势产业"发新芽"

一是始终坚持以科技创新引领开发区新质生产力发展。贵溪经开区重视技术创新,成为新质生产力发展的核心动力,在创新中提升产业竞争力。通过优化创新环境、培育创新主体、转化创新成果、加强人才引育等措施,持续提升创新能力,为经济社会高质量发展提供有力的科技支撑。二是引领企业数字化转型升级,以数字赋能加快智能化升级提升核心竞争力。贵溪经开区按照重点打造、整体推进的工作思路和"小、快、轻、准"的数字化转型实施方案,先行先试、逐步推进对中小企业实施改造，形成可复制、可推广的试点经验，全面推动贵溪中小企业数字化转型。并结合政策引导、资金扶持等方式，鼓励企业采用自动化、智能化生产设备及工业软件。通过技术创新、政策扶持等多方面的努力，越来越多的企业正在加快推进数字化转型进程。三是追求绿色发展，大力发展绿色新质生产力。贵溪经开区始终坚持生态优先、绿色发展的理念，围绕铜基新材料产业，搭建循环化利用平台。通过引导企业利用绿色低碳的循环生产方式，对生产过程中产生的污水、废渣、烟尘等进行处理和合理利用，企业实现了低排放甚至零排放，走出了变“废”为“宝”的能耗少、污染低、效益高的绿色崛起之路。

（三）坚持开放思维，争当高水平对内对外开放的先行者

一是把“招大引强”作为提高铜基新材料产业集群发展水平的关键一招。一方面，通过绘制铜产业地图，组建专业法律团队、尽调团队、股权投资基金团队和4支工业招商小分队，定期开展铜产业专题推介对接活动。市党政主要领导每月至少两次带队外出招商，紧盯全国67家铜产业链主以及147家新能源和电子信息产业用铜头部企业，按照“上下扩张、两头延伸”的思路，坚持引资、引技、引智并举。重点围绕“高端铜材加工及其高端应用”等11个产业链条，开展目标化、清单化精准招商，着力招引电子高性能电解铜箔、压延铜箔、引线框架铜带等领域一批高端铜材精深加工龙头企业，主动承接长三角、粤港澳大湾区等地产业梯度转移，推动铜产业集群发展，全方位补齐产业链条。另一方面，引导重点企业有计划、有目标地与行业龙头、知名民企强强联合，以商引商。瞄准铜产业链缺链、弱链、短链环节，通过“招大引强”促进铜产业链上下游协同发展。二是把提升开放平台的辐射力带动力作为加快铜产品走出去步伐、提升国内外市场话语权的重要手段。通过抢抓江西内陆开放型经济试验区机遇，建设一流国际内陆港，打造世界铜原料集散中心，进一步优化铜加工企业原料运输结构，有效降低物流成本，提高企业产品质量与竞争力。作为连接内陆与沿海、辐射全国的重要物流枢纽，鹰潭国际陆港聚焦铜贸易发展，通过建设国际陆港铁路货运枢纽、中部地区有色金属交易中心、再生金属现货交易市场及产业加工区等，形成“四位一体”线上线下铜贸易体系，逐步打造成集进出口贸易、加工、保税、铜现货交割、供应链金融为一体的铜原料储备、集散、消费地。

（四）注重激发企业发展内生动力，发挥企业在产业升级中的主体作用

一是坚持扶优扶强培育龙头。通过加大对江铜股份有限公司等龙头企业的扶持力度，鼓励其借助兼并重组、战略合作等方式，整合铜产业链上下游的各类资源，提升企业的规模和竞争力，带动整个集群的发展。二是引导企业产品创新。如推动中易高精、云盛新材料等铜加工企业向高端化、精细化、多元化方向发展，开发高附加值的铜基新材料产品，提升产业链附加值。三是支持企业技改扩能增产。支持一批铜基新材料企业通过技术改造、扩大生产规模等方式，提高产能和产量，满足市场需求。四是强化企业科技创新主体地位。通过鼓励引导高校、科研院所和企业合力开展科研攻关，促进各类创新要素向企业集聚，形成以企业为主体、市场为导向、产学研深度融合的创新体系，让企业真正成为科技创新的“出题人”“答题人”“阅卷人”。

（五）做好深化改革文章，以体制机制改革拓展园区发展增量空间

一是坚持高位推动，强化组织领导。贵溪经开区以优化整合为契机，深入实行“政区合一”和“一区多园”运行模式，构建政、区协同高效的机构职能体系，推动政、区工作联动互通。园区管理运营体制的不断健全完善，是贵溪经开区高质量发展的重要保障。二是实施差异化的人事薪酬分配体系，引导干部担当作为、干事创业。贵溪经开区通过人事制度改革，将干部的薪酬与开发区核心工作直接挂钩，不仅激发了干部干事创业的积极性，也带动了开发区的行政效能的提升。三是打造一流营商环境，不断增进企业的获得感和满意度。贵溪经开区持续优化营商环境，诚心为企业解难题。通过打造更加高效便捷的政务环境，推进线下办事“只进一门”、线上办事“一网通办”，持续降低制度性交易成本和生产要素成本，让企业办事更加便捷高效，为企业安心经营、放心投资、专心创业提供优质的“土壤”。

参考文献

潘磊:《2025 年贵溪市政府工作报告——2025 年 1 月 9 日在贵溪市第七届人民代表大会第六次会议上》,http://www.guixi.gov.cn/art/2025/3/3/art_10836_1454921.html,2025 年 3 月 3 日。

贵溪市工信局:《贵溪市工信局 2024 年工作总结》,http://www.guixi.gov.cn/art/2025/4/11/art_6871_1473529.html,2025 年 4 月 22 日。

以科技创新赋能县域经济振兴发展

——基于信丰县的调研

江西省社科院课题组*

摘要： 党的十八大以来，习近平总书记多次强调要以科技创新开辟发展新领域新赛道、塑造发展新动能新优势。近年来，信丰县坚持以习近平新时代中国特色社会主义思想为指导，深入贯彻落实习近平总书记关于科技创新的重要论述和在江西考察时的重要讲话精神，创新作为、科学谋划，实施科技创新赋能行动，着力打造赣南科创核心增长极，助力科技创新赋能革命老区振兴发展作用不断增强。展望未来，建议信丰县从科技制度创新、多元合作、科创平台优化、成果产业化、数字赋能、服务优化等方面多措并举，高质量推动县域科技创新发展。

关键词： 科技创新　革命老区　振兴发展

党的十八大以来，习近平总书记多次强调要以科技创新开辟发展新领域新赛道、塑造发展新动能新优势。近年来，信丰县围绕高质量推进国家级创新型县（市）建设目标，实施科技创新赋能行动，着力打造赣南科创核心增长极，助力科技创新赋能县域振兴发展成效明显，其可复制、可推广的经验对全省具有启示借鉴意义。

* 课题组组长：龙晓柏，江西省社会科学院经济研究所副所长、研究员，研究方向为世界经济、国民经济。课题组成员：卢小祁，江西省社会科学院经济研究所副研究员，研究方向为区域经济、财政学；刘英，江西省社会科学院经济研究所助理研究员，研究方向为区域经济、数量统计；袁骏，江西省社会科学院经济研究所助理研究员，研究方向为区域经济。

一、信丰县以科技创新赋能县域振兴发展的做法与成效

（一）加强统筹规划，以制度创新塑造县域科技创新生态

信丰县围绕国家级创新型县（市）建设目标，从规划引领着手，高位推动科技创新，因时因势精准施策，优化支持性举措。统筹构建定位清晰、层次分明、有机衔接的以企业为主体的县域科创平台体系。先后印发了《信丰县推进国家创新型县建设三年（2023—2025 年）行动方案》《信丰县推进国家创新型县建设若干支持政策（试行）》等多个政策文件，接续出台了人才住房、人才脐橙庄园、人才驿站等配套项目建设以及人才绿卡、人才 10 条等一系列利好政策，为县域科技创新擘画行动蓝图，营造有利于县域科技创新的良好生态。

（二）强化科技赋能，推动制造业向“新”集群链式发展

信丰县以科技赋能引领培育新质生产力，加速构建具有信丰特色的现代化制造业体系。2024 年，全县规模以上工业增加值同比增长 16.4%，居全市一类县第 2 位。全县工业企业新产品销售收入保持稳健增长势头（见图 1）。一是围绕电子信息、高端装备制造、新能源三个新兴制造业主赛道，扎实推动产业链提档升级。电子信息产业从原来传统元器件组装代加工，到现在上游高附加值材料、装备生产，实现链群化、高端化、智能化、绿色化发展。绿色 PCB 从原来单双面为主到现在高多层、软硬结合板、HDI 等高附加值产品，被授予“中国电子电路产业发展核心区”。信丰县已被列为 2024 年度江西特色装备制造产业试验区之一，高端装备制造业初步构建从切割、钣金、机加、电机、显示、控制到系统开发和集成的全产业链。新能源产业从方兴未艾到实现多点开花。2024 年电子信息、高端装备制造、新能源产业实现营收分别同比增长 14.9%、47%、7.9%。二是工业技改升级深入推进，企业发展积蓄新动能。“十四五”以来信丰县深化供给侧结构性改革，加快新旧动能转换，技改创新投入持续加大（见表 1）。2024 年，工业技改投资占工业投资比重 32.8%，位列赣州市一类县第二。以海螺水泥为代表的传统建材产业占工业产值比重由 2020 年的 20% 下降到 2024 年的 6%，同时大族、中科微至、绿萌

等30余家科技型企业完成了技改升级、增资扩产。三是“筑巢引凤”,高新区成为制造业创新发展领头羊。信丰高新区作为省级高新开发区,主动搭建“融湾”开放合作桥梁,引进和培育30余家上市企业,集聚制造创新要素,日益成为全县战略性新兴产业发展的主战场。近年来,高新区工业企业营业收入、利润总额等指标在赣州市开发区(园区)始终保持在第一方阵。2024年,园区规模以上企业研发费用合计8.69亿元,研发费用投入占全县比重为89.94%。园区有效期内高新技术企业由2020年的77家增加到2024年的104家,新增入库科技型中小型企业由2020年的55家增加到2024年的166家。

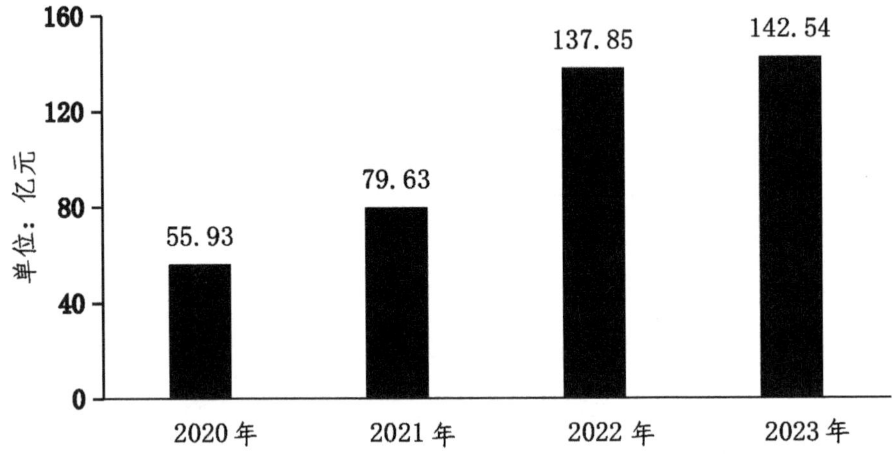

图1　信丰县企业新产品销售收入增长情况

数据来源:江西省统计局。

表1　信丰县按建设性质分固定资产投资情况

年份	改建和技术改造投资占固定资产投资比重(%)		改建和技术改造类的固定资产投资增速(%)	
	信丰县	赣州市	信丰县	赣州市
2020	31.9	19.3	86.2	97.1

续表：

年份	改建和技术改造投资占固定资产投资比重(%)		改建和技术改造类的固定资产投资增速(%)	
	信丰县	赣州市	信丰县	赣州市
2021	20.2	22.5	-19.9	30.4
2022	21.4	16.1	27.8	16.1
2023	18.5	12.9	23.0	-16.8

数据来源:《赣州市统计年鉴》。

(三)发挥“三池”效能,以成果转化破解发展瓶颈

积极发挥“三池”效能,助力破解县域科技成果产业化应用发展瓶颈。一是释放创新主体培育池活力。营造良好的科技创新氛围,科技型中小企业和有效期内高企数不断增长。2024 年,中能实业获评国家级专精特新“小巨人”、省级智能制造标杆企业;新增 11 家省级专精特新中小企业,累计认定数达 120 家;迅捷兴被评为省级工业设计中心;一创、世嘉被认定为省级企业技术中心;朝阳聚声泰获评省级绿色工厂。二是加快构建创新平台孵化池。立足高新技术产业科研基础和创新发展需求,支持企业自建或联合省内外高校院所申报创建重点实验室、工程技术研究中心等各类创新平台。国家级、省级、市级平台分别由 2020 年的 5 家、23 家、33 家增加至 2024 年的 7 家、43 家、74 家。绿萌先后获批国家企业技术中心、国家工业设计中心、国家级博士后科研工作站,聚声泰获批国家企业技术中心。江西同益高分子材料公司院士工作站是 2024 年认定的赣州市工业企业中唯一的省级院士工作站。三是积极打造科技成果创新与转化池。针对性鼓励和支持企业开发或运用新技术、新产品、新材料,开展技术成果登记。推荐创新型企业申报省级以上科技奖评选,近三年,正天伟、绿萌、麦帝施等企业获评省级科技进步奖共 5 项。2022 年获批省级“揭榜挂帅”项目 4 个(全市 6 个),2023 年获批市“揭榜挂帅”项目 1 个(全市 5 个)。

(四)促进"三链"衔接,以要素融合推动产业升级

为全面推动产业转型升级,信丰县积极探索,推动创新链、产业链、资金链有机衔接,加快产业基础高级化和产业链现代化。一是围绕产业链部署创新链。信丰县紧紧围绕电子信息、高端装备制造、新能源三个主赛道,推动龙头造链、项目补链、业态延链,依托"链主"企业带动创新资源向产业链高端集聚,扎实推动产业链提档升级。全社会研发投入强度由2020年的1.91%提升至2023年的2.09%,远高于全省1.88%、全市1.81%的平均水平。2023年、2024年分别认定科技领军入库企业、高成长性科技型企业9家、5家,居赣州全市前列。各类创新主体呈现井喷式发展和强劲增长后劲,像信丰正天伟电子科技有限公司研发中心这样的平台,如雨后春笋一般,在信丰竞相生长。二是围绕创新链完善资金链。信丰县重点围绕科技创新赋能驱动发展战略,增强企业创新能力,加快科技创新赋能创业平台载体建设,构建科技创新赋能创业多元化投入机制。县财政每年安排亿元以上科技创新和人才工作专项资金,主要用于奖励各类创新主体和先进典型,以及主体培育、平台搭建、技术攻关、人才培引、成果转化、金融合作等惠企政策兑现,充分激发企业创新动力。2024年,科学技术支出达2.77亿元,占一般公共预算支出的4.00%,支出结构不断优化。

(五)深入推动"数字+",推动实体产业数字化转型

大力推动"现有产业未来化""未来技术产业化",加快传统数字经济与实体产业深度融合,培育新质生产力。一是加快推进制造业数字化转型。实施"2+1+N"①政策举措。数字化转型服务平台正式上线,通过服务券申领、发放、兑现等全流程平台支撑,有效推动企业开展智改数转。规模以上企业入企诊断实现全覆盖,"以诊促改"推动158家企业实施数字化改造。2024年,江西省印制线路板行业数字化转型促进中心申报了第二批省级数字化转型促进中心。赣州市科技成果转化中心信丰电子信息分中心揭牌成立。二是推动数字化赋能农业高质量发展。一方面,以"数字农业"理念赋能优化农业产业体系、生产

① "2+1+N"指出台2个文件,组建1个中心,上线若干个数字化解决方案和激励产品。

体系、经营体系，做深做实“土特产”文章，不断做大做优“1＋3＋N”产业体系①。数字赋能建设国家蔬菜质量标准中心赣州分中心、粤港澳大湾区“菜篮子”产品赣州配送分中心、现代化育苗中心、赣南蔬菜配套产业园。另一方面，围绕信丰县果蔬特色深加工产业，打造一批农产品加工数字化标杆企业。如绿萌科技股份有限公司20多年来专注细分领域“小技术”，数字化工厂生产效能持续提升，获批国家企业技术中心等4项国家级荣誉，获评省级制造业单项冠军、赣州市重点产业链“链主”企业，其产品已深耕海外市场。

（六）拓展开放合作，持续释放协同创新效应

遵循“引进来”“走出去”的思路，以开放合作赋能县域科技创新。一是坚持科技合作，集聚协同创新资源。信丰县紧紧围绕电子信息首位产业以及三大细分领域，指导规模以上工业企业组建研发团队、成立研发机构、落实研发经费等，指导、培育企业组建科技创新平台、载体，加速科研新成果转化。积极推动深圳产业园、科创（赣州）未来小镇、创智谷建设，企业自主建设的创新平台也是研发主力军。绿萌、聚声泰等10余家企业“走出去”，在北上广深等发达城市设立“科创飞地”，形成了“研发在深圳、生产在信丰，孵化在深圳、加速在信丰”的良好效应。二是不断深化校企合作，搭建协同创新平台。信丰县持续深化校企合作，鼓励企业与高校、科研机构共研科技项目，提升企业的核心竞争力，推动园区企业与电子科技大学、华南理工大学、南昌航空大学等高校合作，校企共建产学研平台12个，合作申报项目30余个。与中柑所、华中农大等科研院校签署战略合作协议，从高校院所选派15名专家教授组建林木团、果业团等，开展技术服务60余批次。

（七）创新引培机制，打造县域产业人才集聚高地

为广泛集聚县域产业人才，信丰县积极探索产业人才新型引培体制机制。一是率先在全省探索“科技副总”柔性引才机制。截至2024年，信丰县完成四

---

① “1＋3＋N”产业体系：“1”指粮油产业，“3”指脐橙、蔬菜、生猪三大主导产业，“N”指有信丰特色的甜玉米、萝卜、草菇、红瓜子、中药材等N个特色产业。

批"科技副总"聘任,共引进来自电子科大、华南理工等高校科研院所的数十位位博士、副教授级别以上的专家兼任企业"科技副总"。2024 年入选省、市级"科技副总"专项计划企业各 8 家,兑现引进高新人才奖补资金 612.28 万元。科技副总帮助指导企业建立研发团队 45 个,累计实施合作项目 235 个,转化成果 186 项,荣获江西省科技进步奖 3 项,直接为企业创造经济效益 6.96 亿元。二是加力培养技能型人才群体。江西理工大学电子信息产业学院、赣南师范大学脐橙现代产业学院落地信丰。立足电子信息首位产业需求,在中国电子电路行业协会 CPCA 信丰学院、新阳技工学校、信丰中专设立电子信息"订单班",高等教育和职业教育为当地提供不同层次人才。

(八)坚持"多元"宣传,以创新之声构筑良好生态

为推动形成立体多样的创新宣传矩阵,充分发挥宣传引导作用,信丰县不断融合各方力量和宣传载体,构建全方位、多层次的宣传格局,营造全社会共同关注、支持、参与科技创新的良好生态。一是广宣政策法规,厚植知产氛围。积极开展"426 知识产权宣传周"与"入园惠企"活动,综合运用举办专题讲座、发放宣传资料、现场答疑等多样化形式,广泛宣传知识产权相关政策法规。通过这些活动,不仅有效提高了企业和群众对知识产权的认知度与重视程度,还成功营造出良好的知识产权保护氛围,为知识产权工作的开展奠定了坚实的社会基础。二是善用媒体力量,传播工作成果。注重及时总结县域知识产权工作中的成功经验与典型案例,并积极与媒体沟通合作,进行广泛的新闻报道。如《专利转化来搭台 企业发展唱好戏》等多篇报道在《中国知识产权报》等国家级、省级以上媒体平台刊发。借助媒体的传播力与影响力,展示信丰知识产权工作亮点与成效,显著提升了信丰在该领域的影响力,吸引了更多资源汇聚。

二、信丰县以科技创新赋能县域振兴发展存在的主要瓶颈

(一)高端人才供需失衡,创新"智力引擎"有待提升

信丰县虽然通过产学研合作等方式引进了一些高层次人才,总体来看,依

然存在高端人才不全面、中端人才不广泛等瓶颈。由于地处内陆，经济发展水平相对较低，在吸引人才方面与发达地区相比缺乏竞争力。为此企业只能选择将研发中心设立在北京、上海、广州、深圳等大城市，将信丰作为生产基地，本土型企业科技创新人才总量不足矛盾突出。人才的短缺导致企业在关键技术研发、创新成果转化等方面进展缓慢，制约了科技创新的发展。

（二）科技研发投入不足，创新“资金血脉”有待畅通

企业作为创新的主体，研发投入积极性有待进一步提高。部分企业受传统观念影响，对科技创新的重视程度不够，缺乏长期的研发投入规划。同时，由于市场竞争激烈、企业融资困难等因素，企业在研发资金投入上相对谨慎。从表2看出，2022—2023年，信丰县规模以上工业企业研发投入规模保持在赣州全市第三位，然而研发投入占规模以上工业营业收入的比重虽然高于全市平均水平，但只居于赣州全市中等位置。此外，多元化的科技投入机制尚未完善，社会资本参与科技创新的积极性不高。2023年，信丰县全社会研发投入强度为2.09%，离全国平均水平（2.64%）和发达地区的水平仍有较大差距。

表2　2022年、2023年赣州市各县（市、区）规模以上工业企业营业收入和研发投入情况

县（市、区）	2022年			2023年		
	营业收入（亿元）	研发费用（亿元）	研发费用占比（%）	营业收入（亿元）	研发费用（亿元）	研发费用占比（%）
赣州市	4817.51	95.69	1.99	5022.10	100.85	2.01
信丰县	316.52	8.05	2.54	321.72	7.70	2.39
章贡区	401.30	11.87	2.96	409.94	11.69	2.85
南康区	461.58	7.95	1.72	538.76	7.40	1.37
赣县区	357.78	5.64	1.58	397.40	5.18	1.30
大余县	186.91	3.17	1.70	198.03	3.34	1.69
上犹县	159.67	4.27	2.67	183.24	4.63	2.53

续表:

县(市、区)	2022 年			2023 年		
	营业收入(亿元)	研发费用(亿元)	研发费用占比(%)	营业收入(亿元)	研发费用(亿元)	研发费用占比(%)
崇义县	124.98	2.31	1.85	143.10	2.41	1.68
安远县	70.18	2.23	3.18	93.63	2.28	2.44
定南县	146.68	3.15	2.15	135.03	3.05	2.26
全南县	102.13	2.69	2.64	107.19	2.66	2.48
宁都县	75.69	0.97	1.28	70.41	2.53	3.59
于都县	166.80	2.85	1.71	187.35	3.27	1.75
兴国县	86.12	2.37	2.75	103.78	3.10	2.98
会昌县	149.87	3.65	2.43	128.79	3.43	2.66
寻乌县	102.39	2.65	2.59	111.96	3.03	2.71
石城县	101.62	2.02	1.99	106.65	2.02	1.89
瑞金市	228.34	3.68	1.61	273.84	6.81	2.49
龙南市	416.47	8.75	2.10	440.36	8.97	2.04

数据来源:《赣州市统计年鉴》(2023 年、2024 年)。

(三)成果转化能力薄弱,创新"平台建设"有待加强

创新资源共享机制不够完善,研究开发、成果转化、平台搭建、资源聚集、项目落地等科技成果转移转化体系化建设尚没有形成合力,科研平台与企业联结不够紧密,对外沟通和交流不足,造成科研成果产出有"痛点",发挥作用不明显。信丰县国家级平台、载体基本为农业类,工业类到 2023 年才首次破零。政府所属科研机构目前仅有 3 家(赣州市蔬菜质量标准中心、信丰县林木良种场、江西省林业实验中心),均为农业类,工业类的还没有。

（四）服务体系不够健全，创新“生态环境”有待优化

目前，信丰县的科技创新服务体系还不够完善。科技中介服务机构数量较少，且服务能力和水平参差不齐。在技术评估、成果交易、知识产权保护等方面，服务质量难以满足企业需求。公共创新服务平台的功能也有待进一步拓展，服务效率有待提高。例如，部分企业在申请专利过程中，由于缺乏专业的指导，申请周期较长，影响了企业的创新积极性。企业研发意识、研发体系构建仍需加强。每万人有效发明专利拥有量与全省平均水平差距明显。2024 年，全县有效发明专利 433 件，每万人拥有量仅 6.46 件，凸显在知识产权普及程度与创新活跃度方面尚需提升，反映出整体创新生态建设有待进一步加强。

三、基于信丰县实践经验的启示与建议

（一）优化科技创新体制，提升县域创新服务能力

全省层面加强统筹支持和政策指导，鼓励创新型县（市）建设县在科技管理体制、构建创新基地和研发平台、技术创新专项、人才支持计划等重点环节先行先试。支持创新型县（市）建设县的先进创新工作经验做法上升为省级政策，在全省推广应用。面向县域一线，深入实施科技公共服务能力大提升工程，通过组织集中培训、实地研学等形式，大力提升县域科技管理人员的服务能力。

（二）聚焦县域优势产业，推动县域产业“向新”发展

一是科技创新引领县域优势产业高质量发展。立足县域优势产业资源，通过实施重点科技研发专项等，支持企业制造技术全链条改造，推广应用物联网、智能绿色制造等产业关键新技术，促进产业链向中高端延伸。二是大力培育创新型企业群体。大力推进县域高新技术培育工作，建立高新技术企业、科技型中小企业后备企业库，对入库企业开展重点辅导和培训。设立县域高新技术企业、科技型中小企业技术创新计划支持项目。加强对科技型中小企业和初创型企业创新的支持，培育一批掌握行业专精特新技术的“单打冠军”、科技“小巨人”企业。

(三)优化科创转化机制,提高县域创新转化能力

县域在科技创新链条上处于应用开发、成果转化、技术推广等中后端,对象主要是企业和产业。因此,创新型县(市)应着力提高县域科技成果创新转化产出效率。一是打造科技成果转化基地和项目库。在工业园区建设科技成果转化基地,吸引高校、科研院所成果入驻转化,提供场地租金减免、设备共享等支持,降低转化成本。同时定期征集高校、科研院所的优质科技成果,编制《江西县域"十五五"科技成果转化目录》,向企业精准推送,促进科技成果的有效转化。二是实施"首单采购"制度。对首次投向市场的科技成果转化产品,政府优先采购,帮助企业打开市场。三是建立成果转化容错机制。对科技成果转化过程中因不可预见因素导致失败的项目,经评估后可免除相关责任,鼓励大胆创新。

(四)建设公共创新平台,增强县域科创协同效应

一是建设大型科研基础公共平台。争取国家、省级重大科技基础设施在县域布局,围绕县域特色产业建设,如电子信息技术、新材料等公共技术服务平台。推动县域加快搭建创新创业载体平台,引导各类中央、省、市级创新平台在县(市、区)建立产学研合作基地,促进创新资源下沉到县域。同时开放共享科研资源。推动高校、科研院所的实验室、大型仪器向社会开放,建立资源共享激励机制,按服务绩效给予补贴。二是建设产业公共技术研究院。聚焦县域主导产业链,建设如电子信息、稀土新材料、特色农加工等产业技术研究院,提供中试熟化、技术验证等服务,帮助科技成果从实验室走向市场。为了确保产业技术研究院的高效运营,鼓励县级层面可以引入第三方专业机构进行运营。同时,给予运营补贴和绩效奖励,提高运营机构的积极性。三是搭建公共科创飞地。结合县域产业类型、企业需求等,以更大力度在科技创新资源密集的发达地区建立公共科创飞地,以实现对本县域企业创新发展的强有力支撑作用。县域要结合科创飞地的建设,尽早搭建从科技创新孵化到产业化的链式服务平台,以实现科技创新成果在县域的"反向"落地生根,增强县域开放协同创新效

应,带动县域高质量发展。

(五)强化科技研发投入,构建多元化科创资金体系

县域应在公共投资和企业融资两个方面要加大科技投入,支持创新驱动发展,实现科技资源的最优配置。一是设立科技创新引导基金。县级政府可以出资设立科技创新引导基金,重点投向种子期、初创期科技型企业,通过基金引导支持科技型企业度过发展的瓶颈期。设立县级科技创新专项资金,每年按一定比例递增,重点支持企业研发、平台建设、成果转化等。对高新技术企业、科技型中小企业给予研发费用补贴,降低企业研发成本。引入社会资本参与,采用"政府+市场"双轮驱动模式,放大财政资金杠杆效应,增加科技投入的总规模。二是拓宽科创融资渠道。建立健全县域科技金融市场机制,使得多个层次的资本能够规范有保障地进出县域科创市场,为科技金融的发展注入资金活力。与金融机构合作推出"科创贷""知识产权质押贷"等金融产品,降低企业融资成本。建立科技型企业上市培育库,对符合条件的企业给予上市辅导补贴。通过帮助企业上市,拓宽企业的融资渠道,提高企业的知名度和竞争力。三是创新激励性融资模式。鼓励耐心资本下沉到县域层面,充分发挥耐心资本的资金配置功能,为县域内的优质创新项目提供资金支持从而逐渐发展出可持续的创新能力。通过完善中小企业股权交易功能以及推动股权债权相结合的融资方式,激活县域科技型中小企业创新活动。

(六)实施"靶向引育"计划,打造创新人才"强磁场"

一是拓展柔性引才渠道。深入推行"科技副总""科技特派员"等制度。探索"候鸟型"专家引进模式,与北京、上海等地高校、科研院所合作,建立"周末专家""假期工程师"制度,吸引高端人才短期服务,如技术指导、项目合作等。利用现代信息技术,搭建"云上人才工作站",实现偏远县远程协作和在线指导。二是建立需求导向的人才引进机制。可针对县域优势产业、战略性新兴产业绘制"产业人才图谱",清晰标注出各个产业领域的人才缺口,包括高端人才和中端技能人才的缺口领域和具体要求。设立专项引才基金,对引进的国家级领军

人才、博士等高层次人才给予住房补贴、子女教育保障等“一站式”政策包,增强对高端人才的吸引力。三是统筹培育本土人才。推动本地职业院校与龙头企业共建现代产业学院,联合开发课程、制定培养方案,定向培养技术工人和管理人才。围绕县域特色产业建设产业创新人才培育示范基地,实施“订单式”人才培养计划,培育一批新型职业农民和农村实用人才。

(七)优化创新保障体系,营造一流县域创新生态

一是完善科技中介服务生态。积极引进培育专业服务机构。吸引国内外知名科技中介服务机构落户县域,对入驻机构给予租房补贴、人才引进奖励。扶持本地科技中介服务机构发展,对获得国家级、省级、地市级资质认定的机构给予一次性奖励。提升服务质量水平,开展科技中介服务“星级评定”,对服务质量高、企业满意度好的机构给予政府购买服务优先权。建立科技中介服务线上平台,提供技术评估、成果交易、知识产权保护等“一站式”服务。二是加强知识产权保护与应用。积极与国家知识产权局、省知识产权保护中心沟通合作,建立县域专利快速审查、快速确权、快速维权“绿色通道”。实施知识产权强企战略,优化知识产权强企激励机制,对获得中国专利金奖、省专利奖的企业给予重奖。建立知识产权运营基金,推动专利产业化,对成功转化的专利给予转化方和受让方双向补贴。三是营造创新创业文化氛围。支持县域定期举办创新创业大赛,对获奖项目给予创业扶持资金、办公场地等支持。加强科普宣传。开展“科技活动周”“科普进校园”等活动,提高公众科学素养。制作县域科技创新宣传片,在主流媒体和新媒体平台推广,提升城市创新品牌形象。

参考文献

李德伟:《政府工作报告——2025 年 1 月 7 日在信丰县第十九届人民代表大会第五次会议上》,信丰县人民政府官方网站,2025 年 1 月 9 日。

蒙昱竹、郝振龙、王雪:《区域创新能力的时空演变、驱动因素与动力升级——以贵州县域为例》,《科技管理研究》,2024 年第 15 期。

王丹、赵新力、韩翔宇:《农业科技现代化背景下县域农业创新生态系统的

理论框架与建设思路》,《农业经济问题》,2024 年第 5 期。

范欲晓、黄钟晨、云昭洁:《科技支撑产业类创新型县(市)建设模式——基于湖北国家级创新型县(市)的案例分析》,《科技管理研究》,2023 年第 20 期。

彭静:《宁波市县域创新能力的指标比较及相关建议》,《宁波经济(三江论坛)》,2024 年第 11 期。

章迪平、张家辉:《科技金融对县域高质量发展的驱动效应——以浙江山区 26 县为例》,《科技管理研究》,2023 年第 17 期。

董克勤、邹小伟、张玲颖:《国家创新型县(市)创新效率测度变化及影响因素研究》,《科技进步与对策》,2021 年第 23 期。

廉军伟、曾刚:《科创飞地嵌入区域协同创新网络的运行机理——以浙江新昌县为例》,《科技管理研究》,2021 年第 16 期。

汪永生、李桂君、李玉龙:《国家首批创新型县(市)的科技创新效率评价》,《统计与决策》,2021 年第 6 期。

创新生态修复与文化旅游深度融合的模式

——基于上饶望仙谷的典型调查

余永华*

摘要：在"绿水青山就是金山银山"理念的指引下，生态修复与文化旅游的深度融合已成为推动区域可持续发展的重要范式。生态修复不仅能够恢复自然景观功能，更能通过历史文脉挖掘、生态教育植入与在地文化活化，重塑区域文化吸引力；而文化旅游则通过市场需求反哺生态保护，形成"以旅养治"的良性循环。本文基于上饶望仙谷的典型调查分析，探讨望仙谷创新生态修复与文化旅游深度融合的成效和主要做法，同时借鉴省外其他地区的先进经验，提出构建可持续的"生态—经济"循环系统、"以生态筑基、以文化续魂、以产业造血"的联动模式、"政府—企业—村民"利益共同体、"政策—市场—科技"协同机制和"风险防控—动态优化—长效共赢"机制等五个方面的重要启示。

关键词：生态修复　文化旅游　望仙谷

习近平总书记指出，绿水青山就是金山银山，改善生态环境就是发展生产力。良好生态本身蕴含着无穷的经济价值，能够源源不断地创造综合效益，实现经济社会可持续发展。上饶望仙谷作为"石材之乡"，花岗岩储量丰富，但石

注：本文是江西省社会科学规划一般项目"鄱阳湖流域山水林田湖草系统统筹治理机制研究"成果，项目编号：18YJ04。

*余永华，江西省社会科学院经济研究所副研究员，博士，研究方向为区域经济。

材的开采、加工给当地造成了生态退化、地灾隐患等生态环境问题。为了扭转生态环境日益恶化的局面，实现“绿水青山”向“金山银山”的价值转换，上饶望仙谷通过“山水林田”协同修复，将“地质 + 生态”领域的关键治理技术有效运用到“自然恢复 + 工程治理 + 长效管理”中，秉持着“复原乡村建筑，复活乡村生活，复兴乡村经济”的取向，大力推进矿山复绿复垦、生态重塑，蹚出了一条大力发展“生态修复 + 文旅”新业态、努力探索出生态旅游“两山”转化的新路径。

一、创新生态修复与文化旅游深度融合的主要成效

（一）筑牢生态屏障，提升生态效益

望仙谷全面推进废弃矿山生态修复、森林质量提升、湿地生态系统提升等重点工程。一期规划用地 600 余亩，通过植树种草（70.69 亩）、清运废石（19.98 万立方米）、回填矿坑（1.19 万立方米）、清理河道（3.5 千米）等措施，让裸露山体重新披上绿衣，有效改善了当地生态环境。通过全面加强节水、节地型社会建设，有效应对土地的闲置和低效利用，引进太阳能、水电等各种不同的绿色低碳能源，促进当地生态文明建设。望仙谷从废弃矿山变身为峡谷清幽、溪水欢腾的国家 4A 级旅游景区，生态效益凸显。现如今的望仙谷彻底改变了过去资源破坏型的发展模式，按照“产业生态化，生态产业化”的思路，深入践行绿色发展理念，找准了绿色发展道路，逐步打通了“绿水青山”和“金山银山”的双向转换通道。经过十几年对“两山”理念的实践与探索，望仙谷的天更蓝了、水更清了、山更绿了，生态群落得到了有效恢复，2024 年森林覆盖率达到 81%，水质为Ⅱ类水质，负氧离子达到 16999 个/立方厘米，为当地筑牢了绿色屏障。

（二）产业融合发展，提高经济效益

望仙谷的蓬勃兴起，不仅推动了当地特色农产品从田间地头走上游客的餐桌，更促进了一、二、三产业的融合发展，延长了产业链和价值链。在望仙谷周边地区，休闲农庄、山村民宿、观光园、采摘园、体验园、农家乐等农业新业态方兴未艾，仅望仙乡近年来就新增各类农业新业态经营主体 27 家。望仙谷自

2020年10月揭幕至2024年底,景区内营业店铺已超过130家,总营业额超过4000万元,其中传统酒坊和酱油坊年销售额达98.96万元。景区平均每年的客流量已超过180万人次,综合营业收入超过2.5亿元。沿景区周边的望仙村、华坛山镇及樟涧自然村依托自身的区位优势大力发展民宿及相关产业,民宿数量从开始的几家扩大到现在的700余家,床位数量也超过万余张,带动邻近文旅产业营业收入5亿元左右。望仙谷从废弃矿山转变成现在持续火爆的国家4A级旅游景区,实现了美丽生态向"美丽经济"的华丽转变。

(三)深挖文旅"富矿",增强社会效益

望仙谷生态修复,消除了采矿留下的地灾隐患,保障了当地村民的生命和财产安全。通过持续资金投入,望仙谷周边基础设施得到了提升,稳定的客流量为当地发展餐饮、民宿等服务业提供了基础。望仙谷的文旅平台建设,不仅直接带动村民再就业,而且吸引了村民返乡创业、能人进乡创业,进一步改善和保障了民生,促进了社会稳定。截至2024年底,长期在景区就业的当地村民达500余人,人均年增收入达4万元以上,临时参与景区开发建设的当地村民达1000余人,人均收入达3万元以上。此外,望仙谷的建设为当地村民提供直接就业岗位2000余个,带动周边村民就业3万余人,吸引返乡创业人数达1150人。通过打造民俗体验、古法作坊等传统文化产业,既让传统文化得到了传承,也推动了乡村振兴。

二、创新生态修复与文化旅游深度融合的主要做法

(一)坚持问题导向,创新生态修复模式

望仙谷聚焦山体水体保护、废弃矿山治理、植被护坡复绿等重点项目面临的困难和问题,探索出了一条独特的"生态修复+文旅"发展模式。通过回填土方、筑坝拦堤、涵养水源、栽植树木等方式,对受损山体进行全面综合整治,针对高陡山体和存有安全隐患的危岩,实施工程治理+自然复绿的应急措施,利用高陡山体先天性自然条件,在不破坏原始山体面貌的前提下修建民宿、高空栈

道等物理景观，实现人文景观和美化裸露山体的完美效果。对于其他不适应改造人为景观的地形地貌，则综合使用自然修复为主、人工加工为辅的模式构建生态野趣的自然景观。为解决治理资金难题，引入有修复意愿的九牛文旅集团作为修复治理主体，先后投入26亿元用于矿山生态修复及后续文旅产业发展。

（二）坚持市场开发，助推价值转化

为弘扬传承本土传统文化，望仙谷引进各项非遗手工艺作坊、文创店家、弋阳腔、木偶戏、板龙灯等各类民俗文化人文风情活动，营造浓郁的传统文化氛围。以本地出产的各种农产品为原材料，打造了红糖、酒、酱油、醋、油、年糕、豆腐、木竹、布染等多个传统农业手工作坊，在街道中汇聚具有本地浓郁特色的各类风味小吃，让游客在体验传统文化的同时品尝舌尖上的乡土美味。同时，带动周边村落发展乡村民宿，建立村落民宿统一管理体系，打造乡村特色旅游村，完善了农耕示范基地、乡俗文化广场等周边公共设施。

（三）坚持科学规划，因山就势导入产业

望仙谷花岗岩矿区地处灵山山脉，距上饶市区50千米，区位及地理优势明显。当地政府坚持科学规划引领，秉持“复原乡村建筑，复活乡村生活，复兴乡村经济”的发展理念，大力推进“拯救落寞乡村，再造新故乡计划”，以生态修复筑基、观光旅游搭台、民俗文化唱戏的方式推动生态环境改善、生态价值提升与经济社会协同发展。地方政府利用区域生态修复和产业定位，瞄准望仙谷景区的旅游龙头地位，打造集山水人文景观、休闲度假、漂流户外运动、健康美食、民俗体验、古法作坊、活动演绎于一体的新型文旅小镇，以此带动国家级旅游景区的创建。另外，因山而建、因势而建，因地制宜规划修复景观，并依托本土民情及文化打造文旅产品，将生态修复项目区的发展融入区域经济板块。通过生态修复项目建设及产业导入带动周边村民就业创业，打造生态修复项目辐射区经济共同体，探索了一条“绿了青山、红了产业、美了山村”的生态价值和经济价值双向转化之路。

三、创新生态修复与文化旅游深度融合的省外经验借鉴

(一)宁夏贺兰山东麓山水林田湖草生态保护

一是关闭退出矿山。全面实施贺兰山自然保护区内人类活动点退出治理,协同政府部门配套出台财政补助、价款退还、职工安置、验收销号等政策制度,为贺兰山整体保护、系统修复扫清障碍。二是开展矿山修复。通过渣台削坡降级、采坑回填、土地平整、坡面覆土等措施,因地制宜开展矿山治理,恢复矿山损毁土地,减少水土流失;通过矿山高陡边坡截排水、危岩清除、刷坡减载、修建挡墙、沟道疏浚等措施,消除滑坡、崩塌、泥石流等矿山地质环境问题;建设沟道截潜流工程,利用雨洪水、沟道地表水,保障复绿生态用水需求。三是恢复生态系统。通过封山育林、退牧还林、种质资源归集、珍稀树种扩繁、低山水源保育等措施,维护干旱山地自然生态系统,实施再野化生态保护修复方法,重建系统完整的食物链,建立完善野生动物监测等体制机制。四是释放生态红利。充分利用贺兰山矿山生态修复成果和保护区外围保留的工矿遗址、工业遗产,打造山上自然风光、文旅小镇、科普宣教、极限运动等旅游综合体,以及山下葡萄酒产业、硒有田园、工业旅游、乡村生态旅游、湿地公园等新业态。

(二)重庆市中梁山矿山公园生态修复

一是国企注资+民企运作。九龙坡区区属国有企业“渝隆集团”承担修复治理、植被恢复、绿化保洁等基础资金投入,同时吸引民营企业合作共建,实现共同受益,民营企业带产业资源、国有企业带土地资源资产,双方深度合作开发。二是土地出让+管护运营。针对资源利用粗放、土地房屋资产闲置、综合效益低等问题,将土地出让与闲置资产盘活、生态环境保护有机结合,推动闲置农村房屋随土地一并“招拍挂”出让。探索将已修复矿山的后期管护责任纳入供地方案和出让条件,建立“商业项目运营+生态环境管护”的发展新模式,促进生态修复价值转化。三是资本撬动+地票收益。针对中梁山上历史遗留关闭矿坑群密布,修复资金需求较大的问题,探索多渠道筹资模式,利用矿坑有偿

消纳建设项目工程弃土，化解建设工程弃土堆放难和矿山复垦优质土少的问题。2024 年，中梁山矿山公园多元筹资 14115 万元，撬动社会资本 1800 万元，新增的 67 亩绿色空间获得地票价款 1384 万元；渝隆集团自筹资金 8598 万元，使用市级补助 2000 万元及中央补助结余 333 万元，有效弥补了财政资金缺口，多元筹资路径基本走通。

（三）河北邯郸市紫山矿山生态修复

一是高标准规划设计。市委、市政府成立了专门的管理机构监督紫山区域生态恢复工作，聘请中国美院景观设计研究所、邯郸市水利设计院等全国知名专家和学者高起点布局，形成了紫山生态修复实施方案。同时，加大对紫山历史文化的系统考证和深度发掘力度，将紫山书院、马氏宗祠等极具文化特色的项目融入紫山规划建设当中，不断充实、丰富紫山的文化肌理和文化内涵。二是出重拳拆违治乱。政府坚持把拆违治乱作为紫山修复的首要任务，对该区域煤矿和石料厂依法关停取缔，对工矿废弃地上的既有建筑、养鸡场等乱搭乱建进行全面拆除整治，对紫山核心区内土地全部流转，集中取缔了通往紫山沿线的多家煤场，并通过返租的方式对原煤场占地进行绿化，为紫山及周边生态修复工作打下了基础、创造了条件。三是精品打造“绿水路”。积极引入成活率高、观赏性强的榉树、国槐、栾树、法桐、水杉等树种直接移植，专门聘请专家级生态园林公司对树木进行移植、管护。聘请专业设计团队和施工单位，坚持依山就势，从道路建设、线路覆盖、旅游流量优化等三个方面进行优化设计，在放线、路基开挖、填土碾压、路面硬化等各个环节进行严格把关，确保道路建设工程质量。

（四）湖北省枝江市金湖湿地生态修复

一是坚持系统观念紧抓流域综合治理。运用系统工程方法，制定流域系统治理方案，统筹实施流域源头减污、退渔还湖、水系连通等各项措施，系统治理流域上游、排放端的外源污染和湖泊养殖的内源污染，以水系连通提升湿地生态空间的弹性，做到重点突破，标本兼治。二是坚持采用基于自然的解决方案促进水质改善。按照保护优先、自然修复为主的方针,实施湖滨生态缓冲带修复工程,从生态系统演替规律和内在机理出发,以恢复湖滨生态系统结构与功能、增强生态产品供给能力与社会服务功能为重点,对沿湖 17.6 千米的岸线地形进行重新整理和修复,促进湖泊岸线生态系统的自然恢复和演替。三是坚持创新驱动提升治理能力和治理水平。建立水质考核奖补机制,市政府印发《金湖水污染防治三年行动计划》《金湖流域水污染防治工作方案》《金湖流域水质考核奖惩生态补偿办法》等政策文件,系统布局金湖水污染防治工作,不定期开展水质监测达标率,对乡(镇)政府和金湖湿地管理处兑现奖惩资金,通过生态奖补机制持续引导流域水环境质量改善。实施全过程生态技术咨询,及时组织相关领域专家对出现的生态问题进行现场研判,不断优化调整技术方案和生态保护修复措施。实施闸坝自动化控制改造,搭建智慧管理应用平台,以实时监测数据分析支撑科学决策,提升智慧监管能力。

(五)内蒙古乌梁素海流域生态保护修复

一是创新治理模式。创新提出具有乌兰布和特色的生态修复绿色发展模式,即地上梭梭林(生态林)+地下肉苁蓉(中蒙药材)一体化的生态修复模式,把地区生态修复工程同肉苁蓉特色产业相互融合,为做大做强接种肉苁蓉产业提供强有力的支持。二是加大政策扶持力度。先后制定出台了《乌兰布和沙区沙产业发展规划》《关于加快推进荒漠中草药产业发展的实施意见》等相关政策文件,不断推进乌兰布和沙漠生态产业发展,形成药材种植、生产加工、技术研发、仓储物流、互联网营销的大健康数智化运营平台。三是实施湿地修复。恢复退化的湿地生态系统,包括退耕还湿、退养还滩,种植水生植物,恢复湿地植被,为鸟类和其他生物提供栖息地。四是加快生物多样性保护。建立自然保护区,加强对候鸟栖息地的保护,禁止非法捕捞和狩猎,恢复鱼类和鸟类种群。

四、创新生态修复与文化旅游深度融合的重要启示

启示一:生态修复需转向价值再生,构建可持续的"生态—经济"循环系统

望仙谷利用修复后的山体地形打造悬空民宿集群,通过人工水系设计形成

景区核心打卡点——“白鹤崖瀑布”，依托峡谷地貌开发“青云栈道”“玻璃观景台”等体验项目，开设“生态修复展示馆”。联合高校开展研学活动，利用负氧离子浓度开发森林疗愈项目，衍生出高端康养客群消费链。通过“中国首个悬崖仙侠小镇”品牌定位，形成差异化竞争力。这些通过系统化修复技术，将废弃矿山转化为具有文旅价值的“生态资产”的做法，给我们的启示是：生态修复不仅是环境治理，更是空间功能重构、资源增值和品牌提升，需从“被动治理”转向“价值再生”，深度挖掘生态系统的多元服务功能和品牌价值，将修复区转化为可产生经济效益的“新型生产要素”，从而构建可持续的“生态—经济”循环系统。

启示二：文旅融合需实现双向赋能，构建“以生态筑基、以文化续魂、以产业造血”的联动模式

望仙谷拥有悬崖、溪流以及120余种植物形成的天然独特景观。非遗项目的铅山连四纸作坊让游客体验古法造纸的精髓，《望仙缘》实景演艺、“仙谷夜话”、“农耕文化节”等活动深受游客喜欢，文化旅游的繁荣也促进了铁皮石斛、高山茶叶等农业种植业的发展，以及文创商品的火爆。这种以自然生态资源为核心，以文化为灵魂所形成的从“景观消费”到“精神共鸣”再到产业闭环的联动模式，给我们的启示是：在新时代文旅产业发展的坐标系中，文旅融合需实现“双向赋能”，生态空间承载文化表达，文化内涵提升产业价值，产业收益反哺生态保护，构建起“保护—利用—反哺”的发展范式，推动生态和文化资源向现代产业动能的创造性转化。

启示三：乡村振兴需激活内生动力，构建“政府—企业—村民”利益共同体

政府端通过土地流转确权、集体资产股份化改革等制度创新，为企业创造良好发展的环境，激活望仙谷的沉睡资源，扮演制度供给与资源整合的“催化剂”。企业以市场为导向，根据文化产业和历史文化特点进行规划、投资和建设。村民以土地、房屋入股景区获得分红，对村民开设导游、手工艺等课程，提高村民就业转化率。这些给我们的启示是：乡村振兴需激活“政府—企业—村民”的内生动力，构建“双螺旋”利益联结机制，突破传统输血式扶贫的局限，通

过构建权责清晰、风险共担、价值共创的协作网络,将制度优势、市场活力和乡土智慧转化为可持续发展的动能,实现政府、企业、村民三者要从“旁观者”向“参与者”的角色转化。

启示四:高质量发展需突破制度创新,构建“政策—市场—科技”协同机制

望仙谷在土地政策上实现了创新突破,允许集体土地通过“作价入股”“租赁流转”等模式入市盘活闲置宅基地,允许修复区10%面积用于经营性开发,平衡生态保护与商业需求,对创新性修复技术给予3年试错保护期,允许修复产生的新增耕地指标跨区域交易。在干部考核改革上,将植被覆盖率、生物多样性纳入干部考核,成立了“生态文旅专班”统筹自然资源、文旅、农业等部门审批。通过市场驱动开发出“峡谷徒步权”“碳汇认购”等新型交易标的,通过物联网实时监控生态承载力,通过短视频平台实现数字化营销,对农产品、非遗制品进行全流程区块链溯源。这些给我们的启示是:制度创新在文化旅游发展中扮演着关键角色,其作用不仅体现在优化资源配置、提升管理效率上,更在文化保护和传承、经济转型和可持续发展中发挥更深远的作用。制度创新通过建立跨部门协调机制、统筹规划权限、整合政策资源,能够打破行政壁垒,形成“政策—市场—科技”的协同发展机制。

启示五:可持续运营需树立系统思维,构建“风险防控—动态优化—长效共赢”机制

望仙谷根据景区的承载力建立风险预警,设定单日最大游客量,超载自动触发限流,划定传统建筑核心保护区,禁止商业化改造,每季度评估资金链健康度,确保运维成本覆盖率超过150%。对景区业态实行动态淘汰机制,年均更新20%低效业态,引入沉浸式剧本杀、户外运动等新项目,研发“生态修复AI评估系统”,提高修复效率。同时构建多方利益分配体系,从旅游收入提取5%补偿周边生态保护区村民,实行非遗传承人带徒满3年可获10万元奖励的技能传承激励,与三清山、婺源等景区联合发行“赣东北生态旅游通票”,共享景区客源。这些给我们的启示是:“风险防控—动态优化—长效共赢”机制构成有机整体,风险防控为运营划定安全边界,动态优化确保资源高效利用,长效共赢凝

聚持续发展共识，三者协同发力可推动旅游景区从“被动治理”转向“主动韧性生长”，为生态文明建设提供实践范本。

参考文献

戴斌：《科技赋能文旅融合高质量发展》，《人民日报》，2024 年 5 月 16 日。

姬君彩：《绿色发展：新时代生态文明建设的路径与遵循》，《南京林业大学学报》，2021 年第 2 期。

孙伟、曹诗图：《旅游生态文明建设的困境、路径与对策》，《生态经济》，2020 年第 9 期。

马勇、郭田田：《践行“两山理论”：生态旅游发展的核心价值与实施路径》，《旅游学刊》，2018 年第 8 期。

从一片“林”到“一千亿”的产业致富法宝

——基于资溪县的调研

揭昌亮*

摘要：近年来，资溪县以科技创新为动力，推动竹产业转型升级，在竹产业资源培育、加工利用、市场销售等方面取得显著成效，实现了从一片“林”到“一千亿”产业的蜕变。但同时也面临竹林经营需要再精细、加工技术待提升、市场竞争力不足等问题。下一步，资溪县竹产业应在资源培育、加工技术、市场拓展、产业融合等方面发力，实现可持续发展，提升产业效益，为资溪县经济社会发展与生态保护作更大贡献。

关键词：资溪县　以竹代塑　产业致富

作为全省重点毛竹产区与首个“中国特色竹乡”，资溪县依托得天独厚的自然资源，将“竹”从传统经济作物转化为撬动县域高质量发展的战略支点。从“林”到“千亿产业”①的蜕变，不仅见证着竹产业从量到质的飞跃，更折射出山区经济与生态保护协同共生的智慧。本文基于实地调研，通过剖析资溪竹产业在资源培育、技术创新、市场拓展等领域的实践，揭示其“以竹代塑”推动绿色发展的成功路径，为山区产业振兴与生态文明建设提供实证参考。

一、资溪县竹产业发展现状

资溪属山区县，气候、土壤等自然条件非常适合毛竹生长，是全省重点毛竹

* 揭昌亮，江西省社会科学院经济研究所副研究员，研究方向为农林经济管理。

① “千亿产业”通常是指产业的产值，而不是产量。资溪县的“千亿产业”主要是指竹产业及以其为核心的综合产业体系，主要包括竹笋产业、竹木精深加工、林下经济以及生态旅游等方面。

产区之一，是首个“中国特色竹乡”。辖内竹资源生长条件得天独厚，竹林面积稳定在55万亩，占资溪县土地总面积的29.3%，占林地总面积的33%，农业人口人均拥有6.2亩毛竹林，全县毛竹立株量约1亿根，亩均达到188根。地理位置处在全国毛竹资源富集区，周边县（区）毛竹林面积超300万亩，每年吸引近3000万根毛竹汇集资溪。2024年，资溪县按照“做优一产、做强二产、做特三产”的发展思路，以产业发展为核心，以三产融合为重点，以科技创新为动力，推动竹产业转型升级。截至2024年12月，资溪县毛竹资源培育企业25家，毛竹加工企业36家（规模以上企业25家），其中国家级竹龙头企业1家、省级竹龙头企业6家，主要有户外重组竹、竹户外板、竹胶板、整竹展开板、竹砧板、竹碳、竹家居、竹工艺品等产品，拥有竹产业自主品牌10余项。资溪县竹产业产值方面，2023年产值规模达28.7亿元，2024年产值规模进一步增长到38.6亿元。主要有以下几点做法：

（一）高位推动，在政策保障上日臻完善

1. 强化组织领导。坚定竹产业发展富农兴县的前景与信心，以规划引领产业，将竹产业与生态保护、乡村振兴有机结合，在政策支持上精准发力、下足功夫。成立由县政府主要领导任组长、县直有关部门为成员的毛竹产业发展领导小组，设立毛竹产业协会，持续推动竹产业发展。

2. 强化政策支撑。先后出台《资溪县加快毛竹产业发展实施方案》《资溪县竹木产业链链长制工作方案》《金融支持“竹产业链”推进方案》《资溪县加快推进竹产业高质量发展实施方案》等政策，不断做大做强竹产业，促进竹产业成为农民群众增收致富的重要渠道。

3. 强化资金保障。围绕竹木加工主导产业，探索绿色金融产品和模式，促进产业资源和金融资源的精准对接，用金融活水浇灌科创领域。2021年投入2亿元竹产业发展基金和2000万元毛竹收购周转资金用于支持竹产业全链条式发展。鼓励金融机构创新支持林业贷款，探索森林赎买抵押贷款、林权收益权质押贷款、竹木产业链融资、特种养殖贷、林业碳汇贷等。资溪县农业银行新开发了笋竹贷，2024年给50余户发放笋竹贷款3000余万元，大力支持笋竹产业的发展。

(二)护林养竹,在资源培育上精准施策

1. 大力推广科技育竹。依托竹类科技特派团,着力推动竹林高水平经营提升,积极推动笋竹两用林建设,推广“水肥一体化”,实现毛竹林水肥同步管理和高效利用,肥料节约50%以上,增产幅度达40%以上。到2024年底,全县共实施毛竹丰产林建设2.6万亩,已建设笋竹两用林基地3万亩。

2. 大力推进竹林基础设施建设。加快推动竹林经营道路的维修改建,探索节点硬化建设模式,2021年开始维修新建竹林道路300余公里,累计实现竹林覆盖率90%以上,有效缓解毛竹下山难问题。企业年生产天数由230天提高到280天。资溪县已建成的4个及在建的4个笋加工点,有效解决了竹笋采收后市场销售的难题,为竹农们提供了稳定的销售渠道,推动竹笋产业的健康发展。

3. 持续放活毛竹资源经营。依托国有两山林业国有公司,实施竹林收储5.7万亩,带动2000余农户参与森林经营活动,毛竹资源培育由“量”向“质”转变。资溪县每年采原竹在1200万根左右,带动林农直接增收约4000万元。

(三)科技引领,在创新发展上连出实招

1. 突出专业建园。2018年投资20亿元建设全省首个竹科技产业园,采取全国先进供热保温技术,实现园区企业集中供热,无污染、零排放。采取政府代建厂房、企业分期回购的方式,推进资溪县毛竹企业“退城进园”“退路进园”,实现聚集发展。引进双枪、竺尚、庄驰、未家、拓竹等10余家国内知名竹加工龙头企业,构建从毛竹下山到初加工再到精深加工一条龙的产业链条。

2. 突出创新示范。先后与国际竹藤组织、中国林业产业联合会、林科院木材工业研究所、南京林业大学等高校和科研院所建立合作关系,专门建设中国(资溪)竹科技创新中心,成立江西资溪竹木制品实验检测中心、国家以竹代塑研究院圆竹分院,为园区企业提供产学研、实验分析测试及中试成果转化等服务,不断拓展竹材应用范围、发展空间,提高利用率和附加值。

3. 突出品牌效应。积极发挥“中国特色竹乡”品牌效应,连续举办五届中国

（资溪）竹产业发展高峰论坛，邀请国内外竹产业相关领导、专家、企业代表齐聚资溪，共商竹产业发展形势、共谋竹产业发展思路。高质量承办了第六届中国森林康养产业发展大会、第十二届中国竹文化节，为推进资溪县竹产业提质增效提供更多资源，注入强劲动力。实施竹林可持续经营 FSC 森林认证，为竹产品走向国际市场打好基础。

（四）创新路径，培育“以竹代塑”产学研基地

1. 产业发展，理念先行。充分发挥竹林生态优势，2023 年成功承办全国生态日等“零碳会议”，并以机关单位、住宿餐饮、生活服务等三大领域为重点，全面宣传推广以竹代塑，树立绿色消费理念。大力实施竹制品“六进工程”（进景区、进民宿、进酒店、进馆所、进商超、进街区），鼓励公共机构积极采购相关“以竹代塑”产品。

2. 加强创新，建立体系。聘请中国林业科学研究院首席科学家于文吉研究员、浙江农林大学李延军教授、福建农林大学谢拥群教授、中国林产工业协会副会长林海董事长等一批国际知名的研究员、企业家组成专家委员会，共同推进“以竹代塑”科技研发、产品测试与成果转化，建立较完备的竹科技研究与产销经营发展体系。

3. 以点带面，融合发展。围绕“竹旅”融合发展理念，将竹林经营与乡村旅游、民宿发展等有机结合。在 2023 年 10 月建成世界首个规模最大胶合竹结构的竹科技博物馆，着力打造竹文化研学、教育实践基地。同时，以点带面，规划打造 4A 级“竹梦小镇”，围绕“链接林区、发展园区、完善镇区、打造景区”推动“四区”联动、三产融合发展，为毛竹产业增面积提“颜值”，增蓄积提“绿值”，增效益提“价值”，进一步助力乡村产业振兴。

（五）深化改革，在“三权分置”上深入探索

1. 实施收储机制。成立县“两山”林业发展有限公司作为收储和运营平台，大力收储零星、碎片化林地资源，推动毛竹林规模化、集约化、高效化经营。截至 2024 年，资溪县已流转毛竹林 26.7 万亩。

2. 放活林业经营权。2024年6月，在全国率先实施林下经济收益权证制度基础上，资溪县人民政府出台了《资溪县林业经营收益权登记管理办法(试行)》，将原来单一林下经济登记提升到涵盖林业多种类经营的林业经营收益权登记，解决困扰林业经营主体“急难愁盼”的确权难、融资难的问题，引导和支持社会资本“进山入林”，激活沉睡的生态资源。截至2024年，资溪县已颁发林业经营收益权证13本，登记面积2.1万亩。

3. 探索合作模式。始终坚持“资源从农民手中来、效益回到农民手中去”，大力推行“两入股三收益”农民利益联结机制，鼓励农户将竹林资源资产量化入股，从而获取竹林流转租金、股份制竹专业合作社分红股金和经营竹林劳动薪金三大收益，真正实现“存入绿水青山，取出金山银山”。截至2024年，资溪县采取多种类合作模式的森林经营已达1万余亩。2024年，所有村级集体收入达10万元以上，其中有4个村超过100万元，实现了竹产业绿色低碳共富发展的目标。

(六)绿色赋能，在“普惠服务”上彰显成效

1. 强化便民服务。创新林业基层片区服务，乡镇林长办+基层林业综合服务合署办公，每个乡镇配置2~3名工作人员，开设林业综合服务窗口，简化林木采伐办证流程，受理林权流转、林业科技推广服务。实现群众林业审批“只跑一次或者一次不跑”。

2. 强化宣传引导。积极筹备举办笋竹争霸赛，包括竹王擂台赛、挖冬笋比赛以及冬笋单位产量竞赛，深度提升竹农的专业技能与创新能力，并广泛增强社会各界对资溪笋竹产业发展的认识，营造浓厚的产业发展氛围。

3. 扶持林业新型经营主体。通过利用财政奖励资金、林业项目、金融服务、林业政策等方面扶持林业专业合作社、民营林场、家庭林场、林业龙头企业的培育与发展，推动社会资本积极踊跃参与林业经营生产，资溪县共有万亩以上民营林场5个。截至2024年，共有专业大户40个，新型经营主体经营面积达到55万余亩。

二、资溪县竹产业发展存在的问题

近年来，资溪县竹产业发展取得显著成效，但在做大做强、实现高质量发展上还存在一些问题和短板。

（一）政策支持强度有待加大

竹产业企业在原材料基地建设、产品研发、技术改造等方面普遍存在资金不足，影响企业转型升级和做大做优做强。截至2024年，财政资金对竹产业的扶持和投入严重不足，国家、省级层面支持竹产业的政策措施偏少，现有补助资金对竹产业发展支持可谓是杯水车薪。特别是对竹产业龙头企业在贴息贷款、技改、科技创新等方面扶持力度还不够，还需进一步加大对竹加工企业的整合扶持力度。

（二）竹林经营水平有待提高

竹林基础设施薄弱、劳动力资源紧缺、经营资金短缺等因素导致林农经营竹林积极性持续下降，“重采伐轻抚育、重索取轻投入”“远山荒近山光”等现象仍然严重，资溪县低产低效毛竹林占比近一半。号竹及“留三砍四”等毛竹丰产培育技术应用逐渐减少，毛竹林分胸径呈普遍下降趋势，大径材年产量逐年降低。竹林经营类型过于单一化，近九成都是材用林，笋用林和竹林复合经营等比例过低，竹林的综合效益没有充分发挥。资溪县毛竹林平均亩产值不足一千元，竹林综合产出效益低。

（三）自然灾害防治能力有待提升

资溪县属于山区县，有50%的山林地处偏远，难以砍伐使用，再加上毛竹林容易受到冰雪灾害影响，灾后严重影响毛竹林高效培育，打击农户培育竹林的信心。另外，近10年来全县毛竹林未发生病虫灾害，部分工作人员就产生麻痹思想，对竹林病虫害防治工作重视不够，如果一旦发生病虫害，就会严重影响毛竹林的生长。

(四)加工生产效率有待提高

由于毛竹存在空心有竹节、利用在竹壁、直径有大小、头尾不均匀、竹壁有厚薄、曲直不一致等特征,直接影响了毛竹初级加工智能化改造的速度。竹加工生产以体力劳动为主,机械化专用设备尚未普及,不仅生产效率不高,经营成本也居高不下,一定程度上影响了竹产业经营效益。竹原材料利用率低,大部分在30%—60%范围内,技术含量不高。人力需求较大和竹资源利用率低等问题,严重制约着企业的成本优化,影响着竹产品市场份额的扩大。

(五)三产融合发展有待加强

竹产业发展长期以来沿袭的是传统的林业发展方式,对于三产融合发展的相关理念认识不足。竹产业三产融合发展的经营缺乏一定的载体,在要素资源利用、科学技术研发、产品类型开发等方面存在不足,相关的产业链延伸和集群发展不够。竹文化旅游发展意识增强但发展水平不高,富于创意的精品较少,多功能性开发不足。公共服务体系功能较弱,基础设施尚不健全,复合型人才缺乏。

(六)科技创新能力有待增强

竹林经营仍停留在传统生产方式,采用节水灌溉、科学施肥、机械化抚育等现代毛竹经营技术的林地少之又少,导致营林技术弱,竹林产量及效益不高。加工企业开发新产品的意识薄弱,创新积极性不高,研发投入严重不足,竹加工产品科技含量不高,附加值偏低,企业作为技术创新和转化的主体地位难以确定。普遍存在技术、管理人才不足的现象,对人才的引进和培养的力度还不够。

(七)基础设施建设有待完善

资溪县虽然新建了大量的林区公路,但林区公路管护成本非常高,一些竹林采伐一次道路就需大修一次,甚至需重新建设。这种现象既浪费了宝贵的林地资源,又增加了经营管理的成本,不利于毛竹资源的开发利用。

(八)产品应用市场有待拓宽

资溪县“以竹代塑”制品推广应用工作尚处于起步阶段,除公共机构率先在日用产品等方面开展有关探索外，工业建材、快递物流、餐饮外卖等领域应用推广“以竹代塑”产品仍存在空白，亟须进一步明晰“以竹代塑”产品应用路径，扩宽“以竹代塑”产品应用场景。

三、资溪县竹产业高质量发展的对策与建议

推动竹产业实现高质量发展，资溪县应从竹林培育、产业发展、竹旅融合、生态优先等多个维度综合施策，让竹资源成为促进当地经济增长、生态优化和乡村振兴的强大动力。

（一）立足竹林培育，让竹山变金山

1. 育优竹林资源。加快低产低效林的复壮改造，分批次建设一批大径竹林基地、笋竹两用林基地，切实提升毛竹林质量。充分利用好国家筹备林建设项目，用活国家开发银行贷款资金，支持毛竹林培育，打造一批高标准竹林基地。因地制宜实施竹林分类经营，做好笋竹两用林建设政策、资金扶持。建立“一林一档”，将笋竹林建设规划落实到山头地块。

2. 完善林区基础。鼓励支持竹林经营主体建设竹林道路，推进竹林基地对外连接道路、竹林生产作业道路建设，对新建的竹林道路，积极争取上级资金给予补助。大力支持国有竹林道路建设，推广“节点硬化”建设模式，推进竹林道路新改扩建，实现县两山林业公司和国有林场竹林道路全覆盖。推进笋竹林基地灌溉、水肥一体化建设，完善竹笋产品初加工、存储、烘干、运输和竹笋保鲜等配套设施，打造一批生产配套服务设施齐全的高标准竹林基地。

3. 延伸拓展产业链。积极利用笋竹两用林生长空闲期，在林下套种短期作物、发展养殖业，提升林地利用率，增加笋竹两用林综合效益。依托竹林 FSC 认证，延伸富硒笋产品认证，积极申报绿色食品标志，做实竹笋精深加工，打造富有资溪特色的笋竹品牌。

（二）立足产业发展，让竹材变建材

1. 加快推进项目建设。加快推进毛竹初加工园、初加工竹条厂等项目建

设,不断完善区内道路、供热供气、供电供水、废水处理等配套设备建设,满足企业高效运行。同时,大力推进标准厂房建设,筑巢引凤,推进厂房代建、租赁、回购等各类方式,吸引产业链上下游企业入驻,实现全产业链、聚集化发展,创建国家级“以竹代塑”应用推广基地与国家级林业产业示范园。

2. 打造产品交易中心。聘请专业团队科学合理运营竹科技博物馆,积极引入企业入驻。结合县数创中心,利用电商服务、网络直播、平台运营等方式,聚焦笋竹休闲食品、竹家具、竹工艺品等产品,搭建竹产品线上商城和线下展示展销平台,拓展销售渠道,打造资溪竹产品区域公共品牌,进一步提升“中国特色竹乡”知名度。

3. 推进“智汇资溪”战略。运营好竹科创中心,全力对接好中国林科院木材工业研究所、南京林业大学、福建农林大学等科研院所,聚焦“竹代塑”“竹代材”等课题,联合申报一批重点攻关项目,设立一批竹产业“揭榜挂帅”科研项目,实现一系列与竹产业高质量发展相匹配的科技成果,并尽快转化落地,力争将竹科创中心打造成为国家级科技创新平台。

(三)立足竹旅融合,让竹林变景区

1. 打造竹林区风景线。坚持以适宜栽植生长的竹种为主,适当配置观赏用散生竹种,结合林下经济、城乡绿化等,因地制宜按照竹、灌、草、花立体搭配,做到“四时有花、常年多彩”,打造物种多样、生态稳定、色彩多姿的城区—高阜竹林风景线、高阜沿河竹林风景线,打造两岸青山、千里翠竹的最美竹林风景线。

2. 打造竹产业梦工厂。围绕竹地板、竹家具、竹工艺品等产品体系,延长竹精深加工产业链,壮大竺尚竹业、未家竹文化、庄驰家居、拓竹机械等竹制品生产加工龙头企业;推动企业智能化、数字化、自动化转型升级,以科技创新推动企业走创新驱动、内生增长的道路。同时,按照景区标准,全力提升园区环境,深化产景融合发展。

3. 打造竹文化大观园。围绕竹梦小镇建设,结合高阜镇红色、古色等旅游业态,布局竹生态科普教育基地、竹文化基地、主题公园、主题博览园等体验基地。开发知竹、赏竹、品竹、食竹、住竹等全竹体验,让“小镇变景区、农房变客

房、家园变公园”，让游客住竹楼、观竹景、赏竹艺、品竹宴，全方位体验竹文化旅游，实现文化体验、康养休闲、生态旅游深度融合，将高阜镇打造成为享誉省内乃至全国的特色竹镇。

（四）立足生态优先，让“塑品”变“竹品”

1. 科技创新提升。组织“以竹代塑”相关科研攻关指导培育相关重点实验室建设，突破一批关键共性技术及重大装备。强化优良种质资源选育和定向培育，培育适宜于不同“代塑”产品工业化生产的新品种。加强“以竹代塑”产品深度研发，补齐天然材料性能短板。加快研发先进制造装备，优化产品生产工艺流程，提高竹林采伐、运输、加工环节机械化水平。支持企业在核心技术攻关、科技成果转化等方面加大投入力度，丰富“以竹代塑”新技术、新产品。

2. 促进产销对接。推动政企合作和产学互动，共同助力商贸流通领域塑料污染治理。开展竹产品推广对接活动，通过发布产品需求清单、签订协议等方式，引导商贸流通企业与竹制品企业产销协同、供需对接，积极培育竹产品绿色消费市场，推动形成绿色生产生活方式。

3. 重点场景替代。根据“以竹代塑”主要产品名录，精准识别替代场景，开展替代行动，提升替代比例。鼓励日用、文旅等领域使用以竹材替代塑料生产的购物袋、文具、餐具、家具等；鼓励工业生产领域使用竹缠绕复合材料、竹格淋水填料、竹车辆内饰产品、竹质包装材料等替代相应塑料制品；鼓励建筑建材领域使用竹缠绕复合材料管道管材、竹格栅、竹质板材等替代相应塑料制品。

站在“双碳”时代的风口，资溪竹产业正书写着绿色经济的崭新篇章。从竹林复壮到科技赋能，从“以竹代塑”到三产融合，资溪人以创新思维破解了资源型产业升级的难题，将“绿水青山”转化为可持续的“金山银山”。然而，面对政策扶持、竹林经营、技术创新等挑战，资溪仍需从竹林培育、产业发展、竹旅融合以及生态优先等多个维度精准施策。未来，随着竹林风景线串联城乡、竹科技产品走向世界，资溪竹产业必将以更高附加值、更强竞争力，在乡村振兴与生态保护的双轮驱动中，走出一条可复制、可推广的山区产业振兴之路，为全国竹产业高质量发展树立标杆。

参考文献

揭昌亮:《江西资溪“以竹代塑”推动竹产业高质量发展实践与启示》,《世界竹藤通讯》,2024 年第 5 期。

吴淑琴:《江西资溪用好竹优势做足竹文章》,《当代江西》,2023 年第 1 期。

李江、章晋辉、游中堂:《55 万亩竹林“变现” 26 亿元——探析资溪县“千万资源变千亿产值”的发展之路》,《当代江西》,2022 年第 3 期。

张全、李帅、彭华、王松:《如何实现竹产业振兴与减塑降碳双赢? ——江西省资溪县“以竹代塑”盘活竹林资源带动县域经济发展》,《绿色中国》,2023 年第 1 期。

国家发展改革委、工业和信息化部、财政部、国家林草局:《加快“以竹代塑”发展三年行动计划》,《江西建材》,2023 年第 12 期。

姜春艳:《国家发展改革委等部门印发〈加快“以竹代塑”发展三年行动计划〉》,《乡村科技》,2023 年第 21 期。

新形势下龙南以招商引资“强引擎”助力县域开放振兴研究

江西省社会科学院课题组 *

摘要： 招商引资是地方发展经济的重要手段，在提升营商环境、优化资源配置、促进产业发展、培育经营主体、带动居民增收等方面发挥了重要作用。党的二十届三中全会提出：“规范地方招商引资法规制度，严禁违法违规给予政策优惠行为。”这是党中央对推进构建全国统一大市场作出的重大部署。当前，全球经贸形势复杂多变，应坚定不移扩大高水平对外开放，以高质量发展的确定性应对外部环境急剧变化的不确定性。因此，在新形势下做好招商引资工作，以招商引资“强引擎”助力县域开放振兴，已成为促进县域经济发展的一道紧迫的“必答题”。龙南作为江西的“南大门”，是江西首批的对外开放县，是对接融入粤港澳大湾区的“桥头堡”，拥有赣粤边际唯一的国家级经开区，在江西内陆开放型经济试验区建设的招商引资实践探索中抢占先机。深入分析新形势下龙南招商引资的做法和成效、剖析存在的困难问题，提出针对性对策建议，对助力龙南乃至全省县域开放振兴具有重要的现实意义。

关键词： 招商引资模式　对外开放　产业　投资

龙南是江西的“南大门”。近年来，龙南依托区位优势、产业优势和资源优势，坚定不移扩大对外开放。通过创新招商引资模式，优化产业布局，打造大湾

---

* 课题组组长：陈运平，江西省社会科学院党组书记、二级教授，研究方向为区域经济、金融管理。课题组成员：李小玉，江西省社会科学院经济研究所所长、二级研究员，研究方向为区域经济；龙晓柏，江西省社会科学院经济研究所副所长、研究员，研究方向为世界经济、国民经济；李华旭，江西省社会科学院经济研究所副研究员，研究方向为区域经济；郑雅婷，江西省社会科学院经济研究所副研究员，研究方向为区域经济；袁骏，江西省社会科学院经济研究所博士后、助理研究员，研究方向为区域经济。

区产业转移最佳承接地,从昔日的“山区小市”蜕变成“开放新城”,连续十三届获全省开放型经济综合奖。

一、龙南招商引资的主要做法及成效

(一)六大招商引资模式精准发力,打造龙南投资新高地

龙南不断创新招商引资模式,形成招商引资“组合拳”(见表1)。

1. 创新资本招商。按照“以投代引”模式,建立了“引进团队—国资引领—多元参与—循环发展”的资本招商全链条闭环。通过与深圳紫荆汇富等头部机构合作,设立了12支产业基金,其中国有出资5.3亿元,撬动了数十倍的社会资本。通过资本招商引入了嘉元科技、优耐高新材料等优质项目。

2. 做优链式招商。依循“一企带一链”“一链成一片”思路,利用“链式”招商的“葡萄串”效应,选聘“招商顾问”,持续推动以商招商。在电子信息、新能源重点领域,已落户企业通过牵线搭桥,引进了一批上下游企业,形成了产业集聚效应。

3. 深化平台招商。龙南借助主办第32届世界客属恳亲大会的契机,成功签约2个锂电产业龙头企业投资的优强项目(赣州各县市区共签约22个项目)。依托“湾区+老区”合作机制,龙光(龙南—深圳光明区)产业合作投资不断扩大。2025年初,在光明区举办的产业链推介暨文旅推进大会上,签约项目15个,涵盖电子信息、稀土新材料、锂电新材料、储能电站、装备制造、外向型经济等多个领域。

4. 重视科技招商。以产学研协作为抓手,为高端人才项目提供研究场地、孵化场所,促进科研项目、高新技术产业项目落地。

5. 开展并购招商。支持企业合并或收购已落户企业来扩大规模、增强实力。如推动天奇股份收购江西金泰阁股权,落地退役动力电池综合回收利用项目;推动天赐材料收购东莞腾威股权,引进动力电池胶粘剂、绝缘材料和涂料项目,实现锂电材料产业链的布局与融合。

6. 探索“飞地”招商。推进与广东、江苏等东部沿海国家级园区合作共建,发挥各自产业优势,在未来产业领域寻求合作新机遇。现已与多地签署合作协

议,共同推动产业发展。

表 1　龙南主要招商引资模式及成效一览

招商引资模式	具体招商引资方式	取得的成效
资本招商	建立“引进团队—国资引领—多元参与—循环发展”资本招商全链条闭环,以产业引导基金撬动社会资本,以资本化精准投资支持引进一批大项目、好项目落户	与赣州发展工业引导母基金等联合出资 1.5 亿元认购上市公司道氏技术定向增发股份,推动佳纳新能源项目落地龙南。康维健生物科技园区项目以资本招商的方式引入中信建投投资 3000 万元
链式招商	以“链式思维”重构产业招商逻辑,发掘“链式”招商的“葡萄串”效应,选聘“招商顾问”,持续做优产业链招商大文章	在电子信息领域,江西联茂电子经志浩电子推荐落户龙南,后祥益鼎盛、鼎泰电子、博钰电子、智融电路等行业上下游龙头企业纷至沓来,“引进一个、带来一串、连成一片”的裂变效应愈发明显。在锂电新能源领域,龙南以“链式思维”布局,从上游的碳酸锂、磷酸铁锂,到中游的锂电铜箔、胶粘剂,再到下游的储能电池、综合回收利用,龙南围绕锂电新能源产业全生命周期产业链布局发展,已集聚佳纳能源、嘉元科技、龙晟新材料等 40 余家锂电规上企业。龙南锂电新材料产业集群被认定为 2024 年省级产业集群
平台招商	借助世界客属第 32 届恳亲大会、“老区 + 湾区”等重大招商平台机制,主动开展项目推介对接	引进了电子信息、锂电、新材料产业领域一批优质项目
科技招商	探索“创新变创业、创业变企业、企业成产业”招商引资新方式。以产学研协作为抓手,引进高端人才,切实为人才项目提供研究场地、孵化场所,促进高新技术产业化项目落地	引进俄罗斯工程院外籍院士闵永刚在龙南市创业,落地电子级聚酰亚胺材料、IC 载板生产基地项目。引进国家 B 类高端人才都佩华,投资年产 60 万吨粘合剂、功能树脂、涂料系列产品生产项目

续表:

招商引资模式	具体招商引资方式	取得的成效
并购招商	大力支持企业合并或收购已落户企业来扩大自身规模、增强实力,主动探索"并购重组式"招商引资的创新方法,引进优质项目落地	推动天奇股份收购江西金泰阁99%股权,成功落地退役动力电池综合回收利用项目。推动天赐材料收购东莞腾威约85%股权,成功引进动力电池胶粘剂、绝缘材料和涂料项目,进一步实现相关锂电材料产业链的布局与融合,达到行业协同效应
飞地招商	探索产业合作新模式,持续推进龙南经开区与东部国家级经开区开展园区合作共建,发挥各自产业优势,在人工智能、数字经济等未来产业领域寻求合作新机遇	龙南经开区与江苏惠山经开区签署《关于惠龙碳中和产业园合作共建协议》,并协同天奇股份三方签署了《关于合作共建惠龙碳中和产业园战略合作协议》。与广东增城经开区签订合作协议,拟设立新项目

资料来源:龙南市发展和改革委员会。

(二)绘制"五张清单",锚定龙南招商引资新航向

龙南通过精心编制支持政策、优势资源、链主企业、人才技术、目标企业"五张清单",形成招商引资"作战地图"。

1. 支持政策清单。围绕国家公布的《关于规范招商引资行为促进招商引资高质量发展若干措施的通知》以及江西出台的《关于进一步加强新形势下招商引资工作的指导意见》,结合龙南本地招商引资实际,创新"量身定制"政策体系,精心编制具体支持资本招商、链式招商、科技招商等政策举措。

2. 优势资源清单。从自身资源禀赋、产业优势和开放平台的实际出发,制定龙南优势资源清单。扬长避短、有取有舍、靶向出击。比如,发挥保税物流中心(B型)的特殊开放区域窗口优势,招引了一批跨境电商和现代物流企业入驻,培育构建了完整的保税物流产业链。

3. 链主企业清单。围绕龙南主导产业,绘制链主企业清单,引进了中国稀

土、道氏技术等一大批细分行业的龙头企业、上市公司和独角兽企业。

4. 人才技术清单。全面整合产业以及企业关心的技术痛点、关键人才缺口，定期向社会主动释放人才、技术机会清单，通过大型招引合作活动、线上线下同步、多渠道媒体互动的形式对外公开发布，助力招商引资队伍科学研判、精准确定招引项目。

5. 目标企业清单。围绕龙南重点产业赛道，针对“500 强”、上市公司、行业龙头制定招引路线图，对重点招商引资目标企业实施重点帮扶，成功引进龙晟新材料项目、中国电信中部云数据中心项目。

（三）内联外引量质齐升，锻造龙南产业新优势

1. 项目引进量质齐升。近年来，龙南引进内资、外资等指标持续位居赣州前列。2019—2023 年，龙南引进外资额在赣州市 18 个县（市、区）位居前三位，其中 2022 年、2023 年均保持在第一位，占赣州市的比重由 2019 年的 6.85% 提升到 2023 年的 16.71%（见图 1）。同时，龙南在签约招商引资项目总数上不断攀升，2024 年达到 73 个，其中不乏超亿元及 10 亿元以上项目，显示出龙南在吸引外来投资方面的强大吸引力和竞争力。

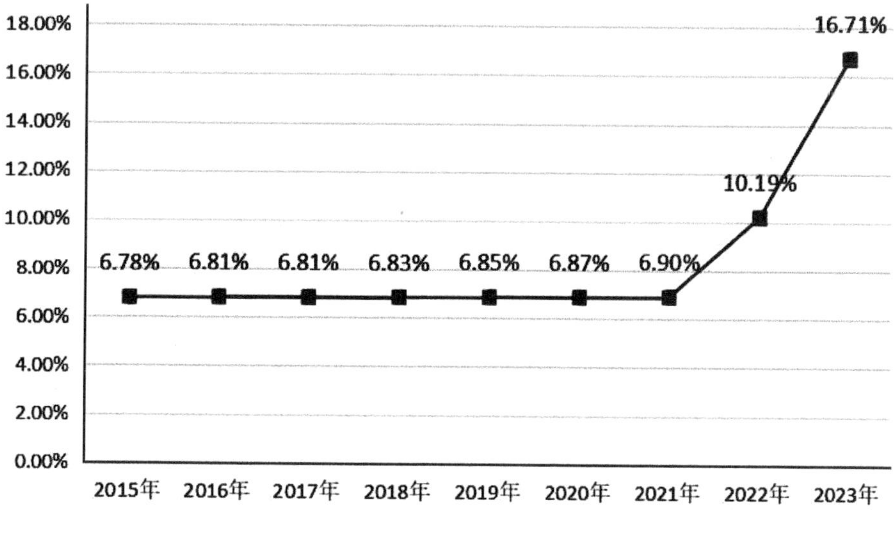

图 1　2015—2023 年龙南利用外资额占赣州市的比重情况

数据来源：赣州市统计年鉴。

2. 产业链韧性稳步提升。龙南在招商引资过程中,紧密围绕电子信息、新材料“双首位”重点产业链,开展精准招商活动。2024 年,引进了一批新能源汽车换电设施、高性能硅酮密封胶、稀土功能材料等高端制造和新兴产业项目,签约双首位产业项目 48 个,签约资金 163.3 亿元。其中:超亿元以上项目 36 个,签约资金 156.4 亿元;10 亿元以上项目 4 个,签约资金 65.6 亿元;20 亿元以上项目 1 个,签约资金 30 亿元(见表 2)。约 50% 资金来自粤港澳大湾区。这些项目的落地投产,显著提升龙南市重点产业链发展韧性和综合竞争力。

表 2　2024 年龙南电子信息、新材料“双首位”产业招商引资情况

产业	项目数(个)	投资总额(亿元)	固定资产投资(亿元)	代表性投资方企业
电子信息	27	82.3	54.2	惠州恒数电子;东莞市康祥电子;香港庚延电子;深圳字节塔信息技术;深圳市森延电子;北京亚数控股;苏州铭电智能科技;上海峰梅光学科技等
新材料	21	81.0	44.2	湖南初源新材料;国瑞科创稀土功能材料;优耐高新材料(广州);江西瑞赛科新材料;惠州市彩森环保涂料公司等
合计	48	163.3	98.4	

数据来源:龙南市发展和改革委员会。

(四)环境创优,打造投资兴业“温暖港湾”

1. 持续优化营商环境。龙南对标湾区规则规制,以“大湾区能做到的,龙南一定要做到”为目标,铸造“龙易办”营商品牌。2024 年,龙南创新推行工业项目“竣工即交证”,在企业完成竣工验收的同时颁发不动产权证,实现了工业项目“交地即交证、拿地即开工、竣工即交证”。这一创新举措成功入选 2024 年江西省优化营商环境优秀案例及江西省不动产登记领域优化营商环境典型案例。

2. 构建企业全生命周期服务生态。龙南注重从企业创立之初进行帮扶,着力形成涵盖天使孵化、创业投资、融资担保、上市培育、并购重组等企业全生命周期服务体系。常态化开展“政银企”对接，2022 年至 2024 年连续三年举办赣州市金融机构支持龙南发展产融对接活动，累计签约企业融资项目 138 个，总金额 157.1 亿元，为实体经济注入源源不断的金融“活水”。

3. 深化开发区管理绩效改革。通过“腾笼换鸟”盘活工业用地，截至 2024 年底，集中“腾退”企业 68 家，盘活工业用地 4150 余亩，厂房面积 106 万余平方米，腾退出的土地和厂房引进 40 多家企业落户。相关经验做法入选全国“亩均论英雄”改革典型案例。

4. 建设开放服务型园区承载平台。打造“生产 + 生活 + 生态”融合园区，建成 3 所本科院校、三甲标准医院、人才公寓等配套设施。率先在全省开通跨境电商“前店后仓 + 快速物流”模式，零关税保税展示交易店成功运营。保税物流中心（B 型）全业态开通跨境电商“1210”“9610”“9710”“9810”业务，成为中部地区唯一实现跨境电商全业态开通的县级城市。龙南跨境电商进口交易额连续 4 年稳居全省前三。

二、龙南招商引资面临的主要困难和问题

（一）国际经贸形势严峻，内陆地区招商引资压力加大

近年来，全球经济增速放缓、贸易保护主义抬头，经济发展不稳定性、不确定性因素增加，国内经济面临转型压力，市场需求波动较大，投资者信心不足，区域招商引资竞争日益激烈。尤其是 2024 年 8 月“招商新政”实施后，取消了传统招商引资优惠政策，与全省其他多数地方情况类似，龙南长期以来主要依靠土地、税收及财政奖补优惠政策的招商引资模式也面临巨大挑战，受传统思维、观望思想与畏难情绪等因素影响，与时俱进探索招商引资新模式的动力不足，招商引资热度下降。比如从签约项目看，与 2023 年相比，2024 年尽管签约招商引资项目总数有小幅增加，但是签约资金总额、亿元以上项目签约资金金额、10 亿元以上项目数、签约资金均呈下降趋势。其中，签约资金总额下降幅度超过 50%、10 亿元以上项目签约金额下降超过 70%、20 亿元以上项目签约金

额下降超过80%,尚未招引落地50亿元以上的大项目。

(二)招商引资机制尚不完善,影响招引整体效果

1. 客观容错机制尚不健全。如在资本招商中,鉴于国有资产的保值增值和风险防范要求,政府基金往往会面临严格、复杂、冗长的决策程序,单个项目容亏率较低,尚未针对种子、天使、创投、产投、并购等不同投资期的政策性基金设置合适的容亏率,导致面对优质项目,存在“不愿投”“不敢投”的情况,错失招引项目的最佳时机。即便是基金投入的项目也面临较长的审批周期,导致项目迟迟不能落地。另外,根据基金投资运行规律,投资就存在亏损的风险,如果地方政府不能综合评估基金整体而非单个基金项目的盈亏情况,不能建立相应的尽职免责机制,就易导致一些干部陷入“不知道怎么干、怕犯错”的困境,难以营造鼓励投资、宽容失败的氛围,进而制约招商引资的整体效果。

2. 省、市、县(区)协同联动机制尚未建立起来。资本招商具有投资大、资金回笼慢的特点,在财政趋紧的形势下,龙南资本招商资金回笼慢的问题进一步凸显,给财政造成一定压力。因此,亟须联动省、市国有平台,共同设立各类产业基金、项目专项基金,以小撬大。当前,尽管龙南与赣州市级国有平台有一定的联动,但是对接省级基金投资联动性不够。由于省级国资基金对投放项目要求较高、省级基金投资较为谨慎,对投放县级资金总额和项目个数有一定程度的限制,而龙南与省级国有平台的资金联动性较弱,多元的“基金 + 招商”协同机制尚未建立起来。

(三)招商引资专业能力存在短板,市场服务水平不够

1. 专业管理能力仍不足。开展资本招商、并购招商、链式招商,都需要懂产业、懂技术、懂财务、懂商务的专业化团队,以解决投资团队由于不熟悉本地情况而出现“水土不服”的问题。尽管龙南招商引资团队已组建“招商兵团”,但资本招商涉及金融工具、基金运作等复杂知识,现有招商引资人员培训体系尚未覆盖全链条技能,基金管理团队与发改、工信、商务等部门对接不够,对于项目研判和服务的精准度一定程度上受限。例如,在龙南设立的基金,尽管专业

公司发挥专业优势能够管好基金、投好项目，但是如果龙南的招商引资团队不能发挥属地优势，产业承接服务和投后管理水平不高，将影响项目长期效益。

2. 撬动社会资本能力不强。当前，龙南市资本招商基金对于国有资本依赖较大且国有资本的退出机制相对单一，国有资本沉淀较多，缺乏收益综合平衡机制，后期国有资本投资压力变大，而市场化创投基金、社会资本参与度较低，缺少多元化的资本支持体系，导致需配套资本的重大项目迟迟无法落户。例如，在佳纳新能源项目中，尽管国有资本通过减持股份退出，实现盈利 1.3 亿元，但是该退出机制高度依赖市场行情，若市场波动或项目回报不及预期，可能影响资金循环效率。

3. 基金配置和使用能力不强。在资本招商中，截至 2024 年 12 月，龙南设立了 12 支基金，基金规模达 47 亿元，其中龙南仅出资 5.3 亿元。另外，12 支基金投向较为分散，“撒胡椒面”式的资金投入方式影响了财政资金杠杆效应的发挥。龙南基金数量多而散的状态难以匹配战略性新兴产业的资金需求，限制了项目筛选的专业性和大项目的持续引进。

（四）关键要素制约较为明显，招商生态有待进一步优化

1. 产业配套服务不足。龙南对接粤港澳大湾区面临与周边地区（如赣州其他县区、珠三角城市）的同质化竞争，尤其是广东省连续两年召开高质量发展大会后，对广东本地企业对外投资的情况密切关注，在一定程度上加大了龙南产业链招商引资难度。另外，尽管龙南围绕电子信息、新材料“双首位”产业，引入了联茂电子、嘉元科技、祥益鼎盛等龙头企业，但中小企业配套率较低，一些环节依赖外部供应链。例如，嘉元科技等新材料企业虽落地，但上游稀土材料加工企业仍依赖外部供应，配套服务仍然不足，本地产业链闭环未完全形成，对于高质量的产业项目引进存在困难。

2. 部分要素供给存在瓶颈。土地和林地报批、环境容量、能耗指标等要素供应不足，影响招引项目落地。例如，在用地保障方面，2022—2024 年，龙南已使用城镇开发边界内增量空间 3972 亩，已达到 2024 年度使用上限，龙南现有项目用地涉及需水田占补平衡指标约 700 亩，缺口约 300 亩。2025 年龙南新增建设用地指标仅 840 亩,无法满足全部土地报批项目需求。在林地方面,据统计,龙南年均刚性用林需求在 120 公顷以上,远超上级下达的 50 公顷每年定额限制,供需矛盾突出。

3. 人才供给不足。龙南作为对接粤港澳大湾区的“桥头堡”,虽然出台了一系列关于支持人才引进、培养及研发的政策,但限于城市发展基础、教育、医疗等方面的差距,引进高层次人才、高技能人才的困难仍然较大。

三、龙南以招商引资“强引擎”助力县域开放振兴的对策与建议

(一)重塑招商引资理念,构建长效动力机制

1. 强化政策引导与培训。全面落实全省关于“重塑招商新模式”要求,紧密结合龙南实际,将资本招商、链式招商、数字招商等创新模式纳入招商干部培训体系,通过“请进来、走出去”方式提升团队对新模式的理解和实操能力。

2. 强化“链式思维”与“生态招商”理念。聚焦龙南电子信息、新材料等主导产业以及稀土等特色优势资源,制定“一链一策”招商方案,细化“四图五清单”①,依托链主企业召开供应链大会,吸引上下游企业集聚。建立项目储备库,动态更新符合产业链需求的优质项目库,定期发布“招商机会清单”,确保项目对接的精准性和时效性。

3. 完善招商引资考核与激励机制。优化考核体系,将“项目落地率”“产业链配套率”等纳入考核指标,改变以往过度依赖签约数量的考核方式。实施“赛马比拼”机制,推行“招商兵团”竞赛,对表现突出的团队给予资金、政策倾斜,激发招商引资热情。

(二)健全多元协同机制,形成招商引资合力

1. 落实“招商一盘棋”理念。强化与省、市级部门协同,建立重大项目首谈通报机制,避免域内无序竞争,对重大引投项目实行省、市级统筹调度,在土地、

① “四图五清单”:“四图”即产业链图谱、技术路线图、应用领域图、区域分布图;“五清单”即重点企业清单、项目清单、技术清单、人才清单、政策清单。

资金、政策等资源保障方面给予龙南大力支持，确保项目顺利落地。

2. 强化跨部门协同联动。成立招商引资工作专班，整合商务、工信、自然资源等部门力量，对招商引资工作建立“周调度、月通报”机制，破解要素制约难题。建立信息共享平台，打通工商、税务、人社等部门数据壁垒，实现项目信息、企业需求“一网通查”。

3. 完善容错与协同机制。制定龙南招商引资容错负面清单，明确非主观失误的免责条款，鼓励干部担当作为。探索“政府 + 市场”双轮驱动，引入第三方专业机构参与招商引资，形成“政府主导规划、市场专业运营”的协同模式。

（三）提升专业能力，强化资本与市场运作

1. 打造专业化招商引资队伍。实施“招商铁军”培养计划，组建熟悉产业链、资本运作和谈判技巧的专业团队，选派干部赴粤港澳、长三角等发达地区挂职学习，提升市场敏感度和项目研判能力，培养懂产业、懂政策、懂谈判的复合型人才。建立“招商顾问”智库，聘请行业协会专家、龙头企业高管作为顾问，提供行业趋势分析和项目评估支持。

2. 深化资本招商与基金运作。优化龙南产业引导基金对接省级、市级国有平台基金联动机制，推动“以投促引”“招投联动”，重点支持早期项目和创新型企业。探索“股权退出 + 循环发展”模式，吸引社会资本参与项目全生命周期，提高资金使用效率。统筹整合县域内分散的财政资金、产业基金及社会资本，集中投向主导产业及重大项目，优先支持产业链关键环节。

3. 提高基金容亏率。根据龙南推出不同类型的政策性基金，设置合理的容亏率，鼓励投资团队敢于投资、勇于尝试。对于种子期、天使期等高风险阶段的基金，应适当提高容亏率，以减轻投资团队的压力。

（四）优化要素保障，构建优质招商引资生态

1. 强化要素供给与配套服务。针对龙南招商引资过程中面临的用地、用工、能源等瓶颈，建立重大项目要素保障绿色通道，优先保障重大项目要素需求；完善产业配套，建设创业孵化中心、中试平台等专业服务机构，降低企业研

发和成果转化成本;推动供应链本地化,支持龙头企业牵头组建产业联盟,对本地配套企业给予物流补贴、融资支持。

2. 加强人才与科技支撑。推广“科技 + 产业”招商,吸引高层次人才和研发机构落户。构建“人才雁阵”体系,建设技能人才实训基地,深化校企合作“订单班”,联合高校和职业院校定向培养技能人才,对重大项目实行“一企一策”人才支持,解决企业用工需求,提升人才供给匹配度。

(五)创新特色招商引资模式,提升品牌竞争力

1. 深化“以商招商”。选聘“招商大使”,从已在龙南落地企业中选拔行业影响力强的企业家作为“招商大使”,给予招商奖励。建立龙南“乡贤项目库”,吸引客家乡贤投资本土优势产业、乡村振兴等领域。

2. 探索“飞地招商”。与大湾区、长三角以及武汉、长沙、合肥等中部中心城市合作,建设“反向飞地”,承接一线城市研发成果落地转化,实现区域间优势互补、协同发展。

3. 持续塑造“龙易办”营商品牌。提供“全生命周期”服务,建立“项目服务专班”,从签约到投产提供“保姆式”服务,打造龙南优质营商环境品牌,提升龙南在招商引资领域的知名度和美誉度。

(六)强化风险防控,确保招商引资可持续

1. 建立项目评估与退出机制。实施“三阶段评估法”:签约前重点评估技术可行性、市场前景,确保项目符合龙南产业发展方向;建设中评估投资强度、厂房质量、环保达标以及生产基础设施保障度;投产后评估亩产效益、税收贡献,衡量项目对龙南经济发展的实际带动作用。完善股权退出机制,对资本招商项目设定退出时间表,除了减持股份外,还应积极探索其他退出方式,如股权转让、并购重组、IPO 等,构建多元化的退出渠道。通过拓宽退出渠道,提高资金的流动性,降低投资风险。

2. 加强风险防控。建立健全龙南招商引资风险防控体系,对投资项目进行全程监控,及时发现并化解潜在风险。同时,加强对投资团队的培训和教育,增强风险意识和防控能力，确保龙南招商引资工作在稳健的轨道上持续推进。

参考文献

杨志军、陈俊昌：《地方政府招商引资行为新选择：基于第三方数智招商平台运行分析》，《学习论坛》，2024 年第 4 期。

许珂、周明：《内外联动：地方政府优化营商环境的动因剖析》，《北京航空航天大学学报（社会科学版）》，2022 年第 4 期。

黄雅卓：《与市场共演：中国地方政府应对市场化改革的新策略》，《地方治理研究》，2022 年第 2 期。

宋林霖、何成祥：《从招商引资至优化营商环境：地方政府经济职能履行方式的重大转向》，《上海行政学院报》，2019 年第 6 期。